문명연구 총서 2

자유주의와 민주주의의 새로운 모색

문명연구 총서 2

자유주의와 민주주의의 새로운 모색

이한구 · 정연교 편

경희대학교 출판문화원

발간사

이 책은 2014년 3월부터 지금까지 열리고 있는 미래문명원의 월례 세미나의 결과물이다. 월례 세미나의 대주제는 '인류 문명의 새로운 패러다임에 대한 탐구'였고, 매번 대주제에 포섭되는 소주제를 다루었다. 소주제는 정치, 경제, 사회, 문화 등 다방면에 걸쳐 당시의 사회적 관심사와도 연결해서 선정했다.

'인류 문명의 새로운 패러다임에 대한 탐구'는 2013년 한국연구재단의 일반 공동연구 과제로 출발했다. 처음에는 각 분야 전문가 10명이 공동연구원으로 구성되었다가 중간에 몇몇 연구원들이 추가로 참여해 모두 15명이 되었다. 공동연구원은 경희대학교를 비롯한 국내 유명 대학의 교수들로 구성되었다. 연구를 시작할 때는 공동연구원들만 모여 토론 위주의 세미나를 진행했지만 조금 지나면서 이 분야의 전문가를 초빙해 진행하는 본격적인 세미나를 개최했다. 2014년부터는 경희대학교 미래문명원이 세미나 개최에 관한 업무를 주관했다.

그동안 40여 회에 걸쳐 세미나를 개최했으며, 특수한 경우 한 번을 제외하고는 모든 세미나를 영상물로 만들어 유튜브(Youtube)에 올렸다. 누구든 '인류 문명'이나 '새로운 패러다임'으로 검색해 찾아볼 수 있다.

세미나의 소주제는 다양했지만, 꽤 오랜 시간이 지나면서 비슷한 주제로 묶이는 논문들이 축적되었다. 이번에 출간하는 두 권의 책, 《현대 문명의 전환》과 《자유주의와 민주주의의 새로운 모색》은 그동안 세미나에서 발표된 논문 중에서 비슷한 주제의 논문을 모은 것이다. 이 중에는 저자가 세미나 발표 후에 전문 학술지에 이미 게재한 논문도 포함되어 있다.

이 세미나는 대주제가 암시하듯이 문명의 전환 시기에 논의할 수 있는 다양한 주제들을 다루면서, 특히 세 가지 차원에 초점을 맞추었다. 첫 번째는 농업혁명과 산업혁명에 이은 세 번째 혁명인 정보통신혁명이 진행되면서 인류 문명이 어떻게 변화하고 있는지를 밝히는 것이고, 두 번째는 이런 문명의 전환이 어떤 새로운 문제점들을 야기하고 있는가를 규명하는 일이며, 세 번째는 이런 문제점을 해결하기 위해 방책을 제시하는 것이다. 말하자면, 인류 문명에 대한 해석, 문제점 진단, 새로운 패러다임의 제시를 통한 처방 등 세 영역이라 할 수 있다.

문명에 관한 저서는 꽤 많이 출간됐지만, 지나치게 전문적이거나 거대 담론에 치우친 경우가 많다. 이 책은 이런 부류와는 다른 특색을 갖는다. 너무 전문적인 수준도 아니지만, 너무 거대 담론에만 치우쳐 실증적 근거가 약한 상태도 아니다. 어느 정도 수준의 전문성을 가지면서도 일반인이 읽을 수 있는 담론을 담았다.

이번 총서를 출간하는 미래문명원은 지구협력사회와 인류공동사회의 이념을 구현하기 위해 2005년 당시 경희대학교 NGO 대학원 원장이던 조인원 박사의 주도로 설립되었다. 경희대학교 총장을 거쳐 현재는 경희학원 이사장인 조인원 박사는 대학다운 미래대학을 추구하는 교육 철학자이며, 인류 문명의 지속가능성과 인류가 나아갈 길을 개척하는 세계 지성의 한 사람이다. 설립 이념에 따라 미래문명원은 세계적인 지성인들과의 공동 협력을 통해 당면한 지구적 문제들을 해결하기 위해 노력하고 있다.

'인류 문명의 새로운 패러다임에 대한 탐구' 세미나는 앞으로도 계속될 것이며, 그 결실이 쌓이는 대로 '문명연구 총서'도 연속해서 출간할 예정이다. 이 문명연구 총서의 출간이 인류 문명이 처한 위기 극복에 다소나마 도움이 되기를 바라 마지않는다.

2020년 8월

경희대학교 미래문명원장 이한구

목차

제2부 민주주의의 변화

서문

신중섭 · 정연교

1

20세기에 이어 21세기에 들어서서도 현대 문명이 위기에 봉착했다는 위기감이 확산되고 있다. 20세기에는 전체주의의 출현과 참혹한 전쟁, 환경 문제에 봉착하면서 서구 문명의 위기 담론이 설득력을 얻었지만, 정치체제로서의 자유민주주의와 경제질서로서의 시장경제에 대한 믿음은 크게 흔들리지 않았다. 후쿠야마는 이런 상황에 힘입어 이념적으로 자유민주주의의 '최종 승리'를 선언했다. 그러나 오랜 시간이 지나지 않아 자유민주주의와 시장경제에 대한 믿음이 흔들리고 있다. 대공황 이후 최악의 경제 상황을 초래한 2007~2008년 경제위기로 자유시장의 자기 조절 기능에 대한 믿음이 소진되었고, 연이어 영국의 브렉시트, 트럼프의 미국 대통령 당선, 유럽에서 극우 세력의 약진 등으로 자유민주주의에 대한 위기감이 고조되었다.

최근에 이런 상황을 분석하고 대안을 모색하기 위해 자유주의 또는 민주주의와 관련된 책들이 여러 권 출간되었다. 《왜 자유주의는 실패했는가(*Why Liberalism Failed*)》(2018), 《서구 자유주의의 퇴행(*The Retreat of Western Liberalism*)》(2017), 《한때 그리고 미래의 자유주의자

(*The Once and Future Liberal*)》(2017), 《어떻게 민주주의는 무너지는가(*How Democracies Die*)》(2018), 《민주주의는 글로벌 자본주의에서 살아남을 수 있는가(*Can Democracy Survive Global Capitalism*)》(2018), 《위험한 민주주의: 새로운 위기, 무엇이 민주주의를 파괴하는가(*The People vs Democracy: Why Our Freedom is in Danger and How to Save It*)》(2018) 등이 대표적이다.[1]

자유민주주의와 시장경제(자유주의)의 위기는 "인류가 성취한 지식, 신념, 행위의 총체로서 문명"을 구성하고 있는 가장 중요한 부분의 위기다. 문명의 중핵 부분은 종교·예술·철학 등 인간과 사회 및 세계에 대한 근본적인 신념체계로 구성되어 있고, 중간 부분은 정치·경제·사회·문화·교육 등을 비롯한 사회적 체계로, 가장 바깥 부분은 과학과 기술의 영역으로 구성되어 있다.[2] 여기에서 한 문명의 고유성을 규정하는 요인은 중핵 부분이지만 이 중핵 부분도 고정된 것은 아니다. 문명의 교류와 융합이 일어나면서 다른 문명에 속한 요소들이 들어와 공존할 수도 있고 어떤 요소는 사라질 수도 있다.

이념으로서 자유민주주의와 시장경제는 문명의 중핵 부분에 해당하며, 나머지 부분에 결정적인 영향을 미친다. 문명의 세 부분은 편의상의 구분일 뿐이며 내면적으로 서로 얽혀 있어 한 부분의 위기는 다른 부분의 위기를 부르고, 한 부분이 붕괴되면 다른 부분도 붕괴된다. 이

1 김우택, "자유가 소장한 '가치'가 아니라 한낱 '수단'이 될 때, 자유주의는 실패한다," http://www.hayek.or.kr/1131, 2018년 10월 10일 오전 11시 30분 검색.

2 이한구, "현대 문명의 두 패러다임에 대한 비판적 고찰: 문명의 구조에 대한 분석을 기초로 하여," *OUGHTOPIA: The Journal of Social Paradigm Studies*, 경희대학교 인류사회재건연구원, 14쪽.

런 측면에서 본다면 자유민주주의와 시장경제의 위기는 현대 문명의 위기이고, 선진문명의 위기이며 우리의 위기다.

민주주의와 시장경제에 대한 비판과 위기론은 문명의 시작과 더불어 항상 존재했다. 민주주의가 시작된 고대 그리스에서는 플라톤과 아리스토텔레스가 민주주의를 비판했고, 시장경제가 시작된 영국과 유럽에서는 마르크스와 루소가 자본주의의 문제와 위기를 진단했다. 이론적으로 민주주의와 자본주의는 많은 비판을 받았지만, 민주주의와 자본주의를 발전시킨 나라에서는 대부분의 사람들이 지지했다. 그것을 실현하기 위해 목숨까지 바친 사람도 많다. 그러나 이제 상황은 변하고 있다.

> 25년 전만 해도 자유민주주의 국가 대부분의 시민은 정부에 매우 만족했고, 자신들의 제도에 높은 지지를 나타냈다. 그러나 이제는 그 어느 때보다 큰 환멸을 나타내고 있다. 25년 전만 해도 대부분의 국민은 자유민주주의 체제에 사는 것을 자랑스러워했고 그들의 정치체제를 대신하려는 권위주의를 강력하게 거부했다. 그러나 이제는 점점 더 많은 사람들이 민주주의에 적대적이다. 25년 전만 해도 민주주의의 기본 원리와 규범에 대해서는 서로 다른 입장의 정파들도 존중하는 모습이었다. 그러나 이제는 자유민주주의의 가장 기본적인 규범을 위반한 후보자들이 큰 권력과 영향력을 얻고 있다.[3]

3 야스차 뭉크, 함규진 옮김, 《위험한 민주주의: 새로운 위기, 무엇이 민주주의를 파괴하는가(*The People vs Democracy: Why Our Freedom is in Danger and How to Save It*)》, 와이즈베리, 2018, 12쪽.

이 책에서 중점적으로 다루는 이념으로서의 자유주의와 민주주의, 시장경제 등은 문명의 핵심 부분에 속하고, 그것들이 실제로 구현되는 제도로서의 자유주의와 민주주의, 시장경제는 문명의 중간 부분에 속한다. 이념과 제도는 밀접한 연관이 있지만, 특정 이념이 제도를 통해 구현되는 것은 아니다. 한 사회에서 이념으로서의 자유주의에 근거하여 생성된 제도가 있는가 하면 그렇지 않은 제도도 있다. 현실에서는 이념으로서의 시장경제에서 도출된 제도가 있는가 하면, 반시장적인 이념에서 도출된 제도도 있다. 시장경제 체제 안에서도 반시장적인 제도들이 여럿 존재한다. 시장경제와 복지는 이념적으로 서로 대립하지만 현실의 국가에서는 공존한다.

이 책은 이념과 제도의 자유주의와 민주주의를 둘러싼 여러 주제들을 다루고 있다. 서양 근대의 산물인 자유주의와 민주주의는 그동안 전제주의 및 권위주의와 경쟁하면서 살아남았지만, 이것들이 이론적으로뿐만 아니라 정치적으로도 실패했다는 입장도 존재한다. 자유주의와 민주주의에 대한 담론은 그것이 나고 자란 서양에서만 의미를 갖는 것은 아니다. 이들에 대한 담론은 우리 사회에서도 깊은 의미를 지닌다.

우리는 의도하지 않은 채 근대 서양 문명권에 편입되었다. 해방 후 남한이 미국의 영향권 안으로 들어갔기 때문이다. 우여곡절이 많았지만 외형적으로 근대화와 민주화에 성공했다. 여기서 외형적이라 함은 근대화와 민주화가 자생적 질서가 아니라 외부에서 유입되어 제도적 외형을 갖추었지만, 그것에 선행하는 의식이나 가치관이 먼저 형성되지 않았음을 의미한다. 의식과 제도의 전후 관계를 기계적으로 설정할 수는 없지만, 서양에서는 제도보다 의식이 앞섰고, 우리 경우에는 제도가 앞서고 의식의 변화를 초래한 측면이 강하다. 물론 의식과 제도는 서로 영향을 주고받으면서 공진화한다. 의식이나 가치관에서는 지금까지도 우리의 전통이 여전히 남아 있는 부분이 있지만, 공적인 제도는 서양의 것을 그대로 본받아 작동하고 있다.

우리의 삶에 결정적인 영향을 미치는 것은 정치와 경제 제도다. 우리는 다행스럽게 서구의 시장경제와 민주주의를 받아들였다. 물론 산업화 단계에서 국가가 주도적으로 계획경제를 시행하기는 했지만 시장경제 안에서 그렇게 했다. 권위주의적 시장경제를 택한 것이다. 정치적으로는 절차적 민주주의 단계에 도달했다.

민주주의와 시장경제의 관계에 대해서는 여러 가지 이론이 있지만, 양자 사이에는 대립적인 측면이 강하게 작용한다. 어느 나라나 경제가 완전히 시장에 의해 작동하는 나라는 없고 국가와 시장이 서로 대립하면서 경쟁한다. 민주주의가 강화될수록 시장경제를 통제하려는 다수의 의지가 작동하기 때문이다. 물론 민주적인 과정은 시장에 대해 우호적일 수도 있고 적대적일 수도 있지만, 대중민주주의의 확산은 시장경제를 위협한다.

최근 민주주의에 대한 위협은 과거와 그 양상이 달라지고 있다. 오늘날에는 민주주의에 대한 '위협'이 아니라 '죽음'이 화제다. 레비츠키와 지블랫은 "민주주의는 군인이 아니라 국민이 선출한 지도자의 손에서 죽음을 맞이한다. 민주적 절차를 거쳐 당선된 대통령이나 총리가 권력을 잡자마자 그 절차를 해체해버리는 것이다. 1933년 히틀러가 독일의사당 화재를 통해 그랬던 것처럼 일부 지도자는 순식간에 민주주의를 해체해버린다. 하지만 더 많은 경우 민주주의는 눈에 잘 띄지 않는 방식으로 서서히 허물어진다"[4]라고 《어떻게 민주주의는 무너지는가》에서 말했다. 오늘날 민주주의를 위협하고 죽이는 것은 과거와 달리 파시즘, 공산주의 또는 군부 통치와 같은 노골적인 독재가 아니라 투표장에서 선출된 지도자라는 것이다.

레비츠키와 지블랫의 분석에 따르면 정당이 상대 정당을 정당한 경쟁자로 인정하는 상호 관용과 이해 그리고 제도적 권리를 행사할 때 신중함을 잃지 않는 자제력이라는 민주주의의 규범이 작동하지 않으면 헌법에 명시된 권력 분립이 민주주의의 붕괴를 막는 보호막 구실을 할 수 없다. 정당이 발휘해야 하는 관용과 절제의 규범이 사라지면 선출된 독재자는 사법부 등 정치적 중립 기관들을 자신의 입맛대로 바꾸거나 '무기로 활용하고', 자신에 대한 반대 의사를 표명하지 못하도록 언론과 민간 영역을 매수하고, 정치 게임의 규칙을 변경하여 기울어진 운동장을 만들어 경쟁자에게 공정한 경쟁의 기회를 제공하지 않는다는 것이다.[5] 지금까지 이런 일들은 미국과 전혀 관계가 없는 일이었는데, 트럼프의 등장 이후 민주주의의 위기를 알리는 징후적인 행동을 미국 정치인들이 실행하기 시작했다는 것이다.

이들은 미국에서 민주주의의 규범이 깨진 이유를 정치 양극화에서 찾고 있다. 민주주의 규범의 침식은 당파적 양극화에서 비롯되었다. 당파적 양극화는 정책 차이를 넘어서 인종과 문화에 걸친 본질적 갈등으로까지 확산되었다. 미국 사회에서 다양한 인종 간의 평등을 실현하려는 사회적인 노력은 교묘한 전략에 직면했고, 오히려 양극화가 심화되었다. 극단적인 양극화는 민주주의를 죽음에 이르게 할 수 있다. 극단적인 양극화가 민주주의를 죽일 수도 있다는 교훈을 얻는다면 민주주

4 스티븐 레비츠키 · 대니얼 지블랫, 박세연 옮김, 《어떻게 민주주의는 무너지는가(*How Democracies Die*)》, 어크로스, 2018, 8~9쪽.

5 스티븐 레비츠키 · 대니얼 지블랫, 같은 책, 14~15쪽.

의를 지킬 수 있다.[6]

장훈은 이러한 정치 행태를 포퓰리즘과 연결시켜 다음과 같은 이야기를 했다. 포퓰리스트 정치인은 우선 사법부를 포획하기 위해 판사, 수사기관, 공직윤리 담당기관에 대한 압박을 예사로 삼는다. 법관에 대한 공개적인 모욕과 비판을 가함으로써 사법부의 권위를 실추시킨다. 둘째로 자신들의 선동 정치에 방해가 되는 주류 미디어와 시민단체·이익단체를 직접적으로 위협한다. 셋째로 거리낌 없이 민주정치의 기본 절차와 상식을 파괴한다. 공권력이나 예산 삭감을 통해 자신에 비우호적인 인물이나 조직을 위협한다.[7] 그동안 포퓰리즘은 주로 퍼주기식 복지정책을 통해 인기를 유지하려는 선심성, 방만한 예산에 초점이 맞춰졌지만, 최근에는 민주주의의 기본 질서와 상식을 허물고 있다. 포퓰리즘은 관용과 공존에 기초한 다원주의를 말살한다.

이런 포퓰리즘의 원인은 여럿이지만 가장 중요한 것은 분노다. 포퓰리즘 뒤에는 경제 양극화와 빈곤의 심화에 대한 분노가 자리 잡고 있다. 이 분노에 정치인들은 포퓰리스트와 영합한다. 그뿐만 아니라 현대 민주주의는 소셜 미디어와 결합한 혐오 발언과 가짜 뉴스, 포퓰리즘으로 위협을 받고 있다. 이것들은 정치와 정치인에 대한 불신을 초래해 민주주의에 위협적이다. 무능하고 무책임한 정치인들은 대중에 영합하여 포퓰리즘 정치를 폭발적으로 이어가고 있다. 영국이 EU에서 탈퇴한 브렉시트, 미국의 기성 정치를 부정하면서 등장한 트럼프는 포퓰리즘의 극치로 여겨진다. 혐오 발언과 가짜 뉴스와 결합한 포퓰리즘은 다

6 스티븐 레비츠키·대니얼 지블랫, 같은 책, 15~16쪽.

7 장훈, "장훈의 퍼스펙티브, 포퓰리즘 해부: 한국도 포퓰리즘의 청정지역 아니다," 《중앙일보》 2018년 9월 20일.

원주의와 법치, 자유와 관용이 작동하는 민주정치를 위협한다.

우리는 자유민주주의의 위기를 초래한 원인 가운데 하나인 포퓰리즘을 이제 비로소 이해하기 시작했다. 뭉크는 포퓰리즘의 확산을 막기 위해서는 적어도 세 가지를 고려해야 한다고 말한다.[8]

첫째, 국내외적으로 불평등을 완화하고 급속히 상승하는 생활수준 향상의 기대에 부응하기 위해 경제정책을 개혁해야 한다. 경제성장의 결과를 더 공평하게 분배하는 것은 분배적 정의의 문제가 아니라 정치적 안정을 위해 필요하다.

둘째, 근대 국민국가에서 시민권과 거주권의 의미를 재고해야 한다. 어떤 신조나 피부색을 가진 구성원이라도 진정으로 동등한 대우를 받을 것이라는 다민족 민주주의를 실행해야 한다. 모든 사회 구성원의 권리가 존중되어야 한다.

마지막으로, 우리는 인터넷과 소셜 미디어의 혁신적인 영향을 견딜 수 있게 학습해야 한다. 혐오 발언과 가짜 뉴스의 확산은 소셜 미디어 기업들 또는 정부가 검열관으로 활동할 수 있도록 부추긴다. 이렇게 되면 언론의 자유가 위기에 처한다. 디지털 민주주의를 안전하게 유지하기 위해서는 소셜 미디어에 어떤 메시지가 퍼져나가는지, 그뿐만 아니라 그것을 어떻게 받아들일 것인지를 잘 파악해야 한다.

미국에서 민주주의의 위기 또는 죽음을 연구한 학자들이 그것의 원인으로 제시한 이유 가운데 가장 중요한 것은 정치적 양극화와 경제적 양극화다. 이 두 가지 양극화가 민주주의에 대한 시민의 믿음을 허물고 분노를 조장하면서 정치인들이 그것을 이용하는 악순환이 벌어진다는

8 뭉크, 앞의 책, 27~29쪽.

것이다. 이런 분석은 미국 사회뿐만 아니라 우리 사회에도 그대로 적용된다. 우리 사회에서도 민주주의에 대한 위협은 상존하며, 그것을 예방하기 위해서는 정치적 양극화와 경제적 양극화가 완화되어야 할 것이다.

2

이 책은 현대 문명의 중요한 요소인 자유주의와 민주주의, 시장경제와 관련된 여러 주제와 문제들을 10편의 논문에서 다루고 있다. 이 책은 자유주의와 민주주의, 시장경제의 특성과 한계, 또 그것들이 제기한 문제들과 문제 해결을 위한 제안과 대안들을 폭넓게 논의하고 있다.

물론 10편의 논문이 다루는 주제가 현대 자유주의와 시장경제, 민주주의의 특성과 문제들 전체를 포괄하지는 못했지만, 중요한 것들을 어느 정도는, 상당 부분 논의했다. 이를 계기로 우리 사회에서 자유주의와 민주주의의 위기에 대한 인식이 확산되고 이를 지혜롭게 극복함으로써 좀 더 나은 사회가 도래하길 기대한다.

〈진보적 자유주의의 한국적 의미〉(윤평중)에서는 신자유주의의 전횡이 초래한 전 지구적 재앙 앞에서 자유주의는 더 이상 인기 있는 이름이 아니지만 이런 상황이야말로 자유주의에 대한 급진적 성찰을 요구한다. 신자유주의의 실패조차도 자유주의 이론과 실천의 풍부한 함축을 소진시킬 수는 없기 때문이다. 신자유주의의 발호 이전에도 한국 사회에서 자유주의는 호의적으로 받아들여지지 않았다. 한국 현대사에서 한국 보수가 이끈 자유민주주의는 냉전반공주의와 천민자본주의를 착종된 형태로 실행함으로써 자유주의를 왜곡하거나 파괴했다. 한국 진보는 자유주의의 힘을 과소평가하거나 자유주의 자체를 송두리째 적대시함으로써 진보운동의 진보성 자체를 공허한 것으로 만들었다. 결국 한국의 보수와 진보는 공히 자유주의가 갖는 중요성을 제대로 이해하지 못했다. 이 글은 첫째, 이런 문화를 교정하는 치료적 효과를 겨냥하며, 둘째, 진보적 자유주의가 21세기 한국에서 강력한 진보적 함축을 갖는다는 점을 급진자유주의의 이름으로 주장하려 한다.

윤평중에 따르면 신자유주의 담론이야말로 전형적인 비(非)민주자유주의다. 그런데 우리는 자유민주주의의 생성사(生成史)를 현대 신자유주의가 왜곡했다는 교훈을 유념해야 한다. 자유민주주의는 자유주의와 민주주의의 유기적 상호 접합의 한 형태이기 때문이다. 자유민주주의에 내장된 자기균열의 또 다른 극단적 형태는 비(非)자유민주주의(illiberal democracy)다. 비민주자유주의인 현대 신자유주의의 퇴조가 그 반동으로 비자유민주주의를 초래한다. 마르크스주의와 현실사회주의는 비자유민주주의의 고전적 실험이었다. 현대 민주주의의 주된 위기는 21세기적 비자유민주주의에서 온다고 할 수 있다. 그 방향은 좌파적일 수도 있고 우파적일 수도 있다. 비자유민주주의는 현대 포퓰리즘의 근원적 배경이기도 하다. 문재인 정부는 한국판 비민주자유주의에 대한 대안으로 문재인식 비자유민주주의를 실험하고 있다는 평가도 가능하다.

윤평중은 역사적 맥락과 인식론적 이해를 종합해보면 한국 보수가 추동한 자유주의의 이념 지향과 실천 양태는 매우 왜곡된 것이었다고 주장한다. 분단체제 특유의 이데올로기적 전투 상황 속에서 자유주의는 냉전반공주의나 천민적 시장만능주의와 동일시되었다. 역대 군사

독재정권 아래 기득권 세력이었던 한국 보수가 자신들의 권위주의적 지배와 통치를 정당화하기 위해 자유주의의 이름을 빌린 게 한국 자유주의가 타락한 핵심적 이유라고 할 수 있다. 한국의 보수는 기본권 보장이나 시민적 자율성, 법치주의의 확립과 공정한 시장경제와 같은 자유주의의 핵심적 가치들을 자유민주주의의 이름으로 훼손하거나 탄압하는 자기모순을 범했다. 한국 자유주의가 이렇게 굴절되는 과정을 자유주의 일반이론의 진화 차원과 연계해 자세하게 재조명하면 무엇이 자유주의와 관계된 진짜 문제인지가 더 선명하게 드러난다.

한국 보수가 자유주의를 왜곡하거나 파괴해온 오랜 소용돌이 속에서 한국의 진보는 자유주의를 무시하거나 적대시해왔다. 그리고 이 둘은 쌍생아처럼 맞물린다. 단적으로 한국 진보는 자유주의의 입체성과 복합성을 제대로 고려하지 못한 근본주의적 역사관에 함몰됨으로써 시장과 시민권 사이의 복합적 상관관계를 단선적 적대관계로 환원시키는 경향을 드러냈다. 전 세계적 경제위기로 더욱 힘을 받게 된 이런 사상적 편견을 극복하는 작업이 자유주의를 철학적으로 재구성하는 첫걸음이 될 수밖에 없다. 시장질서와 민주질서의 복합적 상관관계를 해부하는 '시장의 철학'은 바로 그것을 지향한 기획이다.

윤평중의 결론은 다음과 같다.

(1) 급진자유주의는 비판적 자유주의다.

급진자유주의는 무엇보다도 비판적 자유주의로 정의된다. 급진자유주의에 내재된 급진성의 첫 번째 기준은 자기비판성으로서 자신의 뿌리와 갈래에 대한 근본 비판에서 시작한다. 여기서 급진성의 개념은 '비현실적으로 과격하거나 지나치게 성급한 시도'라는 일상 언어의 용례나 함축과는 전혀 다른 것으로서 어원적 분석이 지시하는 것처럼 '자신의 뿌리에 대한 근원적 성찰'을 의미한다. 급진자유주의라는 개념은 역사 안에서 자유주의의 다양한 실험에 대한 자기비판적 반성을 극대화하기 위해 사용된 것이다. 역사적으로 현상화한 자유주의의 기초와 학문 방법론에 대한 철저한 반성에서 시작해서 그 실천 양태와 미래 지향에 관해 성역을 두지 않고 천착하는 것이 급진자유주의다.

(2) 급진자유주의는 진보적인 혁신 자유주의로서 성찰적 개인주의를 시금석으로 삼는다.

비판적 자유주의가 구현하는 급진성과 비판성은 역사적 자유주의가 현상에 대한 온존(溫存)이나 수용에만 머무르는 것을 거부한다. 자신의 뿌리를 돌아보면서 무엇이 좋은 삶인가를 끊임없이 묻고, 어떤 장애물들이 성숙하고 자유로운 개인의 삶을 방해하며, 어떤 종류의 실천이 주체성을 활성화시키는가를 탐색하는 급진자유주의의 이론과 실천은 항상 변화 앞에 열려 있으며 자기혁신적인 까닭에 진보를 지향할 수밖에 없다.

(3) 급진자유주의에서는 민주주의보다 자유주의가 더 선차적이다.

마르크스주의는 자유민주주의를 형식적 민주주의나 가짜 민주주의라고 폄하하면서 진정한 민주주의를 꿈꾸었으나 자유주의적 제도와 가치의 입체성에 대한 몰이해 때문에 좌초하고 말았다. 이는 역사유물론이 경제결정론으로 환원되는 것을 막아줄 정치의 독자성에 대한 감수성이 마르크스에게 희박하다는 이론의 내재적 결함 때문에 발생한다.

〈세계화와 자유민주주의 위기의 두 얼굴〉(정진영)에서 필자는 '민주주의의 탈공고화(democratic deconsolidation)'가 일어나고 있다고 말한다. 달리 표현하면, 자유민주주의가 위기에 처했다는 것이다. 정진영은 이에 대한 근거로 민주주의 제도와 정치인들에 대한 신뢰 하락, 민주주의 체제의 중요성에 대한 인식 저하, 강력한 지도자나 군사정권 선호도 증가 등을 들고 있다. 그렇다면 자유민주주의 위기의 원인은 무엇인가? 가장 직접적인 원인은 포퓰리즘에 있다고 본다. 그러나 크게 보면 포퓰리즘도 근본적인 원인은 아니다. 포퓰리즘은 민주주의의 실패에서 비롯되었고 그 원인은 경제적 세계화에 있기 때문이다. 정진영에 따르면 오늘날 민주주의는 외양을 유지하고 있지만, 실제로는 국민이 아니라 다국적 기업과 같이 강력한 지배계층의 이익에 봉사하는 방향으로 작동한다. 그리고 이를 추동하는 것이 경제적 세계화다. 왜냐하면 세계화는 한편으로 사회적 불평등과 분열을 심화시키고, 다른 한편으로 정부가 사회적 요구에 효과적으로 대응할 수 있는 능력을 감소시키기 때문이다. 그러나 따지고 보면 세계화도 궁극적 원인은 아니다. 세계화를 떠받치고 있는 것은 신자유주의이기 때문이다. 정진영에 따르면, 신자유주의는 자유로운 경쟁시장이 최선이라는 전제하에 이에 걸림돌이 되는 그 어떤 개입도 용납하지 않는 입장이다. 그 결과 신자유주의는 정치의 위축, 대의기구의 왜곡, 불평등의 심화, 정책 자율성의 제약과 정당성의 위기를 초래한다.

정진영은 민주주의 탈공고화 과정에는 일정의 패턴이 있다고 본다. 자유민주주의가 신자유주의화를 거치게 되면 '비민주적 자유주의'로 전락한다. 그리고 이로 말미암아 민주주의에 대한 국민들의 신뢰가 약해지고 불만이 가중되기 시작하면, 포퓰리즘이 등장한다. 그러면 '비민주적 자유주의'가 '비자유주의적 민주주의'로 변모한다. 그러나 끝으로 '비자유주의적 민주주의'는 상당수가 독재로 전락한다. 만약 자유주의도, 민주주의도, 자유민주주의도 포기할 수 없다면, 어떻게 해야 하는가?

정진영은 이 글에서 우리 모두에게 질문한다. 그러고는 방향을 제시한다. 그가 제시하는 것은 크게 두 가지다. 하나는 세계화가 지나쳐서 자유민주주의를 위협하지 못하도록 하는 것이다. 다른 하나는 자유민주주의를 활성화시켜서 민주적 체력을 기르는 것이다. 정진영은 세계화가 지나치지 않도록 하는 것, 즉 '깊은 수준'에 이르지 않도록 하는 것이 어떤 것인지 설명하기 위해 한 가지 예를 든다. 그것은 금융 세계화의 수준을 낮추는 일이다. 이를 위한 방안까지 예시한다. '토빈세(Tobin's tax)' 부과가 그것이다. 반면 민주주의를 강화하기 위해 국내에서 해야 할 일로서는 국민의 의사가 손쉽고 자유롭게 형성되고 표출되도록 하는 것에 중점을 두어야 한다고 강조한다. 예를 들어, 의원의 임기를 대폭 단축해서 선거를 자주 치러야 한다고 주장한다. 선거운동을 제약하는 요소들도 대폭 완화해야 한다고 지적한다. 이에 더해 물론 정치 제도가 합리적으로 작동할 수 있도록 재설계되어야 한다고 조언하는 것도 잊지 않는다.

정리하면 정진영의 글은 현대 자유민주주의 체제가 봉착하고 있는 가장 근본적인 문제를 노정하고 그 원인을 분석한 후 이를 해결하기 위해 우리가 취해야 하는 방향과 대략적인 방법까지 제시하는 체계적이고 분석적인 글이다.

〈글로벌 경제의 시각에서 본 민주주의와 자유주의의 새로운 모색〉(김경수)은 무엇이 경제성장을 가능하게 하는가라는 물음에 대한 탐구다. 필자는 성장은 제도에서 나온다고 말한다. 제도주의적인 관점을 취한 것이다. 제도가 경제성장의 가부에 영향을 미치는 결정적인 요인이라면, 어떤 제도가 경제성장을 촉진하는가라는 물음이 나온다. 곧 경제성장을 촉진하는 제도와 그렇지 않은 제도를 구분할 수 있는 기준이 무엇인가라는 물음에 답해야 한다. 그의 분석에 따르면 경제성장을 촉진하는 제도 가운데 가장 중요한 것은 재산권 제도다. 재산권 제도는 개인에게 혁신과 생산에 대한 인센티브를 제공하면서 지대추구, 도용, 자의적인 몰수, 지나친 과세 등 개인의 인센티브를 줄이는 활동을 방지한다. 인격과 재산을 보호하는 제도가 경제성장과 궁극적으로 복지를 증진하는 가장 효과적인 방법이라는 것이다.

나아가 김경수는 재산권 제도 이외에 인플레이션을 방지하고 재정건전성을 유지하고, 금융을 발전시키고, 주주채권자의 권리를 법적으로 보호하고, 불평등을 완화하고, 법의 지배를 보장하는 다양한 제도들이 지속가능한 성장을 보장한다고 주장한다. 이런 제도들은 경제 주체에게 잘못된 동기를 부여하지 않고, 경제를 지속적으로 안정시키는 역할을 한다는 것이다. 그리고 그는 이와 같이 경제성장을 촉진하는 좋은 제도는 역사적으로 볼 때 자유주의·민주주의 같은 정치체제와 이념의 산물이라고 주장한다. 즉 좋은 제도는 좋은 체제의 산물이다. 그렇다면 경제성장을 지속하기 위해 필요한 것은 자유주의와 민주주의를 유지함으로써 좋은 제도가 지속적으로 작용할 수 있도록 하는 것이다.

인류 역사는 자유주의와 민주주의에 기초한 시장경제가 번영을 보장한다는 사실을 보여주고 있다. 그러나 자유주의와 민주주의가 항상 동일한 제도를 통해 구현되는 것은 아니다. 자유주의는 시대 환경에 따라 그 의미가 바뀌었지만 항상 자유와 평등에 기초한 세계 시민의 길을 인도했다. 자유주의가 지속적인 지지를 받기 위해서는 시장경제가 경제 주체가 수긍할 수 있는 일관성 있는 규칙과 질서의 지지를 받아야 한다. 그러나 수요와 공급, 성과에 따른 보상과 같은 규칙이 잘 작동하지 않아 시장경제가 불평등을 야기할 때 자유주의는 민주주의와 갈등했다고 주장한다. 자유주의를 지탱하는 제도의 역량과 복원력이 강할 때 자유주의는 진화를 멈추지 않았고 자유주의와 민주주의는 공존했다는 것이다.

그러나 문제는 자유주의와 민주주의가 항상 조화를 이루는 것은 아니라는 사실이다. 자유주의와 민주주의는 서로 조화를 이루기도 하지만, 상황에 따라 갈등을 일으키고 서로에게 부정적인 영향을 미치기도 한다. 양자의 갈등을 초래하는 가장 중요한 원인은 바로 불평등이다. 시장경제가 불평등을 야기할 때 자유주의와 민주주의는 갈등을 일으키며 사람들은 자유주의와 민주주의에 대한 신뢰를 철회한다. 좋은 제도의 원천이 되었던 자유주의와 민주주의가 시민의 신뢰를 상실하면 그것이 제도에 부정적인 영향을 미쳐 경제성장도 멈추게 된다. 이런 결론은 그동안 경제성장의 원인을 규명하기 위해 국가 간의 경제 격차를 연구해온 학자들이 이끌어낸 것이다.

경제성장을 촉진하는 제도는 자유주의와 민주주의에서 나온다는 연구 결과를 바탕으로 김경수는 최근 미국 사회나 세계 경제에서 발생한 문제들을 자유주의와 민주주의라는 근원적인 이념을 통해 심층적으로 탐구했다. 그는 자신의 논문에서 미국과 유럽에서 일어난 정치 현상을 경제적인 관점에서 설명하고 있다. 나아가 그는 21세기에 진입하면서 한층 더 빨라진 글로벌 경제, 초연결사회, 새로운 기술혁명의 도래가 자유주의와 민주주의에 새로운 도전의 기회를 가져왔다고 분석하면서 그것들의 긍정적인 영향을 확대하고 부정적인 영향을 줄일 수 있는 방안이 무엇인가를 모색한다.

김경수에 따르면 최근 선진국에서 발생한 정치적 변화, 곧 샌더스와 트럼프의 등장, 영국의 브렉시트, 포퓰리즘 정당의 출현과 같은 각국의 정치적 변화는 글로벌 경제가 초래한 변화로 일어난 것이며, 이것들이 자유주의와 민주주의를 위협하고 있다고 본다. 그동안 세계화와 기술의 발전이 초래한 경제적 변화, 경제적 변화가 초래한 사회정치적 변화가 서구 사회를 지탱해온 제도의 기초가 된 자유주의와 민주주의를 위협한다는 것이다.

오늘날 자유주의와 민주주의를 위협하는 가장 강력한 요인은 소득과 부의 불평등이다. 불평등은 성장을 저해함으로써 자유주의와 민주주의에 대한 시민의 믿음을 약화시킨다. 성장의 혜택을 사회 구성원에게 골고루 돌아가게 하는 포용적 성장은 경제성장에 긍정적인 영향을 미쳐 자유주의와 민주주의를 강화한다.

그런데 21세기에 진입하면서 특히 미국에서 자유주의와 민주주의를 위협하는 요소들이 등장했다. 미국의 저학력 백인이 실업과 저임금으로 고통받으면서 전례 없는 높은 사망률을 기록했다. 이것이 2016년 대선에 결정적인 영향을 미쳤다는 분석이 있다. 이러한 사태에 대한 명확한 원인 규명은 어렵겠지만 세계화에 따른 차이나 쇼크와 기술 진보에 따른 노동시장의 변화를 꼽고 있다. 세계화와 기술 진보는 기존의 사회가 소화할 수 없는 빈부격차를 초래하고 그것이 기존의 사회를 파괴할 수도 있는 위험이 되었다는 것이다. 그동안 경험하지 못한 경제적 충격은 오랫동안 미국 사회를 지지해온 가치에 대한 불신을 초래했다. 불평등에 대해 비교적 관대했던 미국 사회를 안정적으로 유지한 것은 아메리칸 드림으로 표현된 계층 이동이었는데, 이제 이 꿈이 사라져버렸다. 이렇게 되자 자유민주주의에 대한 믿음이 덩달아 사라지고 있다.

김경수는 글로벌 경제와 초연결 시대, 새로운 기술혁명 시대의 전개

속에서도 자유주의와 민주주의를 지속적으로 신뢰하고, 경제성장에 효과적인 제도를 유지할 수 있는 방책을 찾을 수 있는 길을 모색함으로써 우리가 해야 할 일이 무엇인가를 제시한다. 그에 따르면 글로벌 경제와 기술혁명이 승자 독식의 경제를 초래하고 패자를 양산하지 않도록 시장경제의 자기 규율과 감시가 필요하다고 주장한다. 나아가 포용적 성장을 위해 롤스의 정의론을 수용하여 평등한 자유의 원칙과 차등의 원칙을 실현해야 한다고 주장한다. 그렇게 함으로써 모든 개인이 각자의 삶을 영위하는 데 최선의 선택을 할 수 있도록 사회적 희소 자원이 공정하게 분배될 수 있기 때문이다.

〈하이에크 사회정의론 옹호〉(정연교)에서 하고자 하는 주된 일은 하이에크의 사회정의론을 옹호하는 것이다. 하이에크는 사회주의를 비판하고 고전적 자유주의를 옹호했던 대표적인 사상가다. 그러나 그는 이미 구세대에 속하며 진보적 자유주의가 정치철학계를 주도하는 오늘날 그의 사회정의론은 특별한 관심의 대상이 아니다. 그럼에도 불구하고 하이에크의 사회정의론을 논하는 것이 어떤 의미를 가질까?

정연교에 따르면, 하이에크의 사회정의론이 학술적 관심을 끌 수 있는 일차적인 이유는 학술적으로 흥미 있는 문젯거리를 제공하기 때문이다. 과연 하이에크 사회정의론이 현대사회에 얼마나 중요한 의미를 갖는가와는 별개로 그의 사회정의론은 그를 연구하는 사람들에게 일종의 수수께끼처럼 여겨져온 부분이 있다.

주지하듯이 하이에크에 따르면 시장경제체제에서 사회정의에 대한 논의는 경제적인 의미에서는 물론 윤리적인 관점에서도 정당화가 가능하지 않다. 그는 한 걸음 더 나아가 시장경제체제에서 사회정의는 현실적으로 구현 불가능하며, 윤리적으로 정당화할 수 없고, 개념적으로 무의미하다고 주장한다. 신자유주의를 옹호한 대표적인 학자인 만큼 그가 이 같은 입장을 견지했다는 사실은 충분히 예측 가능한 일이다.

오히려 흥미로운 사실은 그가 흔히 '사회적 정의 문제'라 여겨지는 것에 대해 전적으로 부정적인 입장을 취하지 않았다는 것이다. 하이에크는 국가가 나서서 최소한의 사회 안전망을 구축해야 한다는 취지의 발언을 여러 곳에서 했다. 기본소득 보장의 필요성을 언급했으며 누구나 건강하게 일할 수 있도록 의식주를 제공해야 한다고 말했다. 풍요한 국가가 열악한 상황에 처한 사람을 위해 생존에 필요한 최소한의 경제적 지원을 하는 것은 도덕적인 의무라고 주장하기도 했다.

아마 이 같은 주장을 접한 사람은 대다수가 시장경제체제에서 사회정의는 부질없는 일이라는 취지의 발언과 최소한의 사회 안전망 구축은 우리의 도덕적 의무라는 발언이 서로 잘 어울리지 않는다는 느낌을 받을 것이다. 이에 더해 하이에크의 입장은 일관성이 없거나 모순적이라고 생각하는 사람도 있을 수 있다. 실제로 많은 학자들이 그렇게 생각했다. 비록 하이에크가 경제적 불평등을 해소해야 한다는 주장까지 한 것은 아니라고 할지라도 그가 "노약자나 불의의 재난을 당한 사람들을 돕기 위해서 우리가 이용할 수 있는 모든 정치 조직을 활용하려고 노력해야 하는 데는 타당한 이유가 존재한다"라고 말한 것은 시장경제체제에서 사회정의를 논하는 것이 무의미하다는 주장과 상충하는 듯이 보이는 것도 사실이다.

정연교가 해소하고자 했던 문제, 그리고 그것을 통해 하이에크의 사회정의론을 옹호하고자 했던 문제가 바로 이것이다. 정연교는 언뜻 보기에는 모순적인 것처럼 보여도 하이에크의 입장이 정합적일 뿐만 아니라 매우 설득력이 있다고 주장한다. 그는 '소유권의 침해'와 '소유권의 훼손'에 대한 J. J. 톰슨의 구분에 의거해서 절대적인 소유권 해석을 비판하고, 이를 바탕으로 빈민구제가 소유권 침해에 해당하지만 소유권을 훼손하는 것이 아니기 때문에 하이에크와 같은 고전적 자유주의자의 입장에서도 정당화가 가능하다는 것을 보여주고자 한다.

과연 정연교가 주장하듯이, 하이에크의 입장이 절대적 소유권을 주장하는 노직의 입장보다 더 설득력이 있는지는 독자 스스로 판단할 문제다. 그러나 적어도 정연교의 진지한 논구가 하이에크에 대한 관심을 상기하는 데 도움이 될 것이라는 점에 의심의 여지가 없다. 어떤 이념이든 내부적으로 온건파와 강경파가 갈린다. 그리고 흔히 온건파는 이념 외부는 말할 것도 없고 내부에서도 비판을 받는다. 이념에 충실하지 않아 보이기 때문이다. 하이에크 역시 마찬가지다. 그의 입장은 한편 진보적 자유주의자들에게는 '신자유주의'라는 비판을 받았고, 다른 한편 내부적으로는 친시장적 무정부주의자, 즉 아나코 캐피탈리스트에게는 일관성 없다는 비난을 들었다. 정연교는 하이에크의 논거를 정치하게 분석하여 이들 양자의 비판으로부터 하이에크를 옹호함으로써 하이에크의 사회정의론을 다시 무대에 올리고자 한 것이다.

만약 정연교의 주장처럼 하이에크의 사회정의론이 내외부의 비판으로부터 자유로울 수 있다면 하이에크는 작금의 천편일률적인 사회정의 담론에 신선한 자극을 제공할 수도 있다. 특히 롤스 이래 사회정의에 대한 거의 모든 논의가 진보 진영 사이의 논의로 한정되고 있다는 사실을 감안할 때, 즉 정의가 평등주의적 자유주의나 공동체주의의 전유물이 되어가고 있는 현 상황을 고려할 때 다시금 현대사회가 봉착하고 있는 문제의 본질과 그 가치에 대해 성찰할 수 있는 계기를 제공하는 데 도움이 된다면 그것이 무엇이든 의미 있는 일일 것이다. 다른 모든 분야에서와 마찬가지로 정치적 이념 역시 치열한 경쟁의 산물일 때 혁신과 발전이 가능하기 때문이다.

〈자유주의 문명의 경계에서〉(허우성)는 기본적으로 간디와 롤스의 문명론을 비교한 논문이다. 이런 비교를 위해 일본의 후쿠자와 유키치의 '탈아교론'이나 헌팅턴의 《문명의 충돌》을 소개한다.

간디의 서양 문명 비판은 《힌드 스와라즈(자치)》(1909)에 잘 나타나 있다. 간디는 진정한 문명을 다음과 같이 정의한다: "문명은 인간에게 의무의 길을 가르쳐주는 행동 양식입니다. 의무 수행과 도덕 준수는 서로 맞바꿀 수 있는 말입니다. 도덕을 준수한다 함은 우리의 마음과 정염에 대한 지배력을 얻는 일입니다. 그렇게 할 때 우리는 우리 자신을 압니다. 구자라트어에서 문명이란 말은 '선행'을 뜻합니다."

간디는 산업주의에 대해서도 "소수가 다수를 통제하는 것"으로 보았고, 대신 "촌락의 삶이 지배적이어야 하고 폭력적이고 물질적인 힘이 영혼의 힘에 순종"하는 사회를 꿈꾸었다. 산업주의가 영국과 같은 '경제적 제국주의'와 '경제적 착취'를 낳았다고 보았다.

간디의 스와라즈(swaraj, 自治)에는 크게 두 가지의 의미가 있다. 첫째는 한 나라나 민족의 정치적 독립과 자주 그리고 경제적 자치를 의미한다. 둘째는 "우리가 자신을 다스리기를 배우는 것"을 의미한다. 《힌드 스와라즈》의 말미에서 간디는 자치(Home Rule)를 다음과 같이 네 항목으로 요약한다.

첫째, 진정한 자치는 자기 통치(self-rule)이고 자제(self-control)이다.

둘째, 진정한 자치로 향하는 길은 수동적 저항, 즉 혼의 힘이나 사랑의 힘이다.

셋째, 이 힘을 발휘하기 위해서 전 방위에 걸친 스와데시가 필수적이다.

넷째, 나는 영국인에 대해 적대감이 전혀 없지만 그들의 문명에 대해서는 적대감이 있다.

간디는 끊임없는 탐욕 때문에 자본주의를, 폭력 때문에 공산주의를 각각 비판했다.

사람은 자신에게 필요한 것만을 소유할 필요가 있다. 그것은 만인이 신에 의해서 창조되었고, 따라서 의식주에서 동등한 지분을 가질 자격이 있음을 말한다. 이 이상의 실현을 위해서 거대한 조직체가 필요한 것은 아니다. 누구나 그 이상을 실현하는 일을 착수할 수 있다. 부자들은 자신이 소유한 부의 수탁자로서 활동해야 한다. 그러나 그들이 폭력의 방법으로 부를 빼앗기게 된다면, 그것은 우리나라의 이익이 되지 못한다. 이것이 공산주의로 알려진 것이다. 더구나 우리가 폭력적인 방법을 사용하게 되면 우리는 유능한 개인을 사회에서 쫓아내는 셈이 된다.

롤스는 문명과 정의의 관념이 같은 방향으로 진보한다고 보았다. 롤스는 정의론의 관점에서 볼 때 "가장 중대한 자연적 의무는 정의로운 제도를 유지하고 발전시켜야 하는 것"이라 말하고, "자연적 의무는 '우리'의 보편적 의무가 된다. 이를 위해서는 문명이 어느 수준까지 향상될 필요가 있다"고 했다. 그는 정의로운 제도, 자연적이고 보편적인 의무감, 문명, 이 셋이 함께 향상된다고 여겼다. 그렇다면 문명의 향상을 위해서 협력하는 것도 인간에게 보편적 의무다. 롤스는 이 점에서 간디와 유사하다.

롤스는 정의의 제1원칙인 자유 개념의 진보가 문명의 진보와 관계가 있다고 보는데, 이는《정의론》초판의 다음 구절에 잘 나타나 있다: "그런데 자유 우선성의 근거는 대체로 다음과 같은 것인데, 즉 문명의 상태가 향상됨에 따라 더 이상의 경제적·사회적 이득이 우리의 선(가치)에 있어서 갖게 될 한계 의의는 자유에 대한 관심에 비해 상대적으로 줄어들 것이며, 자유에 대한 관심은 동등한 자유의 행사를 위한 여건이 보다 충분히 실현됨에 따라 강화될 것이다."

자유의 우선성과는 달리 사유재산권에 대해서는 간디와 롤스의 의견이 상당히 다른 것으로 보인다. 롤스는 기본적 자유의 목록에 개인적 재산을 소유할 권리를 포함시켰다. 이에 반해 간디는 서양 문명의 경계에서 자유주의 문명의 자유를 문제로 삼고, 사유재산에 대해 수탁자 개념을 제시했다. 완전한 스와라즈에 근거한 간디의 '개혁 자유주의'는 롤스의 '정의론'보다 훨씬 더 강하게 평등을 요구하고 자유에 대해 근원적인 반성을 요구한다.

간디는 서양의 자유주의 문명의 경계에서 그것을 비판했다. 그의 관점에서 보면 헌팅턴, 퍼거슨, 롤스까지 계몽주의 문명, 그리고 그 후예인 자유주의 문명 안에 있는 셈인데, 헌팅턴과 퍼거슨은 중앙에 서 있고, 롤스는 가장자리에 서 있다. 간디의 서양 문명에 대한 비판은 자유주의 문명의 특성과 한계를 선명하게 보여주면서 그것을 역사적인 산물로 만들었다.

〈민주주의의 새로운 모델〉(진미경)에 따르면 권위주의가 부상하고 있다. 그리고 그에 따라 민주주의의 가치, 신념, 효용성에 대한 회의가 일어나고 있다. 왜 그러한 현상이 나타났는가? 그리고 이를 해결하기 위한 방안은 무엇인가? 진미경에 따르면, 권위주의 부상의 가장 큰 원인은 고전적 민주주의 모델의 실패에 있다. 특히 1970년대 말 이후 민주화에 성공한 국가들이 경제, 사회 문제들을 잘 해결하지 못했기 때문이다. 그리고 이들이 실패한 이유는 작은 정부를 고집하는 고전적 민주주의 모델에 집착했기 때문이다.

비록 고전적 민주주의 이론이 존 로크와 애덤 스미스 이래 민주주의의 전형으로 여겨져왔고 아시아, 남미, 아프리카 국가들에서도 처음에는 고전적 민주주의 이론을 채택했지만, 이들 제3세계 국가들은 서구사회와 달리 경제발전을 주도할 자본과 기술 그리고 중산층 계층이 없었기 때문에 경제발전과 사회 안정을 도모할 수 없었고 그 결과 민주주의는 형식만 남고 실제로는 정부가 나서서 경제발전과 근대화를 주도하는 관료적 권위주의로 변모했다는 설명이다.

진미경은 오도넬의 이론을 원용하여 아르헨티나와 같은 제3세계 국가들에서 관료적 권위주의가 등장하는 과정을 분석하고, 이어서 베버, 마르크스, 립셋 등을 통해 오도넬의 설명 근저에 있는 이론적 바탕을 소개한다. 그리고 관료적 권위주의가 다시 민주주의의 부활을 배태하는 과정을 설명한다. 진미경에 따르면, 관료적 권위주의는 경제발전을 통해 중산층을 낳지만 이들은 역으로 민주주의를 요구한다. 고전적 민주주의는 관료적 권위주의를, 관료적 권위주의는 다시 민주주의를 낳는다는 것이다. 그러나 이 같은 과정이 그저 악순환에 지나지 않을 수 있는 것은 관료적 권위주의 이후에 등장한 민주주의는 고전적 민주주의와 다를 수 있기 때문이다.

진미경에 따르면, 권위주의를 극복하고 부활한 민주주의는 고전적 민주주의를 따라 '작은 국가, 큰 사회'를 지향할 수 없다. 예를 들어 단지 정기적인 선거, 개인의 자유와 언론 자유의 보장, 국영기업의 민영화, 국가의 시장규제 축소, 군부의 탈정치화 등과 같은 정도로는 사회 각 부문에서 봇물처럼 터지는 요구들을 담아낼 수 없다. 그렇다면 새롭게 민주주의를 부활시킨 우리나라와 같은 신생 민주주의 국가에서 어떻게 하면 민주주의를 정착시킬 수 있을까?

진미경은 이 문제에 대한 해답의 실마리를 제3세계, 특히 아프리카 국가를 연구한 미그달의 다원적 국가론에서 찾는다. 미그달은 고전적 민주주의 이론과 관료적 권위주의 이론 모두를 비판한다. 양자 모두 국가를 단일체로 분석했기 때문이다. 미그달에 따르면, 국가는 국가가 지닌 다양한 능력을 다원적으로 분석하고 연구해야 한다. 미그달이 주목한 국가의 대표적인 능력에는 '사회 침투 능력', '자원 징수 능력', '사회 지배 능력', '자원 사용 능력' 등이 있다.

미그달의 연구에 따르면 이집트, 인도, 이스라엘, 멕시코 등의 국가 중에 이스라엘을 제외하고는 국가가 사회를 지배하는 데 모두 실패했다. 이를 바탕으로 미그달은 제3세계 국가들이 빈곤과 독재의 악순환에서 벗어나 경제발전과 민주주의를 이룩하기 위해서는 기존의 사회집단, 사회 지배세력에 영향을 받지 않고 지도자의 원칙을 국민에게 잘 전달하는 관료집단의 발전과 위험 계산을 잘하는 지도자의 출현이 필요하다고 주장한다. 다시 말해, 미그달은 국가 역량을 높게 만들어 현재 신생 민주주의가 겪고 있는 경제사회적 문제들을 해결하여 권위주의로의 회귀를 방지할 수 있는 이론으로서 큰 국가, 큰 사회를 지향하는 새로운 민주주의 이론을 제시한 것이다.

진미경은 미그달과 궤를 같이하면서 국가의 역할을 강조하는 학자로 프랜시스 후쿠야마를 든다. 그 역시 국가를 단일체로 보지 않고 범위와 능력을 중심으로 분석했을 뿐만 아니라 신생 민주주의 국가들이 위기에 처한 이유를 국가의 범위뿐만 아니라 국가의 능력을 동시에 축소했기 때문이라고 진단했다. 후쿠야마는 미그달과 마찬가지로 국가의 범위는 줄이되 국가의 능력은 반대로 증가시켜야 권위주의로의 회귀를 막을 수 있다고 보았다.

그렇다면 후쿠야마가 말하는 국가의 능력과 범위는 무엇인가? 진미경에 따르면, 국가 능력으로는 국가가 정책을 기획하고 집행할 수 있는 능력, 법을 제정하고 강제할 수 있는 능력, 최소의 관료로 독직, 부패, 뇌물 등을 조정할 수 있는 능력, 책임성 등이 있다. 그리고 국가 범위의 사례로는 지방분권이나 국영기업의 민영화처럼 지방이나 시장에 국가가 담당했던 기능을 분산시키는 일을 들 수 있다. 또한 국가의 능력을 높이는 예로는 법치를 강화해서 내부 사회에서 테러단체의 활동을 억제하고 재산권, 기본 초등교육 등을 강화하는 것이다.

결국 진미경에 따르면, 신생 민주주의 국가에서 민주주의를 살리려면 신자유주의가 권고하는 것처럼 국가를 일원적으로 보지 않고 국가를 다원적으로 분석해서 국가를 범위와 능력으로 구분하고, 국가의 범위는 줄이되 정치, 경제, 사회 문제를 해결할 수 있는 국가의 능력은 확대해야 한다. 이렇게 신생 민주주의 사회가 직면하게 되는 여러 문제들을 국가가 높은 역량으로 해결할 때 국민은 민주주의를 지지하고 단기간에 억압적 지배로 사회문제를 해결했던 과거의 권위주의 체제로 회귀하고 싶은 욕망을 포기하게 돼 민주주의를 정착시킬 수 있는 가능성이 높아지기 때문이다.

서구 민주주의 국가는 사회는 강하고 국가는 약하지만 개인의 사적 이익 추구와 사회의 자율성, 국가의 사회에 대한 종속성에도 불구하고 경제발전을 이룩했다. 반면에 신생 국가들은 사회가 강하고 국가가 약할 경우, 경제발전에 실패하고 대다수의 국민이 빈곤과 경제적 불평등에 시달리게 된다. 이러한 문제를 해결하기 위해 진미경이 제시한 것은 새로운 민주주의 이론으로서 국가의 범위는 축소하되 국가의 능력은 강화시키는 것, 즉 강한 국가와 강한 사회를 만드는 것이다.

〈민주주의의 이중성〉(이동수)에서는 우리가 흔히 간과하는 민주주의의 실체, 즉 그 '정치적 덕목'에 대해 논구한다. 특히 프랑스 정치철학자 르포르의 이론을 원용해서 설명한다. 이동수가 특별히 르포르에 천착한 것은 민주주의에 대한 이해가 역사적 이해, 즉 "민주정이라는 실체가 역사적으로 어떻게 오늘날까지 전개되어왔는지"를 살펴봄으로써 제대로 수행될 수 있다고 보기 때문이다.

르포르에 따르면, 군주제는 "사회를 하나의 몸으로 여기는 통합된 사회이며 그 통합성이 왕을 통해 표상되는 체제이다." 반면 민주주의는 그 내용이 구체적으로 규정되지 않는, 비결정적이고 불확실하며, 항상 질문하는, 일종의 모험의 무대이며 늘 변화하는 변혁의 정치다. 그렇기에 민주주의는 늘 '갈등과 경쟁', '혼란과 불평등'이 내재할 수밖에 없는 체제다. 문제는 민주주의가 지닌 이러한 특징 때문에 전체주의가 등장한다는 사실에 있다.

전체주의 사회의 가장 뚜렷한 특징은 국가와 사회를 구별하지 않고 단일체를 구성하는 데 있다. 전체주의 국가에서는 지식과 법률을 포함해서 사회 모든 영역이 정치적 권위에 예속된다. 전체주의 사회는 사회의 내적 분화를 용인할 수 없기 때문이다. 전체주의가 관습, 기호, 이념 등을 통제, 조작함으로써 사람들이 자신도 모르게 자발적으로 국가가 제시한 기준을 정통으로 받아들이게 만드는 것도 이 때문이다. 그러한 전체주의는 독재를 야기한다. 전체주의 사회에서 정부는 초창기에는 사회적 권력을 집행하는 기구로 행사하지만 이후에는 정당을 그리고 최종적으로는 정당을 대표하는 일인의 꼭두각시 역할을 한다. 그 결과 전체주의 사회는, 르포르에 따르면, 개인의 지배로 귀착될 수밖에 없다.

그렇다면 해결책은 무엇인가? 만약 민주주의는 혼란과 불평등을, 전체주의는 독재로 귀착될 수밖에 없다면 미래는 암담하다.

이동수가 해답의 실마리를 찾기 위해 의존한 것은 이데올로기에 대한 르포르의 분석이다. 르포르는 이데올로기를 세 가지로 구분한다. 첫째, 부르주아 이데올로기다. 이는 인류, 진보, 과학, 재산, 가족, 민족 등의 가치를 통해 사회적 분열을 제거하고 이상적인 사회로의 동질화를 도모했던 근대 프로젝트다. 그러나 르포르가 보기에 부르주아 이데올로기는 부르주아와 노동자, 문명과 야만, 정상과 광기, 성인과 아동 등의 작위적 구분을 이용해서 현실을 조작하고 불평등과 차별을 야기하는 한계를 보였다.

전체주의 이데올로기는 부르주아 이데올로기가 지닌 이 같은 치명적 약점을 보정하기 위한 대안으로 등장한다. 따라서 전체주의 이데올로기는 공정하고 평화로운 이상사회의 가능성을 약속할 수밖에 없었다. 특히 모든 것이 합리적으로 측정하고 계획 가능하다고 가정할 수밖에 없었다. 그러나 이 같은 가정이 성립하려면 지식 그 자체가 통일적이고 무모순적이어야 한다. 그러나 현실은 그렇지 않았다. 그 결과 전체주의 이데올로기는 현존하는 사회적 분화와 사회적 실재의 이질성을 부정한다. 더 나아가 이질적 요소를 폭력적으로 배제하는 전략을 취한다. 이렇게 볼 때 전체주의 이데올로기가 온전한 의미에서 사회 동질화에 실패하고, 오히려 또 다른 형태의 지배와 피지배 관계를 가져온 것은 놀랄 일이 아니다.

전체주의 이데올로기가 본 모습을 드러낸 이후 등장하는 것이 세 번째 이데올로기인 '보이지 않는 이데올로기(invisible ideology)'다. 이동수에 따르면, 이 보이지 않는 이데올로기는 부르주아 이데올로기와 전체주의 이데올로기의 중요한 특징들이 부분적으로 결합한 새로운 이데올로기다. 그리고 20세기 들어 실제로 서구 산업사회를 지배해온 이데올로기다. 이 새로운 이데올로기는 전체주의 이데올로기처럼 동질적이며 통합된 사회를 모색하지만 전체성에 호소함이 없이 암묵적이며 비가시적인 방법에 의존한다는 점에서 전체주의 이데올로기와 차이가 있다. 이동수에 따르면, 이 새로운 이데올로기의 은폐 논리가 지닌 특징은 전체화를 포기하면서 표상과 실재의 괴리를 제거하는 데 있다.

'보이지 않는 이데올로기'는 매스미디어에 의한 사회적 커뮤니케이션의 경로를 중요한 수단으로 이용한다. 이 이데올로기는 폐쇄된 의식체계, 예를 들어, 사회적 타부나 과도하게 포장된 이상을 고집하는 대신 새로운 것을 적극적으로 수용하며, 구성원으로 하여금 모든 것을 말할 수 있게 한다. 그러나 이는 기존 질서에 대한 의문을 배제하기 위한 하나의 제스처에 지나지 않는다. 대중화 과정에서 차이와 분화는 점차 잊히고 현실은 자연스럽게 은폐되기 때문이다. 그렇다면 이 같은 대중화에 빠지지 않을 수 있는 방법은 무엇인가? 이동수에 따르면, 가장 먼저 해야 할 일은 민주주의에 내재하고 있는 이중성을 인식하는 것이다. 민주주의의 본질적 특징, 즉 '인민의 지배'라는 모토 속에서 자유주의나 전체주의로 환원될 수 없는 빈 공간을 유지하는 것이다. 그것은 한편으로는 '일시적 해석'을 통해 사회의 균형추를 잡아나가는 것을 의미하며, 다른 한편으로는 민주주의가 고심하여 만든 비어 있는 공간을 개인의 이익이나 사회 전체의 단일한 이익으로 규정하려 할 때, 오히려 민주적 공간은 사라진다는 사실을 자각하는 것이다. 이동수에 따르면, 민주주의에 대한 이 같은 인식은 그가 '포스트모던적 정치'라고 부르는 것의 필요성을 인식하는 것에 다름없다. 즉 이상, 선, 이성 등의 근대적 덕목에 함몰되지 않고 모호성과 복합성, 이중성이라는 실재 속에서 상생, 공존, 화해, 조화를 추구하는 것이다.

우리 사회는 여야갈등, 노사갈등, 세대갈등, 보수와 진보의 이념갈등 등 온갖 사회적 갈등으로 말미암아 피폐해가고 있다. 아마 이보다 더 절실한 문제도 없을 것이다. 그러나 누구도 이 같은 난제에 대해 설득력 있는 해법을 제시하지 못하고 있는 것도 사실이다. 이동수는 이 글에서 적어도 르포르를 원용해서 민주주의 사회는 인민을 빈 공간으로 남겨둠으로써 인민이 누구를 지칭하는지를 둘러싸고 해석의 갈등을 내포하는 사회라는 사실을 적시하고 그 같은 갈등의 복합성과 이중성을 파악하여 서로 인정하는 태도를 갖고 결코 제거할 수 없는 상대방과 화해하는 것이 정치적 지혜라는 사실을 깨닫도록 한다.

〈시민적 공화주의〉(신중섭)에서는 통해 샌델이 자유주의 공공철학을 비판하고 그것의 대안으로 제시한 '시민적 공화주의'의 정치철학을 분석하면서 샌델의 '시민적 공화주의'가 자유주의 공공철학에 대한 충분한 대안이 될 수 없다고 주장한다. 이 글은 그동안 우리 사회에서 수많은 동조자를 만들어온 샌델의 정의론과 정치철학에 대한 비판적 독해라는 점에서 일정한 의미를 갖는다. 샌델의 정의론과 정치철학은 아리스토텔레스의 덕 윤리와 정치철학을 현대적으로 재해석함으로써 공리주의와 자유주의의 한계를 지적하고 그것을 넘어서는 새로운 정의론과 정치철학을 시도했다는 점에서 높이 평가받아야 하지만, 그것의 한계 또한 인식되어야 한다. 신중섭의 글은 샌델의 정의론의 바탕이 되는 정치철학을 소개하면서 비판적인 분석을 시도하고 있다.

샌델은 정의란 덕을 키우고 공동선을 고찰하는 것이라고 주장하면서 이를 위해 네 가지를 강조했다. 첫째, 시민교육의 중요성이다. 시민의식과 희생과 봉사를 주장하면서 시민이 사회 전체를 염려하고 공동선에 헌신할 수 있는 방법을 찾아야 한다고 주장했다. 둘째, 시장의 도덕적 한계를 인식하고 비시장적 영역을 확보해야 한다. 곧 좋은 사회에서 돈과 시장의 역할을 제한해야 한다는 것이다. 좋은 사회에는 돈으로 사고팔 수 없는 것이 존재한다. 교육, 건강, 출산, 군 복무와 같은 영역을 시장에 맡기면 규범이 타락하고 질이 떨어질 수 있기 때문에 시장의 침입을 막아야 한다. 셋째, 불평등을 극복하고 연대와 시민의 미덕을 강화해야 한다. 불평등의 심화는 연대 의식의 약화를 초래하기 때문에 불평등은 극복되어야 한다고 주장한다. 그는 민주 시민의식을 확장하기 위해 공립학교의 개선, 상류층의 이용을 유도할 수 있는 대중교통체계, 보건소, 운동장, 공원, 도서관, 박물관과 같은 공공시설에 국가가 투자해야 한다고 주장했다. 네 번째로 그는 자유주의가 내포하는 '정치의 중립성'에 반대하여 시민의 도덕적인 참여정치를 주장했다. 도덕적인 참여정치는 도덕을 회피하는 정치보다 시민에게 더 많은 이상을 불어넣고 정의로운 사회 건설에 더 유망한 기반을 제공한다고 보기 때문이다.

《정의란 무엇인가》에서 전개된 정의에 대한 샌델의 입장은 그의 '시민적 공화주의'에서 나온 것이다. 샌델은 현대 미국 사회가 직면한 여러 가지 문제와 대결하기 위해서는 지금과 같은 미국 사회를 이루게 한 정치철학을 탐구해야 한다고 주장한다. 현실은 정치의 소산이고, 정치는 정치철학의 표현이기 때문이다. 샌델은 서양의 정치철학과 정치가를 자유주의와 공화주의로 양분한다. 그가 《정의란 무엇인가》에서 제시한 공동체주의 정의론이 공화주의 공공철학에 해당한다. 샌델은 자유주의 공공철학 대신에 '자유주의적 자유', '절차적 공화정', '자유주의 정치경제학'이라는 말을 사용하고, 공화주의 공공철학 대신에 '공화주의적 자유' 또는 '시민성의 정치경제학', '형성적 정치'라는 말을 사용하기도 한다. 샌델은 자신의 공화주의 공공철학에 이념적 기초를 제공해온 철학자들과 그 철학을 받아들인 정치인을 칭송하고, 자유주의 공공철학을 구축하거나 자유주의를 신봉해온 정치가를 비판하고 문제가 있다고 평가한다. 샌델이 높이 평가하는 철학자는 아리스토텔레스, 테일러, 매킨타이어, 왈츠, 브랜다이스, 크롤리 등이고 비판하는 철학자에는 칸트, 벤덤, 밀, 노직, 롤스 등이 포함된다. 샌델이 칭송하는 정치가에는 제퍼슨, 에드워드 케네디, 오바마 등이 포함된다. 일관적이지는 않았지만 때때로 공화주의의 중요성을 깨달은 정치인으로 프랭클린 D. 루스벨트, 레이건, 빌 클린턴 등을 거론한다.

자유주의 정치철학의 핵심은 정부는 시민이 지지하는 도덕적·종교적 입장에 대해 중립적이어야 한다는 것이다. 사람들은 가장 좋은 삶의 방식에 대해 입장을 달리하기 때문에 정부는 좋은 삶에 대한 특정의 입장을 법제화하지 말아야 한다. 자유주의는 주로 자유주의적 중립성과 이 중립성을 지지하는 자아관에 초점이 맞추어져 있다. 샌델은 자유주의와 공화주의는 자유의 본질에 대해 의견을 달리한다고 생각한다. 공화주의는 자치에 참여하는 것이 자유라고 믿는다. 그러나 자유주의에 따르면 자유는 자신의 가치와 목적을 선택하는 사람들의 능력에 있다. 공화주의 공공철학에 따르면 자치에 참여하는 것은 동료 시민과 공공선에 대해 숙고하고 존엄한 정치 공동체를 형성하는 데 도움을 준다.

샌델은 공화주의적 공공철학을 그동안 미국을 지배해온 자유주의 공공철학의 대안으로 제시했다. 그는 현재 미국 사회에서 제기되는 다양한 형태의 민주주의에 대한 시민의 불만은 자유주의 공공철학에서 나왔다고 진단하고, 정치에 대한 국민의 불만을 해소하고 미국이 새로운 방향으로 나아가기 위해 필요한 공공철학이 바로 자신의 공화주의 공공철학이라고 확신한다. 그러나 샌델이 미국 역사에 현재 지배력을 행사하고 있는 자유주의 공공철학만 존재한다고 보는 것은 아니다. 그가 '진보의 시대'라고 부르는, 미국이 독립하고 농업사회에서 산업사회로 변모할 때 공화주의 공공철학을 주창하는 학자들과 정치인들이 있었다. 그때부터 서로 다른 두 공공철학이 공존하면서 경쟁했지만 대공황과 뉴딜 정책을 계기로 케인스 경제학이 우세해지면서 1960년대에는 완전히 자유주의 공공철학이 주도권을 장악해 오늘에 이르렀다고 분석한다.

샌델은 공화주의의 핵심을 "자유는 자치를 요구하고 자치는 다시 시민적 덕에 의존한다"는 것에서 찾는다. 공화주의는 시민이 덕을 가져야만 자치가 가능하다는 것이다. 시민의 마음속에 덕이 없으면 그들은 부패하고 타락한다. 파렴치, 황금만능주의, 부패, 탐욕, 야망, 이윤과 상업에 대한 열망은 시민의 덕과 공공정신을 갖지 못할 때 나온다. 따라서 정치는 시민의 도덕적 인격을 형성하고 향상시키고, 공공선에 대한 열망을 강화시키는 것을 자신의 목적으로 삼아야 한다. 정치는 덕 있는 시민의 육성을 목적으로 삼는 형성적 정치가 되어야 한다. 그가 말하는 형성적 정치의 근원은 아리스토텔레스 정치철학이다. 아리스토텔레스는 공리를 극대화하거나 개인의 이익을 추구할 수 있는 공정한 규칙을 만드는 것이 아니라 우리의 본성을 표현하고, 좋은 삶의 본질과 인간의 능력을 펼쳐 보이는 것을 정치의 목적으로 삼았다.

정치의 목적을 이렇게 규정하면 자유의 의미도 달라진다. 샌델은 자유를 '공화주의의 자유'와 '자유주의의 자유'로 구별하면서 공화주의적 자유만이 시민들이 덕을 형성할 수 있는 계기를 제공한다고 주장한다. 자치에 참여하는 것은 동료 시민과 함께 공공선에 대해 숙고하고 정치공동체의 운명을 형성하는 데 이바지한다. 공공선에 대해 숙고하기 위해 필요한 것은 자신의 목적을 선택할 능력과 타인의 권리를 존중하는 능력만으로는 부족하고, 공적인 것에 대한 지식, 전체에 속해 있다는 소속감과 관심, 자신이 속한 공동체와의 도덕적 연대감 등이 필요하다고 주장한다.

신중섭은 샌델의 '시민적 공화주의'를 심층적으로 분석하면서 그가 주창한 '시민적 공화주의'의 난점을 지적했다. '시민적 공화주의'에서 핵심적인 역할을 담당하고 있는 샌델의 공동체 개념이 애매모호하고, 그가 설정한 공동체는 오늘날과 같이 다원화된 공동체와 공존할 수 없다는 것이다. 그뿐만 아니라 시민이 자발적으로 시민적 덕성을 갖는 것은 매우 어렵기 때문에 공화주의 정치는 강압적이 될 수밖에 없어 전체주의로 나아갈 수도 있다고 비판했다.

〈복합평등의 철학적 기원〉(박정순)은 마이클 월저가 《정의의 영역들: 다원주의와 평등의 옹호》(1983)에서 전개한 '복합평등론'을 분석, 해석하면서 '복합평등론'의 철학적 기원을 피타고라스와 중국의 낙서 마방진(魔方陣)까지 소급한 대단히 독창적인 논문이다. 월저의 복합평등론의 철학적 의미를 '총체적인 실질적 평등'에서 찾은 박정순은 복합평등론은 보에티우스의《철학의 위안》에서 발견되며, 나아가 피타고라스의 우주적 정의로서 하모니아의 개념에 이르게 된다고 주장한다. 그는 총체적인 실질적 평등이라는 복합평등에 관한 하나의 상징적 해석을 통해서 우리는 오랫동안 신비한 형상으로만 남아 있던 마방진의 원형인 중국의 낙서가 지니고 있었던 분배정의론적 함축성을 밝힐 수 있었다고 주장한다. 마방진은 단지 흥미를 끄는 숫자놀음만은 아니고, 그것은 "세계질서에 관한 심원한 철학적 문제"를 함축하고 있다는 주장을 덧붙인다.

복합평등에 대한 박정순의 이러한 해석은 월저가 복합평등의 선구자로 파스칼과 마르크스를 언급한 것과 비교하면 파격적이다. 월저와 달리 박정순은 복합평등의 선구자로 인간 운명 자체의 복합평등을 논한 보에티우스가 더 중요하다고 판단한다. 보에티우스는《철학의 위안》에서 일찍이 인간 운명의 복합평등적 특성에 대해 갈파하고, 그것을 철학적 위안의 중대한 기제로 삼은 바 있다. 그뿐만 아니라 박정순은 보에티우스를 피타고라스에게로 소급하고, 피타고라스의 자연적 또는 우주적 정의의 복합평등적 측면은 피타고라스의 마방진으로 우리를 인도한다고 주장한다. 그리고 인류 문명에서 최초로 등장한 마방진은 중국의 낙서라고 주장한다. 월저의 복합평등론과 보에티우스, 피타고라스, 중국의 낙서와의 연결은 박정순의 놀라운 상상력에서 나온 것이다.

박정순의 복합평등의 철학적 기원 탐구는 인류의 과거 정신사의 미래 함축성에 대한 또 하나의 흥미진진한 사례를 발견한다는 믿음에서 나왔다. 도덕철학과 사회철학의 방법론의 관점에서 보면 월저의 복합평등론은 '새로운 창안(invention de novo)'이 아니라, 인류 문명에 잠재해 있는 근원적 원칙들을 현대적인 관점에서 재해석하고 명료화하는 작업을 통해서 등장했다. 월저의 복합평등론은 인류 문화에서 고대로부터 하나의 일상적 신조로서 정립되었던 철학적 위안의 기제를 현대적 관점에서 체계적으로 종합하고 정식화한 것이라고도 해석할 수 있다. 나아가 월저의 복합평등론은 우주와 인간사회의 조화에 관한 형이상학적·미학적 관조와 도덕철학적인 사회적 이상으로서 인류의 동서 문명세계를 관통하는 하나의 '궁극적 원리'라 해도 과언이 아닐 것이라고 주장한다.

우리는 박정순의 이러한 주장을 통해 그가 놀라운 상상력의 소유자임을 알게 된다. 현대의 월저의 복합평등론의 기원을 동서양의 고대 사상에서 찾아내는 그의 폭넓은 지식과 지적 상상력에 감탄하면서도 과연 그럴까라는 의구심을 지울 수 없는 것 또한 사실이다. 이러한 의구심과 상관없이 월저의 복합평등론에 대한 그의 독해는 정확하고 설득력이 있다.

마이클 월저는《정의의 영역들》을 발간함으로써 정의론의 새로운 지평을 열었다. '복합평등론'이라는 이름을 가진 그의 정의론은 존 롤스의 정의론에 대한 비판에서 시작한다. 월저는 분배적 정의 문제에 주목하고, 사회적 가치는 특정한 사회에서 그러한 사회적 가치가 갖는 공유된 사회적 의미에 가장 충실하게 분배되어야 한다고 주장한다. 월저는 정의의 원칙은 롤스의 '최소 수혜자의 최대 이익 증진의 원칙'처럼 모든 사회적 가치에 일률적으로 적용되는 것이 아니고 그러한 사회적 가치의 각 영역에 타당한 다원적인 원칙들로 구성되어야 한다고 주장한다.

월저는《정의의 영역들》에서 롤스가 모든 사회와 제도의 정의 여부를 객관적으로 평가하기 위한 보편적인 정의 원칙을 수립하기 위해 《정의론》에서 개진한 자유주의적 보편주의를 비판한다. 이러한 보편적이고 추상적이고 철학적인 정의 원칙을 정의 문제에 대한 시민의 현실적이고 구체적인 합의보다 우선시하는 것은 비민주적일 뿐만 아니라, 그러한 원칙은 구체적 상황에 적용될 수 있는 현실성도 결여되어 있다고 보기 때문이다. 또한 월저는 분배적 정의 원칙이 규제하는 분배의 대상, 즉 사회적 기본 가치들과 관련해서 롤스를 비판한다. 월저는 모든 도덕적·물질적 세계를 망라해서 생각할 수 있는 사회적 기본 가치의 목록은 없다고 논파한다. 따라서 월저의 정의 원칙 도출의 방법론과 분배 대상의 가치론은 다원적이고도 특수적이다.

박정순은 월저가 꿈꾸는 다원적인 복합평등 사회는 "우리의 행복과 불행은 여러 종류와 방식으로 존재한다는 다원주의적 인식에 따른 상호 존중과 자존감이 풍만한 사회가 될 것이다"라고 전망한다. 복합평등은 하나의 도덕적 결속으로, 강자와 약자, 운이 좋은 사람과 불운한 사람, 부자와 빈자를 결합해 모든 이익의 차이를 초월하는 연합을 창출한다. 복합평등은 삶의 승리에 대해 겸손하게 할 뿐만 아니라 삶의 실패에 대해서도 위안을 준다. 복합평등은 자만과 계급적 특권의식을 감소시킬 뿐만 아니라 자기비하와 모멸감 그리고 압제적 명령과 그에 따른 맹종도 사라지게 한다.

박정순은 월저의 복합평등론에 대한 스위프트, 아네슨, 밀러의 비판을 설명했다. 나아가 그는 이에 대한 월저의 해명과 그에 대한 하토그(Hartogh)의 비판을 소개했다. 박정순이 월저의 복합평등론을 분석하면서 월저의 이론에 대한 칭송과 비판을 소개하고 있지만, 우리의 관심을 끄는 것은 박정순이 복합평등론을 자신의 관점에서 마방진으로 확대 해석한 것이다. 이러한 해석에 대해 제기될 수 있는 여러 가지 비판을 자신의 관점에서 방어하고 있지만, 그것이 어떻게 받아들여질 것인가는 전적으로 독자에 달렸다.

〈문명 진보를 위한 국가행정의 제도화〉(정용덕)는 문명과 국가행정이 상호 긴밀한 관계를 맺고 서로 막강한 영향을 주고받았다는 전제에서 출발한다. 그는 국가행정이 문명 발전에 바람직한 영향을 미칠 수 있도록 공익 개념을 중심으로 국가행정의 제도화 방안을 모색하고 있다. 그는 우리 행정을 좋은 방향으로 개선해야 한다는 문제의식에서 출발해 선진 국가의 행정 제도화를 탐구하고, 그것을 기반으로 한국 행정의 바람직한 제도화를 제안하고 있다.

정용덕은 문명, 국가행정, 공익의 의의, 상호 관계 그리고 특성을 다음과 같이 정리한다.

(1) 인류 역사는 문명화 과정이고 문명화를 추구하는 이유는 그것을 통해 삶의 질을 향상시킬 수 있다고 믿기 때문이다. 그러나 문명화가 항상 이러한 목적과 일치하는 방향으로 발전한 것은 아니다. 인간의 삶의 질 향상에 기여하는 문명화가 있고 그렇지 않은 문명화가 있다. 문명화는 이중성을 지닌다. 인류는 삶의 질을 향상하기 위해 문명화를 추구하지만 긍정과 부정의 결과를 모두 초래한다.

(2) 문명과 국가행정은 상호 긴밀한 관계가 있다. 필자는 국가행정이 문명화의 발전 방향에 지대한 영향을 미친다고 믿는다. 우리는 국가행정이 문명의 발전 과정에서 긍정적 측면을 극대화하고 부정적 측면을 최소화하도록 그것을 제도화해야 한다. 따라서 바람직한 문명 발전을

위해서는 바람직한 국가행정이 필요하다. 국가행정은 경제·사회·교육 등과 더불어 문명의 중간 부분에 위치해, 안으로는 종교·예술·철학 등 중핵 부분과, 밖으로는 과학·기술 등 외곽 부분과 상호 긴밀한 영향을 주고받는다.

(3) 국가행정이 좋은가 나쁜가를 판단할 수 있는 궁극적인 기준은 공익이다. 국가행정의 목적은 공익을 실현하는 것이다. 그런데 공익을 판단하는 기준에는 경쟁하는 두 가지 입장이 있다.

(4) 공익을 개인 이익의 합으로 보는 입장과 일반 이익으로 보는 입장은 서로 경쟁하면서 대립하고 있지만 각각 장점과 단점을 지니고 있다. 개인 이익으로서의 공익관은 공동체를 구성하는 개인의 이익을 중시하는 장점이 있으나, 공동체 전체의 장기적인 이익을 소홀히 하는 단점이 있다. 반면 일반 이익을 공익으로 파악하는 공익관은 공동체 전체의 이익을 중시하는 장점이 있으나, 개인의 이익 특히 개인의 단기적 이익을 경시하는 단점이 있다. 따라서 두 공익관의 장점을 극대화하고 단점은 최소화하기 위해서는 양자의 절충과 조화가 필요하다.

(5) 이렇게 국가행정의 제도화가 지향해야 할 목적을 실현할 수 있는 가장 좋은 국가행정의 제도화가 무엇인가에 대해서는 실현 가능한 두 가지 국가관이 존재한다. 개인 이익의 합으로서의 공익은 시민국가행정, 일반 이익으로서의 공익은 목적국가행정과 각각 친화적이다. '시민연합'의 국가와 '목적연합'의 국가는 서로 경쟁적이다. '시민연합'의 국가는 개인 이익의 합을 상향적으로 결집해내기에 적합한 분권화되고 다원적인 대의제 정치를 국가의 핵심 기구로 설정했고, '목적연합'의 국가는 일반 이익을 총체적으로 도출할 수 있는 집권화되고 응집적인 관료제 행정을 핵심 기구로 설정했다. 서로 다른 국가관에 기초해

서로 다른 행정 기구가 설정된 이유는 양자가 설정하고 있는 서로 다른 공익 개념 때문이다. 서로 다른 공익 개념이 서로 다른 국가관과 행정기구를 낳은 것이다. 정용덕은 이 가운데 어느 하나를 선택해야 한다고 주장하지 않는다. 경쟁하는 공익 기준들 간의 절충과 조화를 이룰 수 있는 국가행정의 제도화가 필요하다고 보기 때문이다. 시민국가 특성과 목적국가 특성이 순기능적으로 조화를 이루는 제도화가 관건이라는 것이다.

정용덕에 따르면 경쟁적인 두 공익 개념과 행정 기구는 장점과 단점을 모두 지니고 있다. 그는 문명, 공익, 국가관과 행정 기구의 관계를 밝히면서 문명 발전에 이바지해 삶의 질을 향상시킬 수 있는 국가행정으로서 경쟁하는 두 이론의 절충과 조화를 모색하기 위해 선진국의 사례를 개관하고, 한국을 심층적으로 연구하기 위한 명제를 도출했다.

그의 선진국 사례들의 분석 결과는 다음과 같다. 첫째, 앵글로-아메리칸계 나라들의 경우는 개인 이익의 합으로서의 공익관과 시민국가 행정의 전통이 제도적으로 배태되어 있다. 둘째, 유럽 대륙계 나라들의 경우는 일반 이익으로서의 공익관과 목적국가행정의 전통이 제도적으로 배태되어 있다. 셋째, 서구 나라들은 문명화 과정에서 많은 긍정과 부정의 결과를 경험했다. 그와 같은 문명 발전의 이중성은, 특히 근대화가 절정에 달한 것으로 여겨졌던 20세기에 발생했다. 넷째, 서구에서는 경쟁적으로 대립되는 공익관 및 국가행정 제도의 장점을 살리고 약점은 보완하기 위한 수렴이 이루어졌다. 앵글로-아메리칸계 나라들이 점차 행정국가로 진화하고, 유럽 대륙계 나라들은 점차 대의정치 제도를 강화해왔다.

정용덕은 한국은 비교적 짧은 기간에 급속한 변화를 경험해왔기 때문에 한국 사회에 지배적으로 배태된 공익관 및 국가행정의 제도적 특성을 명시하기란 쉽지 않다고 하면서도 우리의 삶의 질을 향상시킬 수 있는 공익관과 국가행정의 제도를 세우기 위해 다음과 같은 사항을 규명해야 한다고 제안한다. 한국에서의 지배적인 공익관을 밝혀야 한다. 그는 한국에서는 전통적으로 일반 이익으로서의 공익관이 지배적이었지만, 1987년 이후 개인주의적 자유주의의 대두로 인해 개인 이익의 합으로서의 공익관이 급속히 심화되고 있다고 본다. 이러한 상황에서 앞으로 한국에서 지배적인 공익관이 무엇인지를 규명해야 한다고 말한다.

제1부

자유주의의 새로운 얼굴

진보적 자유주의의 한국적 의미

윤평중*

신자유주의가 휩쓸고 간 세계에서 자유민주주의는 근본적 위기에 직면했다. 미국, 유럽, 중남미, 아시아가 각기 혼돈에 빠졌다. 프랜시스 후쿠야마(Francis Fukuyama)가 예언한 것과는 달리 현실 사회주의의 붕괴 이후 자유민주주의는 최종적으로 승리하기는커녕 난파 위기에 직면했다. '제국 미국'이 세계 경찰에서 후퇴하면서 미국이 정초한 자유민주주의 세계질서와 연동된 세계 자유무역 체제를 스스로 허물고 있다. 미·중 세계 헤게모니 갈등과 결부된 신냉전적 지역패권주의와 민족주의의 발호가 정치적 올바름(political correctness) 위에 정초된 전 지구적 보편질서의 해체를 부른다. 자유민주주의의 거대한 후퇴가 포스트 민주주의의 시대를 앞당기고 있다. 신자유주의의 과대 팽창이 전 지구적 자유민주주의의 쇠락을 부른 건 역사의 일대 아이러니다.

* 한신대학교 철학과 교수, 한신대학교 대학원장 및 학술원장 역임.

1. 자유주의의 총체적 위기

신자유주의는 자본(특히 금융자본)의 유통을 전 지구적 차원으로 확장해 민족국가나 지역 블록들의 경제 제어 능력을 무장해제시키려 했다. '작은 정부, 큰 시장'이라는 신자유주의의 구호는 세계적 차원에서 자본의 자유로운 운동을 원활하게 해 이윤을 극대화하기 위한 논리에 다름없다. 각국마다 차이가 있긴 하지만 신자유주의는 노동시장을 유연화하고 경제적 개인주의를 상찬하며 사회적 불평등을 무한경쟁의 불가피한 결과로서 적극 수용했다.

미국발 금융위기와 유럽발 재정위기의 회오리는 신자유주의적 생산성과 효율성 증대의 어두운 이면이었다. 고용 불안정과 사회경제적 불평등이 심화되면서 경제의 열매는 자본가와 금융 CEO, 극소수 전문층과 노동 엘리트에게 집중되었다. 다수의 비숙련 임노동자들은 부분노동으로 내몰리거나 장기 실업 상태에서 잉여인간화되고 있다. 산업구조가 빠르게 개편될수록 일자리 자체가 줄어드는 '노동의 종말' 현상이 현실화된다. 신자유주의적 자본주의 아래 삶의 질은 경향적으로 악화되거나 항상적 불안정 상태에 놓인다.

논란 많은 신자유주의의 특징은 다음과 같이 압축된다.[1] 신자유주의는 자본주의 경제와 관련해서만 자유의 가치를 강조하며 상위계급이 자신들의 기득권을 극대화하기 위해 신자유주의화(특히 세계화)를 추동한다. 세계화는 지리적으로 불균등하게 진행되고 있으며 그 성과가 생산성 증대를 통한 자본 축적이 아니라 탈취에 의한 축적을 지향한다. 실물경제의 생산성 향상에 의거하지 않은 최첨단 금융파생상품이 견

1 데이비드 하비, 최병두 옮김, 《신자유주의》, 2005, 한울아카데미, 2007 참조.

인한 월가의 거품경제가 타국과 미래세대의 자산을 앞당겨 탈취해 낭비함으로써 파국을 초래한 것이다.

세계 체제적 모순과 분단구조의 모순을 응축한 한반도의 상황도 위태롭다. 돌진적 방식으로 추진된 압축성장이 '한강의 기적'을 창출함과 동시에 특유의 한국형 위험사회를 만들었기 때문이다. 한 세대 동안의 피땀 어린 노력으로 형성된 중산층의 두께가 얇아지는 흐름이 가속화되고 있다. 발전국가 주도의 전면적 동원 체제와 불균형 성장정책이 그동안의 '한국 패러다임'을 상징했다. 정경유착과 관치금융, 노동 배제적이고 재벌 중심적인 천민자본주의, 구조적 부정부패, 패거리 정치문화가 장기 지속된다. 발전국가 모델의 견인차로 여겨진 과대국가·독점자본 연합이 만성적 경제위기의 주범이라는 인식이 대중적 설득력을 갖는다.

한국 사회의 모순과 성취는 서로 날카롭게 부딪히면서 동행한다. 앞서 서술된 구조적 문제점에도 대한민국은 세계 10위권 경제대국의 위상을 자랑한다. 빛과 그림자 같은 선명한 대비다. 한국은 1인당 GDP 3만 달러와 5000만 인구를 넘어선 세계 일곱 번째 국가이기도 하다. '촛불'이 증명한 바 있는 한국 민주주의의 역동성도 세계의 부러움을 사고 있다. 한반도 유사 이래 최고의 국가적 성취가 아닐 수 없다. 하지만 한국 사회의 위기를 드러내는 통계적 지표도 적지 않다. 세계 최고의 자살률과 세계 최악의 노인 빈곤율 등은 이른바 '헬조선'을 상징하는 대표적 사례들이다. 세계 최저 출산율이 우리 사회의 위기를 웅변한다. 전쟁이나 대량 기근, 치명적 전염병의 만연 상태가 아님에도 한 정상국가의 출산율이 1.0 아래로 추락한 것은 세계사에서도 보기 드문 현상이다. 한국인들이 미래에 대한 희망을 집단적으로 잃어가고 있음을 증명하는 사태다.

정치사상적 관점에서 보자면 한국 사회에 내장된 총체적 위기의 징후는 자유민주주의와 자유시장경제의 내적 균열이라는 형태로 표출된다. 우리 사회에서는 자유민주주의 자체를 퇴행적이라고 믿는 이들이 의외로 많다. 한국 사회에서 역사적 축적물로서의 자유주의에 대한 경험이 일천한 이유도 있겠지만 그것이 다는 아니다. 상당수 한국 지식인들은 자유민주주의를 대한민국 헌법에 따로 명기할 이유가 없다고까지 주장한다. 자유주의보다 상위 이념인 데다 훨씬 근본적인 정치사상인 민주주의에 대한 규정으로 충분하다는 것이다.

이들은 대한민국 헌법의 모태인 제헌헌법에 자유민주주의라는 용어가 등장한 적이 없다는 사실에 주목한다. '자유민주적 기본질서(free and democratic basic order)'를 천명한 헌법 조항은 유신헌법 때 독재 정당화를 위해 처음 도입된 논리였다. 자유민주적 기본질서 조항은 이념적으로 자유민주주의와 관계없다는 논변을 펴기도 한다. 이런 시각에서 보자면 자유민주주의는 왜소한 부르주아 민주주의이자 민주주의의 실질을 결여한 형식적 민주주의에 지나지 않는다. 민주주의의 자기충족성 담론의 신봉자들에 따르면 현대 세계의 민생을 파괴한 신자유주의의 횡포는 자유주의에 내포된 퇴행적 본성의 필연적 결과물일 뿐이다.

오늘의 정세는 자유주의의 진보적 의미에 대한 논의 자체를 '시대에 어긋난' 시도로 만든다. 자유주의가 강자의 이익에 복무하는 퇴행적 이념으로 간주되거나 시대착오적인 반동적 사유로 받아들여지는 경향까지 있다. 한국 지식인 사회에서 자유주의는 특히 낮게 평가된다. 자유주의의 과잉과 민주주의의 과소(寡少)가 그 핵심에 있다는 게 자유주의를 비난하는 논자들의 주장이다. 신자유주의 자체가 자유주의의 과잉과 민주주의의 과소가 낳은 비민주자유주의(non-democratic liberalism)의 세계적 범람 현상이었다고 표현할 수도 있다.

신자유주의 담론이야말로 전형적인 비민주자유주의다. 그런데 우리는 자유민주주의의 생성사(生成史)를 현대 신자유주의가 왜곡했다는 교훈을 유념해야 한다. 자유민주주의는 자유주의와 민주주의의 유기적 상호 접합의 한 형태이기 때문이다. 자유민주주의에 내장된 자기균열의 또 다른 극단적 형태는 비자유민주주의(illiberal democracy)다. 비민주자유주의인 현대 신자유주의의 퇴조가 그 반동으로 비자유민주주의를 초래한다. 마르크스주의와 현실사회주의는 비자유민주주의의 고전적 실험이었다. 현대 민주주의의 주된 위기는 21세기적 비자유민주주의에서 온다고 할 수 있다. 그 방향은 좌파적일 수도 있고 우파적일 수도 있다. 비자유민주주의는 현대 포퓰리즘의 근원적 배경이기도 하다. 문재인 정부는 한국판 비민주자유주의에 대한 대안으로 문재인식 비자유민주주의를 실험하고 있다는 평가도 가능하다.

현대 자유민주주의의 위기를 넘어서기 위해서는 비민주자유주의와 비자유민주주의가 모두 지양되어야 한다. 필자는 자유주의를 경시하는 한국 사회의 흐름에 감연히 맞서려 한다. 자유민주주의가 세계사적 차원에서 일대 위기에 봉착한 지금이야말로 자유주의에 대한 급진적 성찰과 재구성이 절실하다. 신자유주의의 대실패조차 자유주의의 다양한 역사적 실천이 갖는 진보적 함축을 소진시킬 수 없다.[2] 진보적 자유주의가 오늘의 한국 사회에서 강력한 해방적 의의를 지닌다는 '반시대적 기획'을 논증하는 것이 이 논문의 목표다.

'한국 보수의 자유민주주의'가 자유주의를 왜곡하거나 파괴한 데 비해, 한국 진보는 자유주의를 무시하거나 적대시함으로써 '진보성'의 내용을 공허하게 만들었다. 보수와 진보는 공히 인류 보편사적 맥락에서 자유주의가 갖는 해방적 의의에 눈을 감았을 뿐 아니라, 한국적 지평에서 자유주의의 진보성을 제대로 이해하지 못했다. 이 글은 이런 문제를 교정하는 치료적 효과를 지향한다.

나는 아래 2장에서 현대 한국사의 헤게모니를 장악한 한국의 보수가 자유민주주의의 이름으로 자유주의를 왜곡했음을 밝힌다. 보수는 냉전반공주의와 천민자본주의를 결합시킴으로써 자유주의를 굴절시켰다. 3장에서는 자유주의에 대한 무시야말로 한국 진보의 아킬레스건임을 해명한다. 한국 진보의 최대 약점인 자유주의에 대한 적대시가 근원적으로 마르크스주의의 영향에서 비롯된 것임을 입증한 뒤, 마르크스주의 자체가 진보적일 수 없다는 논변을 제시한다. 한국 진보의 오랜 화두인 사회민주주의 패러다임이 계급근본주의의 덫에 갇힌 배경이 여기에 있다. 결론인 4장에서는 진보적 자유주의의 전범(典範)인 급진자유주의의 큰 틀을 제시한다.

2. 한국 보수는 자유주의를 왜곡하거나 파괴했다[3]

자유민주주의에서 정치는 제한입헌정부와 법치주의 제도를 한 축으로 삼고, 관용과 협의의 정신을 다른 축으로 삼아 실행된다. 자유민주

2 자유주의 사상사에서 신자유주의라는 이름은 크게 세 번 등장했다. 첫 번째 신자유주의(The New Liberalism)는 밀(J. S. Mill) 같은 19세기 영국의 개혁적 자유주의자들의 시도였다. 두 번째 신자유주의라는 이름은 제2차 세계대전 후 독일의 사회적 시장경제와 연계된 질서자유주의자들—발터 오이켄(W. Eucken) 등—이 자임한 바 있다. 오늘날 만악(萬惡)의 원흉 비슷하게 정죄되는 시장근본주의를 주창한 현대의 신자유주의(Neoliberalism)와는 달리 이 두 가지 고전적 신자유주의의 정향이 대체로 진보 개혁적이었다는 사실이 흥미롭다.

3 2장 이하의 글은 졸저 《급진자유주의 정치철학》, 제1장 '급진자유주의와 한국 사회', 아카넷, 2009, 17~56쪽을 저본으로 삼아 재구성한 것이다.

주의 정치는 공정한 시장경제와 결합해 상승효과를 낳는 것으로 간주된다. 주기적으로 국정의 대표자들을 선임하는 각종 자유선거, 정당제도, 현안의 공적인 조정과 정책적 타협, 풀뿌리 비정부 기구 활동의 활성화, 그리고 투명하면서 효율적인 자본주의 시장경제는 건전한 자유민주주의의 특징이라 할 수 있다. 그러나 신자유주의적 시장질서의 대대적 실패는 경제 영역을 포함한 자유민주적 질서 전체의 정당성에 대한 반성을 강제하고 있다.

자유주의 정치질서 자체에도 심각한 문제가 있다. 우리 사회로 논의를 좁혀보자면, 한국 사회는 형식적 정치 민주화의 괄목할 만한 진전이 있었음에도 내용적 민주화는 빈곤하고 사회경제적 민주화도 뚜렷한 지체 현상을 보이거나 후퇴하고 있다는 진단이 있다. 한국 민주주의의 문제에 지속적 관심을 기울여온 사회과학자들인 최장집과 조희연은 그 이유로서 정치사회(정당 및 국가기구)의 시민사회로부터의 소외와 구조화된 노동 배제를 든다. 나아가 한국 민주주의의 구조적 병폐를 집중적으로 조명하는 역할을 했던 '촛불'의 사례에서 엿볼 수 있듯이 기형적으로 왜소화된 제도정치가 민주화의 동력이 되어온 운동정치를 금지하거나 선택적으로만 포섭했기 때문이라고 설명한다.[4]

4 최장집, 《민주화 이후의 민주주의》, 후마니타스, 2002, 190쪽 및 198쪽 참조. 이 주제를 최장집은 《민주주의의 민주화》, 후마니타스, 2006에서 더욱 심화시키고 있다. 2008년의 촛불집회가 한국 민주주의에 대해 던지는 심중한 문제에 대한 천착으로 논란을 불러일으킨 글로는 최장집, "촛불집회가 제기하는 한국 민주주의의 과제," 《한국 민주주의 무엇이 문제인가》, 생각의나무, 2008, 137~149쪽. 이는 정치 이론의 일반화와 한국 민주주의의 정체성 연구를 연계한 선행 연구의 연장선상에 놓여 있는 그의 문제작들이다. 예컨대 최장집, 《한국 민주주의의 이론》, 한길사, 1993과 《한국 민주주의의 조건과 전망》, 나남, 1996 참조. 또한 조희연 편, 《한국 민주주의와 사회운동의 동학》, 나눔의집, 2001, 14쪽과 조희연, 《한국의 민주주의와 사회운동》, 당대, 1998도 참고.

신자유주의의 발흥 이전에도 한국 사회에서 자유주의는 매력 있는 기획으로 여겨지지 않았다. 그 까닭은 무엇일까? 자유주의 일반의 유연한 본성과 포괄적 지향성에 대한 이해가 우리 사회에서 부족했다는 사실을 먼저 지적할 수 있다. 그러나 자유주의가 저평가되어온 가장 큰 까닭은 역사적 맥락에 있다. 자유민주주의를 참칭한 보수기득권 집단이 한국 자유주의를 왜곡시켜온 것이 핵심적 이유다. 자유주의에 대해 다룰 때 '논자가 어떤 자유주의를 운위하는가?'에 대한 철학적 반성이 선결되어야 하는 이유다.

역사적 맥락과 인식론적 이해를 종합해보면 한국 보수가 추동한 자유주의의 이념 지향과 실천 양태는 매우 왜곡된 것이었다. 분단체제 특유의 이데올로기적 전투 상황 속에서 자유주의는 냉전반공주의나 천민적 시장만능주의와 동일시되었다. 역대 군사독재 정권 아래 기득권 세력이었던 한국 보수가 자신들의 권위주의적 지배와 통치를 정당화하기 위해 자유주의의 이름을 빌린 게 한국 자유주의가 타락한 핵심적 이유라고 할 수 있다. 한국의 보수는 기본권 보장이나 시민적 자율성, 법치주의의 확립과 공정한 시장경제와 같은 자유주의의 핵심적 가치들을 자유민주주의의 이름으로 훼손하거나 탄압하는 자기모순을 범했다. 한국 자유주의가 이렇게 굴절되는 과정을 자유주의 일반이론의 진화 차원과 연계해 자세하게 재조명하면 무엇이 자유주의와 관계된 진짜 문제인지가 더 선명하게 드러난다.

복합적이며 모순적인 자유주의의 중층적 지평은 모더니티를 추동한 자본주의와 시민권의 혼재, 그리고 사적 자율권과 공공적 자율권 이념 사이의 갈등이 자유주의의 발원(發源)과 역사적 행로와 서로 뗄 수 없이 결합되어 있다는 사실(史實)로부터 비롯된다. 나는 이를 서로 같은 근원을 갖는 시장자본주의와 근대 민주주의 사이의 내재적 균열이라는 방식으로 개념화하고 싶다. 오늘날 자유주의와 민주주의는 자유민주주의라는 이름으로 통합되었다. 그러나 자유주의와 민주주의가 역사적 연원과 지향이 상이하다는 건 주지의 사실이다. 고대 희랍 폴리스에서 다수 민중의 자기지배를 지향하는 민주정은 그만큼 귀족정이나 과두정과 차별화되었으나 플라톤이나 아리스토텔레스 같은 당대의 논자들이 보기에는 우중정치의 혐의를 받는 열등한 정체(政體)였다.

지혜와 통치 능력을 겸비하고 있다고 자처하는 상류층이 볼 때 민주정은 다수의 빈민들이 자의적으로 맹동(盲動)하는 최악의 정체로 타락해갈 수 있는 종류의 것이었다. 이런 본질적인 문제점에도 민주주의는 급진적 자기규정 덕분에 현상 타파적이고 체제 혁신적인 특성을 동반한다. 이런 민주정의 특징은 특히 민중의 정치의식이 각성되기 시작한 근대 이후 수많은 혁명가들로 하여금 민주주의를 궁극적 정치 이상으로 제창하게 만든다.[5] 이에 비해 자유주의는 중세적 봉건체제와 절대왕정을 타파하기 위한 근대 유럽 시민계급의 저항에 수반된 이념이었다. 따라서 자유주의는 봉건적 구체제의 전면적 혁파를 목표로 삼아 신흥 유산계급의 이해관계를 정치적·사회경제적으로 담아내는 시민권과 사유재산권의 불가침성을 지도 이념으로 삼았다.[6] 법의 지배나 입헌주의, 권력분립 같은 장치들은 부르주아적 시민권과 재산권을 효율적으로 지키기 위한 방편으로 제시되었으나 점차 그 계급적 성격을 탈색시키는 방향으로 진화한다.

5 민주주의의 역사에 대한 개요는 아르투어 로젠베르크, 박호성 옮김, 《유럽정치사》, 역사비평사, 1990, 19~26쪽.

6 로젠베르크, 앞의 책, 245쪽.

처음에 혁명의 논리였던 자유주의는 근대 시민계급이 주류로 부상함에 따라 현상 유지의 논리로 변화해간다. 산업자본주의의 성장과 함께 무산계급의 대대적 출현은 자유주의의 핵심 가치인 자유가 '빈곤과 기아의 자유'와 동일시되는 일대 위기 상황을 초래한다. 이로써 근대 자유주의는 혹심한 내적 모순에 봉착한다. 그 결과 다수 인민의 자기 지배를 요청하는 민주주의가 선거권의 점진적 확장과 함께 근대 자유주의의 대립물로 현현되었다.[7] 민주주의의 자기규정을 액면 그대로 수용할 경우 부르주아의 소유권에 대한 일정한 제한이 불가피했기 때문이다. 초기의 자유주의자들이 보기에 다수 인민의 의지가 강제하는 소유권의 제한은 절대 권력에 의한 소유권 침해보다 더 위험할 수도 있는 '민주적 전제(專制)'의 가능성을 동반하는 것으로 이해되었다.[8]

유산자의 논리였던 자유주의와 민중의 지배를 지향하는 민주주의가 어떻게 역사적 접합의 계기를 맞게 되었는가? 처음에 민주주의를 불온한 것으로 보던 자유주의자들은 시간이 흐름에 따라 자유주의의 모순을 극복하고 체제 안정을 도모하는 데 민주주의가 유용하게 쓰일 수 있다는 데 주목했다. 특히 존 스튜어트 밀(John Stuart Mill)의 개혁적 자유주의는 수정 자유주의로서의 자유민주주의를 정립시키는 데 큰 역할을 했다. 이렇게 개혁적이고 진보적인 밀의 자유주의가 신자유주의로 불렸던 사실은 현대 신자유주의의 퇴행성에 비추어보면 역사의 아이러니라 할 수밖에 없다. 어쨌든 밀의 시도가 있었음에도 이질적 이념 사이의 접합인 자유민주주의의 내부적 균열이 봉합되었을 뿐이지 본

7 N. Bobbio, *Liberalism and Democracy*, London: Verso, 1990, p. 2.

8 A. Arblaster, *The Rise and Decline of Western Liberalism*, Blackwell, 1984, p. 264.

질적으로는 치유되기 어려운 종류의 것이었다. 이러한 문제점은 나중에 카를 슈미트(Carl Schmitt)가 날카롭게 해부했거니와 차후 비자유주의적 민주주의의 딜레마에서도 다른 방식으로 재연된다.

자유민주주의의 착근과 태생적으로 동행한 재산권과 시민권 사이에 교차되는 긴장은 로크까지 소급된다. 그 후 오늘에 이르기까지 자유주의의 발전사에 내재된 균열의 요소, 즉 근대 민주주의와의 접합, 사회주의로부터의 공격, 자유주의·공동체주의 논쟁, 그리고 자유주의적 공화정 이념의 부활이라는 현상 밑바탕에 흐르는 큰 조류는 자유주의 이념과 실천 자체에 내재한 경제적 자유주의와 정치적 자유주의 사이의 본질적 긴장인 것이다. 이 요소들 가운데 어느 부분을 강조하느냐에 따라 자유주의가 극단적 시장근본주의나 자유지상주의로부터 중도적 자유민주주의론, 나아가 강력한 사회정의론이나 공동체 자유주의, 사회민주주의 또는 좌파 자유주의로까지 분화될 수 있다.[9]

자유주의에 대한 논쟁이 소기의 성과를 거두려면 논자가 어떤 자유주의를 염두에 두고 있는지 분명히 해야 한다. 앞서 말했듯이 우리가 자유주의를 논할 때 보완해야 할 부분이 자유주의에 대한 이런 인식론적 반성이다. 여기서 우리는 한국 자유주의, 즉 우리 사회에서 운용되어왔던 자유주의의 지배적 형상을 어떻게 규정할 것인가의 문제에 부

9 자유주의의 사상적 스펙트럼을 개괄하는 국내의 표준적 해설서로는 노명식, 《자유주의의 원리와 역사》(민음사, 1991); 이근식, 《자유주의 사회경제사상》(한길사, 1999); 김비환, 《자유지상주의자들 자유주의자들 그리고 민주주의자들》(성대출판부, 2005) 등을 들 수 있다. 또한 존스턴은 자유주의를 권리 우선적 자유주의, 완전주의적 자유주의, 정치적 자유주의 그리고 인간주의적 자유주의로 구분하고 있으며, 그레이는 자연권 자유주의, 칸트적 자유주의, 공리주의적 자유주의로 나누고 있다. D. Johnston, *The Idea of a Liberal Theory*, Princeton: Princeton University Press, 1994와 J. Gray, *Liberalism*, Minneapolis: University of Minnesota Press, 1986 참조.

닻히게 된다. 한국 보수가 왜곡시킨 한국 자유주의의 적폐에 대한 반성이 확대되면서 보수와 자유주의 진영의 이념 지형도 점점 다기화되고 있는 것이 사실이다. 하지만 한국 자유주의 담론은 여전히 이사야 벌린(Isaiah Berlin)이 정립한 '소극적 자유', 즉 강제와 외부적 간섭으로부터의 자유를 앞세운 고전적 자유관에 기울어져 있는 것처럼 생각된다.

벌린은 '자유의 두 개념'에서 소극적 자유를 홉스, 로크, 애덤 스미스 등의 고전적 자유주의자들에 의해 논구된 진정한 자유주의적 자유로 보았다.[10] 그러면서 그는 '적극적 자유' 이념이 궁극적으로 자유를 억압하는 결과를 초래할 가능성을 경계한 바 있다. 적극적 자유는 개인의 자기실현과 자기지배를 강조하는 관점이다. 적극적 자유를 강조하는 시각에서는 진짜 자아와 경험적 자아가 분별되면서 전자가 후자를 제대로 통어(統御)할 필요성이 강조된다.[11] 진정한 자아가 공동체, 민족 또는 국가 같은 거대 자아의 일부분으로 통합되고, 개체적 자아가 거대 주체를 따름으로써 보다 고차적인 자유를 누릴 수 있는 것으로 규정될 때 자유의 본질인 소극적 자유가 침해당할 수 있다고 보는 것이 벌린의 입장이다.

소극적 자유 개념을 자유의 원형으로 보는 관점에서는 최소국가론과 자유시장경제에 대한 확신이 자연스럽게 도출된다. 소극적 자유론자들은 이런 믿음이 현대사회의 다원성과 민주성이라는 객관적 사실과 가장 잘 어울린다고 주장한다. 이런 문맥에서 한국 자유주의 담론의 압도적 우세종은 소극적 자유 개념과 경제적 자유주의 이념에 의존한

10 I. Berlin, "Two Concepts of Liberty," *Four Essays on Liberty*, Oxford University Press, 1979, p. 122.

11 Berlin, 앞의 책, p. 134.

다. 여기서 우리는 한국 자유주의의 자화상이 자유지상주의의 계보선 안에 편입된다는 사실을 알 수 있다. 한국 자유주의의 이런 지배적 정체성이 정당화될 수 있는지의 여부를 자유지상주의의 비조로 간주되는 로크의 입론과 비교함으로써 살펴보기로 하자.

주지하다시피 로크의 자유주의는 "사람들이 국가를 형성하고 정부의 지배 아래 들어가는 가장 중요하고도 주된 목적은 스스로의 재산(property)을 지키는 데 있다"라는 선언에서 출발한다.[12] 재산이 생명과 자유 그리고 사유재산을 포괄하는 개념으로 정의된다는 사실에 주목할 필요가 있음은 말할 것도 없다. 고전적 자유주의가 자유와 정의, 천부인권, 동의에 의한 통치 등 보편적 설득력을 지닌 이념들을 내세웠지만 근본적으로 자기소유권을 핵심으로 하는 유산자들의 이데올로기였다는 사실 자체를 부인할 수는 없다. 그러나 로크의 이론이 무제한의 사적 소유에 근거한 시장근본주의를 정당화하는 이론으로만 독해되어서는 안 된다. 개인의 점유에 일정한 제한이 설정돼야 함을 그가 확언하기 때문이다.

'로크의 단서(Lockean Provisio)'로 알려진 이 제한 조항은 인간이 타인을 위해 "충분히 그리고 양질의 것"을 남겨놓는 만큼만 자신의 노동을 매개로 한 가치 창출을 통해 점유할 수 있다고 선언한다.[13] 물론 로크는 과다한 가치 창출로 축적된 자연물의 부패 가능성에 의한 점유의 한계가 썩지 않는 화폐의 출현에 의해 극복될 가능성을 암시함으로써 사적 소유권의 제한적 성격을 약화시킨다. 그러나 로크의 단서는 여전히 그

12 J. Locke, *Second Treatise of Government,* Indianapolis: Hackett, 1980, p. 66.

13 Locke, 앞의 책, p. 22.

의 소유 이론의 시금석으로 남는다고 필자는 본다.

고전적 자유주의의 이념을 '소유적 개인주의'로 명명한 맥퍼슨(C. B. Macpherson)은 시장사회의 구조가 정치적 의무에 대한 타당한 이론을 더는 제공하지 못하는 오늘의 상황에서 현대 자유민주주의가 여전히 소유적 개인의 이념에 붙들려 있을 수밖에 없는 딜레마를 적시함으로써 로크의 유산을 비판한다.[14] 그러나 로크의 입론은 재산권과 시민권 사이의 갈등을 굳이 감추지 않음으로써 오히려 맥퍼슨이 자유주의 일반에 덮어씌우는 '소유적 개인'의 그림을 뛰어넘는 효과를 낳는다. 로크에게 소유적 개인주의의 한계를 넘어서는 공익과 공동선에 대한 고려가 엄존해 있기 때문이다.

로크 소유 이론의 중의성(重義性)은 그가 모든 사회적 관계를 시장 논리로 환원시키는 시장근본주의에 대해 결코 찬성하지 않았다는 데서도 여실히 드러난다. 신흥 유산계급의 이해관계를 정당화하는 것과 동시에 로크는 자연권과 자연법의 타당성을 주장하는 이성적 전제를 견지하면서 인간이 신 앞의 도덕적 주체이자 평등한 권리의무의 복합 주체라는 원칙을 포기하지 않는다. 자유주의의 행로를 근원적으로 규정짓는 자본주의적 재산권과 정치적 문맥에서의 불가침적 시민권 사이의 갈등은 이미 로크에 의해 예비된 것이지만 그 갈등이 파괴적인 효과만을 낳는 것은 결코 아니다.[15]

로크 소유 이론의 입체성은 재벌의 독점적 지배를 정당화하려고 강

14 C. B. Macpherson, *The Political Theory of Possessive Individualism*, Oxford: Oxford University Press, 1962, p. 275.

15 C. H. Monson, Jr. "Locke and his Interpreters," *J. Locke: Critical Assesments*, vol. III, ed. by R. Ashcroft, London: RKP, 1991, p. 25.

변하는 한국 보수의 자유주의가 로크의 소유권 이론에 의존할 수는 없다는 사실에서 분명히 입증된다. 한국 자유주의가 신봉하는 시장근본주의와 최소국가론은 대기업 집단 자체가 강력한 한국적 발전국가의 중상주의적 국가 대전략에 따라 육성되고 보호되어온 현대사에 의해 반증된다. 한국 현대사에서 국가는 언제나 최대 국가였고 시장에 결정적 영향력을 행사했다. 한마디로 재벌이 오늘의 위치에 오른 데는 뛰어난 기업가 정신과 경영 능력도 있었지만 국가의 전폭적 지원과 국민의 희생을 빼놓고 얘기할 수 없다. 한국 재벌의 발달사에는 정직한 노동과 노력을 강조하는 로크의 노동가치론을 희화화하는 측면이 있다.

기업에 대한 국가 지원의 측면에서는 정부의 외채 조달, 국내 은행의 저금리 특별융자와 구제금융, 국내 기업을 위한 관세 및 비관세정책, 노조 억압 등의 방식이 총동원됐고 국민의 희생은 저임금, 낮은 예금 금리, 높은 수입물가, 만성적 인플레, 국내시장의 대기업 독점 감내 등의 형태를 취했다. 이런 상황에서 대기업 집단이 자신들만이 잘해서 오늘의 성취에 이르렀다고 주장한다면, 그것은 객관적 사실(史實)과 부합하지 않는다. 경영 성과의 열매는 대기업과 소유주 일가가 독식하는 데 반해, 그 비용과 손실은 '사회화'해서 국민 전체가 나눠 부담하는 불공정과 특혜의 관행은 한국 경제사회의 오래된 풍경이다. 이런 관행은 투명한 시장질서의 근간을 위협한다.

재벌이 경제에서 차지하는 비중이 높은 나라는 많이 있지만 한국처럼 대기업의 약육강식과 승자독식이 제도화된 나라는 드물다. 한마디로 '재벌공화국 대한민국'의 현실은 로크의 단서와 정면으로 충돌한다. '충분한 양질의 것'을 사회에 남겨놓기는커녕 중소 하도급기업을 식민화하고 동네 상권까지 잠식하는 대기업의 행태는 공분(公憤)의 대상이

되어 재벌 개혁을 현대 한국의 화두로 만들고 있다. 유사 봉건세습체제를 구축하고 있는 재벌의 선단식 경영과, 총수의 무한권력에 반비례하는 무책임경영 행태는 크게 달라지지 않았다. 국민경제에서 재벌이 차지하는 비율도 계속 높아지고 있다. '재벌'이라는 세계적 고유명사를 획득할 만큼 덩치가 커졌으나 사회적 책임과 경영윤리의 확립에는 소홀한 것이 한국 독점자본의 얼굴이다.

보수가 견인하는 한국 자유주의의 논리가 로크에 의존해서는 정당화되지 않는다는 사실이 밝혀졌으므로, 로크 이후 발생한 수백 년의 변화를 감안해 현대의 자유지상주의자인 로버트 노직(Robert Nozick)의 논리와 비교해보자. 노직의 최소국가론적 소유 이론은 대략 다음과 같이 정식화할 수 있다.[16] 첫째, 주인이 없는 사물을 올바른 취득의 원칙에 따라 획득한 사람은 그 사물을 소유할 권리를 가진다. 둘째, 어떤 사물에 대한 소유권을 가진 사람으로부터 그것을 올바른 이전의 원칙에 따라 물려받은 사람은 그 사물의 소유권을 가진다. 셋째, 이상의 두 원칙에 따라 갖게 된 사물 이외의 것에 대해서는 아무도 소유권을 가질 수 없다. 이것이 정의로운 사회에서 이루어지는 소유권의 근원을 설명한 노직의 소유 권리론(the entitlement theory of justice)의 핵심이다.

노직은 정의 사회는 국민 전체의 소유 상태가 이 원칙에 부합하는 사회라고 주장한다. 흥미로운 것은 한국 재벌의 형성사와 오늘의 지배적 형태가 현대의 자유지상주의자 노직이 제시한 원리들과도 정면으로 배치되는 경우가 숱하다는 사실이다. 노직의 소유 이론을 엄격하게 적용할 경우 재벌이 독과점하고 있는 한국 사회의 소유 구조를 혁명적인

16 R. Nozick, *Anarchy, State, and Utopia*, N.Y.: Basic Books, 1974, pp. 151~152 참조.

방식으로 뜯어고칠 임무를 국가가 져야 하므로 한국 보수의 최소국가론은 포기될 수밖에 없다. 경제적 자유주의를 그 무엇보다 앞세우는 한국 자유주의의 행태가 서구의 극단적인 자유지상주의 논리에 의해서도 정당화되지 않는다는 사실이 증명된다.

한국 자유주의가 경제적 차원에서 편향적이라는 사실이 논증되었으므로 이제 정치적 측면으로 초점을 돌려보자. 기본적 시민권은 자유주의가 양보할 수 없는 이념이며, 그 가운데서도 사상과 양심의 자유는 가장 중요한 자유주의적 가치 가운데 하나다. 그런데 한국 보수의 자유주의는 사상과 양심의 자유를 짓밟는 독소 조항으로 가득 찬 국가보안법의 개폐 논의에 대해서도 유보적인 태도를 피력한다. '명백하고 현존하는' 위험을 야기하지 않는 내면적 사상의 자유조차 용인하지 않는 국가보안법의 정당성을 강변하면서 동시에 자유주의자라고 자처하는 것은 단적인 형용모순이다. 이 사례는 보수가 견인하는 한국 자유주의의 빈곤을 가리키는 뚜렷한 징표다.

자유주의를 위협하는 이런 모순이 어떻게 한국 보수가 추동하는 자유주의의 특징이 되었는가? 나는 그 열쇠를 전쟁과 분단의 구조가 강제한 반공규율사회에서 발견할 수 있다고 본다. 자유주의 진영 안에 타의에 의해 편입된 한국은 세계사적 냉전구도의 전진기지 역할을 맡을 수밖에 없었다. 대립하는 두 체제 사이의 생사를 건 싸움 속에서 한반도는 열전과 냉전을 겪었고, 그 결과로 구조화한 반공규율체제가 엄혹한 방식으로 한국인의 전 존재를 규정했다. 군사독재정권들의 억압과 이데올로기적 금제(禁制) 장치는 자유주의를 진영논리 속의 체제 정당화를 위한 냉전반공주의와 일체화시킨 것이다.

권위주의적 발전국가의 이데올로기적 국가기구들은 정치적 자유주의의 핵심인 시민적 기본권에 심대한 타격을 입혔다. 군사독재 시절 언론, 출판, 결사, 집회의 자유, 법치제도, 권력분립, 입헌주의적 견제와 균형의 원리 같은 자유주의의 핵심적 덕목들이 자유주의(실제로는 냉전반공주의)의 이름으로 무참히 유린되었다. 냉전반공주의로 타락한 한국 자유주의는 자유주의에 고유한 가치와 윤리들도 함께 망실해버리고 말았다. 그 결과 한국 자유주의는 권력과 금력을 독점한 보수 기득권자들의 책략적 기회주의나 출세 논리와 동일시되고 만 것이다. 이런 상황은 21세기의 현실에서도 크게 변화하지 않았다.

냉전반공주의와 자유주의의 기형적 연계가 한국에서만 발생한 것이 아니라는 사실은 기억할 필요가 있다. 1945년의 해방공간에 자유주의가 우리에게 박래품(舶來品)으로 주어졌을 때 그것은 이미 세계사적인 냉전의 포로였다. 파시즘의 패퇴 이후 전체주의로 표상된 공산주의는 자유주의의 최대 적으로 설정되었다.[17] 공산주의와 싸우는 전사로서의 냉전자유주의가 자유주의의 합리적 핵심들을 배반하는 형태로 실행되었음은 말할 것도 없다. 그 악명 높은 사례는 1940년대 후반부터 1950년대 중반까지 미국을 휩쓸었던 매카시즘(McCarthyism)의 광풍이었다. 그러나 한국 자유주의의 굴절과 왜곡은 냉전체제 안에서도 그 강도와 정도가 극심한 것이어서 오랫동안 한국인의 문화적 정체성과 정치적 상상력을 피폐하게 만들었다.

절차적 민주주의가 진전되어감에 따라 수구적 한국 자유주의에 대한 반성도 자연스럽게 제기되었다. 자유주의에 대한 이념적 자기성찰을 감당할 능력과 비전을 갖추지 못했던 보수 일색의 제도정치권 '안'

17 Arblaster, *The Rise and Decline of Western Liberalism*, p. 309.

이 아니라 그 '밖'에서 한국 자유주의의 개혁과 수정을 위한 중요한 노력들이 전개되었다는 것은 우리 사회의 취약성과 강점을 동시에 증명한다. 이 가운데서도 시민사회의 힘과 역동성은 놀랄 만한 것이어서 민주화를 이끄는 견인차 역할을 담당했다. 시민들은 결정적인 역사의 순간에 적극적으로 개입해 민주주의를 비약시키고 한국 자유주의의 전향적 변화를 추동한 주체였다. 자유주의적 시민사회의 성장은 경실련이나 참여연대, 환경연합 같은 시민사회 단체의 출범에 의해 의미심장한 전환을 경험한다.

냉전반공주의와 천민자본주의의 기괴한 복합체로 형상화된 한국 자유주의의 초상은 한국인에게 깊은 상흔을 남겼다. 그 결과 민주적이고 정의로운 사회를 지향하는 한국적 시도들은 자유주의를 경원시하게 된다. 극단적인 경우 자유주의는 이상사회의 반면교사(反面教師) 같은 것이어서, 좋은 사회는 자유주의와는 전혀 다른 무엇이라는 생각이 확산되었다. 특히 1980년대 이후 한국 사회를 휩쓸었고, 21세기까지 큰 영향력을 행사하고 있는 정치적·경제적 상상력의 큰 부분은 이렇듯 반자유주의적이거나 비자유주의적인 무엇이었다. 정치권력으로서 문재인 정부의 등장은 이 점에서 의미심장하다. 한국 지식인 사회에서 자유주의가 무시되는 근원적 배경이다.

3. 한국 진보는 자유주의를 무시하거나 적대시했다

한국 보수가 자유주의를 왜곡하거나 파괴해온 오랜 소용돌이 속에서 한국의 진보는 자유주의를 무시하거나 적대시해왔다. 그리고 이 둘은 쌍생아처럼 맞물린다. 단적으로 한국 진보는 자유주의의 입체성과 복합성을 제대로 고려하지 못한 근본주의적 역사관에 함몰됨으로써 시장과 시민권 사이의 복합적 상관관계를 단선적 적대관계로 환원시키는 경향을 드러냈다. 전 세계적 경제위기로 더욱 힘을 받게 된 이런 사상적 편견을 극복하는 작업이 자유주의를 철학적으로 재구성하는 첫걸음이 될 수밖에 없다. 시장질서와 민주질서의 복합적 상관관계를 해부하는 '시장의 철학'은 바로 그것을 지향한 기획이다.[18]

진보적 자유주의에서 시장의 문제는 매우 중요한 핵심이다. 시장 현상에 대한 경제·경영학적 논의는 많아도 시장의 본질을 다루는 철학적 담론은 거의 찾기 어려운 것이 사실이다. 그 결과 시장에 대한 편벽된 이해가 횡행하고 있다. 시장만능주의와 동일시되는 신자유주의의 폐단이 구체화되고, 냉정한 시장 논리가 시민들의 삶의 지평을 위협할수록 시장주의에 대한 혐오감이 증가하고 있다. 그러나 시장에 대한 이해 없이는 자유주의에 대한 정확한 이해도 불가능하다. 시장과 자유주의의 본성에 대한 균형 잡힌 인식이 깨지면 그것들에 입각한 모더니티의 현실을 파악하기 어려워진다. 이런 일반론은 한반도의 현실에도 탄력적으로 적용 가능하다.

진보적 입장의 다양함을 전제하더라도 세계사적인 진보의 원점에는 자유주의를 부르주아 이데올로기로만 읽는 마르크스의 역사유물론 패러다임이 놓여 있다. 마르크스주의를 비롯한 좌파의 기획, 그리고 마르크스주의로부터 미래의 비전이나 정치적 상상력을 제공받은 진보의 강령들이 지닌 문제는 이들이 자유주의의 이론과 실제의 위력을 정확히 이해하지 못하고 있다는 사실에서 비롯된다. 현실사회주의의 붕괴로 상징되는 마르크스주의적 기획의 전면적 실패는 민주주의의 비전

18 '시장의 철학' 자체에 대한 본격적 해명으로는 필자의 《시장의 철학》, 나남, 2016 참고.

이 자유주의의 틀을 이탈해 근본주의로 경도될 때 얼마나 큰 재앙이 발생할 수 있는가를 극적으로 예증하는 사례일 것이다. 즉 마르크스주의는 반자유주의적 민주주의의 오류를 극적으로 상징하는 경우다.

자유주의 경시의 역사적 배경을 이해한다는 것과, 자유주의 일반에 대한 능멸이 과연 정당한가의 문제는 서로 분리되어야 한다. 다시 강조하지만 보수의 한국 자유주의관이 불구의 것인 것처럼 진보의 자유주의 이해도 균형감각과 현실감각을 상실하고 있다. 필자는 그 근본 원인을, 마르크스주의의 비전이 한국 진보의 상상력을 한계지음으로써 시장의 복합성으로 요약되는 자유주의의 역동성을 이해하지 못한 데서 비롯했다고 생각한다. 냉전반공주의의 압력이 크게 희석된 오늘의 공론 영역에서도 한국 진보와 마르크스주의 사이의 연계는 '공공연한 비밀'로 남아 있다. 역대 군사독재정권을 정당화해온 한국 자유주의에 대한 반동으로 형성된 1980년 이후의 진보운동의 본질은 '혁명의 시대'로 정의된다. 그것은 바로 냉전반공주의와 천민자본주의와 다름없는 한국 자유주의를 타파하려는 혁명의 시도였다. 이해영은 "1980년대에 변혁을 꿈꾸며 투쟁했던 모든 이는 로베스피에르였고, (……) 1980년대 한국의 로베스피에르의 영혼을 만들어낸 이로, 나는 마르크스/엥겔스와 레닌 그리고 김일성을 지목한다"고 단언한다.[19]

학술단체협의회 대표와 민주화를 위한 전국교수협의회 공동의장을 지내고 진보학계의 스승으로 여겨졌던 김진균은 20세기 한국의 사회과학을 반성하는 자리에서 민족국가 형성과 자본주의의 문제를 20세기 한국사를 규정하는 두 축으로 규정한 바 있다. 이런 문맥에서 마르

19 이해영 편, 《1980년대: 혁명의 시대》, 새로운세상, 1999, 29쪽.

크스주의는 두 가지 역사적 의의를 지녔는데 이론적으로 역사유물론의 합법칙성이 인식되었다는 사실이고, 실천적으로는 계급해방과 민족해방을 결합시키는 추진력이 되었다는 것이다. 그의 말을 직접 들어보자면, "마르크스주의는 한국 자본주의의 성격을 밝히고, 모순의 지점을 지적해내고, 변혁의 과제를 제기하는 데 다른 어떤 사회과학적 방법론보다 기선력을 제공했다. 그리하여 (……) 민중 지향적 학문과 실천운동을 발흥시켰다"는 것이다.[20]

범(汎)진보진영의 학술적 역량을 총결집시켰다 해서 출범 당시 큰 관심을 모았던 《진보평론》의 지향은 더 선명했다. '발간모임 결성선언문'에서 그들은 진보진영의 근본 과제를, 계급 적대를 유일한 보편적 적대로 간주하는 변혁 이론의 한계를 벗어나려 하지만, 동시에 자신들의 이론의 정박지는 노동 착취와 관련된 착취임을 분명히 했기 때문이다.[21] 이 학술지의 편집위원장은 "진보를 위한 이론적·실천적 작업과 마르크스주의와의 관계에 대한 질문을 진보를 위한 장정의 출발점으로 삼"겠다고 선언했다.[22]

진보적 학술공동체에 반영된 마르크스주의의 영향은 정치운동에서 더 충실하게 구현되었다. 오랫동안 한국의 진보를 대표해온 핵심적 제도정당이었던 민주노동당의 강령은 마르크스주의적 계급변혁론을 중추로 삼았다.[23] 민노당 강령의 전문은 "자본주의 사회의 질곡을 극복하

20 김진균, "해방 이후 한국 사회과학: 비판과 과제,"《한국의 사회 현실과 학문의 과제》, 문화과학사, 1997, 148쪽.

21 《진보평론》 창간호('현장에서 미래를', 1999년 가을), 9~10쪽.

22 김세균, "편집자의 글,"《진보평론》 창간호, 5쪽.

23 민주노동당 강령 및 전문.

고, 민족통일국가를 건설하기 위해" 민노당을 창당한다고 선언했다. 그 당헌은 "제국주의 침략과 민족 분단, 외래 독점자본과 국내 재벌의 민중 수탈, (……) 바로잡고 오늘날 신자유주의 세계화가 초래한 총체적 위기를 극복"하겠다고 단언한다. 그러기 위해서는 "세계화된 자본에 맞서는 전 세계 노동자계급, 착취당하는 민중"과의 "국제 연대에 앞장서야" 하며, "기간산업을 국유화하고, 무상의료를 실현하며, 무상교육을 실시"해야 한다.

자본주의의 '폐해와 질곡을 극복'하겠다고 완곡히 표현하지만 민노당이 궁극적으로 겨냥했던 것은 자본주의 경제를 철폐해 "자주적 경제 발전과 (……) 민주적 경제체제를 건설"하는 것이다. "폭압기구를 해체하며, (……) 모든 불평등 조약과 협정을 폐기하고, (……) 한미 군사동맹을 해체하며 주한미군을 철수"하겠다는 민노당의 최대 목표는 '직접 민주주의를 강화'해 '이 사회에 진정한 민주주의'를 실현하겠다는 데로 모아진다. 아래에서 살펴보겠지만 자유주의 또는 자유민주주의 일반을 '가짜 민주주의'로 보고 자신들의 대안을 유일한 '진짜 민주주의'로 보는 생각은 마르크스주의가 강력히 견지하는 정치적 확신 가운데 하나다.

2012년 한국의 진보정치세력은 단일 대오를 형성하기로 결의했다. 2011년 12월 6일, 민노당과 국민참여당, 그리고 진보신당 탈당파인 새진보 통합연대가 합쳐 통합진보당을 출범시켰다. 종북주의 문제에 대한 이견을 해소하지 못한 진보신당이 별개로 남았지만 그 현실 정치적 영향력이 미미한 상황에서 새로 창당했던 통합진보당이 당시의 한국 진보를 상징하는 제도정당이었다. 통합진보당은 자유주의 정당인 유시민의 국민참여당과의 전략적 연대를 위해 민노당 특유의 마르크스주의적 변혁론의 색깔을 최대한 탈색시켰다. 그럼에도 "자본 중심이 아닌 노동자 시민과 함께하는 경제를 실현하며, 독점재벌 중심 경제체제를 해체하고, 무상의료를 실현하며, 보편적 복지사회를 실현하고, 주한미군을 철수시키고 종속적 한미동맹을 해체하여 직접민주주의를 구현한다"는 통합진보당 강령은 한국 진보의 이념적 색채를 투명하게 보여준 바 있다.[24]

시간이 흐르고 정권이 교체되면서 한국 진보의 정체성이 실천적으로는 많이 순화되었지만 이념적 근본 지향은 크게 변화하지 않았다. 한국 진보가 이처럼 마르크스주의를 그 비전의 원점으로 설정하고 있기 때문에 이들의 자유주의 이해도 대체적으로 마르크스주의 패러다임 안에 머물러 있다. 따라서 나는 마르크스주의의 자유주의 이해가 갖는 문제점을 정면에서 거론함으로써 한국 진보의 자유주의관을 결과적으로 논파하는 정공법을 택하고자 한다. 진보의 다양한 분파가 마르크스주의의 표준적 공식을 따르면서 나름대로 변용시키고 있다고 보기 때문이다. 21세기인 지금도 한국 진보의 마르크스주의적 상상력에 본질적 변화가 발생한 것으로 보이지는 않는다.

일반적으로 마르크스주의는 자유주의를 부르주아의 계급독재를 관철하는 이데올로기적 장치로 간주한다. 근대 시민권을 담보하는 여러 민주주의적 제도들도 이런 부르주아 독재에 봉사하는 도구로 여긴다. 국가와 시민사회의 분리라는 자유주의적 모더니티의 불가역전의 업적도 마르크스주의의 관점에서는 근대인이 인간 존재의 보편적 내용으

24 '통합진보당 강령' 참조. 2012년 4월 11일 국회의원 총선거에서 약진한 통합진보당은 당명을 진보당으로 바꾸기로 하고 당헌 및 강령 개정 초안을 4월 24일 발표했다. 위 본문에서 분석된 '통합진보당 강령'과 이 개정 초안 사이에 큰 차이는 없다.

로부터 소외되었다는 증거로 읽히는 것이다. 역사적으로 보면 시장경제를 축으로 한 사적이익의 체계로 조직된 시민사회와, 주권적 일반이익의 구현체로서 강제력을 독점한 국가의 분리는 시민권과 자유의 이념을 최초로 정초하게 만들었다. 고전적 자유주의자들이 맨 처음 포착한 이 같은 사실을 헤겔이 국가-시민사회 개념의 고전적 정식화에 성공함으로써 체계화한다.

하지만 마르크스는 국가와 시민사회의 분리를 가장 과격한 방식으로 해체한다. 그가 보기에 국가는 시민사회로부터 외양으로만 독립되어 있는 까닭에, "현대의 국가권력은 전체 부르주아의 공동 업무를 관장하는 위원회에 불과하다"는 것이다.[25] 마르크스가 국가-시민사회의 분리라는 모더니티의 정식을 오히려 타락과 부패의 원흉으로 간주하는 이유는 너무나 분명하다. 그의 말을 빌리자면, "정치국가의 발전 형태 속에서 인간은 (……) 스스로를 공동존재로 간주하는 정치적 공동체에서의 삶과, 사적 개인으로서 행위 하면서 자신이나 남을 수단으로 격하시키고 낯선 힘의 포로가 되어버리는 시민사회 속의 삶이라는 이중적 형태로 분열"되기 때문이다.[26] 여기서 마르크스가 정치적 공동체가 공동존재를 창출하는 데 비해 시민사회는 사적 개인을 낳는다는 사실에 주목하면서 전자를 긍정적으로 그리고 후자를 부정적인 것으로 간주하고 있다는 사실이 선명하게 드러난다.

마르크스에 따르면, 사회 구성원들의 일반의지를 형상화한 존재이며 특수성과 보편성의 통합체라고 헤겔에 의해 논변된 국가는 사실 부

25 K. Marx and F. Engels, "Manifesto of Communist Party," in *Marx and Engels, Collected Works* (이하 *MECW*로 표기) 제6권, Progress, 1972, p. 486.

26 K. Marx, "On the Jewish Question," in *MECW* 제3권, p. 154.

르주아 계급의 배타적 이익을 보장하는 계급국가이다. 자유주의적 국가는 시민사회의 포로이며 환영에 지나지 않는다. 따라서 마르크스는 헤겔의 국가론을 통렬히 비판하면서, 국가는 물질적 현실의 합리화이며, 전도된 현실의 신비화라고 맹공한다. 개인주의에 입각한 근대 시민사회가 사회적 존재인 인간 존재를 파괴하므로 전도된 현실인 국가/시민사회 분리를 지양하고 사회화된 인간의 모델을 회복해야 한다. 마르크스는 그런 모델을 '공동존재(Gemeinwesen, the communal being)'라 부르고 정체(政體)와 개인을 동시에 지칭한다.

시민사회의 출현으로 초래된 원자화와 소외가 극복되고 개인과 사회가 모두 공동존재성을 획득하는 상황을 마르크스는 '진정한 민주주의' 또는 '공산주의'라 부른다. 여기서 중요한 점은 "민주주의만이 특수자와 보편자의 참된 합일인 것이다. (……) 그리고 진정한 민주주의에서는 정치적 국가가 지양된다"는 사실이다.[27] 나아가 참된 민주주의에서는 분화된 사적 영역으로서의 시민사회도 함께 사라져야 한다. 이를 그는 "추상적인 정치국가 내의 선거 개혁은 국가의 지양뿐만 아니라 시민사회의 지양도 요구한다"라고 표현한다.[28]

마르크스가 자유주의를 도저히 받아들일 수 없는 근본적 이유는, 진정한 민주주의인 공산주의가 부르주아적 맥락에서 국가나 시민사회와 양립할 수 없기 때문이다. 자유주의를 근원적으로 출범시킨 사유재산권, 그리고 국가/시민사회의 분리를 둘 다 거부하는 마르크스의 명제는 《헤겔 법철학 비판》에 이처럼 명징하게 제시되어 있으므로 아비네

27 K. Marx, "Contribution to the Critique of Hegel's Philosophy of Law," in *MECW* 제3권, p. 30.

28 K. Marx, 앞의 책, p. 121.

리(Shlomo Avineri)의 평언(評言), 즉 "《공산당 선언》이 《헤겔 법철학 비판》에 내재해 있다"는 말은 상당한 설득력이 있다.[29] 결론적으로 마르크스의 자유주의 비판은 부르주아적 국가와 시민사회를 동시에 지양해야 한다는 근본주의적 선언으로 귀결된다. 마르크스주의 이론사에서 도구주의적 국가관과, 소외의 원형으로서 시민사회 개념이 표준적 테제로 자리 잡은 것이다.

자유주의와 마르크스주의의 대결에서 가장 중요한 논쟁점의 하나는 시민사회에 대한 이해다. 마르크스는 헤겔의 정의를 좇아 시민사회를 '일정한 발전 단계에 있는 물적 교류의 총체'로 독해한다. 그러나 이 과정 속에서 그는 헤겔이 복합적이고 역동적으로 이해한 시민사회 개념을 단순화해서 경제 환원론적으로 해석한다. 물적 이해관계를 나타내는 부르주아 사회(bourgeois society)와, 공민으로서 국민이 국가에 대한 권리·의무 관계에 놓여 있다는 맥락을 강조하는 시민사회(civil society) 개념을 중층적으로 담고 있는 헤겔의 시민사회관을 마르크스가 부르주아 사회로 편협하게 축소하고 있는 것이다. 그 결과 헤겔적 시민사회 개념에 내재한 계몽의 차원이 사상된 채 홉스적인 전쟁 상태로 요약되는 '욕망의 체계'만이 부각된다.

헤겔의 시민사회론을 평가하는 데 마르크스가 범한 치명적인 오류는, 헤겔의 시민사회 안에 내재한 모순성과 공존하는 보편성을 간과했다는 데 있다. 근대 국민경제학의 성과를 대폭 수용한 헤겔은 시민사회를 추동하는 '욕망과 충족의 논리'에 주목했고 그 논리가 야기하는 모

29 Avineri, *The Social and Political Thought of K. Marx,* Cambridge University Press, 1968, p. 34.

순에 대해서도 분명한 자의식을 갖고 있었다. 자유주의적 시민사회 안에 구조화된 빈곤과 과잉생산, 실업, 천민의 존재, 해외 식민지 개척 등에 관한 헤겔의 논술은 이를 입증한다. 그러나 헤겔은 시민사회의 마지막 계기로서 "(욕망의) 체계 속에 상존하는 우연성에 대해 배려하는 가운데 경찰복지 행정(Polizei)과 직업단체(Korporation)를 통해 특수이익을 공동이익으로 승화시킬 수 있는" 메커니즘에 주목한다.[30] 근대 시민사회는 마르크스의 지적처럼 착취와 소외의 무대이기도 하지만, 또한 시민들의 계몽과 교화, 해방을 위한 불가결의 장소로서도 기능한다는 것이다.

헤겔의 논의는 대의제도와 여론의 기능 그리고 직업단체의 역할에 주목하며, 현대 시민사회론의 통찰을 상당 부분 선취하고 있다. 자본주의적 경제의 차원과 민주주의적 시민사회의 지평을 함께 포괄하고 있는 헤겔의 시민사회관의 모호성을 극복하기 위해 오늘의 시민사회론자들은 헤겔의 시민사회를 경제와 시민사회의 두 층위로 나눈다. 그 결과 국가·시민사회·경제의 삼분법이 탄생한다. 이런 삼분법의 기초 위에서 현대 정치 이론을 구상하고 있는 포괄적 시도로는 코헨과 아라토의 책이 대표적이다.[31] 이런 근거에서 나는 "마르크스의 정치철학이 헤겔의 정치사상을 극복했다"고 주장하는 마르크스주의자들의 논의가 그다지 설득력이 없다고 본다.

시민사회를 부르주아가 독점적 권력을 행사하는 배타적 계급지배의

30 G. W. F. Hegel, *Grundlinien der Philosophie des Rechts*, & 188, Werke in zwanzig Bänden, 제7권, Suhrkamp, 1970, p. 346.

31 J. Cohen and A. Arato, *Civil Society and Political Theory*, MIT Press, 1992, 특히 pp. 29~82 참조.

공간으로 그림으로써 마르크스는 시장경제와 비슷한 시기에 출발했지만 경제 논리로만 환원될 수 없는 공적 공간의 제도화와 공론의 매개 역할을 간과하게 된다. 이는 국가-시민사회에 대한 그의 분석이 후기로 들어서면서 자본주의 생산 양식론에 의해 대치되는 것과 궤를 같이 한다. 그 결과 마르크스는 생산 조직 외에 자율적인 여러 결사체, 중간 집단, 교육기관, 가족제도 등에 혼재해 있는 자유주의적 시민사회의 역동적이고 민주적인 의미를 제대로 포착할 수 없었다.

그의 이런 결함은 마르크스주의의 고질병이었던 경제력주의와 생산력주의로 바로 이어진다. 그러나 최소한 마르크스와 엥겔스 스스로는 자신들의 주장이 그렇게 편협하게 독해될 수 있는 여지를 갖고 있다는 사실을 인식하고 있었으며 그것을 경계했다. 그러나 이런 배려를 했음에도 정치경제학 비판의 동력이 경제주의적 편향의 요소를 본질적으로 담고 있다는 의심을 불식시키기는 쉽지 않다. 마르크스 국가론과 정치학의 부재와 공백의 근본 원인은 여기에 있다. 또한 국가와 시민사회의 동시적 지양이라는 그의 강령은 유토피아적 근본주의의 색채를 다분히 담고 있다. 물론 이런 비판이 마르크스 자신의 논술 안에 부분적으로 내재한 반근본주의의 존재 자체를 부인하는 것은 아니기 때문에 마르크스 자신과, 경학화(經學化)한 마르크스주의 사이의 차이에 주목해야 할 필요성은 남는다.

그럼에도 정통 마르크스주의는 핵심적 부분에서 마르크스의 사유를 계승한다. 정통 마르크스주의의 근본 강령은 프롤레타리아 독재와 생산수단의 사회적 소유라는 정식으로 귀결되었고, 전위당의 프롤레타리아 계급에 대한 독재와 국가소유제로 낙착되었다. 마르크스의 아름다운 민주주의론이 역설적으로 민주주의의 꿈을 배반한 가장 큰 이유는 시민사회의 복합성과 역동성에서 집중적으로 발현되는 자유주의의 전향적 계기들을 그가 무시했기 때문이다. 자유주의가 창출한 부르주아 민주주의야말로 모든 형태의 민주주의로 전진하기 위한 필수적 매개 항이자 기초라는 사실을 간과한 것이다.

국가와 시민사회가 모순적 접합과 길항 관계에 놓여 있다는 현실을 무시하고 자유주의적 제도들이 모두 부르주아의 계급 이해에 복무한다고 보는 정통 마르크스주의로의 이행은 이 지점에서 거의 예정된 것이다. 이런 시각은 시민사회의 성장을 통한 자유민주주의의 확산이 부르주아의 계급지배를 제어한다는 사실을 제대로 보지 못한다. 자유민주주의적 시민사회 안에 넓게 편재되어 있는 모순과 갈등 관계를 단일 원리로 부단히 축소함으로써 마르크스주의는 오늘날 양산되는 다양한 사회운동의 성장을 설명하지 못한다. 근본주의적 계급혁명에 대한 과도한 집착 때문에 마르크스주의적 실천철학이 현실적으로는 대기주의로 흐르거나, 무력화되거나, 지나치게 독단적인 운동 방식을 고집하는 결과를 낳는다.

모더니티를 추동한 자본주의와 시민권은 둘 다 자유주의와 동(同)근원적이다. 마르크스주의는 자본주의적 시장경제와 근대 민주주의의 긴장적 교차 관계에서 전자의 부정적 측면만을 부풀렸다. 현실사회주의의 붕괴 이후에는 마르크스주의 패러다임에 대한 명시적 언급 자체를 삼가는 경향이 있는 한국 진보 진영의 경우에도 시장질서와 민주질서의 긴장관계를 과도히 단순화시키는 오류를 아직까지 극복하지 못하고 있다. 민주적 시민권을 신장시킨 자유주의의 성과를 무시하고, 시장경제에 고유한 자생적 질서와 혁신성의 가치를 폄하하면서 시장의 적대적 성격만을 부각시키는 진보의 오래된 관행이 그 산물이다. 그 결과는 이론적으로나 실천적으로 그리 생산적이지 못했다.

한국 사회의 대안으로 사회민주주의가 진보적 자유주의보다 훨씬 우월하다고 주장하는 한 논변도 시장과 시민권 사이의 복합관계를 단일의 사회경제적 적대관계로 환원하는 마르크스주의적 오류에서 자유롭지 않다. '자유주의가 진보적일 수 있는가'라는 물음 자체에 대해 회의하는 한국의 한 사회민주주의자는 진보적 자유주의가 담론의 차원에서 진보성을 주장할 수는 있을지 몰라도 "기본적으로 그것은 실천의 차원과는 무관하다"고 확언한다.[32] 사회민주주의가 진보적 자유주의보다 우월한 이치가 그에게 '자명'한 것은 "노동이나 계급 개념을 동원하지 않는다면 진보라는 개념은 애초에 불가능하며, (……) 진보정치에서 민주정치는 계급정치일 수밖에 없"기 때문이다.[33]

계급과 노동의 범주는 정말로 중요하며 사회경제적 빈곤과 양극화의 문제는 우리 시대 최대의 미결과제 가운데 하나다. 그러나 이 사실로부터 '사회경제적 문제를 계급과 노동의 범주로 규정하는 것이 진보의 본질이다'는 정의가 자동적으로 도출되지는 않는다고 필자는 생각한다. 이것은 인간 해방과 계몽을 위한 투쟁에서 거의 선험적 중요성을 지닌 특권화된 계급주체를 상정하는 태도여서 본질주의의 함정에 빠질 위험성이 농후하다. 진보의 내포와 외연이 노동과 계급의 범주로 선명히 포착되거나 배타적으로 채워질 수 있는 것도 아니다. 이것은 마르크스주의 일반에 내장되어온 토대결정론과 경제근본주의의 '한국 사

32 자유주의의 진보성을 탐색한 중요한 학제적 작업의 산물인 최태욱 엮음, 《자유주의는 진보적일 수 있는가》(폴리테이아, 2011)에 실린 고세훈, "'진보'적 자유주의에 대한 비판적 검토," 122쪽 참고.

33 고세훈, 같은 글, 《자유주의는 진보적일 수 있는가》, 140쪽.

회민주주의적 버전'이라 할 수 있을 만큼 협소하고 독단적인 태도였던 것으로 생각된다.

한국의 진보 진영이 마르크스주의 실패의 교훈을 제대로 학습했는지의 여부는 여전히 불확실하다. 핵심 입론이 논파될 위기에 직면할 때 그것을 흔쾌히 인정하지 않고 수많은 보조 가설을 동원해 빠져나가는 것을 포퍼(Karl Popper)는 사이비과학의 주된 증거라고 비판하면서 마르크스주의를 실례의 하나로 드는데, 우리가 포퍼의 인식론에 동의하든 그렇지 않든 간에 이는 매우 흥미로운 관찰이 아닐 수 없다. 포퍼의 표현을 빌리자면, 마르크스의 역사유물론은 원천적으로 '반증'이 불가능하게 짜여 있는 것이다.[34]

한국 진보학계의 최대 성과로 간주되는 1980년대 '사회구성체 논쟁'은 마르크스주의의 영향을 거울처럼 선명하게 보여준다.[35] 일반적으로 민족해방진영(NL)과 민중민주진영(PD)이 대립해서 거미줄처럼 분화되어간 이 논쟁에서 마르크스주의는 주체사상과 함께 양대 지도이념이었다. 앞서 언급한 것처럼 주체사상의 빈곤성과 비철학적 성격이라는 한계 때문에 이론의 차원에서는 민중민주진영이 압도했다고 할 수 있는 이 논쟁에서 두 진영 모두 독점 강화, 종속 심화, 파시즘 강화 테제의 도식성과 자기순환성이라는 굴레에서 자유롭지 못했다.

흥미로운 사실은 이 '사회과학' 논쟁이 고도의 사변적 지평 위에서

34 마르크스주의에 대한 포퍼의 논쟁적 분석으로는 K. Popper, *The Open Society and Its Enemies*, vol. 2, London: RKP, 1945; 그리고 과학과 비과학의 '구획 기준'으로서의 반증 원리에 대해서는 포퍼의 *Conjectures and Refutations*, N.Y.: Harper and Row, 1963, p. 37 참조.

35 박현채·조희연 편, 《한국 사회구성체 논쟁》, 죽산, 1989. 이후 논쟁집은 4권까지 출판되었다.

전개되었으며 연역 추론의 형태를 즐겨 구사했다는 점이다. 사회구성체 논쟁이 21세기 한국 진보에 의해서 완전히 폐기되거나 철저히 극복되었다기보다는 진보의 이론과 실천의 바탕에 잠재해 있으면서 여러 모습으로 돌출한다고 필자는 본다. '한미 FTA' 논쟁이 건전한 정책 논쟁에 그치지 않고 '나라를 팔아먹는 매국과 식민화' 여부로 과열됐던 배경에는 미국을 제국주의적 수탈과 착취의 본산으로 여기는 진보 일각의 오래된 관행이 자리한다. '한미 FTA'와 달리 '한EU FTA'에 대해서는 논란이 거의 제기되지 않았던 사실도 흥미롭다. 현대 한국의 제도정치에 진입한 대표적 진보정당들이 마르크스주의 패러다임의 정치적 상상력에 제약되면서 계급이론적 변혁론에 사로잡혀 세상을 보았던 것이다. 이른바 사회민주주의자가 본질주의적 계급론에 집착하는 사례가 단적인 증거다.

한국 진보의 위기는, 현실정치적 역학관계를 일단 사상하고 말한다면, 근원적으로 이런 지적·실천적 불철저함 때문에 초래된 것이라 할 수 있다. 보수보다 이론의 체계성과 실천의 원리성에 대한 집착이 강한 진보는 한국 자유주의의 왜곡과 파탄에서 자유주의 전체의 퇴영성과 반동성만을 집중적으로 읽었다. 비록 한국 진보가 마르크스주의 패러다임이나 그 용어를 더는 공식적으로 사용하지 않는다고 해도 자유주의의 수구성에 대한 진보의 확신은 마르크스주의 패러다임을 최종 진리로 수용하는 이론과 실천의 지평 위에서만 자명한 것으로 여겨질 수 있다.

역사유물론을 뉴턴 물리학과 대등한 것으로 자임한 마르크스주의 과학의 자기 확신이 뒷받침하지 않는다면, 해방을 지향하는 진보의 실천 전략이 '자명성'을 운위하는 것은 쉽지 않을 터다. 필자는 우연과 불확실성으로 가득 찬 현실 세계를 관통하는 절대적 자명성이 존재한다는 것을 애당초 믿기 어렵다. 그런 점에서 나는 진보적 자유주의가 마르크스주의나 마르크스주의적 상상력에서 자유롭지 않은 사회민주주의보다 훨씬 진보적일 수 있다고 생각한다.

4. 급진자유주의는 진보적 자유주의의 모델이다

내가 제시하려 하는 급진자유주의는 포스트 신자유주의 시대에 걸맞은 진보적 자유주의를 지향한다. 급진자유주의는 다양한 학술적 논전의 소용돌이 속에서 자유주의에 대한 비판과 극복의 시도들을 열린 자세로 수용하면서 자유주의의 토대를 항속적으로 반성하고 부단한 자기 수정의 자세를 갖추고 있다는 의미에서 급진적이다. 나아가 급진자유주의는 민주주의나 공화주의, 마르크스주의나 공동체주의와의 접합 가능성에 인색해하지 않으면서도 그런 접합의 시도가 자유주의의 이론과 실제를 통해서 효과적인 방식으로 이루어질 수 있다고 믿는 점에서 자유주의다. 이처럼 급진자유주의 정치철학은 실천 지향적이다.

급진자유주의의 정치철학은 한국 현대사의 흐름에 대한 '비판적 거리두기'를 통해 자유주의 담론의 보편성과 일반성을 달성하려 하며, 현재진행형의 한국 현실에 대한 철학적 반성을 모색한다. 이 지점에서 급진자유주의의 급진성 개념에 대한 해명을 일단 시도해보자. 급진적(radical)이라는 말은 원래 뿌리를 뜻하는 라틴어 radix에서 나왔으므로 '자기가 나온 뿌리로 돌아감'으로 해석될 수도 있지만, 자신의 근원을 포함해 자유주의 담론 일반에 대한 발본적(拔本的) 성찰과 진보적 지향이라는 의미도 가진다. 두말할 것도 없이 급진자유주의의 급진성은 후자를 뜻한다. 따라서 자유주의의 본질을 편협하게 정의된 시장경제에 배타적으로 귀속시키는 신자유주의적 시장근본주의의 단선적 급진성 개념과, 자유주의의 진화 과정에 대한 원천적 반성을 자임하는 급진자유주의의 입체적 급진성 이념이 혼동되어서는 안 된다.

경제적 자유주의의 급진성은 중세적 질서를 통타한 근대 시장경제의 변혁성을 높이 평가한 당대 상황의 소산이므로 후대의 역사 흐름과 상황 변화에 의해서 설득력이 감소할 수밖에 없었다. 이에 비해 급진자유주의의 급진성은 포스트 신자유주의적 상상력을 요청하는 21세기 시대 상황의 반영이라는 차원에서도 그렇거니와, 내용과 지향에 있어서도 더 역동적이며 자기 성찰적이다. 급진자유주의적 급진성 개념의 독자성은 '시장의 철학'에서 더 자세히 해명된다. 경제적 자유주의의 급진성을 무비판적으로 승계한 신자유주의가 총체적 몰락의 위기에 처한 현실은 자유주의적 급진성 개념의 방향 전환이 긴급히 요구된다는 사실을 웅변한다.

현대 한국 정치철학의 기획으로 제시된 급진자유주의는 세 가지의 철학적 원리 위에 기초한다. 여기서 원리란 가치판단이면서 동시에 이념적 규준이다. 가치판단과 규준으로서의 원리는 강력한 당위성을 갖지만 그 당위성은 객관적 사실과 역사 현실의 부단한 대면을 통해서 끊임없이 테스트되고 검증되는 종류의 것이다. 사실과 가치가 서로 교호관계에 있기 때문이며, 정치철학을 비롯한 실천철학의 지평에서는 더욱 그렇기 때문이다. 급진자유주의의 세 가지 원리는 주관성과 상호주관성을 가로지르는 역동적 검증의 지평 앞에 열려진 가치판단이자 규준으로서, 다음과 같은 세 가지 명제의 형태로 개진된다. 첫째, 급진자유주의는 비판적 자유주의다. 둘째, 급진자유주의는 진보적인 혁신 자유주의로서 성찰적 개인주의를 시금석으로 삼는다. 셋째, 급진자유주의는 자유주의가 민주주의보다 선차적이라고 주장한다.

이런 세 가지 철학적 원리를 받쳐주는 이론적·실천적 정당화 근거가 두 가지의 문제 설정(문제화, problematics)이다. 문제 설정 가운데 첫 번째는 '시장의 철학'으로서, 이는 두 번째 문제 설정인 '정치적인 것'의 이념과 함께 급진자유주의의 세 가지 원리들을 정당화하는 역할을 맡는다. 결국 시장의 철학과 정치적인 것의 이념이라는 문제 설정 틀은 급진자유주의의 세 가지 철학적 원리들을 구체적인 논거를 통해 옹호하는 역할을 수행하면서 급진자유주의의 기획 자체를 견인하는 지도 이념이다.

급진자유주의의 세 원리에 대해 논의하기 전에 먼저 두 가지 문제 설정의 틀을 간단히 요약해보자. 앞서 개략적으로 시사한 바 있지만 첫 문제 설정인 시장의 철학은 시장자본주의와 민주주의가 동행한다고 믿는다. 양자가 동일하지는 않지만 동근원적이며, 사적 사율성과 공공적 자율성이 상호의존적이고 상호구성적이기까지 하다는 사실을 역설하는 것이다. 시장의 철학을 천착하는 데 현대적 이론체계의 전범은 하이에크(Friedrich Hayek)와 폴라니(Karl Polanyi)로부터 주어진다. 시장질서와 민주질서의 모순적 동행이 경제적 자유주의와 정치적 자유주의 사이의 긴장이나 사유재산권과 근대적 시민권 사이의 갈등을 포함하지만 그것들보다 넓은 함의를 지닌다는 논점이 분석된다.

그러나 사적 자율성과 공공적 자율성이라는 두 개의 가치가 비슷한 시기에 발원했지만 그 지향성이 상이하다는 사실 자체를 시장의 철학이 부인하려는 것은 아니다. 시장의 철학은 자유주의의 이런 이중성에 내재된 장단점을 감추지 않으면서 교훈은 살리는 한편, 이중성으로부터 배태되는 갈등과 진통을 합리적으로 관리하려고 노력한다. 재산권과 시민권 사이의 본질적 긴장을 어느 한편의 손을 일방적으로 들어주면서 인위적으로 해소시키는 것은 심각한 부작용을 양산한다는 것이 역사의 교훈이기 때문이다.

급진자유주의의 두 번째 문제 설정은 '정치적인 것'의 이념이다.[36] 시장의 논리와 민주주의의 논리가 낳은 대립과 긴장은 '정치적인 것'의 이념을 대입시켜 두 질서 사이에서 작동하는 변증법적 계기를 사유할 때 이해의 지평이 넓어질 수 있다. 자유주의 제도정치의 형식화와 빈곤화는 '정치적인 것'의 부활과 재활성화가 우리 시대의 과제임을 증언한다. 정치적인 것의 현대적 실천은 고전적 민주주의나 공화정의 이념을 단순 반복하는 것일 수는 없다. 고전적 공화주의의 배타성과 엘리트주의를 극복해 다원주의적이고 민주적인 풀뿌리 정치로 대체해야 하며, 민주주의에 내재된 우중정치의 요소를 극복할 수 있어야 한다. 정치적 주체 형성의 자유주의적 계기와, 정치 공동체 귀속성과 연대성이라는 공화정의 속성이 민주정치의 실행을 통해 결합하는 적극적 자유의 이념이 급진자유주의의 기획 안으로 포섭된다. 이제 급진자유주의의 문제 설정이 정당화하게 될 세 원리에 대해 살펴보기로 하자.

1) 급진자유주의는 비판적 자유주의다

급진자유주의는 무엇보다도 비판적 자유주의로 정의된다. 급진자유주의에 내재된 급진성의 첫 번째 기준은 자기비판으로서 자신의 뿌리와 갈래에 대한 근본 비판에서 시작한다. 여기서 급진성의 개념은 '비

36 '정치적인 것'의 이념에 대한 설명은 《급진자유주의 정치철학》, 제3장 "'정치적인 것'의 이념," 87~113쪽 참고. '정치적인 것'은 국권과 민권을 통합한 변증법적 국가 이성을 논술한 졸저, 《국가의 철학》(세창출판사, 2018)의 중요한 소재이기도 하다.

현실적으로 과격하거나 지나치게 성급한 시도'라는 일상 언어의 용례나 함축과는 전혀 다른 것으로서, 어원적 분석이 지시하는 것처럼 '자신의 뿌리에 대한 근원적 성찰'을 의미한다. 급진자유주의라는 개념은 역사 안에서 자유주의의 다양한 실험에 대한 자기 비판적 반성을 극대화시키기 위해 사용된 것이다. 급진자유주의의 비판은 한국 자유주의의 실상을 점검한 것처럼 무엇보다도 자기 자신에 대한 비판을 지향한다. 자유주의의 전통과 현실, 미래 전망을 항상적으로 성찰하며 그 명암을 궁구(窮究)한다는 점에서 급진자유주의는 비판적 자유주의일 수밖에 없다. 역사적으로 현상화한 자유주의의 기초와 학문 방법론에 대한 철저한 반성으로부터 시작해서 그 실천 양태와 미래 지향에 관해 성역을 두지 않고 천착하는 것이 급진자유주의다.

급진자유주의를 특징짓는 비판성의 두 번째 잣대는 사회 비판이다. 개체성과 주관성의 원칙에서 출발해 사회 현상을 조감하고 문제를 분석하며 대안을 탐구하는 급진자유주의는 자율적이고 성숙한 개인의 삶을 가로막는 모든 것에 대해 비판적 태도를 견지한다. 자유롭고 성숙한 개인의 성장을 방해하는 것이 집단, 공동체, 민족, 대중문화 등일 수도 있고 가난, 억압, 착취, 불평등, 폭력, 전쟁 등일 수도 있다. 급진자유주의는 이 모든 것을 성찰적 비판의 대상으로 삼는다. 사회 비판으로서 급진자유주의는 일체의 사회적 대상과 현상을 정당화의 맥락에서 부단히 검증하는 태도를 견지한다.

급진자유주의를 구성하는 세 번째 비판성은 역사 비판이다. 끊임없이 변화하며 유동하고 있는 인류의 역사적 온축을 기반으로 삼아 자유주의의 성과를 비판적으로 승계하면서 그 안에 내장된 변혁적 잠재력을 최대화하고 인간의 삶을 향상시키는 실천의 한 형태가 급진자유주의다. 자유주의 철학의 역사적 뿌리를 천착하고 실천의 파장과 향방을 탐구하는 자유주의의 길은 더 이상 단일한 이론이나 실천 방식으로 축소될 수 없다. 이는 역사적 자유주의를 일종의 '꾸러미 개념' 비슷하게 탄력적인 방식으로 독해하는 태도를 의미한다. 나아가 급진자유주의의 역사 비판 의식은 연대와 사회정의에 대한 감수성과 세계 시민사회에 대한 책임감을 동반하면서 바람직한 한반도의 미래를 관류하는 정치철학을 모색한다.

2) 급진자유주의는 진보적인 혁신자유주의로서 성찰적 개인주의를 시금석으로 삼는다

비판적 자유주의가 구현하는 급진성과 비판성은 역사적 자유주의가 현상에 대한 온존(溫存)이나 수용에만 머무르는 것을 거부한다. 자신의 뿌리를 돌아보면서 무엇이 좋은 삶인가를 끊임없이 묻고, 어떤 장애물들이 성숙하고 자유로운 개인의 삶을 방해하며, 어떤 종류의 실천이 주체성을 활성화시키는가를 탐색하는 급진자유주의의 이론과 실천은 항상 변화 앞에 열려 있으며 자기혁신적인 까닭에 진보를 지향할 수밖에 없다. 급진자유주의의 진보성은 특정한 이념에 대한 교조적 집착을 혐오하지만, 이념 없는 실용도 허구에 지나지 않는다고 믿는다. 급진자유주의자가 볼 때 이론과 실천의 진보성을 측정하는 가장 궁극적인 잣대는 특정한 이론과 실천 패러다임 자체가 '깨어 있고 행복한 개인의 삶의 형성과 성취에 긍정적으로 기여하는가 아니면 그렇지 않은가?' 하는 것이다.

여기서 급진자유주의의 진보성과 혁신성이 분명한 규범적 정향을 지닌다는 사실이 분명해진다. 급진자유주의는 '하나는 전체를 위해, 전체는 하나를 위해'라는 오래된 이상주의 정치수사학의 공허함과 상투성에 반대한다. 급진자유주의는 모든 개혁과 진보가 개인에서 시작해서 궁극적으로 개인에게 귀결된다는 개체성의 원리를 주창한다. 자율적이고 독립적인 개인이 세상사와 인생사의 원점이라고 확신한다. 하지만 급진자유주의는 주관성과 개체성의 원리가 방법론적 개체주의의 도식화나 실체적 원자의 이념으로 결빙되는 것에는 동의하지 않는다. 급진자유주의는 바람직한 사회란 근원적으로 그 안에서 개인이 행복하고 독립적이며 성숙한 삶을 영위할 수 있는 사회라고 확신한다. 개인의 주체적 도덕과 독립성과 함께 자기 형성과 관련된 내면의 성숙과 마음의 깊이는 급진자유주의가 강조하는 부분이다. 이는 대중문화의 힘이 갈수록 커지는 대중사회의 공소함에 대한 급진자유주의적 응전의 한 방식이기도 하다.

주관적 마음자리의 형성은 상호주관적 정치세계의 진입과 분리될 수 없다. 주체성과 내면성의 덕목은 고립된 현자를 요구하지 않는다. 독립적이고 자율적인 마음의 깊이는 정치의 지평과 서로 교류해야 한다. 찰스 테일러(Charles Taylor)의 진정성(眞正性, authenticity)의 윤리가 보여주는 것처럼 내면성에 대한 강조가 유미주의나 정치적 초월주의에 대한 면역력을 가져야만 건강성과 유의미함을 비로소 담보할 수 있기 때문이다.[37] 자율적 독립성과 함께 내면적인 깊이와 상호주관적인 '정치적인 것'에 대한 감수성을 지닌 개인의 존재는 한국 사회에서 항상 드물었다. 포스트 민주주의의 시대에도 사정은 그리 변하지 않았다. 정보지식혁명과 소셜 네트워크가 조장하는 1인 미디어 시대의 본격화

37 찰스 테일러에 대한 설명은 《급진자유주의 정치철학》, 135~143쪽 참고.

는 개인을 축조하는 것과 동시에 성급한 대중 속에 침몰시키는 이중적 효과 앞에 활짝 열려 있다. 건전한 개인의 형성은 급진자유주의의 한 주요한 목표다. 이 목표가 우리 사회에서 갖는 중요성은 지식정보혁명의 일반화 현상과 동행해 날로 커지고 있다.

소극적 자유 이념의 합리적 핵심을 수용하는 것과 동시에 급진자유주의는 적극적 자유 이념의 중요성도 강조한다. 급진자유주의가 강조하는 성찰적 개인의 이상은 소유적 개인이나 원자론적 실체라고 규탄된 자유주의적 개인의 존재론적 부담을 인정하지 않으면서 시민의 공민화, 즉 공화주의적 재구성을 지향한다. 공동체주의자들이 자유주의를 비판할 때 즐겨 원용하는 '아무것에도 얽매이지 않는 자아'나 '유령 같은 실체적 자아'의 개념들은 자유주의가 탄생한 역사적이고 문화적인 맥락을 무시한 '허수아비 공격'의 전형적 사례라고 급진자유주의는 확신한다.

급진자유주의의 강령은 재구성된 공화정의 이념을 열린 자세로 수용한다. 갈수록 공소해지고 있는 민주공화정의 이념을, 민주적 시민 형성이라는 자기 계발과 정치적 참여의 훈련을 통해 되살리고자 하는 것이다. 급진자유주의의 두 번째 문제 설정이 '정치적인 것'의 이념인데, 이는 민주시민의 자기 형성의 동학(動學)을 통한 정치공동체 통합기제를 포착하기 위해 제시된 개념이다. 제도정치의 성과를 소중한 것으로 인정하는 한편, 갈수록 형식화되어가는 기존 정치의 지평을 활성화하고 운동정치의 투입에 의해 정치의 생명력을 최대화시키고자 하는 것이다. 그것은 공익(res publica)의 잠재력을 극대화해서 개인과 공동체 사이의 긴장을 창조적으로 극복하려는 목표를 갖는다.

3) 급진자유주의에서는 민주주의보다 자유주의가 더 선차적이다

마르크스주의는 자유민주주의를 형식적 민주주의나 가짜 민주주의라고 폄하하면서 진정한 민주주의를 꿈꾸었으나 자유주의적 제도와 가치의 입체성에 대한 몰이해 때문에 좌초하고 말았다. 이는 역사유물론이 경제결정론으로 환원되는 것을 막아줄 정치의 독자성에 대한 감수성이 마르크스에게 희박하다는 이론 내재적인 결함 때문에 발생한다. 앞서 해부한 것처럼 마르크스는 부르주아 사회의 입체성, 즉 소외와 착취뿐만 아니라 계몽과 성숙의 계기가 혼재하는 부르주아적 시민사회의 복합성을 제대로 이해하지 못했다. 마르크스 정치학과 국가론의 부재는 근원적으로 이런 공백으로 소급된다.

나는 이를 '자유주의 없는 민주주의'에의 꿈이라고 부른다. 그 꿈은 허망할 뿐만 아니라 심각한 부작용을 낳을 수 있다. 마르크스 외에 비자유민주주의의 실상을 극명하게 증명하는 대표적 이념으로는 루소의 인민주권론을 들 수 있다. 루소에 따르면 인민의 자기지배의 전범인 인민주권은 일반의지에 의해 육화되는데, 일반의지는 전체의지나 다수결 그리고 만장일치와는 언제나 질적으로 차별화된다. 옳지 않은 의지는 일반의지일 수 없기 때문이다. 이런 맥락에서 루소는 일반의지로의 복속을 거부하는 사람들은 "자유롭도록 강제되어야 한다"는 문제의 말을 남겼다.[38]

'투표 하루 전날에만 자유로운' 근대 대의민주주의의 허구성을 꼬집은 루소의 참여 민주주의론은 '행동하는 일반의지'인 주권이 분할될 수

38 J. J. Rousseau, *The Social Contract and the Discourse on the Origin of Inequality*, edited by L. Crocker, N.Y.: Pocket Books, 1967, p. 22.

도 없고 대의되어서도 안 되며 개인의 배타적 권리 주장이 수용되어서도 안 된다고 주장함으로써 전형적인 반자유주의의 길을 갔다. 그러나 급진자유주의는 그 결과가 파멸적인 것이었다고 주장한다. 자유주의의 교훈을 배제한 인민주권론이 원래 의도와는 정반대로 가장 전체주의적인 체제에 대한 정당화로 이어질 수 있다는 개연성은 비자유민주주의의 근본적 난점에서 비롯된다.

급진자유주의의 강령에서 민주공화국과 자유주의의 이념은 유기적으로 통합된다. '대한민국은 민주공화국이다'라는 우리 헌법 제1조 1항은 급진자유주의 프로그램을 통해 재해석되어야 한다. 조선민주주의인민공화국의 치명적 결함은 민주주의, 공화정, 자유주의의 삼각형 구도에서 자유주의를 송두리째 삭제함으로써 급진자유주의의 요소를 소멸시켰다는 데서 발견된다. 자유주의가 완전히 증발한 공간에서 민주주의와 공화정도 유명무실한 것이 될 수밖에 없었기 때문이다. 이런 통찰은 급진자유주의 정치철학을 규정하는 기본 전제 가운데 하나다.

급진자유주의는 현실성 있는 민주주의는 자유주의적인 것이라고 믿는다. 민주주의적 내용이 부족한 자유주의가 역사적으로 오랫동안 존재해왔고 앞으로도 존재할 것이지만, 현대사회에서 자유주의 없는 민주주의는 이루어지기 어려운 꿈일 가능성이 크다. 급진자유주의는 역사적 자유주의의 제도와 가치들이 민주주의의 형식을 규정할 뿐만 아니라 그 실제 내용마저 형성하며 공화정의 부식을 방지한다고까지 주장한다.

유토피아 지향적 이론가들은 민주주의에 의한 자유주의의 완전한 극복이라는 이상을 버리지 않는다. 하지만 민주주의보다 선차적이며 더 중요한 것은 진보적 자유주의다. 급진자유주의는 이 명제의 인류 보편사적 유효성을 지지하며, 한국 사회의 경우에는 더욱 그렇다고 주장한다. 급진자유주의로의 선회는 한국 자유주의의 새로운 출발을 의미한다. 오늘의 현실이 위태로울수록 진보적 자유주의의 꿈은 더 절박해진다.

세계화와 자유민주주의 위기의 두 얼굴*

신자유주의와 포퓰리즘의 정치적 동학

정진영**

자유민주주의가 위기에 처했다는 경종이 울리고 있다. 각국의 자유와 민주주의 현황에 대한 신뢰할 만한 평가 결과를 지속적으로 발표해 오고 있는 프리덤 하우스(Freedom House)의 2018년 연차보고서는 '위기의 민주주의'를 표지 제목으로 내걸고 "(민주주의가) 구현하고 있는 가치들, 특히 자유롭고 공정한 선거를 통해 지도자들을 선출할 수 있는 권리와 언론의 자유, 법의 지배가 세계적으로 공격을 받고 후퇴하고 있다"는 진단을 내놓았다.[1] 프리덤 하우스가 이렇게 진단하는 중요한 근거는 다섯 가지다. 첫째, 최근 12년 동안 민주주의의 후퇴를 겪은 나라의 수가 진전을 이룩한 나라의 수보다 많았다. 둘째, 민주국가들이 내부적으로 직면하고 있는 도전들이 기본적인 시민적·정치적 자유권마

* 이 글의 초고를 2018년 5월 25일 제3차 〈인류 문명의 새로운 패러다임에 대한 탐구〉 세미나에서 발표했고, 이를 수정·보완하여 《한국정치학회보》 제52권 4호(2018년 가을)에 게재한 것을 여기에 다시 수록했다.

** 경희대학교 국제학과 교수.

1 2018년 프리덤 하우스의 주제 논문은 아브라모비츠(M. Abramobitz)가 작성했다. 이 자료에 따르면, 2017년에 민주주의가 개선된 나라는 35개국이었고 후퇴한 나라는 71개국이었다.

저 무시하는 경향을 보이는 포퓰리스트 지도자의 등장을 부추기고 있다. 셋째, 젊은 사람들 사이에 민주주의에 대한 관심과 신념이 우려할 정도로 약화되고 있다. 넷째, 세계의 주요한 독재국가인 중국과 러시아의 영향력이 증가하면서 민주주의에 대한 그들의 혐오도 확산되고 있다. 다섯째, 국제적으로 민주주의를 옹호하고 확산시켜온 미국이 이러한 역할을 포기하고, 국내적으로 자국의 민주주의마저 후퇴를 겪고 있다. 래리 다이아몬드(Larry Diamond)도 비슷한 맥락에서 민주주의의 붕괴가 증가하고, 주요 신흥국들에서는 민주주의의 질이나 안정성이 하락하고, 몇몇 주요국들에서는 권위주의의 강화가 일어나고, 미국을 비롯한 선진국들의 민주주의 실적이 좋지 않을 뿐만 아니라 국제적으로 민주주의를 촉진할 의지를 잃고 있다는 점을 근거로 제시하며, 2006년 이후 "민주주의의 후퇴(democratic recession)"가 일어나고 있다고 경고한다.[2]

그런데 최근 하버드대의 야스차 뭉크(Yascha Mounk) 교수는 자유민주주의의 위기에 대해 한층 더 심각한 진단을 내놓고 있다. 그는 유럽과 북미의 민주국가들에서 민주주의 제도에 대한 신뢰가 매우 낮아졌고, 정치인에 대한 '불신, 증오, 위협'의 태도가 매우 강력하며, 민주주의 체제하에서 사는 것을 중요하게 생각하는 사람들의 비율이 크게 줄어든 반면에 강력한 지도자나 군사정권의 지배를 받는 것에 대해 개방적인 태도를 보이는 사람들의 비율이 상당히 증가하고 있다는 증거

2 다이아몬드는 1974년 포르투갈의 민주화 이후 30여 년간 진행된 민주주의의 '제3의 물결'에 대비해 2006년 이후 민주주의의 '후퇴'를 부각시키고 있다. 물론 다이아몬드도 '서구 민주주의의 퇴각'을 심각한 문제로 지적하고 있지만(Diamond, 2015: 153) 그의 주요 관심은 여전히 제3의 물결로 민주화를 이룩한 나라들의 민주주의 공고화에 있다.

를 제시하면서 "민주주의의 탈공고화(democratic deconsolidation)"가 일어나고 있다고 주장한다.[3] 뭉크의 이러한 진단은 민주주의의 공고화에 대한 지금까지의 통설과는 정면으로 배치되는 것이다. 쉐보르스키 등(Prezeworski et al. 1997)의 유명한 연구에 따르면, 1975년 아르헨티나가 민주화됐을 때의 일인당 국민소득인 6055달러(1985년 구매력 지수 기준)를 넘어서 민주화된 국가들에서는 민주주의가 붕괴된 적이 없다.[4] 그런데 21세기에 들어와 부유한 국가들의 공고화된 민주주의가 탈공고화 또는 해체 과정을 겪고 있다고 뭉크는 주장한다. 린쯔와 스테판(Linz and Stepan, 1996)의 유명한 표현을 빌려 바꾸어 말하자면, 민주주의가 더 이상 '동네의 유일한 게임(the only game in town)'이 아닌 것으로 되어가고 있다는 것이다.

그러면 자유민주주의가 왜 이러한 위기에 봉착하게 되었는가? 최근 들어 이 질문에 대한 손쉬운 답변은 포퓰리즘(populism)의 세계적인 확산에서 찾을 수 있다.[5] 영국에서 브렉시트(Brexit, 영국의 EU 탈퇴) 국민투표가 가결되고, 미국에서 트럼프(Donald Trump) 대통령이 선출되

3 뭉크의 표현을 인용하면, "시민들은 과거보다 민주주의를 덜 신봉하며 권위주의적 대안들에 더 개방적이다. 민주적 규범들과 규칙들에 대한 존중은 가파르게 감소했다. 민주주의는 더 이상 마을의 유일한 게임이 아니며 지금 탈공고화되고 있다"(Mounk, 2018: 119~120). 특히 그는 1980년대 이후에 태어난 새천년 세대들 사이에 민주주의에 대한 신뢰가 매우 약하게 나타나는 현실을 심각히 우려한다.

4 그들의 표현을 빌리자면, 이러한 소득수준을 넘어서면 민주주의와 관련해 "기적이 일어난다"는 것이다(Prezeworski et al., 1997: 169). 1985년 6055달러는 2016년 달러를 기준으로 하면 1만 3503달러에 해당한다(Mounk, 2018: 3, 각주 4 참조).

5 Populism에 대한 한국어 번역은 흔히 '민중주의', '인기영합주의' 또는 '선동정치' 등이 있지만, 모두 이념적 색채가 배어 있다고 판단되어 여기서는 그냥 '포퓰리즘'으로 표현하기로 한다. 포퓰리즘을 비판적으로 보면서도 이것의 긍정적 측면을 인정하는 서병훈(2012) 교수도 포퓰리즘이라는 영어식 표현을 그대로 사용하고 있다.

었고, 프랑스의 2017년 대선에서 '국민전선'의 르펜(Le Pen) 후보가 결선에 진출하고, 독일 총선에서는 '독일을 위한 대안(AfD)' 정당이 의미있는 제3당의 지위에 오르고, 이탈리아의 2018년 총선에서 '오성운동(Five Star Movement, M5S)'이 드디어 의회의 제1당이 된 것들이 대표적이다. 그러나 오늘날 자유민주주의가 직면하고 있는 위기를 이러한 포퓰리즘의 세력 확대에서만 찾는다면, 위기의 한 측면만을 보게 돼 위기에 대한 진단을 그르칠 위험이 있다. 위에서 언급한 자유민주주의 위기의 징후들은 사실 포퓰리즘에 그 원인이 있다기보다 포퓰리즘이 그러한 위기 징후들에 대한 하나의 대응이라고 볼 수 있기 때문이다. 뭉크가 주장하는 것처럼, 포퓰리즘에는 "인민의 의사(popular will)"를 실현하려는 "진정으로 민주적인 요소"가 들어 있고(Mounk, 2018: 34), 포퓰리즘의 등장 배경에는 민주주의가 국민들의 요구에 효과적으로 대응하지 못하는 데서 오는 민주주의 제도들과 정치지도자들에 대한 신뢰의 위기가 깔려 있다. 그런데 민주주의가 이처럼 국민들과 괴리되고 신뢰의 위기를 맞게 된 이유는 신자유주의(neoliberalism)의 등장과 세계적 확산에서 찾을 수 있다. 따라서 신자유주의도 자유민주주의 위기의 또 다른 얼굴이다. 즉, 세계화가 고도로 진전된 오늘의 세계에서 자유민주주의 위기는 신자유주의와 포퓰리즘이라는 두 개의 상반된 얼굴로 나타나고 있다.[6]

그런데 이 두 얼굴은 자유민주주의를 구성하고 있는 두 개의 핵심 요소인 자유주의와 민주주의가 각각의 극단의 방향으로 나아간 경우다.[7] 신자유주의는 자유주의의 중요한 부분인 자유로운 시장경쟁의 원칙을 극단적으로 강조하는 방향으로 나아간 경우고, 포퓰리즘은 민주주의의 핵심적인 부분인 '인민주권(popular sovereignty)'의 원칙을 극단적으로 강조하는 방향으로 나아간 경우다. 자유주의와 민주주의는 상호보완적일 수도 있지만 본질적으로는 상충하는 이념들이다. 두 이념이 서로를 보완하고 억제하는 관계를 유지하고 있으면 자유민주주의의 안정이 유지되지만, 두 이념 사이의 갈등이 어느 한쪽 극단으로 치우치면 자유민주주의가 위기에 빠지고, 결국 두 이념 자체도 위기에 빠지게 된다. 그런데 오늘날 자유주의와 민주주의가 분리되고 서로 충돌하는 방향으로 나아가는 데는 고도로 진전된 세계화가 중요한 영향을 미친다. 세계화가 자유주의를 강화하고 민주주의를 약화시키는 효과를 발휘하기 때문이다. 따라서 오늘날 자유민주주의가 위기에 처한 근본적인 이유는 세계화의 진전과 밀접한 관련이 있다.[8]

이 글의 구성은 다음과 같다. 다음 2장에서는 자유민주주의를 구성하는 두 이념인 자유주의와 민주주의 사이의 관계와 이것이 자유민주주의에 미치는 영향에 대한 이론적 논의를 소개하고, 세계화의 진척이 어떻게 자유주의와 민주주의를 분리시키고 충돌의 길로 나아가게 하는

6 자유민주주의의 위기에 관한 기존의 논의에서 신자유주의와 포퓰리즘은 각각 '비민주적 자유주의(undemocratic liberalism)'와 '비자유주의적 민주주의(illiberal democracy)'에 상응한다고 볼 수 있다. 자카리아(Zakaria, 2015)는 '비자유주의적 민주주의' 개념으로 오늘날 민주주의의 위기를 설명했는데, 그의 주된 관심은 민주주의의 제3의 물결에 따라 민주화된 많은 나라에서 '입헌적 자유주의(constitutional liberalism)'가 발전하지 못하는 문제에 있다. 이에 비해 버만(Berman, 2017)은 자카리아를 비판하며 '비민주적 자유주의'의 폐해를 부각시킨다. 뭉크(Mounk, 2018)는 이러한 개념들과 더불어 '민주주의 없는 권리(Rights without Democracy)'와 '권리 없는 민주주의(Democracy without Rights)'를 대비시켜 사용한다.

7 이 표현은 자칫 잘못 이해될 수 있다. 신자유주의가 자유주의의 모든 요소들을 극단적으로 발전시킨 경우가 아니듯, 포퓰리즘도 민주주의의 모든 측면을 최고조로 발전시킨 것은 당연히 아니다. 오히려 두 이념의 특정한 측면을 극단적으로 강조하는 방향으로 변형시킨 것이라고 말하는 것이 더 적절하다.

지를 살펴본다. 그리고 3장에서는 신자유주의의 등장과 확산이 어떻게 이루어졌고, 이것이 자유민주주의를 어떻게 위기에 빠뜨리는지를 살펴본다. 이어서 4장에서는 포퓰리즘의 등장과 확산을 살펴본 다음, 이것이 또한 자유민주주의를 어떻게 위협하는지를 살펴본다. 마지막 5장의 결론에서는 앞의 분석을 정리하면서 자유민주주의 현 단계 위기를 극복할 수 있는 탈출의 방향성이 어디에 있는지에 대해 간단히 논의한다.

1. 자유주의-민주주의 관계와 세계화의 영향

1) 자유주의와 민주주의: 보완과 상충

자유주의와 민주주의 그리고 자유민주주의의 개념들에 대한 규정은 매우 다양하다. 세 개념 모두 시기와 장소에 따라, 그리고 연구자의 시각이나 목적에 따라 매우 다르게 사용되기 때문이다. 자유주의는 17세기 자연권 사상에 뿌리를 두고 국가(절대군주)로부터 개인의 권리를 보호하는 이념으로 발전했다. 이러한 자유주의는 자본주의의 발전과 밀접한 관련이 있는데,[9] 20세기에 들어와 자유주의가 주로 자본주의 시장경제질서를 옹호하는 이념으로 간주되는 이유가 여기에 있다. 그러

8 여기서 우리는 자유민주주의의 위기가 '공화주의(共和主義, republicanism)'의 미성숙 또는 약화에 의해 초래되고 있다는 주장을 잠깐 언급할 필요가 있다. 공적인 영역의 존재를 가정하고 '공민적 덕성'을 가진 공중이 공적 영역의 문제를 결정해야 한다는 공화주의는 자유주의와 민주주의를 성공적으로 결합하고 어느 한쪽 극단으로 치우치는 것을 막음으로써 자유민주주의 성공의 비밀이라고 주장하며, 이에 이바지할 수 있는 '민주공화국'의 정치제도 설계의 방향을 제시할 수 있다. 그러나 공화주의 역시 민주주의와의 결합이 쉽지 않다. 유종선(2013: 195)의 다음과 같은 지적은 시사하는 바가 크다: "공화국과 민주주의의 진정한 결합은 오직 인민이 덕성을 갖추었을 때에만 가능하다." 국내에서 이 문제에 대한 논의는 곽준혁(2005), 최정욱(2009), 이동수(2013) 등 참조. 그러나 이 글은 세계화가 자유민주주의에 미치는 영향에 초점이 맞추어져 있기 때문에 공화주의의 문제는 논의되지 않고 있다.

나 자유주의가 곧 고전파 또는 신고전파 경제이론과 동일시될 수는 없다. 자유주의는 여전히 개인의 시민적·정치적 권리 신장과 국가의 부당한 개입 반대를 핵심적인 요소로 포함하고 있으며, 이를 위한 입헌주의와 법치를 주창한다.[10]

민주주의 개념 역시 진화와 변모를 거듭해왔다. 고대 그리스의 아테네 민주주의에 뿌리를 두고 있는 이 개념은 2000년 이상의 세월이 지나 자유주의가 발전하면서 다시 부활했다. 개인의 권리의식이 발전하면서 이를 보호하기 위한 수단으로 국가권력에 대한 피치자의 통제가 필요했기 때문이다. 그러나 민주주의의 이상인 인민주권이 현실에서 온전히 구현되는 데에는 다양한 제약들이 존재한다. 인민들 사이의 정치적 평등을 실제적으로 보장하기 어렵고, 복잡한 현대사회에서 직접 민주주의를 구현하기도 어려우며, 그에 따른 폐해도 심각할 수 있다. 그럼에도 민주주의를 자유로운 투표와 경쟁적인 선거로만 국한시킬 수는 없다. 민주주의는 여전히 정치적 평등과 인민주권의 구현을 이상으로 지향하는 이념으로 인식할 필요가 있다.[11]

9 역사적으로 볼 때, 자본주의 발전이 자유주의 발전을 촉진했고, 자유주의 발전이 민주주의 발전을 촉진한 점을 고려할 때, 린드블룸(Lindblom, 1977)이 지적한 "모든 민주주의 국가들은 자본주의 국가들"이라는 사실은 우연한 일이 아니다.

10 자유주의가 민주주의보다 먼저 발전한 서구 민주국가들과 달리, 한국적 맥락에서는 정치적 자유주의의 미발전이 자유민주주의의 성숙을 가로막고 있고, 따라서 한국 민주주의의 발전을 위해서는 정치적 자유주의의 발전이 긴요하다는 주장이 제기되고 있다(최장집, 2005; 박찬표, 2008). 자유주의 개념을 넓은 의미로 규정할 필요성도 이와 관련이 있다.

11 신분, 종교, 재산, 성별을 가리지 않는 일반적인 참정권에 기초한 보통·평등 선거가 실시된 것은 서구 선진국들의 경우에도 대부분 2차 세계대전 이후의 일이다. 인민주권과 참정권의 확대가 '다수에 의한 압제(tyranny of the majority)'를 가져올 것이라는 우려는 밀(John Stuart Mill), 토크빌(Alexis de Tocqueville), 매디슨(James Madison) 등 근대 민주주의 이론가들이 모두 공유했다.

이러한 자유주의와 민주주의는 19세기 이후 서로 결합되는 경향을 나타냈다. 자유주의의 발전이 민주주의의 발전을 촉진시켰고, 민주주의의 발전이 자유주의를 더욱 신장시켰다. 이탈리아의 진보적 민주주의 이론가인 보비오(Norberto Bobbio)는 양자 사이의 이러한 관계를 다음과 같이 설명한다: "시민의 자유권은 바로 그 시발에서부터 민주주의적 게임 규칙의 정당한 적용을 위한 필수 조건의 하나였던 것이 사실인 반면, 민주주의의 발달은 차츰 시간이 경과함에 따라 자유권의 변호를 위한 주요 무기가 되어왔다"(Bobbio, 1992: 50). 이러한 상호 보완의 결과 자유주의와 민주주의는 자유민주주의로 성공적 결합을 이룩할 수 있었다. 한편으로 "민주주의적 절차는 자유주의 국가의 기초가 되는 개인들의 기본권을 보장하기 위해서 필수적"이었고, 다른 한편으로 "민주주의적인 절차가 작동하기 위해서는 그 같은 기본권들이 보장되어야만" 했기 때문이었다(Bobbio, 1992: 49~50).

그러나 자유주의와 민주주의는 상호 보완의 관계 못지않게 서로 상충적인 이념들이다. 이러한 사실은 슈미트(Carl Schmidt)가 바이마르공화국의 붕괴를 두 이념 사이의 충돌에 초점을 맞춰 분석함으로써 이후에 전개된 활발한 논의의 출발점을 제공했다. 슈미트는 개인의 다양성에 기초한 자유주의의 본질과 인민의 실제적인 평등이 요구되는 민주주의는 공존할 수 없다고 보았다. 어느 한쪽이 희생돼야만 다른 쪽의 존재 조건을 충족시킬 수 있기 때문이다. 따라서 이러한 두 이념을 결합한 자유(의회)민주주의는 정당성을 확보할 수 없고 정치적 안정을 기대할 수 없다고 슈미트는 주장했다.[12] 무페(Chantal Mouffe)는 슈미트가 도달한 이러한 결론에는 완전히 반대되는 입장을 취하지만, 그의 출발점은 받아들이고 있다. 즉, 자유주의와 민주주의는 "상호 조화될 수 없고 결코 서로 완벽하게 화해될 수 없는" 상이한 원리들로서 두 원리 사이의 '경쟁적인 대립'과 '긴장' 때문에 자유민주주의는 "항상 투쟁의 장"이 될 수밖에 없다고 주장한다. 그러나 무페는 자유주의와 민주주의 사이의 이러한 "투쟁이 역사적으로 정치적 발전을 가져온 원동력"이라고 지적하며, 여기에 "민주주의의 역설(democratic paradox)"이 있다고 주장한다(Mouffe, 2006: 18~19).

여기서 우리는 자유주의와 민주주의 사이의 긴장과 갈등이 존재하고, 이것이 오히려 자유민주주의의 발전을 추동하는 원동력이 될 수 있다는 무페의 주장에 동의할 수 있다. 자유주의와 민주주의는 서로가 서로를 규정하고 견인하면서 자유민주주의를 발전시켜왔고 앞으로도 그러할 것이다.[13] 그러나 우리는 두 가지 점에서는 무페와 생각을 달리한다. 첫째, 역사적으로 볼 때, 자유주의와 민주주의 사이의 타협적 질서가 가능했으며, 이러한 때에는 자유민주주의가 안정되고, 자유주의도 민주주의도 성공적으로 작동했다.[14] 우리는 이처럼 두 이념 사이의 성공적인 타협이 이루어진 시기로 2차 세계대전 이후 1970년대 초반까지의 이른바 "자본주의의 황금기"를 들 수 있다(Glyn, 2007; Marglin and

12 슈미트의 자유주의와 민주주의 사이의 상충관계에 대해서는 무페(2006), 이동수(2013), 임혼택(2016) 참조.

13 자유주의와 민주주의가 서로를 견인하면서 자유민주주의를 발전시키는 방향으로 나아갈 수 있는 가능성을 인정하면, 자유민주주의를 절차적 민주주의라 규정하며 사회민주주의와 질적으로 다른 것이라고 주장하는 입장에 반대하는 것이다. 이는 보비오가 정치적으로 결정할 수 있는 영역의 폭과 유권자들이 어디에 투표하느냐에 따라 정치적 민주주의가 사회적 민주주의로 이행이 가능하다고 지적하는 입장과 같다(Bobbio, 1992: 121~123).

14 무페도 '경쟁적인 정치세력들' 사이의 타협을 통한 '일시적 안정화'의 가능성은 인정했다. 다만 무페는 이러한 타협이 어느 한쪽의 '패권적 형태'로 이루어진다고 보았는데, 이 글은 무페의 입장과는 다른 입장을 취한다.

Schor, 2011). 이 시기는 역사상 유례가 없는 세계경제의 고도성장과 민주복지국가의 발전이 함께 이루어진 시기였다. 이 시기의 특성은 흔히 "배태된 자유주의 타협(embedded liberalism compromise)"이라는 개념으로 포착된다(Ruggie, 1983). 국내적으로 케인스주의에 기초한 개입주의와 국제적으로 제한된 범위의 자유주의 질서가 조화롭게 결합된 시기였다. 자유주의와 민주주의가 보완적 관계를 형성하며 함께 발전했던 황금기였다.

둘째, 자유주의든 민주주의든 어느 한쪽 방향으로 극단적으로 나아가면 자유민주주의가 위태로워지고, 결국 자유주의도 민주주의도 지켜지기 어렵다. 역사적으로 볼 때, 흔히 자유주의의 전성기로 불리는 19세기에는 민주주의가 발전하기 이전의 시기였다. 오히려 민주주의가 발전하지 않았던 시기였기 때문에 자유주의의 전성기가 가능했었다고 말하는 것이 정확하다. 민주주의는 자유주의의 작동에 다양한 제약을 가할 수 있기 때문이다. 19세기의 자유주의 전성기가 민주주의의 발전과 더불어 끝났다는 사실이 이를 뒷받침해준다. 2차 세계대전 이후의 '배태된 자유주의' 또는 '자본주의의 황금기' 역시 오래가지 못한 이유를 자유주의와 민주주의의 분리에서 찾을 수 있다. 왜냐하면 양자 사이의 타협이 붕괴된 이유가, 한편으로 민주적 요구의 과잉에 따른 재정위기와, 다른 한편으로 자유주의적 세계시장 통합의 진전에 따른 제한적인 자유주의 국제질서의 붕괴에 있었기 때문이다. 그 결과 자유민주주의는 1970년대 중반에 이르러 "통치가능성 위기(governability crisis)" 또는 "정당성 위기(legitimation crisis)"에 직면했다(Crozier et al., 1975; Habermas, 1975).

2) 세계화와 자유주의-민주주의 관계

이러한 위기 상황에서 미국의 레이건 대통령과 영국의 대처 수상으로 대표되는 신자유주의 보수정부들이 등장했고, 이와 더불어 신자유주의적 세계화가 급격하게 추진되었다. 오늘날 우리가 직면하고 있는 자유민주주의의 위기는 세계화와 긴밀히 연관돼 있다. 세계화가 자유주의와 민주주의 사이의 타협 가능성을 더욱 어렵게 만들기 때문이다. 세 가지 이유를 중요하게 들 수 있다.

첫째, 구조적 제약 때문이다. 높은 수준의 세계화가 시장을 하나로 통합했지만, 정치는 여전히 주권국가들을 중심으로 분열돼 있다. 민주주의가 제대로 작동하려면 우리에게 중요한 영향을 미치는 결정들을 우리 스스로 할 수 있어야 한다. 그러나 민주주의의 영역과 시장의 영역이 분리되면서 시장에 대한 민주적 통제는 어렵게 되고, 거꾸로 세계적으로 통합된 시장의 움직임이 민주정치에 지대한 영향을 미친다. 특히 세계 금융시장에서 국제신용평가기관들과 투자자들에 의한 국가신용평가는 그 나라의 경제적 상황에 직접적이고도 결정적인 영향을 미친다. 질(Gill, 1995)이 "정부로서는 금융시장에서의 신용이 유권자와의 신용보다 더 중요하다"고 말한 것이나, 촘스키(Chomsky, 2010)가 세계 금융시장을 두고 "사실상의 상원(virtual senate)"이라고 말한 이유가 여기에 있다. 이러한 상황에서 일국 수준의 민주주의와 자유주의 사이의 타협은 매우 제한될 수밖에 없다. 그렇다고 세계적 수준에서 민주주의를 구현하고 자유주의와 민주주의의 타협을 기대하는 것은 더더욱 비현실적이다.

이처럼 세계화가 자유민주주의의 작동을 구조적인 차원에서 어렵게 한다는 점을 설명하는 데 로드릭(Dani Rodrik)의 도식화가 도움이 될 수 있다. 그림 1은 로드릭이 "세계경제의 정치적 삼중 딜레마(trilemma)"라고 부르는 것을 보여준다. 이 도식화는 국제금융경제학에서 사용하는 "먼델-플레밍 모델"을 발전시킨 것으로,[15] 세계화의 정치적 함축을 이해하는 데 도움이 된다. 이 그림의 핵심적 메시지는 세 축을 이루는 목표들—깊은 세계화, 주권국가, 민주주의—중에서 오직 두 가지만 동시에 달성할 수 있다. 즉, 세 개의 목표들 중에서 두 개씩을 연결하는 선이 가리키는 선택만 가능하다는 것이다. 예컨대 19세기 자유주의의 전성기는 민주주의가 발전하기 이전이었기 때문에, 자연히 깊은 세계화와 주권국가를 선택했었다. 주권국가는 당시의 금본위제와 자유무역 질서를 받쳐주는 수단으로 작동했다.[16] 2차 대전 이후의 이른바 "배태된 자유주의 타협"의 시기에는 세계화의 수준을 제한하면서 주권국가와 민주주의를 택했고, 그 결과 민주복지국가의 발전과 경제성장을 함께 이룩한 자본주의 황금기를 구가할 수 있었다.[17]

그런데 오늘날 우리는 세계화가 고도로 진전된 세상에서 살고 있다. 만약 우리가 깊은 세계화를 유지하려 한다면, 주권국가와 민주정치 중에서 하나를 포기해야 한다. 즉, 민주주의를 유지하려면 주권국가를 포기해야 하는데, 이것은 깊은 세계화의 시대에는 민주주의가 오직 세계적 수준에서만 실현될 수 있다는 것을 의미한다. 그런데 이것은 요원한 미래의 일이다.[18] 이에 비해 만약 민주주의를 포기하고 주권국가를 선

15 이 모델의 핵심적인 내용은 국제적인 자본 이동의 자유와 개별 국가들의 통화정책 자율성, 환율 안정의 세 마리 토끼 중에서 오직 두 마리만 잡을 수 있다는 것이다(정진영, 1997; 2013). 코헨(Cohen, 1993)은 이를 두고 '삼위불일체(Unholy Trinity)'라 부른 바 있다.

16 따라서 이 시기 주권국가는 '황금구속복(Golden Straightjacket)'을 입은 것으로 비유된다. 국제 금본위제 유지를 위해 요청되는 일을 수행해야 하는 의무를 가졌기 때문이다.

17 우리가 앞에서 언급한 '배태된 자유주의 타협'의 핵심적 내용이다.

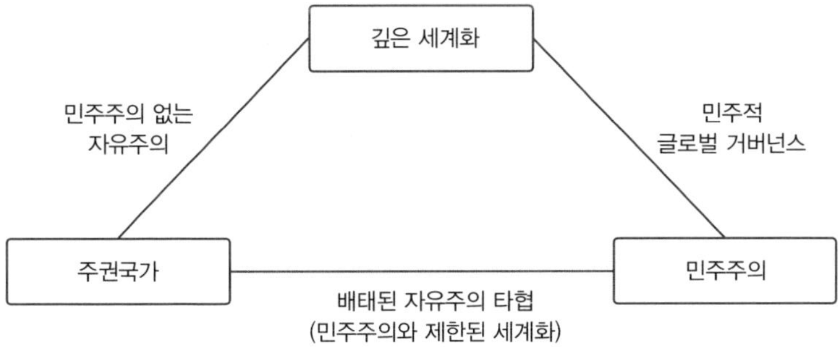

자료: Rodrik(2011: 201)에 있는 그림 9-1을 약간 변용했다.

그림 1 세계경제의 정치적 삼중 딜레마: 셋 중에서 두 개만 택할 수 있다면?

택한다면, 19세기 자유주의의 시대로 되돌아가는 것을 뜻한다. 사실 신자유주의의 진전은 이러한 방향으로의 선택을 의미하고, 우리가 아래에서 논의하고 있는 것처럼, 민주주의의 작동에 심각한 문제들을 일으키고 있다. 이러한 상황에서 세계는 지금 민주주의를 더 많이 포기하고 세계화가 더욱 완벽하게 이루어지는 세상으로 나아갈 것인지, 아니면 민주주의를 위해 세계화를 조정하고 통제하는 방향으로 나아갈 것인지 선택해야 하는 기로에 서 있다.

둘째, 세계화에 따른 경쟁 압력 때문이다. 세계화는 국경을 가로질러 쉽게 이동할 수 있는 자본과 이동성이 낮은 노동 사이의 협상력을 전자에 유리하게 바꾼다. 자본은 이제 높은 수익률을 추구하며 자유로

18 유럽연합(EU), 특히 유로(Euro)를 도입한 유로존은 지역적 차원에서 거의 완벽한 수준의 경제적 통합과 민주주의가 함께 추구될 수 있을지를 보여주는 훌륭한 실험의 장이다. 그런데 유럽연합이나 유로존이 보여주는 '민주주의의 결핍' 현상은 국가단위를 넘어 민주주의의 실현이 얼마나 지난한 과제인지를 잘 보여준다. 이 오래된 문제에 관한 유로 위기의 이후의 상황에 대한 논의의 훌륭한 안내자로 Rodrik(2010), Pisani-Ferry(2011), Majone(2014)를 들 수 있다.

이 이동할 수 있었고, 생산성 증대나 산업 평화를 위해 노동과 타협해야 하는 필요성은 줄어들었다. 노동의 요구가 지나치면 해외로 이전하면 된다. 정부가 노동조건이나 환경, 복지와 관련된 규제를 통해 기업의 부담을 가중시킨다면, 역시 탈출카드를 꺼내들 수 있다. 정치적 지지를 필요로 하는 정부는 자본의 탈출을 막고 유입을 증대시켜야 하는 필요에 직면한다. 국가들 사이에 자본을 유치하기 위한 경쟁이 일어난다. 자본에 대한 규제를 줄이고 노동과 복지를 위한 부담을 경쟁적으로 줄이는 경주가 일어나는 것이다. 이른바 '바닥을 향한 경주(race to the bottom)'이다. WTO 체제를 넘어서는 쌍무적 또는 지역적 차원의 수많은 자유무역협정들도 이러한 추세를 더욱 가속화시킨다. 이에 따라 사회적 불평등이 증대하고, 국가에 의한 사회적 보호가 줄어들어 민주주의의 안정을 위해 필요한 사회적 합의 기반이 파괴된다. 그럼에도 불구하고 민주정부가 증대하는 사회적 요구에 대처할 수 있는 능력은 오히려 줄어든다. 재정 수입이 줄어들고, 규제와 조정을 위한 국가의 능력이 약화되기 때문이다. 민주주의가 국민들의 요구에 호응하고 대응하기 어렵게 되고, 민주적 책임성과 정당성이 약화된다(Teeple, 1995). 마르틴과 슈만(Martin and Schumann, 1997: 36~37)의 표현을 빌리자면, '사회적 지진'에 이어서 '정치적 지진'이 발생하게 된다.

셋째, 신자유주의적 세계화를 강력히 지지하고 추동하는 초국적 세력의 성장에 따라 자유주의의 추세가 강화된다(Overbeek and van der Pijl, 1993; van der Pijl, 1995; 김진영, 1998).[19] 경제의 세계화는 국경을 가로질러 활동하는 초국적 거대기업들과 금융기관들, 그리고 이들과 연계돼 있는 다양한 경제 집단들을 성장시켰다. 이들은 기본적으로 국경 장벽을 허물고 높은 수준의 세계화를 이룩하고자 한다. 세계화의 진전으로 이들이 성장했지만, 이들의 세력 확대는 세계화를 더욱 높은 수준으로 추동한다. 이러한 세력의 성장과 확대는 반대로 케인스주의적 개입주의를 지지하고 '배태된 자유주의 타협'을 선호하는 세력의 약화를 의미한다. 세계화가 한편으로는 신자유주의 세력을 증대시키고, 다른 한편으로는 민주주의 세력을 약화시키는 결과를 초래한다.[20]

자유주의와 민주주의는 '배태된 자유주의 타협' 시대의 보완적 결합관계를 지나 세계화 시대를 맞아 자유주의의 강화와 민주주의의 약화에 따라 분리되고 상충적인 관계로 바뀌었다. 우리는 아래에서 자유주의와 민주주의가 어느 한쪽 극단으로 나아가는 경우에 초래되는 자유민주주의의 위기에 대해서 논의하고자 한다.

2. 신자유주의와 자유민주주의의 위기

신자유주의가 어떻게 자유민주주의를 위기에 빠뜨리는가? 이 물음에 답하기 위해서 우리는 우선 신자유주의의 본질에 대해서 살펴볼 필요가 있다. 그리고 이를 위해서 우리는 신자유주의 이념의 두 측면을 살펴볼 필요가 있다. 소극적 측면과 적극적 측면이다. 우선 소극적 측

19 그람시주의 국제정치경제학자들은 이들이 '초국적 신자유주의 혁명(transnational neo-liberal revolution)'을 추구한다고 지적하고, 신자유주의는 이들에 의해 추구되는 "자본 축적을 위한 경제적·사회적·정치적 재구조화"를 "안내하고 그 경로를 형성하는 헤게모니 프로젝트"라고 지적한다(Overbeek and van der Pijl, 1993: 2).

20 이는 세계화가 국내 정치에 미치는 영향에 대한 '경쟁가설'과 '보상가설'의 두 입장 중에서 전자를 반영한 것이다. 이에 비해 보상가설은 세계화가 오히려 세계화의 피해를 입는 약자들의 정치적 세력을 강화시킬 수 있다는 입장을 취한다. 예컨대 가렛(Garrett, 1998)이 세계화가 초래하는 불평등과 사회보장제도의 약화가 오히려 진보적인 사회민주적 정당들에 대한 지지를 증대시킬 수 있다고 주장하는 것이나, 로드릭(Rodrik, 1997)이 무역 개방이 사회적 위험을 증가시켜 국가의 재정 지출 증대를 가져온다는 주장은 보상가설을 따르고 있다.

면에서 신자유주의는 하비(David Harvey)가 잘 설명한 것처럼, "케인스주의로부터의 탈피" 또는 "(배태된 자유주의 타협)의 제약들로부터 자본을 해방(disembed)시키는 것"을 의미한다(Harvey, 2005: 11). 그리고 이러한 작업은 "신고전파 경제학(neoclassical economics)"의 "자유시장 원칙들"로 복귀하는 것을 의미한다. 이런 의미에서 신자유주의의 '신(neo)'은 '신고전파'에서 왔다(Harvery, 2005: 20). 그리고 이러한 의미의 신자유주의가 등장하고 세계적으로 확산된 배경은 1970년대의 세계경제위기와 선진국들의 재정위기에서 찾을 수 있으며, 이러한 위기들을 극복하기 위한 "정치적 프로젝트"가 신자유주의였다고 볼 수 있다.[21]

이에 비해 적극적 측면에서의 신자유주의는 인간과 사회를 매우 근본적으로 개혁하려는 이념을 가리킨다. 하비의 표현을 빌리자면, "유토피아적 프로젝트"로서의 신자유주의다. 그리고 신자유주의의 정치적 함축을 충분히 파악하기 위해서는 적극적 의미의 신자유주의를 이해할 필요가 있다. 이를 위해 우리는 브라운(Wendy Brown)이 푸코(Michel Foucault)의 신자유주의 분석을 재구성하면서 제시한 신자유주의의 의미를 활용하고자 한다.

브라운에 따르면, 적극적인 의미에서의 신자유주의의 특성은 다음의 네 가지로 정리될 수 있다. 첫째, 신자유주의는 인간의 존재 자체를 '경제적 인간(homo economicus)'으로 규정할 뿐만 아니라, 인간생활의 모든 측면들이 시장 합리성의 관점에서 조명돼야 한다고 믿는다. 둘째,

21 하비는 신자유주의가 "국제 자본주의의 재구조화를 위한 이론적 디자인의 실현"을 목표로 하는 '유토피아적 프로젝트'와 "자본 축적의 조건을 재건하고 경제 엘리트들의 권력을 복원"하기 위한 '정치적 프로젝트'의 양면을 가지고 있다고 지적했다. 그리고 전자는 후자의 목표를 달성하기 위해 필요한 정당화의 수단이었다고 지적했다(Harvey, 2005: 19).

국가나 사회가 시장을 규제하는 것이 아니라, 거꾸로 시장이 국가와 사회를 조직하고 규제하는 원칙이 돼야 한다. 따라서 "'바보야, 문제는 경제야!'라는 구호는 정치 캠페인의 슬로건 이상"이며, "이것이 국가 정당성의 원칙이자 국가 행동의 기초를 표현하는 것"이어야 한다(Brown, 2009: 42). 셋째, 지금까지 비경제적인 영역과 제도들에게까지 경제적 합리성 논리를 확장시킴으로써 개인들이 신자유주의 질서의 '신민(subject)'으로 생각하고 행동하게 만든다. 개인들은 "생활의 모든 면에서 개인 사업가처럼" 생각하고 행동하게 되고, "신민들은 자신들의 복지에 전적인 책임을 지게 되며 시민권은 이러한 기업가 정신의 성공으로 축소된다." 이러한 과정을 통해 "신자유주의적 신민들은 그들의 자유를 통해서 스스로 통제된다"(Brown, 2009: 43). 넷째, "좋은 사회정책의 범주"가 근본적으로 바뀌고 좁혀진다. 사회정책들은 수익성 검증을 받아야 하고 경쟁을 촉진시켜야 하며, 합리적 신민을 만들어서 기업가적 원칙에 복종하게 만들어야 한다(Brown, 2009: 44).

요컨대 신자유주의는 "시장 합리성을 모든 영역으로 확장"하고, "특히 도덕적이고 정치적인 판단을 비용-수익 계산으로 환원하는 것"을 추구하며, "정치와 사회생활의 모든 측면을 경제적 계산에 복속"시킴으로써 "자유민주주의의 어떠한 가치나 제도도 본질적으로 경제적 경쟁력에 대한 봉사 여부의 테스트나 비용-수익 분석을 통과할 수 없게 된다." 이러한 과정을 통해 "민주적 가치들과 제도들"은 "몰매를 맞게 되고"(Brown, 2009: 45, 46, 47) "자유민주주의의 조종"이 울리게 된다(Brown, 2009: 50).

그러면 '정치적'이고 '유토피아적'인 프로젝트로 추진된 신자유주의가 자유민주주의를 어떻게 위험에 빠뜨리는가? 우리는 이 물음에 대해서 세 가지 차원에서 대답을 시도해볼 수 있다. 첫째, 신자유주의가 정치 영역을 크게 축소시키는 데 따른 위험이다. 민주주의는 '인민의 의사'가 공공정책에 반영될 것을 요구한다. 즉, 국민 다수가 원하는 것이 정치적 논의 절차와 정책 결정의 과정을 거쳐 공공정책에 반영돼야 한다. 그리고 이러한 논의의 대상에는 제한이 없어야 한다. 물론 민주주의가 자유주의와 결합하면서 인간의 기본권에 대한 침해는 민주적 절차를 통해서도 허용되지 않고, 이를 위한 장치가 헌법과 사법적 절차를 통해 마련돼 있다. 그렇지만 신자유주의는 이보다 훨씬 많은 영역의 이슈들을 정치적 결정의 범위 밖으로 몰아내는 경향을 보인다. 시장에 대한 규제를 철폐하고, 개인의 삶에 대한 국가의 책임을 축소하려는 신자유주의의 핵심적 내용이 바로 그러한 경향의 중심에 있다. 즉, 정치의 영역이 축소되고 '탈정치화'가 가속되는 것이다. 뭉크는 이러한 현상을 가리켜 "민주주의의 점진적인 잠식"이라고 칭했다. "공공정책의 점점 더 많은 영역들이 공중의 논쟁으로부터 벗어"나고, "국민들이 정치에 영향을 미칠 수 있는 능력이 심각하게 위축"되고 있다는 지적이다(Mounk, 2018: 60). 그런데 민주주의에 대한 잠식이 진행될수록 민주주의에 대한 국민들의 불만족은 높아지고, 민주주의 제도에 대한 국민들의 신뢰는 낮아질 것이다. 우리가 앞서 살펴본 민주주의의 위기 조짐들은 이러한 민주주의의 점진적 잠식에서 연유하는 바가 크다.

둘째, 국민의 의사를 대표해야 하는 대의기구들이 국민의 의사를 제대로 대표하지 못하거나, 그럴 수 있는 능력이 없기 때문에 발생하는 위험이다. 크게 두 가지 이유가 있다. 우선 기술관료적 지배(technocracy)의 경향 때문이다. 신자유주의는 국민 대중들이 집단적 정서에 휘말려 비합리적인 결정을 하거나, 대의민주주의의 정치 과정이 소수에 의한 지대추구(rent-seeking) 행위를 유발한다고 비판하며, 기술관료적 의사 결정의 우월성을 주장한다(Biebricher, 2015). 그 결과 위에서 살펴본 것처럼, 신자유주의는 많은 중요한 이슈들을 정치의 영역에서 배제시키고, 독립적인 기구들이나 관료기구들로 하여금 의회의 기능을 대신하게 만든다. 의회는 대내적으로 관료기구, 법원, 독립기구들에게, 그리고 대외적으로는 국제기구들이나 국제조약들에게 권한과 권력의 적지 않은 부분을 상실했다(O'Sullivan, 2017).[22]

또한 대표자를 선출하는 선거 과정의 문제점들로 말미암아 국민과 대표자들 사이의 간극도 더욱 벌어졌다. 특히 돈과 조직이 선거에 막대한 영향을 미치면서 대표자들은 국민에게서 멀어지고 돈과 가까워졌다. 입법 과정에 대한 이익집단들의 로비도 이러한 경향을 더욱 심화시켰다. 이런 문제들 때문에 "국민들에 의해서 자신들의 견해를 대표하도록 선출됐지만, 의원들은 점차 국민의 의사로부터 분리"되는 결과가 초래되고 있다(Mounk, 2018: 76). 가장 민주적이어야 하는 의회마저 "민주주의의 결핍(democratic deficit)"을 겪고 있는 것이다. 이러한 경향은 또한 "정치시스템을 국민 의지로부터 효과적으로 격리"시킴으로써 민주주의를 "경쟁적 과두제(competitive oligarchies)"와 유사하게 전락시키기도 한다. "불공정한 정책 결정 과정이 지배 엘리트들에게 자신들의 이익을 증진시킬 수 있는 막대한 혜택을 부여"하기 때문이다(Mounk, 2018: 92). 보비오(Bobbio, 1992: 114~132)가 말하는 "깨어진 약속들(broken promises)"이나 크라우치(Colin Crouch)가 지적하는 이른바

22 관료화와 세계화로부터 오는 민주주의, 특히 인민주권에 대한 위협은 민주주의 연구에서 오래된 주제이다. 신자유주의는 이러한 두 가지 추세를 모두 강화시켜주는 역할을 한다. 신자유주의가 민주주의 위기의 원인이자 위기 그 자체인 이유가 여기에 있다.

"포스트 민주주의(post-democracy)"의 현상들이 나타나고 있는 것이다. 민주주의의 외양은 유지되고 있지만, 실제로는 국민 다수가 아니라 다국적 기업을 위시한 강력한 소수집단의 이익에 봉사하는 방향으로 민주주의가 작동하고 있다는 비판이다(Crouch, 2008: 47).

셋째, 신자유주의의 민주주의에 대한 세 번째 위협은 불평등의 심화와 사회적 합의의 파괴에서 비롯된다. 신자유주의적 경제정책과 사회정책, 그리고 신자유주의적 세계화의 자연스런 귀결이 불평등의 심화이다(Rodrik, 1997; OECD, 2011). 규제 풀린 시장에서의 경쟁 심화는 승자에게 더욱 유리한 환경을 제공하기 때문이다. 더욱이 규제를 풀기 전에 이미 불평등이 존재한다면, 탈규제가 불평등을 더욱 심화시킬 수 있다. 이러한 추세는 국가가 제공하는 사회보장 프로그램의 축소로 더욱 악화된다. 신자유주의 교리가 이러한 불평등을 스스로의 책임으로 인식하고 감내하도록 가르치지만, 불평등이 사회적 혼란과 정치적 불안정을 가져오는 것을 궁극적으로 막을 수는 없다. 민주주의가 안정적으로 작동하는 사회적 기반이 붕괴되는 것이다. 더욱이 신자유주의 시대의 민주정부는 정책적 성향과 재정 능력 부족으로 사회적 요구에 효과적으로 대응할 수도 없다(Stiglitz, 2017: 24). 이러한 이유들로 말미암아 민주정부는 정책 자율성을 제한받고 정당성의 위기에 빠진다. 샤르프(Fritz Sharpf)가 유럽통합의 맥락에서 제기한 민주정부들의 '투입 정당성(input legitimacy)'과 '산출 정당성(output legitimacy)' 사이의 '딜레마'는 신자유주의적 세계화의 맥락에서 모든 정부에게 적용된다. 그의 표현을 빌리자면, "기능적으로 효과적인 정책 선택을 통해 산출 정당성을 유지하려고 하면 투입 정당성을 약화시킬 수 있고, 그 반대의 경우도 마찬가지다"(Sharpf, 2011: 5). 그런데 오늘날 민주정부들은 신자유주의적 세계화와 더불어 투입과 산출의 양쪽 측면 모두에서 정당성 위기를 맞을 수 있다.

지금까지 살펴본 것처럼 신자유주의는 정치의 영역을 크게 위축시키고, 대의기구들을 무력화하거나 왜곡시키며, 불평등을 심화시키고, 정책 자율성을 제약하고 정당성의 위기를 가져오는 등의 방법으로 자유민주주의의 위기를 초래한다. 민주정부들이 국민들의 요구에 호응하기 어려워지고, 민주주의에 대한 국민들의 신뢰가 하락한다. 인민주권의 원칙은 헌법에 명기돼 있지만, 실제 민주정치의 과정에서는 그 의미가 거의 사라져버린다. 민주주의를 활성화시켜야 하지만, 기존의 제도권 정치로는 이를 추구하기 어렵다. 제도권 밖의 사회정치운동을 통한 민주주의 혁신의 목소리가 높아지는 이유다.

3. 포퓰리즘과 자유민주주의의 위기

포퓰리즘은 정치적으로 매우 논쟁적인 개념이다. 한쪽에서는 서민대중들의 욕구와 의지를 반영하는 진보적 개혁을 통해 무기력한 민주주의를 교정하려는 시도라며 긍정적으로 평가하고, 다른 쪽에서는 선동적이고 무책임하며 비민주적이어서 결국 자유민주주의를 파괴할 것이라고 부정적으로 평가한다. 또한 포퓰리즘의 형식이나 내용도 매우 다양하다. 카리스마적 지도자가 중심이 되는 경우도 있고, 공식적인 정당의 모습을 갖춘 경우도 있으며, 매우 이념적이거나 계급적 성격을 갖는 경우도 있지만, 그렇지 않은 경우도 있다. 권력을 잡기 전과 후의 모습도 다르다. 그럼에도 불구하고 우리는 포퓰리즘의 몇 가지 핵심적인 특성을 거의 모든 경우에서 공통으로 확인할 수 있다(Muller, 2016b; Bonikowski and Gidron, 2016; Galston, 2018; Mounk, 2018).

첫째, 엘리트(지배층)와 인민(민중)을 이분법적으로 구분하고, 엘리트들은 부패하고 인민은 고결하며, 정치권력의 정당성은 오직 인민에게서만 나온다고 주장한다. 나라의 모든 잘못은 엘리트들 때문이며, 나라를 바로잡으려면 부패하고 타락하고 외국에 나라를 팔아먹는 엘리트들을 몰아내야 한다고 주장한다.

둘째, 기존의 정치제도와 지배체제에 대한 불신과 반감을 갖고 있다. 기존의 제도들은 인민들의 정치적 의지를 국가의 정책으로 전환시키기보다 기존 엘리트들의 기득권 유지에 봉사한다고 비판한다. 기존의 대의제도와 관료기구, 사법제도 등은 모두 인민의 의지를 결집하고 표현하는 데 걸림돌이 된다. 따라서 헌법 개정과 국민투표 등을 통해 인민의 의지를 모아서 이들을 개혁하려 한다.

셋째, 포퓰리스트들은 자신들만이 인민의 진정한 대변자임을 자처한다. 자신들과 인민들의 직접 소통을 강조하고, 언론이나 중간 집단 등은 모두 인민의 의사를 왜곡한다고 주장한다. 기존의 대의기구보다 국민투표를 선호하는 이유도 여기에 있다.

넷째, 최근에 나타나고 있는 포퓰리즘 현상은 거의 모두가 반세계화의 경향을 보여준다. 브렉시트 국민투표에서 지지자들이 '국가의 통제권을 되찾아오자(Take Control Back)'고 외쳤던 것이 이러한 경향을 잘 보여준다. 유럽연합에 빼앗긴 주권을 유럽연합에서 탈퇴함으로써 되찾아오자는 것이다. 이것은 세계화에 대해서도 마찬가지로 적용된다. 무역 자유화나 금융 세계화에 대한 반대가 포퓰리즘의 중요한 요소다.

이러한 공통점 외에도 포퓰리스트들은 정치를 매우 단순화시키고 해답이 간단하다고 주장한다. 이를 복잡하게 이야기하고, 단순한 해답을 부정하는 사람들은 모두 거짓말쟁이라고 비난한다. 자신들이 이들을 물리치고 권력을 획득하면, 인민의 의사에 따라 모든 문제를 쉽게 해결할 수 있다고 주장한다. 이러한 포퓰리스트들은 거의 항상 어디에서나 존재했었다고 말할 수 있다. 멀러(Muller, 2016b)의 표현처럼, 포퓰리즘은 "근대 대의민주주의의 영원한 그림자이면서 끊임없는 위협과도 같은 것"이라고 볼 수 있다. 그러나 최근 서구의 선진 민주주의 국가들에서 광범위하게 나타나고 있는 포퓰리즘 세력의 증대는 특별한 요인을 공유한다. 그것은 곧 세계화가 고도로 진행된 시대에 자유민주주의가 보여주는 무기력과 정당성 상실에 대한 반작용이다. 국민생활에 중요한 영향을 미치는 이슈들이 비정치화된 것에 반발하여 '재정치화'를 요구하는 것이고, 대의제민주주의가 국민의 의사를 제대로 대변하지 못하는 것에 대한 불만을 "국민적 의지의 직접적 분출"을 통해 경고하는 것이다(Mudde, 2015; Mounk, 2018). 뭉크가 포퓰리즘에는 "진정으로 민주적인 요소"가 들어 있다고 말하는 이유가 여기에 있다(Mounk, 2018: 34).

포퓰리즘의 이러한 특성이 최근 포퓰리스트들의 세계적 세력 증대를 가능하게 한다고 할 수 있다. 특히 민주주의가 잘 발달된 유럽의 선진국들과 미국을 중심으로 포퓰리즘의 세력이 급격히 증대하고 있는 것은 기존의 민주주의 제도들과 정치인들에 대한 국민 다수의 불만과 신뢰 상실이 기저에 깔려 있기 때문이다.[23] 세계화의 영향으로 심각해진 불평등을 완화하는 데 민주주의가 별다른 도움을 주지 못하는 데다

23 유럽연합 15개국 중 선거에서 포퓰리스트 정당들의 득표율은 지난 13년간 7% 정도에서 20% 가까이로 약 세 배 증가했다(Mounk, 2018: 32). 대부분의 유럽 국가들이 비례대표제 선거제도를 사용하는 점을 고려할 때, 이는 의회에서의 의석수도 이에 비례해 증가했다는 것을 말해준다. 그리고 다당제 국가들에서 이 정도의 의석 비율은 정부 형성에 직·간접으로 중대한 영향을 미칠 수 있다.

가, 2008년 세계 금융위기를 기점으로 거의 모든 선진국이 금융위기에 빠지거나 직·간접의 영향을 받으면서 경기침체가 계속된 사실도 기존의 민주정치에 대한 불만을 키웠다. 이런 상황에서 아프리카와 중동의 이민과 난민들이 대거 유입되면서 반이민 정서가 높아졌고, 제도권 밖의 포퓰리스트들이 파고들기 좋은 이슈가 되었다. EU 회원국들의 경우, EU 조약들로 주권의 일부가 제한받고 있는 상황에서 국내의 사회경제적 이슈들에 효과적으로 대응하기가 매우 어려웠다. EU 차원의 '민주주의 결핍'이 개별 국가 차원의 '민주주의 결핍'을 심화시켰다. 경제 침체가 심각하고, 불평등이 심화되고, 외국인들이 몰려오는데도 민주정부들이 효과적으로 대응하는 데 실패하고 있는 현실은 포퓰리즘이 번성할 수 있는 훌륭한 기회를 제공한다.

표 1은 미국과 유럽의 민주주의 국가들에서 최근에 실시된 선거에서 포퓰리스트들의 약진을 보여주고 있다. 미국, 그리스, 이탈리아에서는 포퓰리스트들이 집권에 성공했으며, 스위스에서도 제1당을 차지해 연방정부에 참여하고 있다. 터키, 폴란드, 헝가리에서는 포퓰리스트 지도자들이 선거를 통해 집권에 성공한 다음, 민주주의에서 권위주의로의 체제 전환을 시도하고 있다. 영국독립당(UKIP)은 브렉시트 국민투표를 이끌어내는 데 성공했고, 오스트리아 자유당은 대선 1차 선거에서 1위를 했으나 결선 투표에서 패배했고, 프랑스의 국민전선은 대선 1차 투표에서 2위로 결전 투표에 진출했으나 역시 패배했다. 독일, 네덜란드, 스웨덴, 스페인에서도 포퓰리스트 정당이 지난 총선에서 제2당 또는 제3당의 위치를 차지했다. 포퓰리스트들의 이러한 약진은 기존 정치권에 큰 변화를 일으키고 있다. 주요 정당들이 몰락하거나 영향력이 감소하면서 정당체계가 바뀌고 있고, 포퓰리스트들이 제기하는 이슈들이

표 1 포퓰리즘 약진의 주요 사례

국가명	포퓰리스트 정당/지도자	최근의 주요 정치적 성과
그리스	Syriza/Alexis Tsipras	극좌. 2015년 1월 총선에서 36.3% 득표로 제1당 차지하며 집권에 성공
네덜란드	Party for Freedom(PVV)	극우 반이슬람. 2017년 3월 총선에서 13.1% 득표로 제2당 차지
독일	Alternative for Germany (AfD)	극우. 2017년 총선에서 12.6% 득표로 제3당 차지
미국	Donald Trump	극우. 정치 신인으로 2016년 대선에서 공화당 후보로 나서서 당선
스웨덴	Sweden Democrats	네오나치당. 2014년 총선에서 12.9% 득표로 제3당으로 부상
스위스	People's Party(SVP)	극우. 2015년 총선에서 29.4% 득표로 제1당 차지(7명의 연방위원 중 2명 차지)
스페인	Podemos/Pablo Iglesias	극좌. 2015년 선거에서 21% 득표로 제3당으로 부상
영국	UK Independence Party/ Nigel Farage	EU 탈퇴와 반(反)이민 주창. 브렉시트 국민투표 이끌어냄.
오스트리아	Freedom Party	극우. 2016년 대선 1차 투표 1위, 2017년 총선 26% 득표로 제3당 차지
이탈리아	-Five Star Movement(M5S) -Northern League(NL)	극우 M5S는 2018년 3월 총선에서 32% 득표로 제1당 차지. 극좌 NL은 17.6% 득표. 두 정당의 연합으로 연립정부 구성에 성공
터키	Recep Tayyip Erdoǧan	2017년 4월 개헌 국민투표에서 51.4% 찬성으로 내각제를 대통령제로 변경. 2018년 6월 대선과 총선 실시
폴란드	Law and Justice Party(PiS)	2015년 총선에서 하원 237(/460)석, 상원 66(/100)석 획득해 집권에 성공
프랑스	National Front/ Marine Le Pen	극우. 2017년 대선에서 결선 투표에 진출
헝가리	Viktor Orbán	1998~2002년, 2010~현재 총리. 2018년 4월 총선에서 2/3 이상 의석 차지(133/199)

자료: 저자가 여러 보도들을 참고하여 작성했음.

중요한 정치적 어젠다로 부상하고 있다.

그러면 포퓰리즘의 이러한 정치적 부상이 어떻게 자유민주주의를 위기에 빠뜨릴 수 있는가? 네 가지로 요약해볼 수 있다. 첫째, 포퓰리스트들이 국민을 엘리트와 인민으로 양분해 적대적 관계를 만드는 데 따른 위험이다. 정치가 국민의 지지를 얻기 위한 선의의 경쟁이 아니라 선과 악의 전쟁으로 인식되고 표현되며, 자신들은 '고결한(virtuous)' 국민들의 대변자이고 반대자들은 인민의 적이고 타도의 대상이 된다. 포퓰리스트들이 정권을 잡기 전까지는 이러한 적대적 대립관계의 형성이 정치를 소란스럽게 만들기는 하겠지만 자유민주주의를 파탄에까지 이르게 하지는 않을 수 있다. 그러나 포퓰리스트들이 일단 정권을 잡고 국가권력을 이용해 적들을 제압하려 하면, 자유민주주의는 존재적 위기에 봉착할 수 있다.

둘째, '인민 의사(popular will)'의 진정한 대변자를 자처하는 포퓰리스트들은 언론이나 사법부 등 선출되지 않은 기관들과 야당이 인민의 의사를 실현하는 데 방해가 된다고 생각하고, 권력을 잡으면 이러한 기관들부터 먼저 장악하거나 폐지하려 든다. 언론기관들은 '가짜 뉴스'를 퍼뜨리는 것으로 공격당하고, 법관들은 인민의 의사와 거리가 먼 판결을 내린다고 비판받으며, 선거가 있어도 야당들의 참여는 이런저런 이유로 제한을 받는다(Muller, 2016). 인민주권을 내세우며 국민투표를 애용하고, 인민주권의 행사에 방해가 되는 것이면 모두 비민주적인 것으로 공격의 대상이 된다. 헌법을 고쳐 정치적 게임의 규칙을 아예 바꾸어버리거나, 반대자들을 인민의 적으로 규정해 제거함으로써 정치적 게임의 운동장을 자신들 쪽으로 기울게 만든다.

셋째, 국가적 난제들을 단순화시키고, 비애국적인 기득권 세력들을 쫓아내고 자신들이 집권하기만 하면 모든 것이 쉽게 해결될 것이라고 말해온 포퓰리스트들은 계속해서 적을 만들 필요에 직면한다. 경제 침체, 실업, 불평등, 차별, 이민 등 어느 한 문제도 쉽게 해결될 수 있는 성질의 것이 아니기 때문이다. 문제가 해결되지 않으면 자신들의 무능력을 고백할 수는 없기 때문에, 아직도 적들이 버티고 있어서 그렇다고 답하는 수밖에 없다. 그리고 이렇게 답하기 위해서는 계속해서 적들이 대내외적으로 만들어져야 한다. 이런 방법으로 반대자들은 계속해서 제거된다.

넷째, 권력을 획득한 포퓰리스트들은 민주주의를 권위주의 독재국가로 전락시킬 위험이 크다.[24] 인민의 이름으로, 인민을 위해서 인민주권을 온전히 실현하려면 부패하고 망국적인 기득권 세력들을 쫓아내야 하며, 이들의 이익을 지켜주던 독립적인 기관들은 폐지되거나 통제를 받는다. 이쯤 되면 권좌에 앉은 포퓰리스트들을 반대할 세력은 거의 사라져버린다. 포퓰리스트 지도자 앞에 남은 것은 이제 아무런 방어막도 없는 인민뿐이다. 인민의 자유와 평등을 위해 오랜 기간 피땀을 흘려 쌓아온 귀중한 자유민주주의의 제도들은 파괴되었다. 포퓰리스트 지도자가 권위주의 독재자로 전락하는 것을 막을 수단들이 사라진 것이다.

포퓰리즘은 위기에 빠진 자유민주주의에 대한 하나의 대응이라고 할 수 있다. 그러나 포퓰리즘 역시 자유민주주의를 위기에 빠뜨릴 수 있다. 자유민주주의하에서 정치적 경쟁을 적과 동지로 구분된 국민들

24 최근 이러한 경향을 보이는 대표적인 포퓰리스트 집권자의 사례로 터키의 에르도간(Recep Erdogan) 대통령과 헝가리의 오르반(Viktor Orbán) 총리를 들 수 있다.

사이에서 생존을 건 전쟁으로 바꾸고, 국민과 국가 사이에 존재하는 중간 집단들과 언론 및 사법 절차를 인민주권 실현의 방해물로 간주해 제거하려고 하며, 현대사회의 복잡한 국정 과제들을 단순화시켜 끊임없이 적들을 만들어내고, 국민의 자유를 지키고 독재로의 전락을 막는 방어막들을 제거해 독재로의 길을 활짝 열어젖히기 때문이다. 물론 서구의 선진 민주주의 국가들은 쉽게 독재의 구렁으로 떨어지지는 않을 것이다. 오랜 시간에 걸쳐 형성돼온 자유민주주의의 제도들과 문화적 가치들이 이러한 퇴행을 차단해줄 수 있을 것이라고 생각하기 때문이다. 이렇게 보면 브렉시트와 트럼프, 르펜, 오성운동과 포데모스 등을 개별적 일탈 현상이며, 조만간 자유민주주의가 정상 상태로 회복될 것이라고 예상할 수도 있을 것이다.

그러나 우리가 위에서 살펴본 것처럼, 포퓰리즘의 등장과 세력 증대는 특정한 국가나 정치지도자 때문에 일어나는 우연한 일이 아니다. 세계 곳곳의 자유민주주의가 심각한 문제들을 안고 있으며, 포퓰리즘은 이에 대한 일종의 반작용으로 등장하는 것이다. 포퓰리즘이 문제라기보다 자유민주주의의 문제들을 치유하지 못하고 있는 현실 정치가 훨씬 더 심각한 문제다. 이런 관점에서 우리는 뭉크가 '민주주의의 탈공고화'라는 개념으로 진단하는 현실을 매우 심각하게 받아들일 필요가 있다. 요컨대 경제적으로 풍요하고 오랫동안 민주주의를 지켜온 선진 민주국가들에서도 자유민주주의가 신자유주의의 시대를 거치면서 '비민주적 자유주의'로 전락하고, 이에 대한 국민들의 민주주의에 대한 신뢰 약화와 불만이 포퓰리즘의 등장을 통해 '비자유주의적 민주주의'로 변모한 다음, 결국 독재로 전락하는 길을 걸을 수 있다는 경고다.

맺음말

자유민주주의가 위기에 처해 있다. 자유민주주의가 해체의 길을 걷고 있다는 경종이 울린다. 신자유주의적 세계화로 정치의 영역이 크게 축소되고, 수많은 주요 이슈들이 탈정치화되었다. 이에 비례하여 민주주의에 대한 국민들의 실망이 커지고, 세계화에 대한 반발도 증가했다. 포퓰리즘이 등장하는 배경이다. 인민주권이 강조되고 탈세계화 구호가 난무한다. 그러나 포퓰리즘 역시 자유민주주의를 위협한다. 민주주의의 건전한 작동을 위해 필요한 자유주의적 제도들을 허물고 있기 때문이다. 신자유주의와 포퓰리즘은 자유민주주의 위기의 다른 모습이다. 자유민주주의를 구성하는 자유주의와 민주주의가 분리되어 각각의 극단적인 방향으로 나아간 결과다. 세계화가 이러한 분리를 추동하고 심화시켰다.

그러나 우리는 자유주의도, 민주주의도, 자유민주주의도 어느 것 하나 포기할 수 없다. 자유민주주의를 위기에서 구하기 위한 진지한 고민이 필요한 이유다. 지금까지 이 글의 논의를 받아들인다면, 크게 보아 두 가지의 일을 더 늦기 전에 신속히 해야 한다. 하나는 깊은 세계화가 자유민주주의를 위협하는 것을 차단해야 하고, 다른 하나는 자유민주주의를 국내적으로 더욱 활성화시켜야 한다.

먼저 로드릭의 명제를 다시 생각해볼 필요가 있다. 깊은 세계화와 국가 수준의 민주주의가 공존할 수 없다는 명제다. 깊은 수준의 세계화를 수용하려면 민주주의도 세계적 수준에서 추구해야 한다. 그러나 유럽연합의 경우가 잘 가르쳐준 것처럼, 주권국가의 경계를 넘어 민주주의를 실천한다는 것은 불가능에 가까운 일이다. 그렇다면 우리가 선택해야 하는 길은 명확하다. 국가 수준의 민주주의가 효과적으로 작동할 수 있도록 세계화의 수준을 민주주의를 위협하지 않는 수준으로 낮추는 것이다. 물론 이 역시 오늘날의 세계화된 현실에서 매우 어려운 일이다. 그러나 민주주의를 지키려면 반드시 해야 하는 일이기도 하다. 그리고 이 일이 세계화를 완전히 거꾸로 되돌리는 것을 의미하지도 않는다. '배태된 자유주의 타협'의 시대에도 상당한 수준의 세계화가 이루어졌었다. 그러면 오늘날의 상황에서 민주주의를 지키기 위해 가장 필요하고 효과적인 방안은 무엇일까? 역시 '배태된 자유주의 타협'의 시대로부터 교훈을 얻을 수 있다. 그것은 바로 금융 세계화의 수준을 낮추는 일이다. 그리고 이를 위한 가장 합리적이고 효과적인 방안은 '토빈세(Tobin tax)'를 도입하는 것이다(정진영, 2018). 다만 토빈이 제안한 현물외환거래에 대한 과세를 넘어 거의 모든 형태의 국제금융거래에 매우 낮은 세율의 거래세를 부과해야 한다. 지난 세계 금융위기 이후 유럽연합에서 매우 깊숙이 논의됐던 방안은 주식이나 채권 거래에 0.1%, 파생상품 거래에 0.01%의 거래세를 부과하는 것이었다(EC, 2011; 2013). 이 정도의 세금만 부과해도 국제적인 자본 이동, 특히 투기적인 외환거래를 크게 줄일 수 있고, 대규모의 재정자금을 확보하는 혜택을 볼 수도 있다. 더욱이 금융 세계화가 민주정부들을 좌지우지하는 것도 막고, 금융위기의 빈발도 막을 수 있다. 돌멩이 하나로 세 마리 새를 거뜬히 잡을 수 있는 방안이다.

토빈세의 부과로 금융 세계화의 수준을 어느 정도 낮춘다면, 자유민주주의가 효과적으로 작동할 수 있는 공간이 확보될 수 있다. 여기서 한 걸음 더 나아가 자유민주주의를 활성화하는 조치들이 국내적으로 취해져야 한다. 오늘날 세계에서 실천되고 있는 자유민주주의의 제도들은 매우 낡은 것들이다. 정보통신 혁명이 일어나고 대중들의 정보에 대한 접근이 매우 용이해진 오늘날의 현실과는 맞지 않는다. 더욱이 기존의 각종 정치제도들이 기득권 세력에 유리하도록 짜여 있다. 이래 가지고서는 자유민주주의의 이상인 개인의 시민적·정치적 기본권의 행사와 인민주권을 충분히 구현할 수 없다. 무엇보다 국민들의 의사가 손쉽고 자유롭게 형성되고 표출되도록 해야 한다. 의회의 경우 의원의 임기를 대폭 단축하여 선거가 자주 있게 해야 한다. 선거운동도 거의 완벽히 자유롭게 이루어지도록 해야 한다. 각 층위의 정치제도들이 제도적 정합성을 가질 수 있도록 설계되고 작동하도록 해야 한다. 권력구조와 정당제도, 선거제도 등이 각기 따로 돌아가면 정치 안정과 발전을 기대할 수 없다. 정치적 의제의 설정에도 국민들이 영향을 미칠 수 있는 길이 넓어지고 강화돼야 한다. 많은 중요한 이슈들이 정치적 의사결정의 밖에 있으면 개인의 기본권이 침해당하고 민주주의가 의미를 잃는다. '민주주의의 탈공고화'를 막으려면 자유주의와 민주주의의 원칙들을 21세기의 새로운 현실에서 다시 결합시키고 서로를 견인하며 자유민주주의를 한 차원 더 높은 방향으로 발전시켜 나갈 수 있도록 해야 한다.

이러한 작업들은 현실적으로 매우 힘든 일이다. 토빈세/금융거래세의 도입은 금융 부문의 강력한 저항에 직면할 것이다. 금융거래의 해외 이전이라든가 소비자 부담의 증가, 금융시장의 불안정 등 온갖 그럴듯한 이유들을 들어 반대할 것이다. 유럽연합도 거의 성사 단계에서 금융계의 반발로 실패했다. 국내 정치의 개혁도 마찬가지다. 기성 정치인들과 거대 정당들에게 유리한 정치와 선거 관련 제도들의 철옹성을 스스로 붕괴시키려고 할 리가 없다. 2008~2009년의 세계 금융위기를 세계는 아깝게 허비했다. 월가 점령운동이 일어나고 금융 개혁의 목소리가 높았지만, 결국 위기 이전의 옛날 상태로 거의 그대로 돌아갔다. 포퓰리즘의 득세가 아직도 계속되고 있지만, 민주주의의 재활성화에 성공할 수 있을지 매우 불투명하다. 머지않은 장래에 또다시 세계적 위기가 올 것을 대비해서 준비라도 해놓으면, 다음에는 기회를 허비하지 않을 수 있을지 모른다. 1929년의 대공황에서 전후의 '배태된 자유주의' 질서로 '대전환'을 이루는 데 긴 시간이 소요되고 많은 우여곡절이 있었다. 전간기(戰間期)의 혼란과 세계대전을 겪기도 했다. 2008~2009년의 세계적 위기를 기회로 활용하지 못한 지금의 세계도 그러한 혼란기로 접어들고 있는지 모른다. 새로운 대전환을 이룩하기까지 많은 시간과 희생을 치를 위험이 우리 앞에 놓여 있다.

글로벌 경제의 시각에서 본 민주주의와 자유주의의 새로운 모색*

김경수**

경제학자인 아세모글루와 정치학자 로빈슨이 집필한《국가는 왜 실패하는가》(2012)에서는 제도(institution)가 국가 간 경제 격차를 일으키는 핵심 요인이라고 주장한다. 이들은 포용적인(inclusive) 정치경제 제도와 추출적인(extractive) 제도를 구분한다. 권력을 공유하고, 생산성을 증진하며, 교육과 기술 진보 그리고 국가 전체의 복지증진을 강조하는 포용적인 제도와 부와 자원을 사회의 한 부문에서 빼앗아 다른 부문으로 돌리는 추출적인 제도가 경제성장에 어떻게 영향을 미치는지 다양한 역사적 사례를 통해 보여준다.

사실 제도의 중요성은 노스(Douglass North)가 공저한《서구세계의 부상》(1973)에서도 나타난다. 여기서 중세부터 대분기(大分岐, great divergence)에 이르는 약 800년에 걸친 서유럽 국가들 성장의 비결이 효율적인 경제시스템에 있었음을 보였다. 재산권 제도는 개인에게 혁

* 이 글은 저자의《빅픽처 경제학》(2020)의 일부분을 재구성한 것이다.

** 성균관대학교 경제학과 명예교수.

신과 생산에 대한 인센티브를 제공하고, 반대로 지대추구, 도용, 자의적인 몰수, 지나친 과세 등 개인의 인센티브를 줄이는 활동을 방지한다는 점에서 효율적이다. 저자는 인격과 재산에 대한 사람들의 자유를 보호하는 것이 궁극적으로 복지를 증진하는 가장 효과적인 방법이라는 결론으로 유도하였다. 한편 이들은 재산권의 보호가 성장의 동인이지만 누구의 재산권을 보호하는지도 마찬가지로 중요하다고 보았다. 부국 스페인의 인구증가로 토지가 희소해졌고 농업기술 발전에 따른 토지의 사회적 수익률은 증가했으나 사적 수익률은 그렇지 못했다. 당시 목축업자로부터 세금을 받던 스페인 왕실은 지주가 아닌 목축업자의 기득권에 손을 들어주었기 때문이다. 애써 기른 농작물이 양들에게 피해를 볼 위험에 직면하자 지주들로서는 굳이 농업에 매진할 필요성이 없었다. 농업발전의 혜택을 보지 못한 스페인은 결국 선진국의 지위를 다른 나라로 넘겨줄 수밖에 없었다.

노스가 연 이른바 신제도주의학파는 종전 후 40년이 지난 후 꽃을 피웠다. 40년 세월은 종전후 늘어난 신생국을 포함해 지구상 많은 나라가 승자와 패자로 나뉘는 데 충분한 시간이다. 연구자들은 계량 분석을 통해 지속가능한 성장률, 즉 생산요소의 투입이 아닌 기술 진보에 따른 성장률(총요소생산성이라고 하는)을 추정하고 국가 간 성장률의 차이를 설명하는 제도적 요인들을 규명하는 노력을 경주했다. 인플레이션, 재정건전성, 금융발전, 주주채권자의 법적 보호, 불평등, 법치, 법의 이행, 대법관의 임기에 이르기까지 다양한 제도적 요인이 제시되었다.

한편 평등과 성장의 인과관계는 글로벌 금융위기 후 글로벌 경제의 대침체(great recession)[1]기에 본격적으로 연구되었으며, 성(性) 불평등뿐 아니라 소득과 부의 불평등이 성장을 저해하는 것을 밝혀냈다. 이 시기에 조어된 포용적 성장(inclusive growth)은 성장의 혜택이 사회구성원에게 골고루 돌아감으로써 혁신인재의 풀을 확대하고자 하는 데 궁극적인 목적이 있다. 지속가능 성장이 포용적 성장을 필요로 하는 것은 성장이 부패와 같은 부정적 외부효과를 동반할 수 있으며 이 부정적 외부효과가 지속가능 성장을 제약하기 때문이다.

신제도주의자의 연구 결과 바람직한 제도는 무엇보다 경제 주체에게 잘못된 동기를 부여하지 않고, 나아가 그들의 삶을 영위하는 경제가 안정적인 모습을 갖추도록 하는 것이다. 만약 제도가 이윤을 사유화하거나 손실을 사회화하면 유용한 연구개발에 대한 의지는 꺾일 수밖에 없고, 망하는 금융회사를 구제해주는 등의 일은 제도를 신뢰할 수 없게 한다. 제도가 안정적이지 못하고 조령모개(朝令暮改)식이라면 경제 주체는 자신의 미래를 설계할 충분한 시야를 가지지 못하게 된다. 중앙은행의 독립성이 중요한 이유는 그렇지 못하면 자칫 재정의 지배(정부가 빚을 지고 중앙은행에 떠넘기는)가 높은 인플레이션을 초래하고 다시 지속가능한 성장을 저해하기 때문이다.

아세모글루와 로빈슨의 포용적 제도와 추출적 제도, 그리고 앞서 노스로부터 시작된 신제도주의가 그 성과를 탐구했던 제도는 정치체제와 이념의 산물이다. 18세기 서세동점(西勢東漸) 후 현재까지 번영을 주도해온 정치체제와 이념은 민주주의와 자유주의(liberalism)다.

1 글로벌 금융위기 후 미국과 전 세계가 회복하지 못하고 겪고 있는 경제 침체 상황을 1930년대 대공황에 빗대어 일컫는 말이다.

1. 멈춘 자유주의

우리가 아는 민주주의는 오직 하나다. 그러나 자유주의는 매우 다양하고 때로는 서로 상충되는 모습으로 발전해왔다. 존 로크는 각 개인은 삶, 자유, 재산에 대한 자연권을 가지고 있으며 정부가 사회계약을 근거로 자연권을 침해해서는 안 된다고 주장했다. 당시 무질서하고 잔인한 자연 상태의 사람들이 자발적으로 개인의 권리 일부를 군주에게 양도하고 군주는 법을 만들어 사람들을 규제하는 사회계약을 주장한 홉스의 《리바이어던(*The Leviathan*)》에 로크는 정부는 피지배자로부터 자신의 정당성(legitimacy)에 대한 동의를 끊임없이 얻어야 한다고 맞섰다. 로크는 비록 홉스가 주장하는 인간의 본성과 사회계약을 인정했지만, 사람들은 독재자를 쫓아낼 권리를 가지고 있다고 주장했다.

보이지 않는 손에 의한 시장의 힘, 즉 개별 경제 주체의 자신을 위한 노력이 의도치 않게 국가의 선(善)을 실현할 수 있다고 본 A. 스미스는 후에 고전학파라고 불리는 경제 자유주의(economic liberalism)를 열었다. 인구 성장과 식량 생산 증가의 차이를 말하며 가난을 자신이 스스로 책임져야 할 인과관계로 인식한 맬서스는 경제적 자유주의의 주류가 되었다. 후에 밀(Mill)의 공리주의는 이를 더욱 공고히 했다. 고전학파는 다시 프리드먼의 화폐적 현상으로서 인플레이션을 강조하는 통화주의로 분화되었다.

19세기 말에 들어와 고전 자유주의는 성장의 둔화, 산업 도시의 빈곤, 실업 및 불평등에 대한 인식의 증가와 조직화된 노동에 점차 도전을 받았으며 사회 자유주의(social liberalism)가 새로운 자유주의로 부상했다. 산업화와 자유방임 자본주의가 가져온 변화에 대한 주요 정치적 반응은 당초 사회 균형에 관심이 있는 보수주의자로부터 나왔다. 밀은 통치자의 독재에서 보호하는 것으로 사회적 자유를 정의했다. 그는 단순히 독재자뿐 아니라 다수에 의한 독재도 경계했으며 사회적 자유는 정치적 자유와 권리를 인정함으로써 통치자의 권력을 제한하는 것을 의미했다.

사회 자유주의자들은 당시 직면한 어려운 상황은 광범위하고 개입주의적인 국가 개념을 통해서만 해결할 수 있다고 믿었다. 개인이 서로 물리적으로 간섭하지 않거나 공평하게 공식화해 적용하는 법으로만 자유에 대한 동등한 권리를 확립할 수는 없으며 모든 개인이 평등한 기회를 가질 수 있도록 보다 긍정적이고 적극적인 조치가 필요하다고 주장했다. 이러한 의미에서 사회 자유주의자를 뉴 리버럴(new liberal)이라고도 한다. 보이지 않는 손이 작동하지 않으면 정부가 유효수요를 창출해야 한다고 주장한 케인즈는 베버리지와 함께 종전 후 영국의 복지체계를 설계했다. 사회 자유주의는 대공황 시기 루스벨트 당시 대통령이 주도한 뉴딜정책에도 영향을 미쳤다.

사회 자유주의는 다양한 영역에서 다양한 이념으로 분화되었으나 롤스(Rawls)는 사회 자유주의 이념을 크게 발전시켰다. 롤스는 개인의 자유와 공정한 분배를 옹호했다. 그는 모든 개인이 각자의 삶을 영위하는 데 최선의 선택을 할 수 있어야 하며 동시에 사회적으로 희소한 자원의 올바른 분배가 실현되어야 한다고 주장했다. 그는 성장과 부가 사회적 약자에게 도움이 되는 한 부의 격차는 용인될 수 있는 문제라고 보았다. 롤스는 평등한 자유 원칙(equal liberty principle)의 토대 위에 공정한 평등 기회(fair equality of opportunity)와 차별 원칙(difference principle)을 수용했다. 모든 사람들에게 자리는 열려 있으며 가장 불리한 위치에 있는 사회구성원도 열린 자리로부터 혜택을 볼 수 있는 한 사회 경제적 불평등은 용인될 수 있는 것이다.

20세기 미국의 번영은 자유주의 기조에서 이루어졌다. 종전 후 냉전 시대가 들어서자 미국은 국제관계에 자유주의적 경제질서를 구축했다. 달러 중심의 국제통화질서인 브레튼우즈체제하에서 세계은행과 국제통화기금(IMF)의 두 국제기구가 설립되었고, 국제무역 질서로 관세 및 무역에 관한 일반협정(GATT)이 출범했다.

냉전의 종식은 곧 자유주의의 승리이기도 했다. 세계경제는 글로벌화되었고 지구상 대부분 나라가 글로벌 경제의 중심부와 주변부로 재편되었다. GATT는 초국가적 국제기구인 WTO로 대체되었고 동아시아 외환위기를 계기로 세계경제에는 전례 없는 수준의 글로벌화가 일어났다. 1945년 UN 창립 당시 회원국 수가 51개국에서 2011년 193개국으로 4배 가까이 늘어난 것은 자유로운 시장과 민주주의의 확대가 중요한 요인이다. A. 알레시나(A. Alesina)가 공저한 《국가의 크기(*The Size of Nations*)》에 따르면 국가는 국방, 안전과 같은 공공재의 생산과 시장 규모와 같은 규모의 경제에서 오는 편익, 구성원의 이질성에서 비롯한 비용의 상충 관계에서 크기가 내생화된다. 전후 자유민주주의의 확대는 시장의 접근성이 늘어나 규모의 경제에 따른 편익은 줄어들고 상대적으로 비용은 늘어나 국가의 크기가 줄어드는 대신 그 수가 늘어나는 방향으로 상충 관계에 변화가 일어난 것이다.

그런 한편 글로벌 경제에 무늬만 민주주의일 뿐인 이른바 비자유민주주의(illiberal democracy)도 확산되고 있다.[2] 비자유민주주의는 2014년 재선에 성공한 헝가리 총리 오르반의 연설에서 잘 표현되고 있다.

2 비자유민주주의는 자카리아(Zakaria,1997)가 처음 조어했다.

그는 미래의 헝가리가 비자유 국가라고 했는데 자유민주주의의 가치를 거부하지는 않지만, 국가조직의 핵심 요소로 받아들이지는 않는다는 의미다. 오르반은 싱가포르, 러시아, 터키, 중국과 같은 성공한 국가의 사례를 볼 때 어떤 나라도 자유주의적 가치를 공유하지 않았으며 그 가운데 일부는 민주국가도 아니라고 말했다. 이 발언의 취지는 성공한 국가가 반드시 자유민주주의를 따랐던 것은 아니라는 뜻이다.

사반세기에 걸친 지속가능한 성장 요인 연구에 따르면 자유민주주의를 대체할 만한 정치체제는 없다. 자유민주주의가 재산권의 보호, 법치와 같이 매우 높은 수준의 제도적 안정성을 보장해주기 때문이다. 아세모글루와 로빈슨의 용어를 빌리자면 포용적 제도가 자유민주주의에 의해 지지받을 수 있으며 그러지 못할 경우 자칫 추출적 제도가 들어설 수 있기 때문이다. 두 저자가 중국의 미래에 냉소적인 것도 같은 맥락에서 이해될 수 있다.

비자유민주주의가 확산되는 것은 물론 글로벌 경제의 대부분 나라에서 분배가 악화됨에 따라 자유민주주의에 대한 확신을 공유하는 사람들이 줄어들고 있기 때문이다. 글로벌화는 중국과 같이 소득이 낮은 나라가 높은 나라 따라잡기에 성공, 국가 간 불평등을 해소하는 데 기여했으나 오히려 선진국을 중심으로 한 국가 안에서 불평등은 더 커졌다. 그것은 피케티가 《21세기 자본론》에서 주장한 것처럼 시장경제의 속성 때문일 수도, 지속가능한 성장의 동력인 기술 진보의 탓일 수도, 세계경제의 글로벌화 탓일 수도 있다.

어느 경우든 불평등을 치유할 방안을 찾기는 쉽지 않다. 피케티는 일부 아시아를 포함한 300년의 방대한 자료에서 자본가에게 유리하게 소득이 분배되는 것을 보았다.[3] 전 세계에 부유세 도입을 주장한 피케티의《21세기 자본》은 2014년 가장 영향력 있는 책으로 널리 알려졌으나 아이러니하게도 이듬해 사회당 출신의 올랑드 대통령은 부유세를 폐지했다. 중요한 생산 자원인 부(富)가 해외로 빠져나가는 것을 내버려둘 수는 없기 때문이다.

그런데도 여전히 자유민주주의에 대한 불신은 거세다. 무엇보다도 글로벌 경제의 중심국인 미국의 45대 대선에서 미국우선주의를 등에 업은 트럼프가 당선되었다. 트럼프 대통령의 당선은 두 가지 중요한 함의를 가진다. 하나는 미국의 건국이념이자 나아가 정체성의 근간이던 자유주의 가치에 대한 부정이며 또 다른 하나는 글로벌 경제에 자유민주주의를 수출해온 팍스 아메리카나(Pax Americana)의 불투명한 미래다(Krugman, Fall of the American Empire, 2018.6.18.).

2. 21세기 미국 포퓰리즘의 배경

케이스와 디튼(Case and Deaton, 2015)은 1999~2013년에 걸쳐 45~54세 미국인의 중년 사망률을 추정한 충격적인 연구 결과를 발표했다. 미국 내 백인 중년의 사망률이 다른 인종이나 다른 선진국의 패턴과는 정반대로 높아졌다. 1990년에는 미국 백인의 사망률이 대부분 주요 선진국보다 낮았으나, 2010년대에 들어와서는 가장 높은 수치를 보였다. 백인 중년의 사망률은 1978~1998년 기간에는 연평균 2% 감소했으나

3 기술적인 측면에서 피케티의 주장은 1950년대 영국 케임브리지대학교의 로빈슨과 스라파, 미국 동북부 케임브리지에 위치한 MIT의 새뮤얼슨, 소로 등 경제학자들 사이의 생산함수 집계의 문제(Aggregation problem)를 재현한 것과 다름없다. 피케티에 따르면 당초 이 논쟁에서 승리했던 MIT 학자들이 주장과 달리 장기 시계열에서 GDP에서 차지하는 노동 소득의 비율이 하락한다. 시대에 따라 여러 요인이 있겠지만 현재 글로벌화된 세계에서는 자본의 이동성이 노동보다 훨씬 높기 때문일 것이다.

표 1 1999~2013년 미국인 45~54세 사망률 변화 (단위 %)

백인	중등교육 이하	대학 중퇴	대졸 이상	흑인	히스패닉
33.9(415.4)	134.4(735.8)	-3.33(287.8)	-57.0(178.1)	-214.8(581.9)	-63.6(269.6)

사망률은 해당 연령대에 속한 10만 명 가운데 사망자 수/괄호 안은 2013년 사망률
출처: Case and Deaton(2015)

1999~2013년 기간에 연평균 0.5% 상승했다. 사망률의 증가는 마약 및 알코올 남용, 자살, 간 질환 등이 배경이며 중등교육 이하의 남녀가 주도하고 있다고 밝혔다.

위의 표에서 보듯이 고등교육 경험이 있는 백인의 중년 사망률은 감소했으나 중등교육 이하를 받은 백인 중년 사망률이 많이 증가해 결과적으로 교육 수준과 관계없이 전체 백인 중년 사망률도 증가했다.

이들은 자료를 2015년까지 업데이트한 후속 연구(2017)를 통해 기존의 주요 연구 결과를 다시 확인했다. 백인의 사망률을 높이는 것은 마약의 과다복용, 자살, 알코올과 연관된 간 질환이나, 백인의 사망률은 교육 수준에 따른 뚜렷한 차이를 보인다. 한편 흑인과 히스패닉의 경우 교육 수준과 무관하게 사망률은 떨어지는 추세를 보인다. 공저자는 21세기에 들어 증가하는 저학력 백인 중년의 사망률은 단지 글로벌 금융위기와 대침체에 따른 저성장과 소득의 정체로는 설명될 수 없으며, 학교를 마친 후 제대로 된 직장을 얻을 기회가 계속 줄어들고 취업, 결혼, 자녀 출산, 건강 등 불리한 여건이 세대에 걸쳐 누적된 결과에서 비롯한 것이라고 주장한다. 그렇기에 소득재분배 정책이나 노인복지 정책이 이들의 사망률과 질병률을 낮출 수 없다며, 당장 마약 의약품의 과다 처방을 억제할 것을 제안한다.[4] 실제로 합법화된 마약이 불법 마약보다 더 치명적일 수 있다(Humphreys, Caulkins and Felbab-Brown, 2018).

미 인구조사국에 따르면 2015년 25세 이상 비(非)히스패닉계 백인 가운데 중등교육 이하의 교육을 받은 비율은 29.5%이다. 25세 이상 전체 인구 가운데 비히스패닉계 백인의 비율이 66.3%임을 고려하면 25세 이상 전체 인구의 19.6%가 중등교육 이하를 받은 비히스패닉계 백인이다. 디튼과 케이스의 연구는 21세기에 들어와 미국 사회 중심축의 한 부분이 무너지고 있다는 메시지와 다름없다.

어떻게 이토록 짧은 기간에 이런 일이 일어나게 되었을까. 그 단편은 미 대선 레이스가 한창이던 2016년 8월 12일 자 노스캐롤라이나주 히코리시에 관한《월스트리트 저널》기사에서 엿볼 수 있다.

> "1990년대 후반, 이 가구 제조의 허브 역할을 해온 도시는 세계화의 폭력에서 보호받고 있는 것처럼 보였다. 테네시, 웨스트버지니아주 등지에서 해고된 철강 노동자들은 미국 가정에 침대, 테이블, 의자를 공급하는 새 일자리를 찾아 모여들었다. 실업률은 2% 아래로 떨어졌다. 그러나 요즘 히코리는 일련의 경제적 충격으로 어려움을 겪고 있으며 그 무엇보다 중국 수출로 가장 큰 고통을 받고 있다. 수입 가구의 침공은 공장문을 닫고 수천 개의 일자리를 없앴으며 2010년 실업률은 15% 이상으로 증가했다……."

4 실제로 미 국립약남용연구소(NIDA)의 발표에 따르면 향정신성의약품 과다복용으로 3만 3000명 이상이 사망했고 200만 명이 약물남용으로 고통받고 있는 것으로 추정된다(2015). 공저자는 21세기에 들어 미국의 경제활동 참가율이 하락하는 중요한 요인의 하나로 약물남용을 지목하고 있다. 미 백악관 CEA는 2015년 약물중독의 경제적 비용을 GDP 대비 2.8%로 추정한 바 있다.

이렇게 시작하는 이 기사는 엄청난 노동력, 낮은 임금, 정부 지원, 저평가된 화폐가치를 등에 업은 중국의 수입 공세가 짧은 시간에 걸쳐 광범위한 산업 분야에서 생산성이 떨어지는 미국 노동자들에게 얼마나 큰 피해를 주었는지를 상세히 다루고 있다. 나프타 출범 후 미국 GDP에서 차지하는 멕시코의 대미 수출 비율이 두 배로 증가하는 데 12년이 걸렸으나, 중국은 2001년 WTO에 가입 후 불과 4년 만에 두 배로 증가한 것이다.

미국과 유럽의 7개 연구재단의 지원을 받아 미국과 유럽 대학 연구자들을 중심으로 수행하는 차이나 트레이드 쇼크(China Trade Shock, http://chinashock.info)는 중국으로부터의 수입이 미국의 고용, 기업, 시장에 미치는 파급효과를 분석하고 있다. 근래에 들어서는 신흥국도 예외가 아니지만, 지난 수십 년에 걸쳐 미국을 비롯한 글로벌 경제의 중심국들에 소득 불평등과 고용 양극화가 심화되었는데 그 요인으로서 기술 발전과 국제무역의 확대를 들고 있다. 특히 두 요인이 하나의 힘으로 노동시장에 작용한다는 주장도 설득력을 얻고 있다.

그러나 프로젝트는 미국이 광범위하게 구축한 지역별 고용데이터를 분석해 지역경제에 대해 기술 진보와 무역이 각각 다른 파급효과를 미쳤다는 결론을 내린다(Autor, Dorn and Hanson, 2013). 기술의 영향은 미국 전 지역에 걸쳐 나타나지만, 중국의 수입품과 경쟁하는 노동집약적 제조업은 특정 지역에 집중된다. 그렇기에 무역의 영향은 지역에 따라 비대칭적으로 나타난다.

1980~2007년 사이 중국 수입품과 경쟁이 치열해진 지역에서는 제조업 부문 노동시장에서 고등교육을 받지 못한 노동자층에서 심각한 고용 감소가 일어났다. 그러나 한편 업무활동의 전문화 같은 기술 발전

은 비록 고용의 양극화가 일어나는 요인으로 작용했으나 순고용의 감소는 일어나지 않았다(Autor, Dorn and Hanson, 2015). 2000년대에 들어서 중국으로부터 수입이 급증함에 따라 고용에 미치는 무역의 부정적인 영향은 더 크게 일어났으나, 기술 진보는 제조업 생산활동의 자동화부터 비제조업 부문 정보처리의 전산화로 그 파급효과가 확산되었다.

한편 중국의 출현은 노동시장이 무역 충격에 어떻게 적응하는지에 대한 기존의 인식을 바꾸어놓았다. 무역의 확대는 소비자 혜택과 더불어 구조적 실업과 같은 조정 비용과 분배의 악화 등 부작용을 동반하게 되는데 그동안 학계는 이 부작용을 대수롭지 않게 보았다. 시간이 지나면 충분히 치유될 것으로 본 것이다. 그러나 차이나 쇼크는 경쟁에 노출된 산업이 집중된 지역 노동시장에 장기적인 파급효과를 미쳤다. 동 지역에서 노동시장의 조정은 매우 더디게 일어났으며 임금과 경제활동 참가율(생산 가능 인구에서 차지하는 취업 인구와 구직을 단념하지 않는 실업 인구의 비율)은 계속 하락했고 무역 충격이 시작된 지 최소 10년간 실업률은 상승했다. 이 지역의 노동자는 잦은 이직과 평생 소득의 감소를 경험했다. 한편 국민경제 차원에서 수입 경쟁에 밀린 산업에서 줄어든 고용은 다른 산업의 고용 증가로 상쇄되지 못했다(Autor, Dorn and Hanson, 2016).

대침체 이전부터 이미 미국의 고용은 부진했다. 2000~2007년 동안 미국 경제는 제조업 고용의 위축으로 인하여 1990년대에 이룬 괄목할 고용의 성장을 까먹었다. 이들은 WTO에 가입한 후 급증한 중국으로부터의 수입이 최근 미국 제조업의 고용 감소, 나아가 미국 경제 전체 일자리가 늘어나는 속도가 현저히 줄어든 데 상당히 기여했다고 진단한다. 1999~2011년 동안 차이나 쇼크로 240만의 일자리가 없어진 것으로 추정된다(Acemoglu, Autor, Dorn, Hanson and Price. 2016). 한편 같은 기간 동안 제조업의 고용은 불과 210만 명이 증가해 2011년 제조업 고용수준은 모두 1329만 명에 이르고 있다.

그뿐 아니라 중국으로부터 급격한 수입 증가는 실업률의 증가, 경제활동인구의 감소, 관련 제조업의 임금삭감을 초래했다. 일본의 수입 자동차에 밀려 중서부와 오대호 연안에서 시작된 러스트 벨트는 21세기에 들어와 전국으로 확대되었고 저학력 백인을 중심으로 일자리가 많이 감소하는 탈공업화가 진행되었다. 오토, 돈과 핸슨(Autor, Dorn and Hanson, 2013)에 따르면 1990~2007년 동안 미국 제조업 고용 감소의 1/4이 중국으로부터 수입 경쟁에 따른 결과의 산물이다. 더욱이 차이나 쇼크로 피해를 받은 지역일수록 실업, 장애, 퇴직 및 의료에 대한 공공부문의 지출은 급격히 증가했다.

같은 기간 동안 연구자들은 대중국 수입의 급증이 미국 노동자의 수입과 고용에 미친 동태적 파급효과를 분석했다. 그 결과 수입 충격으로 인해 숙련도와 기존의 고용조건에 따라 차등적으로 노동비용 조정이 발생했음을 보고했다(Autor, Dorn, Hanson and Song, 2014). 1991년 중국 수입품과 경쟁하는 제조업에 취업한 노동자들은 이후 누적 소득이 감소했고, 공공 장애 급여를 받을 확률이 높아졌고, 동종 제조업이 아닌 다른 유형의 제조업이나 비제조업으로 대거 이직할 가능성이 커졌다. 소득의 감소는 노동시장에 처음 진입할 당시 임금이 낮을수록, 첫 직장에서 일한 시간이 짧을수록, 경제활동인구에 편입된 시간이 짧을수록 더 크게 일어났다. 저임금 노동자들은 주로 제조업 부문에서 머물러 있으며 이후 무역 충격에 반복적으로 시달렸다. 한편 고임금 노동자들은 임금손실을 최소화하면서 이직하는 것이 가능했다.

이 프로젝트는 대중국 수입의 급성장이 공화당의 투표 점유율 상승에 긍정적인 효과가 있으며 2016년 미 대선에 결정적인 영향을 미쳤음을 보여주었다(Autor, Dorn, Hanson and Majlesi, 2017). 이들은 지역별 투표 결과와 무역데이터를 사용해 만약 중국 수입이 실제보다 50% 낮다고 가정한 시나리오라면 미시간, 위스콘신, 펜실베이니아 및 노스캐롤라이나에서 공화당 대신 민주당 후보를 선출했을 것으로 예측했고, 나아가 민주당 후보가 선거인단에서도 과반수를 얻었을 것이라는 결론을 얻었다. 이 연구 결과는 중국 수입품이 경쟁에 노출된 지역의 고용과 소득에 부정적인 영향을 미쳤음을 다시 한 번 확인한 것이며 이 부정적인 파급효과로 인해 온건한 정치인이 선거에서 승리할 가능성이 줄어들었다는 것을 시사한다. 앞의 《월스트리트 저널》 기사에서 이어지는 다음과 같은 내용도 이를 뒷받침한다.

> 공화당 대선 레이스에서 트럼프 후보가 중국과의 경쟁에 가장 큰 영향을 받은 100개 카운티 가운데 89개 카운티에서 승리했으며, 샌더스 민주당 후보는 북부 및 중서부 주에서 가장 많이 노출된 100개 카운티 중 64개 카운티에서 승리했다.

3. 미국 주도 자유주의 패권시대의 쇠퇴

민주주의와 자유주의에 대한 신뢰는 그 사회의 번영에서 나온다. 20세기 민주주의와 자유주의적 기조가 번영의 틀로 자리 잡을 수 있었던 것은 두 가치에 기반한 제도를 통해 사회주의혁명과 대공황을 극복하고 사회주의 체제와의 경쟁에서 승리했기 때문이다. 이는 냉전 시대를 종식하는 힘으로 작용했으며, 그 배경에는 종전 후 국제 질서를 주도하고 민주주의와 자유주의 가치를 전 세계에 퍼뜨려 팍스 아메리카나를 구축한 미국이 있다.

그러나 21세기에 들어와 미국 사회는 심각한 병리 현상을 경험하고 있다. 하나는 저학력 백인의 사망률이 전체 백인의 사망률까지 끌어올릴 정도로 증가했다. 다른 하나는 같은 시기 중국으로부터 급격하게 수입이 증가해 관련 제조업이 와해됐고 그에 따른 실업, 저임금의 고통이 저학력 백인층에게 집중되었다. 과학적 규명을 위해서는 종합적인 연구가 뒷받침되어야 하겠지만 중국의 무역 충격이 저학력 백인의 실업과 저임금을 가져왔고, 다시 이들 계층의 높은 사망률을 초래했다는 인과관계를 추정해볼 수 있다. 이 인과관계에 따라 차이나 쇼크가 2016년 대선에 결정적인 역할을 했을 가능성도 제기할 수 있다.

이렇게 추정된 내용은 두 가지 중요한 함의가 있다. 하나는 차이나 쇼크와 같이 사회가 제대로 수용할 수 없을 정도로 급격하게 진행되는 경제 충격은 단순히 빈부격차와 같은 경제문제를 떠나 심각한 사회문제까지 초래한다는 것이다. 기술 진보가 신(新)노동과 구(舊)노동 사이에 불평등한 사회를 조성했다면 중국의 무역 충격은 병든 사회를 만들었다.

다른 하나는 급격한 경제적 충격은 그 사회가 오랫동안 믿어왔던 가치를 신뢰할 수 없도록 한다는 것이다. 민주주의와 자유주의는 최근 3년간 미 외교협회(Council on Foreign Relations)가 격월로 발간하는《포린 어페어스(*Foreign Affairs*)》에 실린 기고문에 가장 많이 등장하는 키워드이다. 이는 역으로 미국 안팎에서 그리고 국제관계에서 두 가치에 대한 믿음이 허물어지고 있다는 경고이다. 미드(Mead, 2018)는 역사를 회고할 때 자유민주주의가 위협받는 경우 기존 제도가 사회경제적 충격을 유연하게 수용할 역량이 부족하기 때문이라며, 기술혁명의 충격에 대응할 제도적 역량을 키울 때 기술혁명이 가져올 번영의 과실도 얻을 수 있을 것으로 진단했다.

한편 시장경제로 구현되는 자본주의와 민주주의는 태생적으로 갈등 관계에 있다(Blyth, 2016). 자본주의는 시장기구를 통해 자원을 분배하고 민주주의는 투표를 통해 권력을 분배하기 때문이다. 종전 후 30년 동안 민주주의는 노동, 금융규제, 복지에 관한 규칙을 만들고 시장은 그 안에서 작동되었다. 그러나 1970년대에 들어 세계화로 규제에서 풀린 자본주의가 밀고 들어와 시장이 민주 정부가 따라야 할 규칙을 정했다. 한편 자본의 우세는 반발을 불러일으켰다. 불평등이 확대되고 대다수의 실질임금이 정체되는 시기 정부가 부실 대기업을 구제하는 정책에 불만이 생기는 것은 당연지사다. 블라이스는 칼 폴라니(Karl Polanyi)의 '이중 운동(double movement)'은 시장에서 버려진 사람들이 자신을 보호하려고 국가의 권력을 되찾았을 때 나타난다고 주장했다. 트럼프 대통령의 당선과 민주당 대선 후보 버니 샌더스의 약진, 유럽 포퓰리스트 정당의 약진은 바로 이중 운동의 산물이다.

커진(Kazin, 2016)은 포퓰리즘도 자유민주주의에 기여하는 측면이 있다고 보았다. 1896년 황금 십자가 연설로 미국사에 기록된 민주당 대선 후보 윌리엄 제닝스 브라이언을 지지했던 인민당(people's party)은 20세기에 소득세 및 대기업 규제 같은 진보적 개혁을 유도했으며 자유주의적 자본주의 질서를 수립하는 데 기여했다. 이민을 반대했던 인종차별적 우익 포퓰리스트들조차도 8시간 근무와 같은 법률에 대해 지원했기 때문에 결국 출생지에 상관없이 모든 노동자가 혜택을 본 것이다.

그러나 다른 시각도 있다. 지난 20년간 사람들은 자유민주주의가 자기 삶의 질을 높이는 데 별 도움이 되지 못한다고 인식했고, 자유주의를 부인하는 포퓰리즘 운동이 글로벌 경제 곳곳에서 일어나고 있다. 대침체 후 글로벌 경제 중심부 국가들에서 행한 선거가 이를 반영하고 있다. 아시아와 동유럽의 많은 곳에서도 민주주의 후퇴 조짐이 일어나고 있다. 뭉크와 포아(Mounk and Foa, 2018)에 따르면 이 현상은 자유민주주의를 지향하는 선진국과 그렇지 않은 나라들 사이 경제적·군사적 균형의 변화에 그 배경이 있다. 이들은 전 세계에 자유민주주의를 퍼뜨리는 데 경제적 힘의 역할을 고려하지 않을 수 없다고 주장한다. 따라서 자유민주주의의 미래를 논함에 있어서, 향후 수십 년에 걸쳐 일어날 것으로 보이는 자유민주국가들의 상대적 경제력 하락이 주는 영향을 반드시 고려해야 한다는 것이다. 부의 증가, 상대적인 평등, 빠른 소득 증대, 비민주국가들의 빈곤이 종전 후 서구 민주주의가 발전한 요인이다. 그러나 오늘날 이 모든 것이 삐걱대기 시작했다. 국가자본주의가 궁극적으로 침체를 겪을지 모르나 적어도 현시점에서 상당한 성과를 거두고 있다. 단지 경제력뿐 아니라 대학, 연구소, 문화, 언론 등 다방면에서 약진하고 있다. 중국의 일대일로(一帶一路), 국가제조(國家製造) 2025는 작은 예에 지나지 않는다. 국가자본주의의 약진은 글로벌 경제의 주변부에 있는 수십억 명의 국민에게 번영의 길에 더 이상 자유민주주의가 필요한 것은 아니라는 인식을 심어주었다. 현재 민주국가들이 과거의 지위를 되찾는 일은 요원해 보이며, 오히려 가능성 있는 시나리오는 이들 나라의 부와 권력이 확장되지 않고 도전과제를 해결하지 못하면서 민주주의가 쇠락하는 것이다. 다만 국가자본주의를 채택한 나라의 경제적 수준이 높아지면 비자유민주주의가 자유민주주의로 대체될 가능성은 있다. 그러나 이는 서구 자유민주주의가 한때 세계의 아이콘이었다고 말하는 것과 다름없다. 핵심은 앞으로 민주주의가 진정 글로벌 민주주의로 영역을 확장할지 아니면 경제적으로, 인구통계학적으로 위축되는 지역에 제한적으로 머물게 될지의 여부다.

글로벌 경제의 중심부에 위치한 나라들에서 한때 유행했던 포퓰리즘의 복귀(영국의 브렉시트와 미국의 트럼프 대통령 당선)는 자유주의적 시장질서에 기반한 글로벌 경제에 중요한 메시지를 던지고 있다. 콜간과 코헤인(Colgan and Keohane, 2017)에 따르면 포퓰리즘의 의미를 분명히 밝히기는 어렵겠지만 중요한 식별 부호는 외국 세력과 자국 엘리트들이 따돌린 선량한 사람들(real people)이 있다는 믿음이다.[5] 포퓰리스트 지도자는 자신이 국민을 대표한다고 주장하고 입법부, 사법부, 언론 등 기존 제도를 약화하거나 파괴하고 국가 주권을 방어하는 명분으로 외부 구속을 폐기하려고 한다. 포퓰리즘은 다양한 이데올로기적 풍미를 가진다. 샌더스와 같은 좌파 포퓰리스트들은 평등의 이름으로 파이를 나누고 트럼프와 같은 우파 포퓰리스트들은 성장을 명분으로 부에 대한 규제를 없애려 한다. 따라서 포퓰리즘은 경제적 분배의 특별한 관점이 아니라 강한 지도자, 주권과 강력한 제도에 대한 믿음으로 정의된다. 콜간과 코하네는 자유주의적 질서를 구축한 핵심 국가인 미국과 영국에서 일어난 사건은 자유민주주의 핵심인 사회계약—시장경제의 승자가 패자에게 너무 뒤처지지 않도록 약속하는—이 붕괴했음을 반영한다. 롤스의 두 원칙이 무너지는 대목이다. 엘리트들은 의도적이든 아니든 지난 수십 년 동안 글로벌 경제의 자유주의적 질서를 이용해 대부분의 소득과 부를 중산층, 하위층과 공유하지 않고 독차지했다. 콜간과

5 당초 R. 코헤인(Keohane)의 《헤게모니 이후》(1984)에서 소개되었다.

코헤인은 서구의 기존 정당은 메시지와 접근 방식에 대한 극적인 변화가 없다면 완전히 사라지게 될 것이라고 경고했다. 나아가 포퓰리즘이 부상하는 외적 요인으로서 냉전 종식에 따른 사회적 연대의 상실과 국제기구의 영향력 확대에 따른 국가 주권의 약화를 들고 대안으로서 유권자가 혜택을 볼 수 있는 방향으로 글로벌화가 추진되어야 하며 포용적 성장을 위한 제도적 뒷받침이 필요하다고 강조했다.

미국 사회·정치·경제의 변화는 대외 정책의 변화로 나타났다. 배리 포즌(Barry Posen, 2018)은 한편으로는 미국우선주의를 내세우고 동맹국들이 무임승차하고 있다고 비난하면서 다른 한편으로는 이란에 대해 강한 압력을 행사하고 분쟁지역에서 무력행사로 대응하는 트럼프 정부는 고립주의가 아닌 비자유주의 패권(illiberal hegemony)을 추구하고 있다고 규정한다. 그동안 미국의 대외 정책은 UN, IMF, WTO, 세계은행, 나토 등 다자간 국제기구를 통해 규칙에 기반한 질서와 시장 중심의 민주주의를 확산하는 자유주의 패권(liberal hegemony), 즉 팍스 아메리카나에 있었다. 미국이 추구했던 자유주의적 패권은 국제 안보와 자유무역, 인권, 민주주의의 확산이라는 미국의 가치가 올바르고 달성 및 지속 가능하다고 보았기 때문에 가능했다. 그에 반해 트럼프정부는 여전히 경제적 군사적 우위를 가지고 전 세계 보안관의 역할을 하고자 하나, 과거와 달리 민주주의를 확산하고 다자간 협정을 추구하지는 않는다. 취임 후 미국의 이해에 역행한다는 이유로 환태평양경제동반자협정(TPP 12)을 탈퇴하고 파리 기후협약을 폐기한 것이 좋은 예다. 포즌은 비록 자유주의 패권의 실험이 실패로 끝났다고 하더라도 트럼프가 추구하는 비자유주의 패권은 목적 없는 으뜸(primacy without purpose)에 지나지 않으며 어떤 전략적 우월성이 없다고 비판한다.[5]

같은 맥락에서 피터슨 연구소의 애덤 포즌(Adam Posen, 2018)은 미국이 구축한 자유주의 질서, 즉 규칙에 기반한 국제경제 질서가 훼손되고 있으며 글로벌 경제의 복리를 해칠 것이라고 경고했다. 포즌은 좋은 제도는 지속가능한 번영에 필수적이며, 미국이 주도한 국제질서는 좋은 제도를 수출, 글로벌 경제의 번영에 기여했다고 강조한다. 그는 국제관계의 속성상 미국이 주도한다는 것이 곧 명령을 내리는 것은 아니며 회원이 싫으면 떠나는 일종의 클럽과 같고, 미국은 회비를 징수할 수 있을 뿐이라고 미국의 역할을 제한적으로 평가했다. 따라서 미국 사회에 널리 퍼진 그릇된 믿음(미국이 글로벌 공공재를 공급하고 다른 나라들이 무임승차하고 있다)은 현실과 다르다. 현실은 미국이 동맹국들에게 핵 억제와 안전보장을 제공하고, 미국이 주도해 설정한 국제 룰에 따라 해상과 영공을 상업적 목적으로 자유롭게 항해하는 것이다. 이 두 가지가 미국이 공급하는 중요한 공공재이며 이로부터 미국 역시 혜택을 받고 있다. 포즌은 반대로 무임승차하고 있는 것은 미국이라고 주장한다. 국제기구 분담금의 태만, 기후변화에 대한 부적절한 대응, 글로벌 금융위기를 초래한 과도한 금융규제완화 등 미국의 무책임한 행태가 그렇다. 그럼에도 다른 나라들이 책임을 묻지 않은 것은 미국이 계속해서 국제질서를 주도하기를 원하고 있기 때문이라는 입장이다. 즉 미국 리더십의 혜택이 미국의 상당한 위선을 눈감아줄 수 있을 정도로 컸다는 의미다. 그러므로 글로벌 경제에서 차지하는 미국의 위상이 줄어든다고 하더라도 미국의 경제력이 크고 기술적인 우위를 점하는 한 규칙에 기반한 자

6 그는 대안으로서 세계안보를 위해 동맹국이 더 많은 부담을 하는 억제(restraint) 전략을 제안하고 있다.

유주의적 질서를 주도하는 미국의 리더십은 유지될 수 있다. 그러나 미국이 여봐란듯이 규칙을 위배하는 행태를 계속한다면 국제질서 자체가 위협받을 수 있다고 경고한다. 2017년 말 공개된 트럼프정부의 국가안보전략(National Security Strategy, NSS)은 미국이 70년 동안 이끌었던 리더십과 가치를 전면 부정하고 경제와 국가안보의 경계를 허물고 미국 정부가 다자간 대신 양자 간 무역협정으로 협력이 아닌 강권을 행사, 미국의 모든 국가권력 요소(정치, 경제, 군사)를 통합해 '원칙에 입각한 현실주의(principles realism)'를 추구하겠다는 의지를 드러냈다. 포즌에 따르면 트럼프 이후 글로벌 리더로서 미국이 후퇴하고 있으나 글로벌 경제가 영향을 받지 않는 것은 대침체에서 벗어나 성장랠리가 계속되고 글로벌 경제시스템에 대한 트럼프의 위협에도 다른 나라들이 기다려보자는 입장을 견지하고 있기 때문이다.

포즌은 트럼프정부가 실제로 공언한 국가안보 전략을 실행하기는 어려울 것으로 보았다. 글로벌화는 이미 되돌리기 어려울 정도로 깊숙이 진행되었다. 글로벌 경제에 편입된 나라들은 중심국이든 주변국이든 서로 긴밀하게 연결되어 있다. 그런데도 만약 그 전략을 실행한다면 글로벌 경제 그리고 궁극적으로 미국도 심각한 피해를 볼 것으로 예측했다. 그것은 곧 규칙에 기반한 자유주의 질서가 무너지는 것을 의미하기 때문이다. 가장 직접적인 영향을 받는 국제무역의 위축이 예상되며 미국의 리더십 없이 국제공조가 일어나기 어려워서 한 나라 또는 지역적 경제위기가 쉽게 다른 나라와 지역으로 확산될 수 있다. 글로벌 경제에 제로섬게임으로 인한 근린궁핍화(近隣窮乏化)가 공조에 따른 이익을 대체하게 된다. 준수할 규칙에 대한 동의 없이 경제적 마찰과 군사적 대치를 분리하지 않는 것은 자칫 심각한 결과를 초래할 수 있다. 요약하자면 세계가 더 위험하고 덜 공정하고 더 궁핍해질 수도 있다.

4. 트릴레마와 글로벌 역설

아시아 금융위기로 급속히 진전된 세계경제의 글로벌화는 민주주의와 국가권력과 공존하지 못하고 갈등하는 삼도논법(trilemma)의 이슈로 떠올랐다. 시장경제는 규제, 지배구조와 같은 비시장 제도에 의존하게 되나 비시장 제도는 한 국가 안에서 만들어지고 진화한다. 나라에 따른 역사, 문화, 소득수준의 차이가 법제도적 차이를 인과하는 것이다. 그러므로 민주주의와 국가권력은 글로벌화의 입지를 제약하게 한다. 그러나 한편 글로벌 시장은 국가 간 차이에 따른 취약한 지배구조로 인해 불안정성, 비효율성, 적법성의 문제를 가지게 되기 때문에 WTO와 같이 국제규범을 부과함으로써 국가권력의 영향력을 배제하고 글로벌화를 강력하게 추진하는 것이 가능하다. 글로벌화와 민주주의가 국가권력을 제약하는 것이다. 한편 국가권력이 그 영향력을 행사하는 범위와 글로벌 시장의 범세계적 속성 사이에 긴장이 존재할 수 있다. 국가권력이 금 또는 (달러화나 유로화 같은) 주요 통화의 액면가를 자국의 화폐단위로 약속하는 금본위제도나 통화위원회 제도는 글로벌 경제의 필요로 운영하는 것이다. 이 경우 국가권력과 글로벌화가 민주주의를 압도하게 된다.

글로벌화는 1980년대 선진국을 중심으로 추진되었으며 1990년대 신흥국이란 조어가 상징하듯이 개도국이 대거 글로벌화에 합류했다. 아시아 금융위기를 계기로 세계경제는 전례 없는 글로벌화로 이행하게 되었다. 글로벌화는 '자유로운 시장과 건전한 통화(free markets and sound money)'로 축약되는 워싱턴 컨센서스에 그 배경이 있다.[6] 1980년대에 들어와 선진국이 물가 안정 속에 경기순환 폭이 줄어들고 고성장을 영위하는 대완화(great moderation)가 시작되었다. 대완화는 글로벌 금융위기가 일어나 세계경제가 대침체(great recession)에 빠질 때까지 20년 이상 지속되었으며 신흥개도국에서도 유사한 패턴이 일어났다. 대완화나 대침체 모두 글로벌화에 그 배경이 있다.

T. 프리드먼(T. Friedman, 1999)은 워싱턴 컨센서스를 따르는 것을 황금구속복에 비유했으며 이 구속복을 입으면 경제가 성장하고 정치가 위축된다고 주장했다. 국민이 선택한 국가권력이 정치경제 정책을 결정할 여지가 크지 않기 때문이다. 돌이켜볼 때 비록 글로벌화가 번영을 가져다줄 것이라는 프리드먼의 예측에 오류가 있으나 황금구속복이 초글로벌화와 국민국가의 결합으로 민주정치와 갈등관계를 초래한다는 로드릭의 삼도논법에 따른 글로벌 역설을 확인한 셈이다.

D. 로드릭(D. Rodrik, 2011)은 이 글로벌화의 트릴레마를 극복하려면 타협이 필요하나 그것이 어떤 타협인가에 따라 셋 가운데 하나는 위축될 수밖에 없을 것으로 진단했다. 다시 말하자면 초글로벌화, 국민국가, 민주정치는 병립 불가능하다. 1995년 123개국이 서명, 출범한 WTO가 더는 진전을 보이지 못하는 것은 다자간 무역협정이 민주정치, 국민국가와 갈등하는 데 따른 당연한 귀결이다. 로드릭은 이 셋이 다시 균형을 이루려면 너무 앞서 나간 세계화가 후퇴할 필요가 있다고 제안했다. WTO체제가 교착상태에 빠지자 대신 양자 간 자유무역협정

7 워싱턴 컨센서스(Washington Consensus)는 1989년 당시 국제경제연구소(현재 Peterson Institute of International Economics)에 소속된 영국 출신 J. 윌리엄슨(J. Williamson)이 조어했다. 뒤에 광범위하게 시장주의를 강조하는 의미를 가졌고 때론 시장원리주의(market fundamentalism), 신자유주의(neoliberalism)로도 불린다.

(FTA)이 활발해진 추세도 같은 맥락으로 볼 수 있다. 교역 당사국이 자국의 민감한 이슈를 피하고 교역을 늘릴 방안을 찾고자 하는 것이다.

글로벌 역설은 트럼프정부가 대외경제 정책 기조에서 다자간 협정을 버리고 양자 간 협정을 지향하는 데서 제대로 보여준다. 자신을 선택한 유권자의 뜻에 따라 미국우선주의를 앞세운 국가권력이 규칙에 기반한 자유주의적 대외 정책 기조를 폐기한 것이다. 황금구속복으로 상징되는 미국이 주도한 글로벌화를 미국 스스로 벗어던지려는 아이러니가 연출된 것이다. 여기에는 물론 차이나 쇼크가 결정적인 역할을 했다.

글로벌 역설은 단지 미국에서만 볼 수 있는 현상은 아니며 1980년대 글로벌화를 추진했던 다수 선진국에서 나타나고 있다. 다른 예로 28개 EU 회원국 가운데 공동통화를 사용하는 19개국으로 구성된 유로존을 들 수 있다. 유로존은 비록 공동통화를 사용하지만 19개 회원국이 독립된 국민국가(nation state)로서 국가권력을 행사한다. 단 그 행사 범위는 넓게는 EU, 좁게는 유로존이 동 기구의 존립 또는 동 기구가 지향하는 목적에 부합하기 위해 정한 일정한 규범과 준칙을 벗어날 수 없다. 그 규범과 준칙은 28개 EU 회원국의 합의에 따라 정해진 것이다.[8] 유로존의 존립 기반을 위협한 남유럽 재정위기는 (그것이 옳고 그르건 여부를 떠나) 유로존이 국민국가 구성원의 다양한 의사를 반영하는 민주정치와 공존할 수 없음을 확인해준다. 남유럽 재정위기는 처음부터 유로존의 불완전하게 설계된 흠에 따른 당연한 귀결이었다.

8 유럽중앙은행(European Central Bank)의 주주가 유로존에 참여하지 않는 EU 회원국까지 포함하고 있다는 사실은 적어도 당시 시점에서 유로존이 주주 회원국 이해관계의 산물임을 쉽게 이해할 수 있다.

이 흠은 국가채무는 각 회원국이 자기 책임하에 관리해야 하며, 회원국은 돈을 찍어 재정지출을 하지 말아야 하며, 각 은행은 그 은행이 속한 회원국 정부의 관할에 두어야 한다는 세 조건을 모두 충족해야 하는 데서 비롯했다(Pisani-Ferry, 2012). 따라서 이 흠을 없애기 위해서는 회원국 국가채무를 공동책임 지는 재정동맹(fiscal union)을 맺거나, 은행을 개별 국가권력에서 별도 독립된 기구로 귀속하는 금융동맹(financial union)을 맺거나 아니면 돈을 찍어 재정지출을 수행하는 것이 가능하도록 중앙은행의 최종대부자기능[9]을 부여해야 한다는 논리적 귀결이 성립한다.

결국 유로존이 지속가능한 생존력을 가지려면 단지 공동통화를 사용하는 데 그치지 않고 유로존의 지배구조가 강화되어야 함을 시사한다. 강력한 지배구조는 결국 회원국을 지방 정부화하는 것을 의미하며 국가연합체의 성격을 가지는 18개국 유로존이 50개 주로 구성된 미국과 유사한 연방제의 길로 가는 것과 다름없다. 이 경우 초글로벌화는 필연적으로 국민국가와 갈등을 초래한다. 초글로벌화에 걸맞은 글로벌 지배구조는 민주적 절차에 따른 구성원 다수의 의지를 반영해야 하기 때문이다. 그러므로 유로존의 미래는 유로존을 구성하는 국민이 국민국가를 선택할지 하는 여부에 달린 문제다.

영국의 EU 탈퇴, 즉 브렉시트는 글로벌 역설의 또 다른 예다. 영국 국민은 난민(難民)과 테러라는 외부의 위협으로부터 다른 EU 회원국들과 공동대처하기보다 자신의 국가가 스스로 지켜줄 것을 원했다. EU 탈

9 금융 시스템 붕괴 전 중앙은행이 발권력을 동원해 금융시장에 개입해 위기를 해결하는 기능을 말한다.

퇴 운동은 극우 정당을 중심으로 중심국과 주변국 모두에서 일어나고 있다. 유럽의 극우 정당은 민족주의, 사회주의, 반유대주의, 전체주의와 같은 많은 이데올로기가 융합되어 EU의 자유주의적 질서를 흔들고 있다. 이 극우정당들은 많은 면에서 차이가 있으나 다문화주의와 글로벌화로부터 폐쇄적이고 인종적으로 단일한 민족사회를 건설해 자신의 나라를 구한다는 목표를 공유하고 있다. 이러한 운동을 추진하는 세력은 합법적인 선거를 통해 권력을 얻으려 하고 있으며 유럽 전역에서 성공하고 있다(Camus and Lebourg, 2017).

그것이 어떤 차원이든 글로벌화는 국민국가와 민주정치 사이에 간극이 생기는 요인으로 작용한다. 이 간극은 글로벌화가 구현되는 시장의 통합에서 비롯한다. 알레시나와 스폴라올(Alesina and Spolaore, 2003)은 국민국가의 크기가 내생화(內生化)된다는 주장을 제기했다. 납세 인구가 증가할 때 일인당 공공재 생산비용이 감소하기 때문에 국방, 보건, 교육, 통화, 금융 등 공공재 생산에 규모의 경제가 존재한다. 따라서 국가의 크기가 경제의 크기를 좌우한다. 즉 경제와 시장의 규모가 클 때 생산성도 커지며, 따라서 대국(大國)이 부유하게 된다. 큰 나라는 그 나라에 속한 지역 구성원에게 보험을 제공하고 경제 주체 간, 지역 간 재분배기능을 원활히 수행하는 것이 가능하다. 유가가 하락할 때 원유 생산에만 의존하는 소국(小國)은 어려움을 겪게 되나 산업이 지역적으로 다변화된 대국에서는 별문제가 되지 않는다. 한편 대국은 구성원 간 문화, 종교, 언어 등 이질성이 있으며 선호관계의 다양성이 존재한다. 이때 중앙정부는 소수 그룹의 이해관계를 대변하기 어려운 문제를 가지며 높은 정치비용을 초래한다. 스페인의 카탈루냐를 생각해보면 쉽게 이해된다. 그러나 글로벌화에 따라 통합된 시장에 대한 접근성이 커짐으로써 시장의 크기가 국가의 크기에 제약받지 않을 때 비용과 혜택의 균형을 이루는 국가의 크기는 줄어들게 된다. 즉 국가 수(數)가 증가하는 것이다.[10] 글로벌화는 구성원 간 이질성(異質性)으로부터 국가권력을 유지하는 정치비용을 상대적으로 높이게 되어 기존의 국가권력이 미치는 범위를 줄이는 방향으로 작용한다. 이렇듯 글로벌화는 국가와 민주주의 사이에 설정되는 상호작용에 지대한 영향을 미친다. 나프타 체결 후 캐나다의 퀘백, 스페인의 카탈루냐, 브렉시트 후 영국의 스코틀랜드 독립에 관한 여론의 대두는 모두 같은 맥락에서 이해될 수 있다.

그러나 글로벌 경제에 자유주의적 질서가 퇴조하고 대신 힘겨루기가 일어난다면 알레시나와 스폴라오레이 홉스(Hobbes)의 리바이어던에 비유했듯이 글로벌 경제는 거대국가의 지대추구(地代追求)의 장이 되어 버릴 수 있다. 현재 글로벌 경제에는 두 가지 현상이 모두 일어나고 있다. 한편에서는 무역전쟁이 벌어지고 또 다른 한편에서는 호주와 일본 주도하에 미국이 떠난 11개국이 참여하는 소규모 다자간 협정인 TPP2를, 28개국으로 구성된 EU와 일본은 경제동반자협정을 각각 체결했다. 글로벌 경제가 어떤 모습을 보일지는 궁극적으로 사회구성원들의 선택에 달린 문제다. 국가권력을 제약할지 아니면 강화할지는 결국 유권자의 몫이기 때문이다.

지금까지 글로벌화는 소수 엘리트가 정치와 경제를 주도하는 시대에서 일어났다. 엘리트 시대는 기존의 엘리트를 배격하는 포퓰리즘의 시대로 바뀌고 있다. 과연 포퓰리즘은 글로벌 경제에 어떤 영향을 미칠

10 1945년 74개국이었고, UN에 따르면 2015년 206개국이 존재하며 그 가운데 16개국이 분쟁지역이다.

까? 포퓰리즘이 엘리티즘보다 나을까? 이 의문에 대한 단서는 자유무역과 글로벌화를 지지하는 영국의 주간지 《이코노미스트》가 일찍 민주주의를 배울 수 있기 때문에 투표 연령을 16세로 낮추자고 주장한 데서 찾을 수 있다. 이 주장의 근거는 높아진 교육 수준과 SNS을 이용한 정보의 접근과 공유, 소통이 쉬워졌다는 데 있다. 그러나 핵심은 집단지성(集團知性)이 얼마나 발휘될 수 있는가의 문제다. 사회구성원이 다양하고 독립적이며 분산된 지식을 공유할 때 집단지성은 제대로 작동할 수 있다. 그러나 구성원의 참여도가 떨어지고 쉽게 휩쓸리며 충분한 정보를 가지지 못하면 시류에 편승하고 선동적이며 무책임한 결과를 초래하게 된다. 결국 어떤 민주주의인가의 문제다. 성숙한 민주주의는 결코 우를 범하지 않는다. 글로벌 경제는 민주주의 그리고 국민국가와 균형과 조화를 이루며 진화할 수 있다.

5. 기술혁명과 초연결사회

기술혁명과 인터넷이 창조한 초연결사회는 자유주의와 민주주의의 미래에 지대한 영향을 미칠 변수다. 초연결사회가 현실의 문제라면 기술혁명은 이미 진행되고는 있으나 언제 그 특이점이 본격화될지 예측할 수는 없다. N. 퍼거슨(N. Ferguson)은 《광장과 탑(*The Square and the Tower*)》(2018)에서 시장과 국제질서를 지배하는 전통적인 하향식(top down) 원칙을 옹호하고 나섰다. 탑은 국가기관에서 국제기구에 이르는 법적 정당성을 가진 기관으로서 엄격한 위계질서(hierarchical order)를 뜻하며 광장은 마치 난전(亂廛)과 같은 심판 없는 시장, 언어, 인간관계의 네트워크로서 하이에크(Hayek)의 자생적 질서(spontaneous order)를 의미한다. 퍼거슨은 자생적 질서가 선(善)이라는 고전적인 자유주의적 전제에 반대하고 있다.[11] 그는 역사의 교훈을 보건대 세계를 움직이는 네트워크를 신뢰하는 것이 곧 무정부 상태로 가는 길이라는 것이다. 그러므로 이 세상에 어떤 형태이든 위계질서와 합법성을 부여하는 것이 더 낫다는 주장이다. 그는 무수한 역사적 사실을 들어 이를 보이고 오늘날 소셜미디어에서 퍼트리는 가짜 뉴스는 전혀 새로운 것이 아니었음을 강조한다.

그는《월스트리트 저널》의 기고문(2018.1.18.)에서 인터넷이 만든 초연결사회는 17세기 영국 철학자 홉스에 의해 묘사된 원시사회의 인간(만인의 만인에 대한 투쟁과 불쾌하고 야수와 같은 짧은 삶)을 재창조했다는 헨리 키신저의 주장에 적극 동의했다. 퍼거슨은 모든 사람과 사물이 인터넷으로 연결되는 세상의 도래가 국가, 종교, 정당, 기업 등 위계질서가 만든 문명의 구조물을 망가뜨리고 위기에 빠뜨리고 있다고 주장한다. 통합이 아닌 분열, 비중개(非仲介)와 분권화가 초연결 시대의 질서라는 것이다.

초연결 시대는 SNS뿐 아니라 가상화폐에 의해서도 주도되고 있다. 퍼거슨의 광장(廣場)에서 가상화폐는 맨 위의 탑(塔)인 국가라는 위계질서에 도전장을 내밀었다. 2009년 처음 세상에 나온 가상화폐는 그 종류가 2000개 가깝고 전체 시장가치는 세계 1위 상장사 애플에 비교된다. ICT기술의 산물인 가상화폐는 인터넷으로 연결되면 언제 어디서나 거래가능한 초(超)국가화폐가 된 것이다. 법화(法貨)가 가치를 가지는 것이 정부의 신뢰에 기반하듯이 별도의 결제 청산 시스템이 없는 가상화폐는 네트워크 사용자들의 기술에 대한 신뢰에서 나온다. 초국가

11 자생적 질서가 곧 선이라는 믿음은 유학의 중요한 인식체계의 바탕이기도 하다.

화폐의 등장은 국가경제를 책임지는 엘리트의 지대추구 행위에 대한 경고다. 국가는 언제든 자신의 수입 이상으로 지출을 할 수 있는 권능을 가지며 이 권능은 국가가 독점해온 주조권(鑄造權)에서 나온다. 이 독점적 지위는 국가가 돈을 찍어 빚을 청산하는 것을 가능하게 했으며 그 결과 물가가 상승했다. 물가가 오르는 것은 통화공급 증가율이 경제성장률보다 더 높기 때문이다. 그러나 한편 국가에 주조권이 없을 때 그 나라 경제에 주는 영향의 예는 공통화폐를 사용하는 유로존 위기 당시 남유럽국가에서 극명하게 드러난다. 정부가 세금을 더 많이 걷고 지출을 더 많이 줄이는 재정개혁 외 다른 대안이 없기에 이들 나라 국민은 저성장에 따른 실업, 증세, 복지축소의 고통을 겪어야 했다. 만약 자국통화가 있었더라면 돈을 찍어 재정개혁의 고통을 줄이고 환율 절하를 유도해서 경제 회복이 더 빠르게 이루어졌을 것이다. 국가의 주조권이 남용되는 것은 절대로 바람직하지 않지만 필요하기도 하다.

위계질서는 경제학에서 말하는 시장(市場) 대신 굳이 조직이 필요한 이유, 즉 거래 비용을 통제하는 효과적인 수단이다. 재스민혁명에 사람들은 환호했다. 그러나 그 뒤에 벌어진 불행한 사태는 국가라는 위계질서가 얼마나 중요한 것인지 새삼 일깨워주었다. 문제는 위계질서의 정점에 있는 엘리트들의 지대추구 행위가 초연결 시대에 들어서도 여전히 만연해, 위계질서의 존립이 위협받을 수 있는 상황에 놓인 것이다. #미투(#MeToo) 운동은 네트워크화된 대중이 위계질서 안에서 안주하고 즐기는 엘리트의 민낯을 드러나게 한 상징적인 사건이다. 초연결 시대에서 엘리트가 자신의 책무를 게을리하고 위선적인 행태를 보인다면 엘리티즘은 포퓰리즘으로 대체될 수밖에 없다.

초연결사회의 구성원들은 정보공유를 통해 집단지성의 역량을 높일 기회를 얻을 수 있지만, 자칫 집단지성이 마비될 위험도 있다. 자유주의 시장경제는 좋은 제도에 의해 뒷받침되며 좋은 제도는 정당하고 안정된 위계질서(legitimate and stable hierarchy)에서 만들어진다. 이 위계질서가 흔들린다면 초연결사회에서 자유주의 시장경제에 대한 신뢰도 담보하기 어렵다. 금융위기는 시장경제의 산물이다. 위기가 일어날 때 그것이 확산하지 않고 위기 비용을 제한하는 것은 궁극적으로 중앙은행의 최종대부자기능과 같은 국가권력에 있다. 미국의 중앙은행인 연방준비제도는 그렇게 태어났다. 그러므로 위계질서, 구체적으로 중앙은행에 대한 불신이 가상화폐가 태어난 이유라면 그만큼 자유주의 시장경제로서는 도전이 아닐 수 없다. 나아가 기술은 진보한다는 명제를 인정하는 한 가상화폐는 완벽할 수 없다. 금융시스템에 대한 신뢰가 공신력과 국가권력으로 요약되는 위계질서에서 비롯하지만 가상화폐에 대한 신뢰는 분권화되고 정보를 공유하는 시스템이 원활히 작동되는 기술에 그 기반이 있는 것이다.

영국 주간지 《이코노미스트》는 기술기업을 BAADD라고 약칭하고 적절한 규제가 필요하다는 주장을 제기했다. 크고(big), 반경쟁적(anti-competitive)이고, 중독성(addictive)이 있으며, 민주주의에 파괴적(destructive to democracy)이라는 의미다. '아마존화(amazoned)'라는 조어는 2012년 콜린스에 의해 '온라인 경쟁자로부터 위협을 받는 상점들'이라는 뜻으로 풀이되었다. 그러나 이제 이 조어는 유통, 물류, 정보통신, 금융, 의료, 보험, 엔터테인먼트, 가전제품, 광고, 의류 등 산업 전반으로 그 의미가 확장되고 있다. 세계 10대 시총 기업 가운데 기술기업은 2011년 3개에 불과했으나 2018년 8월 현재 상위 7개 기업이 모두 기술기업이다.[12]

선진국을 중심으로 거대 기술기업의 승자독식을 규제하는 논의가 제기되고 있으며 실제로 다국적 대기업의 조세회피를 응징하는 이른바 구글세는 당초 반독점 정책에서 시작되었다. 승자독식 그 자체보다는 새로운 경쟁자가 들어서기 어려운 환경이 조성되는 것이 문제이기 때문이다. 그러나 기술기업에 대한 규제가 쉽지 않은 것은 생산활동에 따르는 규모의 경제뿐 아니라 기술기업이 사용자에게 데이터를 제공하는 대가로 무료서비스를 제공하는 거래구조 때문이다. 반독점법은 소비자잉여를 확대하는 데 궁극적인 목적이 있으나 기업 분할이 자칫 사용자 플랫폼을 제약, 사용자 편의에 부정적인 파급효과를 가져올 수 있으며 가격 규제도 사용자가 무료서비스를 제공받는 한 의미가 없다.

거대 기술기업의 부상은 자본과 노동과 같은 전통적 생산요소가 아니라 정보통신기술의 발전에 따라 가능해진 축적된 데이터 때문이다. 수집한 데이터로부터 유용한 정보를 추출하고(데이터 마이닝), 유용한 정보로부터 인과관계에 대한 지식을 찾아내(머신 러닝) 자율주행, 마케팅에서 금융서비스, 의료진료, 선거(選擧)에 이르는 모든 도메인에서 활용하는 인공지능이 기술혁명을 주도하고 있다. 기술혁명이 국민경제에 미치는 파급효과는 획기적인 생산성 증가에 따른 직접적 파급효과와 시장경제에 미치는 구조적 파급효과로 구분해 생각해볼 수 있다.

우선, 생산성이 급격하게 증가할 때 일어나는 현상은 다음의 예로 쉽게 이해할 수 있다. 노동자 한 명이 하루에 핀을 100개 생산한다고 하자. 만약 이 경제에 핀을 생산하는 100명의 노동자가 있다면 하루에 모두 1만 개의 핀이 생산될 것이다. 만약 기술혁신이 일어나 노동자 한

12 미국 기업이 1~5위를, 중국 기업이 6, 7위를 각각 차지했다.

명이 하루 100개가 아닌 1만 개의 핀을 생산할 수 있게 되었다고 하자. 이제 100명의 노동자는 하루에 백만 개의 핀을 생산할 수 있다. 경제이론에 따르면 생산성이 100배 증가했으므로 당연히 임금도 100배가 오른다. 그러나 생산성이 100배 증가해도 여전히 사회에 필요한 핀이 하루에 1만 개에 불과하다면 임금이 100배 오르는 대신 99명의 노동자가 해고된다. 그리고 사회가 필요로 하는 핀에 대한 수요가 하루 1만 개씩 늘 때마다 고용은 한 명씩 늘어난다.[13] 핀에 대한 수요가 1백만 개가 될 때 비로소 100명의 노동자가 모두 고용되고 임금도 100배 오른다. 수요가 부족할 때 급격한 생산성 향상이 일어나는 현상은 18세기에 시작된 산업혁명 시대에 있었다. 한편 차이나 무역쇼크도 따지고 보면 경제의 제한된 영역에서 일어난 것으로 볼 수 있다.

다음으로 기술혁명이 시장경제에 미치는 구조적 파급효과는 현대자본주의가 19세기 말에서 20세기 초 겨우 10여 년에 걸쳐 대두한 과정에서 유추할 수 있다. 당시 획기적인 기술 발전으로 대량생산과 운송이 가능해짐에 따라 미국과 독일을 중심으로 거대기업이 탄생, 규모와 범위의 경제가 시작되었다. 영국의 가족 중심 인적 자본주의와 완전경쟁시장은 미국과 독일의 전문경영인 중심의 경영 자본주의와 과점적 시장구조로 대체되었다(Chandler, 1990). 지금은 SP500에서 제외된 GE, 아마존화(amazoned) 된 시어즈, 다우, 바이엘, AEG, Siemens 등 전통 거대기업은 대부분 당시의 산물이다.

기술혁명이 어떻게 세상을 바꿀지는 컴퓨터 공학자이자 벤처사업가 중국 출신의 리카이푸의 기고문 〈AI의 진정한 위협〉(2017.6.24.)에

13 이처럼 수요가 공급을 창출하는 유효 수요가 케인즈 경제학의 핵심이다.

서 확인할 수 있다. 기업이 더 많은 데이터를 축적할수록 더 양질의 데이터 채굴이 가능하고 더 우수한 품질의 제품과 서비스를 생산하는 것이 가능하며 더 많은 수익을 낼 수 있다. 그리고 기업이 더 많은 수익을 낼 때 데이터에 더 많은 투자를 하는 것이 가능하다. 이와 같은 선순환 구조가 승자독식이 일어나게 한다. 그는 인공지능의 속성으로서 규모와 범위의 경제를 들었다. 가장 다량의 데이터에 접근할 수 있는 기업이 가장 효율적일 뿐 아니라 수요에 맞춘 다변화된 재화와 서비스를 생산할 수 있다는 요지다. 그는 시장의 크기가 규모와 범위의 경제를 가능케 하는 선순환을 일으키기 때문에 거대시장의 이점을 가진 미국과 중국의 기업이 글로벌 기술시장을 양분할 것으로 예측했다. 나아가 나머지 나라들은 두 나라의 하청국으로 전락하고 그 나라 국민은 오늘의 관점에서는 '허드레' 일을 하거나 정부로부터 기본소득을 받게 될 것으로 예측했다. 그의 예측이 정확하다면 미래의 시장경제는 글로벌 경제 차원에서 하나의 기업이 글로벌 시장을 독점하는 시장구조로 이행하고, 자유주의 시장경제의 핵심인 능력에 따라 보수를 받는 성과보상주의(meritocracy)는 극히 일부에만 적용될 것을 시사한다.

기술혁명 시대의 시장경제가 어떤 모습을 보일지 가늠하기는 어렵다. 다만 경로 의존적인 시장경제의 역사를 되새겨볼 때 현재 벌어지는 국가 간 경쟁과 거대 기술기업에 대한 규제가 미래 시장경제의 프레임워크를 만들 것으로 보인다. 미국과 중국이 기술 패권을 놓고 계속 갈등을 벌이거나 과잉규제가 도입될 때 글로벌 경제의 기술 진보는 더딜 수밖에 없다. 반대로 규제가 미흡할 때는 리카이푸의 예측대로 양극화는 한 나라에서뿐만 아니라 국가 간에도 일어나게 되고, 《이코노미스트》의 주장대로 민주주의는 심각히 위협받게 된다. 기존의 경제학은 어떻게 독점을 규제할 때 비록 최선은 아니더라도 차선 또는 차차선의 경제를 실현할 수 있는지에 대해서는 잘 이해하고 있다. 올바른 규제가 도입될 때 글로벌 경제는 기술혁명이 확산되는 장이 될 수 있다. 그러나 과연 무엇이 올바른 규제인지는 더 두고 보아야 한다. 기술혁명이 항구적으로 대량 실업을 초래할 것이라는 예측은 설득력이 떨어진다. 유효수요의 부족이 기술 진보 그 자체를 제약할 수 있기 때문이다. 인류 역사에서 기술혁신은 언제나 새로운 산업과 시장을 창출했다. 그러므로 기술혁명의 혜택은 독점의 폐해를 상쇄하고도 충분히 남는다. 다만 민주주의하에서 시장경제가 올바르게 진화하기 위해서는 패자가 양산되어서는 안 되며, 경쟁을 용인하는 환경이 조성되어야 한다. 그것이 올바른 규제 방향이다.

맺음말

인류 문명이 진화한 과정을 회고하건대 자유주의와 민주주의에 기반한 시장경제가 번영을 이끌었다. 그렇지 않을 때 한때의 번영이 또 다른 번영으로 이어지지는 않았다. 자유주의는 기술 진보가 이룬 산업화에 따르는 불평등의 문제를 내부화함으로써 시대 환경에 따라 다양한 영역에서 새롭게 정의되었으나 자유와 평등에 기반한 세계 시민의 길을 찾고자 한다는 부분에서는 뜻을 같이한다.

나아가 자유주의는 시장경제가 원활히 작동할 수 있도록 경제 주체가 수긍할 수 있는 일관성 있는 규칙과 질서에 의해 지지되어왔다. 이 규칙과 질서, 즉 제도는 나라에 따라 다르고 시대 흐름에 따라 변화해왔으나 수요와 공급의 시장 질서, 성과에 따른 보상의 규칙과 같은 제도의 기본은 유지되었으며 한계적으로 수정, 보완되었다. 한편 시장경제가 외부로부터 충격을 제대로 수용하지 못하고 불평등을 초래할 때 자유주의는 민주주의와 갈등했으나, 자유주의를 지탱하는 제도의 역량과 복원력이 강할 때 자유주의는 진화를 멈추지 않았고 두 가치는 공존하며 번영했다.

21세기 글로벌 경제에 초연결사회와 기술혁명의 도래는 자유주의와 민주주의가 한층 더 발전할 기회와 함께 심각한 도전도 될 수 있다. SNS와 가상화폐로 상징되는 초연결사회는 당초 그 의도에 어긋나게 자칫 오히려 민주주의가 훼손되고 국가권력이 손상될 우려가 있다. 이러한 가능성은 글로벌화, 민주정치, 국민국가 간 트릴레마를 더욱 악화하는 요인으로 작용한다. 예를 들어 만약 극단적인 초연결사회가 무정부주의자에게 휘둘린다면 민주주의와 국가권력은 위협받고 혼돈의 글로벌화만 남게 될 것이기 때문이다. 그러므로 초연결사회가 따라야 할 국제규범이 마련될 필요가 있다.

한편 기술혁명에 내재된 규모와 범위의 경제는 승자독식을 초래하여, 패자를 양산하고 새로운 경쟁자를 구축함으로써 자유주의가 위협받을 수 있다. 불평등은 국가 안뿐 아니라 지금까지 소득수준이 수렴하는 양상을 보였던 국가 간에서도 일어날 수 있는 것이다. 기술혁명의 충격을 얼마나 무리 없이 수용할 수 있는지의 여부는 제도적 역량에 달린 문제다.

제도적 역량은 시장경제의 최후 수호자(the guardian of last resort)로서 위계질서의 자기규율, 궁극적으로는 그 위계질서를 선택하는 구성원이 결정한다. 한편 같은 맥락에서 이 시장경제를 글로벌 경제로 정의한다면 글로벌 경제의 미래는 기술혁명을 주도할 나라가 자유주의와 민주주의에 대한 어떤 믿음을 가지고 있는지에 달렸다. 이것은 자유주의적 관점에서 어떻게 롤스의 평등한 자유 원칙과 차별 원칙을 현실에 맞게 접목, 포용적 성장을 추구할 것인지에 달린 문제다.

하이에크 사회정의론 옹호*

정연교**

하이에크(Friedrich Hayek)에 따르면 사회정의[1]는 실패할 수밖에 없다. 추구할 명분이나 이유도 없다. 대개 경제적 불평등이나 '기울어진 운동장' 등을 핑계 삼아 부의 재분배를 주장하지만, 사회정의는 경제적인 의미에서는 물론, 윤리적인 관점에서도 정당화가 가능하지 않다. 하지만 그가 소위 사회적 정의 문제에 대해 전적으로 부정적인 입장을 취한 것은 아니다. 빈민구제를 포함한 최소한의 사회 안전망 구축이 우리의 도덕적 의무라고 주장하기 때문이다.

언뜻 보면 하이에크의 입장은 모순적으로 보일 수 있다. 특히 사회정의가 빈민구제와 같은 최소한의 사회 안전망 구축을 배제하지 않는다면, 그는 마치 한편으로는 국가가 빈민구제를 해야 한다고 주장하면서

* 이 글은 2013년 한국연구재단의 지원을 받아 수행된 연구 논문을 수정·보완했다(NRF-2013S1A5A2A03045274).

** 경희대학교 철학과 명예교수.

1 여기에서 '사회정의'는 분배적 정의와 동일한 의미를 지닌다. 특히 "사회 구성원들이 사회의 생산물 중 특정한 몫을 상이한 개인들이나 그룹들에게 할당할 수 있게 하는 방법으로 조직되어야 한다는 요구"이다(Hayek, 2017b: 23).

다른 한편으로 그렇게 하지 말아야 한다고 말하는 것처럼 보이기 때문이다. 그 결과 많은 사람들이 사회적 정의에 대한 그의 입장이 정합적이지 않다고 비판해왔다. 그러나 필자는 이에 동의하지 않는다.

필자는 오히려 하이에크의 사회정의론이 정의와 권리 같은 근본적인 개념에 대한 남다른 통찰을 기반으로 하며, 이를 바탕으로 사회적 정의 문제에 대해 고전적 자유주의자가 취할 수 있는 입장 중 가장 설득력 있는 관점을 제시한다고 생각한다. 이를 입증하기 위해 필자는 우선 하이에크가 기존의 사회정의론에 제기한 비판을 보완하는 논거를 제시하고, 이어 하이에크 사회정의론의 정합성을 지지하는 논증을 전개할 것이다.

기존 사회정의론에 대한 하이에크의 비판은 대략 세 가지 주장으로 나눌 수 있다(Feser, 1997: 583; 민경국, 2017: 258). 하나는 사회적 정의를 구현하기 위해 억지를 부리면 독재에 이를 수밖에 없다는 주장이다. 즉, 사회정의 정책이나 사회복지 정책을 전면적·지속적으로 추진할 경우, 그 사회는 조만간 전체주의 국가가 될 수밖에 없다는 것이다. 다른 하나는 엄밀한 의미에서 사회정의는 민주적이지도 정의롭지도 않다는 주장이다(이후 '사회정의 부당성 논제'로 약칭). 용어가 주는 긍정적 느낌이 있는데도 실제로 기존의 사회정의론은 특정 집단의 이익에 편향적이기 때문에 가치다원성과 양립 가능하지 않을 뿐만 아니라 온전한 의미에서 '각자에게 제 몫을 준다'는 정의의 요건을 충족할 수 없다는 의미다. 그리고 끝으로는 시장경제체제에서 '사회정의'라는 용어를 언급하는 것이 무의미하다는 주장이다(이후 '사회정의 무의미성 논제'로 약칭). 즉 '시장경제'와 '사회정의'를 함께 논하는 것은 모순적이거나 범주의 오류를 범하는 것과 다르지 않다는 것이다.

이 중에서도 하이에크는 첫 번째 주장으로 명성을 얻었다. 그가 왕성하게 활동한 시기는 대공황 이후 사회주의의 영향력이 점차 커져갔던 이념의 시대였으며, 그는 가격과 정보의 관계에 대한 통찰에 기초하여 정부의 경제 간섭의 구조적 문제를 그 누구보다도 예리하게 파헤쳤기 때문이다. 그 결과 오늘날 적어도 시장경제체제에서는 어떤 사회정책도 사회 전반에 미치는 장기적인 영향을 치밀하게 분석하지 않고 정치적인 명분만 내세워 추진할 수 없었다. 하이에크 입장에서는 최소한 절반의 성공은 거두었던 셈이다. 하지만 이와 달리 두 번째와 세 번째 주장에 대한 하이에크의 논변은 불명료하거나 논리적 결함이 있는 것처럼 여겨져왔다(Tebble, 2009: 581).

필자는 이 글에서 사회정의론에 대한 하이에크의 두 번째, 세 번째 주장을 지지할 수 있는 근거를 제시하고자 한다. 두 번째 주장에 대해서는 사회정의 개념이 '본질적으로 논쟁적인' 성격을 갖고 있다는 것과 '기바드-새터스웨이트 불가능성 정리'가 시사하는 사회정의의 내재적 편향성을 감안하면, 기존의 사회정의론은 극복하기 어려운 정당성 문제에 봉착하게 된다는 것을 보여줄 것이다. 이어서 필자는 하이에크의 세 번째 주장을 정의 개념 분석을 통해, 예컨대 불의를 권리의 침해로 이해할 경우, 사회정의는 시장경제체제에서 정당화될 수 없는 개념적 혼란에 의해 야기된 것임을 보여줄 것이다. 끝으로 필자는 최소한의 사회 안전망 구축의 필요성에 대한 하이에크의 입장을 옹호할 수 있는 논거를 제시할 것이다. 특히 '소유권의 침해'와 '소유권의 훼손'을 구분해 절대적인 소유권 해석을 비판하고, 이를 바탕으로 예컨대 빈민구제는 소유권 침해에 해당하지만 소유권을 훼손하는 것이 아니기 때문에 도덕적으로 정당할 수 있다는 것을 보여줄 것이다.

1. 사회정의의 기원과 성격

흔히 사람들은 고매한 학덕을 지닌 사람이 존중받지 못할 때 무엇인가 잘못되었다고 느낀다. 남에게 헌신적인 이타적인 사람이 대우받지 못할 때도 그렇게 생각한다. 소방관처럼 사회적으로 매우 유용하고 높은 기여를 하는 것처럼 보이는 직업에 종사하는 사람들이 경제적으로 소외당할 경우에도 그렇게 느낀다. 그러나 과거와 달리 오늘날 사람들은 인품, 헌신, 기여 등이 반드시 사회적 지위나 영향력 또는 수입과 상응해야 한다고 생각하지 않는다. 왜 그러한가?

요인 중 하나는 인식적인 것이다. 현대 산업사회 이전 사람들은 대부분 면대면 관계로 이뤄진 소규모 공동체에서 살았다. 대규모 공동체에서 살았다 하더라도 전제적 통치를 상식으로 여기는 '확장된 가족(extended family)'의 일원일 뿐이었다. 따라서 누구나 다른 사람이 무엇을 어떻게 할 것인지 합리적으로 예측할 수 있을 정도로 풍부한 현장정보를 갖고 있었다. 이에 비해 근대 이후 사회는 일반적이고 과학적인 지식은 증가했지만 서로가 상대방에 대해서는 오히려 무지한 곳이 되었다.

사회정의에 대한 사람들의 생각에 변화를 야기한 다른 요인은 당위적인 것이다. 하이에크에 따르면, 현대 산업사회가 등장하기 이전 윤리규범의 근간을 이루는 덕목은 주로 '유대(solidarity)'와 '이타(altruism)'였다. 즉 사리사욕보다는 공익을, 개인보다는 집단을 중시했다. 그러나 사회가 변함에 따라 이들 덕목도 점차 '준법'과 '자율'로 대체되어갔다. 그리고 그에 따라 새로운 가치를 제도적으로 뒷받침하는 '소유', '계약', '관용' 등이 사회를 추동하는 원리가 되었다. 하이에크의 표현에 따르면 '법의 지배(the rule of law)'가 시작된 것이다.

'부족사회(tribal society)'에서 확장된 가족의 일원으로 사는 것이 나쁜 것만은 아니다. 무엇보다 안정적이다. 세계화, 세대차 또는 정보의 비대칭과 같은 문제를 걱정할 필요가 없다. 그러나 아쉬운 점도 있다. 발전이 더디고 인간 정신의 고양도 기대하기 어렵다. 과학기술의 진보, 물질적 풍요, 민주적인 정치체계 등과 같은 문명의 혜택도 누리기 힘들다. 하지만 그것이 열린 사회로 나아가야 하는 본질적 이유는 아니다. 오히려 열린 사회의 정수는 각자가 스스로 자신의 삶을 기획할 수 있고 누구나 자신이 가진 것보다 더 많은 지식과 자원을 활용함으로써 선천적이고 후천적인 제약을 넘어설 수 있다는 사실에 있다(Hayek, 1997a: 51).

이렇게 볼 때 문명과 열린 사회는 시장경제체제와 불가분의 관계에 있다. 적어도 시장이 정보의 유통과 확산을 보증하는 가장 효율적인 기제라는 점에서 그러하다. 물론 자아실현과 정신의 고양이 전부는 아니다. 다른 가치도 감안할 수 있다. 예를 들면 평등이나 필요와 같은 것이다. 그렇다면 문제는 무엇에 더 큰 무게를 두어야 하는지 가늠하는 것이다. 사회주의자들은 평등이나 필요를 발전이나 고양보다 우선시한다. 반면 중도주의자들은 이들을 대등하게 여기고자 한다. 다른 한편 하이에크의 해법은 전자를 중심으로 후자를 보완하는 것이다. 하이에크 역시 평등의 가치를 인정하지만 부차적으로 생각할 뿐이다. 필요 역시 인정하지만 특별한 경우에만 그러하다.

하이에크 관점에서 사회주의는 부족사회적 가치관에 기반하고 있다. 따라서 그는 과거에 대한 잘못된 미화와 향수, 즉 노스탤지어와 현대 문명에 대한 근거 없고 편향적인 비판에 기초한 것이 사회주의의 근본적인 문제라고 지적한다.[2] 사회주의는 과거에 집착할 뿐 현실을 직시하지 못한다는 평가다. 하이에크가 기존의 사회정의론을 '원시적 상태로 돌아가자는 생각(atavism)'으로 이해한 것도 이 때문이다. 하지만 사회주의자를 포함해서 부족사회적 가치관을 지닌 사람의 입장에서 보면, 중층적이고 복합적인 사회관계와 법의 지배에 기반을 둔 현대 시장경제체제는 혼돈 그 자체이거나 모순투성이다. 따라서 이들은 "왜 과거로 되돌리면 안 되는가?"라고 물을 수 있다. 두 가지 답변이 가능하다. 하나는 역사를 거스를 수 없기 때문이다. 즉 열린 사회로의 이행 속도를 지연시키는 것은 가능해도 다시 부족사회로 되돌아가는 것은 불가능하다. 다른 하나는 강제를 수반한다는 것이다. 사회주의는 결국 전체주의이기 때문이다.[3] 결국 하이에크의 진단이 옳다면 우리가 할 수 있는 일은 하나뿐이다. 유대와 이타에 기반을 둔 구시대적 발상, 즉 사회정의에서 벗어나는 것이다.

2. 사회정의 부당성 논제

사회정의의 문제는 그것이 시장경제체제와 어울릴 수 없다는 것이 드러날 때 분명해진다.[4] 예를 들어보자. 기존의 사회정의론에서 사회정의에 대한 논의는 부의 재분배 기준에 대한 합의를 전제한다.[5] 유대나

2 사회정의는 "그것이 단순히 이를 주장하는 사람들을 즐겁게 해주는 한, (……) 조용히 내버려둬야 할 종교와 비슷한 단순한 미신일 따름이다"(Hayek, 2017b: 28).

3 "위대한 사회의 새로운 이상을 추구하면서도 (……) 폐쇄된 사회의 서로 다른 이상들도 보존할 수 있다는 믿음은 하나의 환상이다"(Hayek 2017b: 134).

4 "오늘날 '사회적 정의'라는 이름으로 수행되는 것 대부분은 진정한 말뜻으로 볼 때, 정의롭지 못할 뿐만 아니라 매우 반사회적이다"(Hayek, 2017b: 72).

5 "'분배'라는 용어는 분배하는 대행자(행위자)가 있다는 것, 그리고 그의 의지나 선택이 서로 다른 사람들이나 그룹들의 상대적인 위치를 결정한다는 것을 암시해준다"(Hayek, 2017b: 37).

이타와 같은 이상을 현실에서 구현하기 위해서는 재분배의 기준을 설정할 수 있어야 하기 때문이다. 그러나 공교롭게도 시장경제체제에서는 '정의로운' 재분배 기준을 수립하는 것이 가능하지 않다. 단순히 정의에 대한 생각이 다양하기 때문만은 아니다. 정의 개념을 통어할 수 있는 합의된 정치적 주체가 존재하지 않기 때문이다.[6] 왜 그러한가?

시장경제체제에서 '시장'은 상품을 거래하는 공간만을 의미하지 않는다. 시장은 저마다 자신이 원하는 삶을 자신이 원하는 방식에 따라 살아가는 개인의 자기실현 공간, 즉 자유의 공간이다. 그렇기에 시장경제체제에서 사람들은 공존공영에 필요한 최소한의 규칙 외의 다른 규칙을 만들지 않는다. 특히 누군가가 올바른 삶이라고 생각하는 것이나, 그가 꿈꾸는 정의로운 사회를 다른 모든 이에게 강요할 수 있다고 생각하지 않는다. 물론 적어도 논리적으로는 누군가 이상적이라고 생각하는 삶의 방식에 모든 사람이 동의할 수 있다.

하지만 갤리가 지적했듯이 사회정의와 같은 개념은 "본질적으로 논쟁적인 개념(essentially contested concept)"이다(Gallie, 1955/6). 만약 정의에 대한 해석이 다양할 수 있다면, 이는 정당한 재분배의 기준으로 기여를 제시할 수도, 필요를 제시할 수도 있다는 것을 의미한다. 제3 그리고 제4의 기준도 있을 수 있다. 문제는 기여 또는 필요 중 어떤 것도 '각자에게 제 몫을 준다'는 정의의 형식적 요건을 충족하지 못하기 때문에 사회정의 기준에서 배제해야 한다고 주장할 수 없다는 것과, 이들 중 하나를 국민 모두가 지지한다는 사실이 다른 것보다 더 정당하다고

6 사회정의 문제는 "개개인들이 얻는 편익을 정의롭거나 정의롭지 않다고 기술하는 것이 의미를 가질 수 있기 위해서는 권력이 행사되어야 하는데, 인간들을 이러한 권력에 예속시키는 것이 도덕적이냐 하는 문제이다"(Hayek, 2017b: 24).

볼 수 있는 근거가 될 수 없다는 것이다.[7]

여기서 누군가는 재분배 원칙이 완전히 민주적인 것은 아니지만, 그렇다고 '비민주적인' 것처럼 이야기하는 것은 지나치다고 반박할지도 모른다. 예를 들어 존스턴은 우리가 '민주적'이라고 부르는 제도와 정책 중 국민 모두가 동의했다고 여길 수 있는 것이 있는가라고 반문한다. 그는 우리가 채택하고 있는 민주주의는 대의민주주의이며, 이 체제에서 국민은 결과가 아니라 절차에 동의함으로써 정당한 합의에 이른다고 지적한다. 그리고 만약 대의민주주의를 전제한다면, 재분배 원칙에 대해서도 역시 정당한 의견 수렴 절차를 거칠 경우, 비록 국민 모두가 결론에 동의하는 것은 아니더라도 정당한 것으로 보아야 한다고 주장한다(Johnston, 1997: 611).

이 같은 반박은 그럴듯해 보여도 타당하지 않다. 선결문제 요구의 오류를 범하고 있기 때문이다. 재분배의 정당성 자체가 문제인데, 존스턴은 이미 그 정당성을 가정한 상태에서 재분배의 실행 방법을 마련할 수 있다고 주장한다. 비유하자면 현재 논의에서 재분배 문제가 차지하는 위치는 사회계약론의 자연 상태에서 논의되는 국가의 기본 틀이나 주요 기능에 상응한다. 따라서 예컨대 자연 상태에서 사람들이 재분배를 국가의 주요 기능으로 선택한다면 사람들은 그것이 가능할 수 있도록 국가를 건설해야 한다. 하지만 만일 사람들이 재분배를 그렇게 생각하지 않는다면 시민사회를 그에 부합하도록 만들 근거는 없다. 하이에크는 재분배가 자연 상태에서 사람들이 고려하는 시민사회의 구성 조건

7 "어느 한 문제가 정의의 문제로 등장할 때마다 이 문제를 결정할 수 있는, 그리고 보편적 적용이 가능한 규칙을 발견하는 것이 틀림없이 가능하다고 믿는 것은 일종의 착각이다"(Hayek, 2017b: 136).

중 하나라고 볼 수는 있지만, 모든 사람이 동의할 수 있는 합리적인 방안이라고 생각하지는 않았다.[8] 오히려 자연 상태, 즉 시장에서 재분배는 다양한 방식으로 해석할 수 있으며 여러 해석 중 어느 것도 모든 사람의 자발적 동의를 구하기는 어렵기 때문에 강제 없이는 합리적 선택지가 될 가능성이 없다고 생각한다. 따라서 국가가 만들어지면 어렵지 않게 재분배 원칙에 대한 의견을 수렴할 수 있다는 비판은 말 앞에 마차를 놓는 것과 다르지 않다.

사회정의에 대해 하이에크가 제기한 비판 중 하나는 그것이 경제적으로 실현 불가능하다는 사실에 기초한다. 즉 시장경제체제에 기반을 둔 '거대사회(great society)'는 너무나 크고 복잡해서 합리적인 중앙집권적 정책 실행이 가능하지 않다는 주장에 기초하고 있다. 천문학적으로 증가한 정보를 체계적으로 처리할 수 없다는 이유도 있지만, 근본적으로는 경제활동을 좌우하는 현장 정보와 체화된 지식을 객관적인 방식으로 정보화할 수 없기 때문이다.

하지만 전지적인 경제주체를 전제하는 사회정의론과 시장경제체제가 어울리지 않는다는 것만으로 문제가 해소되는 것은 아니다. 기존의 사회정의론을 옹호하는 사람들은 사회정의 정책이 여전히 완전하게 효율적이지 않아도 전혀 효율이 없는 것은 아니며, 사회정의 구현이 도덕적으로 정당하다면 약간의 비효율을 감수하고라도 추진해야 한다고 주장할 수 있기 때문이다. 특히 자유시장을 표방하는 많은 국가는 전통

8 "정부는 행동하는 한 (……) 정의롭게 행동해야 한다. (……) 그러나 (……) 우리는 우리가 정부라고 부르는 강제 조직이 몇몇 개인들이나 그룹들의 특수한 물질적 입장을 결정하기 위해 정의롭게 이용될 수 있느냐, 또 그렇게 이용되어야 하느냐, 혹은 아니냐 하는 문제에 대해서는 전적으로 해결하지 않은 채 그대로 남겨놓고 있다"(Hayek, 2017b: 82).

적인 공공재에 대한 정부개입을 당연하게 여기고 이외의 분야에서도 정부 관여가 증가하고 있다는 사실을 감안하면, 적어도 정부의 시장개입이 무조건 비효율적이라고 볼 이유가 충분치 않으며, 사회정의와 같이 그 수요가 특별한 경우, 비록 효율성이 다소 떨어지더라도 정부개입을 정당화할 수 있다는 주장이 가능하다(김완진, 2001: 423; Lukes, 1997: 76).

이 비판 역시 일견 그럴듯해 보이지만 설득력은 없다. 우선 앞에서 보았듯이 기존의 사회정의론이 주창하는 재분배가 도덕적으로 정당화가 가능한지 확실하지 않다. 여전히 찬반양론이 치열하기 때문이다. 하지만 논의 전개를 위해 우리가 사회정의를 주요 국가 의제로 선택했다고 가정하자. 이 경우 사회정의 정책 추진을 당연한 것으로 생각할 수 있는가? 필자는 그렇지 않다고 생각한다. 단지 그것이 비효율적이거나 정부의 자의적 권한을 키울 위험이 있다는 우려 때문만은 아니다. 오히려 사회정의 정책은 다른 정책과는 달리 성과에서 정당성을 얻는 것이 아니므로, 정당성에 작은 구조적 결함이라도 발견된다면 정당화가 어렵기 때문이다.

통상 정부 정책은 공공재를 포함해서 비용 대비 효과의 관점에서 평가된다. 그러나 사회정의 정책을 정당화할 수 있다면 다른 척도로 평가해야 한다. 사회정의 정책은 비록 그 결과가 전체적인 손익의 관점에서 우월하지 않다고 하더라도 그것을 하지 않을 수 없는 어떤 것, 즉 '마땅히 그러해야 하는 것'에 존립 근거를 두고 있기 때문이다. 이런 경우 우리는 흔히 생존권과 같은 인권을 떠올린다. 그러나 이는 역으로 사회정의 정책이 본연의 정신과 어긋나는 결과를 산출할 경우 정당성을 상실한다는 것을 의미한다. 달리 말하면 사회정의 정책은 그것을 추진하여 전반적으로 좋은 결과를 산출해도 그 정책으로 말미암아 누군가 부당한 일을 겪는다면, 그것만으로도 인권침해를 야기할 수 있고 그 결과 정당성을 상실하는 특징을 갖고 있다. 그렇다면 사회정의 정책은 과연 그와 같은 내재적 불평등을 내포하는가?

김완진 교수에 따르면, '기바드-새터스웨이트 불가능성 정리(Gibbard-Satterthwaite Theorem)'는 사회정의 정책에 내재한 구조적 문제를 입증하는 정리다. 이 정리에 따르면 일반적인 조건에서 "개인의 자유로운 선택을 침해하지 않고서는 어떤 특정한 분배 패턴도 달성" 불가능하다. 왜냐하면 정부가 어떤 종류의 분배 규칙을 제정하더라도 이러한 규칙을 따를 유인이 없기 때문에 사람들은 자신의 사적 정보, 예를 들어 자신의 초기부존, 재능, 노력, 효용함수 등을 있는 '그대로 드러내지(truthfully reveal)' 않을 것이기 때문이다. 그러나 만일 그렇다면 정부의 재분배 정책을 통한 사회정의 구현은 그 기준이 무엇이든 애초에 모두에게 공정한 방식으로 이루어질 수 없다(김완진, 2001: 414). 자격 있는 사람이 불가피하게 혜택을 받지 못하고 자격 없는 사람이 수혜자가 되는 상황을 배제할 수 없기 때문이다.[9]

3. 사회정의 무의미성 논제

이제 전통적인 의미에서의 사회정의는 시장경제체제에서 무의미하다는 주장을 살펴보자. 하이에크에 따르면 경제적 재화의 배분은 그것

9 하이에크는 이보다 더 강한 논조로 사회정의를 비판하다. 사회정의가 그 적용에 부당한 결과를 낳는 것뿐만 아니라 처음부터 편향적인 집단 이해의 산물이라고 보았기 때문이다. 필자는 이 점에서 하이에크와 의견을 달리하지 않지만 누구나 그렇다고 볼 수는 없다. 따라서 앞의 논거만으로 사회정의가 공정하지 않다는 결과를 도출할 수 있다면 하이에크에 동의하는 고전적 자유주의자도 같은 결론에 이를 수 있다.

이 의도적인 행위의 결과인 경우에 한하여 정당하거나 부당할 수 있는 반면, 시장경제체제에서는 누구도 부의 배분을 좌우할 수 없으며, 자신의 행위가 부의 배분에 어떤 영향을 미칠지 예상할 수 있는 사람도 없다. 따라서 시장경제에서 사회정의를 말하는 것은 무의미하다.[10]

하지만 의문이 들 수 있다. 어느 누구도 의도하지 않은 사태는 정당하거나 부당한 것과 연관이 없는가? 그리고 시장경제체제에서 부의 배분을 좌우하거나 예견할 수 있는 사람은 정말로 없는가? 둘 다 쉽게 단정할 수 없다. 존스턴은 아무도 의도하지 않았지만 여전히 부당하다고 볼 수밖에 없는 경우가 있다고 주장한다. 일례로 절차적인 문제는 없지만 판결은 옳지 않은 재판을 생각해보자. 재판에 관여한 모든 사람들이, 즉 판사, 검사, 변호사, 증인, 배심원 등이 모두 양심과 적법한 절차에 따라 행동했지만 결정적인 증거를 발견하지 못해서 결과적으로 죄가 없는 사람이 유죄 판결을 받았다면, 그것은 누구도 의도하지 않은 결과이지만 여전히 "부당하다"고 볼 수도 있다(Johnston, 1997: 610).

시장경제체제에서 부의 배분을 좌우하거나 예견할 수 있는 사람이 없다는 주장의 반례로 생각할 만한 경우 역시 존재한다. 존스턴은 국회의원이나 고위 공직자가 지닌 사회·경제·정치적 영향력을 반박의 근거로 제시한다. 비록 이들이 모든 것을 좌지우지할 수는 없지만, 입법 활동 등을 통해 어느 정도 부의 배분 결과에 영향을 미칠 뿐만 아니라 예측할 수도 있다는 것이다. 이재윤 교수 또한 "시장 게임의 구체적인 결과는 알지 못하지만 어떤 속성을 지닌 사람에게는 고소득이, 어떤

10 "자유로운 사회에서는 서로 다른 개인들과 그룹의 위치는 누구나의 계획의 결과가 아니다. (……) 이러한 자유로운 사회에서 보수의 격차를 정의롭다거나 정의롭지 못하다고 말하는 것은 의미가 없다"(Hayek 2017b: 54).

속성을 지닌 사람에게는 저소득이 돌아가는지 미리 예측할 수 있다"고 지적한다(이재윤, 2002: 41). 즉 시장경제체제에서 각 개인의 행동이 야기하는 구체적인 결과의 예측은 가능하지 않을지 몰라도, 전체적으로 시장이 움직이는 방향은 예측 가능하다는 주장이다.

물론 두 경우 모두 비판의 여지가 있다. 첫째 소위 '부당한 판결'은 판사, 검사, 변호사, 증인, 배심원 등 특정 집단의 행위에 의한 결과지만, 시장경제체제에서 부의 배분은 어떤 사람이나 집단의 행동에 의한 결과가 아니다. 따라서 재판의 결과와 부의 배분은 그 성격이 다르다. 후자의 경우, 시장 참여자 모두 어떤 방식으로든 연루된 것은 맞지만 그렇다고 특정인이나 집단이 그 결과를 야기한 것은 아니다. 페저에 따르면 이는 '누구의 잘못인가?'라고 질문할 때, 잘못된 판결로 말미암아 억울하게 수감된 사람은 '배심원과 변호인'이라고 말할 수 있지만, 시장에서 낙오한 사람은 '아무도(no one)'라고 답할 수밖에 없다는 사실에서 드러난다(Feser, 1998: 271).

이에 더해 존스턴의 비유가 적절하다고 해도 그것이 부의 재분배를 정당화하지는 못한다고 응수할 수도 있다. 비록 판결이 부당할지라도 배심원이나 변호사, 검사 등이 주어진 절차에 충실했다면 그들에게 잘못된 옥살이에 대한 보상을 요구하지 않는 것처럼, 설사 경제적 불평등이 시장 참여자의 잘못이라고 해도 그들이 시장의 규칙을 위반하지 않았다면 경제적으로 낙오한 사람에게 보상할 필요도 없기 때문이다(Feser, 1998: 272). 같은 맥락에서 시장경제에서 거시적 정책의 영향은 예측 가능하다는 지적에 대해서도 그러한 예측이 가능하다는 사실이 어떤 사태가 정당하거나 부당하다는 것을 보여주지는 못한다고 응수할 수 있다. 즉 예측 가능하다는 사실은 부의 배분이 정당하거나 부당하다는 것의 필요조건이지 충분조건은 아니라고 강변할 수 있다(Feser, 1998: 273). 그러나 이러한 반박은 적절하지 않다.

여기에서 쟁점은 시장경제체제에서 전통적인 의미의 사회정의를 논하는 것 자체가 무의미하다는 주장이 기반하고 있는 전제 중 하나는, 즉 시장경제체제에서는 아무도 부의 분배를 좌우하거나 예견할 수 없다는 주장이지 어떤 특정 분배 방식이 정당하다는 것을 입증할 수 있다는 주장은 아니기 때문이다. 존스턴이 제기한 첫 번째 문제에 대한 페저의 응수 또한 만족스럽지 않다. '아무도'라는 말은 '어느 누구도'와 '특정인 누구도'라는 두 의미로 해석이 가능하기 때문이다. 전자는 책임 있는 사람이 하나도 없다는 뜻인 반면, 후자는 모두에게 책임이 있지만 그중 누구 하나를 꼭 집을 수 없다는 의미다. 시장 낙오자에게 '누구의 잘못인가?'라고 묻는다면 아마도 그는 자신을 제외한 모두에게 책임이 있다고 주장할 것이다.

같은 논리에서 누군가 억울하게 옥살이를 했다면 국가가 그에 대해 배상을 한다. 따라서 배심원이나 변호인에게 개별적으로 책임을 묻지 않는다는 사실이 그들의 판결을 이끌어낸 법체계에 문제가 없다는 것을 의미하지는 않는다. 마찬가지로 부의 배분이 부당하다면, 특정인에게 책임을 물을 수는 없어도 경제체계에 문제가 없다고 말할 수는 없을 것이다. 따라서 존스턴에 대한 페저의 응수는 효과적이지 않다. 그렇다면 존스턴을 논박할 방법은 없는가? 필자는 주디스 자비스 톰슨(Judith Jarvis Thomson)의 정의 개념 분석을 원용하면 가능하다고 생각한다.

톰슨에 따르면, '도덕적으로 부당한 행위(morally unjust act)'는 부도덕한 행위 일반과 다르다. 전자는 누군가의 권리, 즉 당연히 요구할 수 있는 힘이나 자격을 침해하는 행위다. 반면 후자는 자기계발을 소홀히 하는 것에서 파렴치한 행위에 이르기까지 다양한 행위를 포함할 수 있다. 이해를 도모하기 위해 다음과 같이 상상해보자. 어머니가 두 아이에게 과자를 주며 나눠 먹으라고 말했다. 그다음 어머니가 나가자 큰아이가 작은아이에게 아무것도 주지 않고 과자를 혼자 독차지했다. 이 경우 큰아이는 작은아이의 권리를 침해한 것이다. 즉 도덕적으로 부당한 행동을 했다고 비난받을 수 있다. 그러나 예를 조금 수정해서 어머니가 애초에 과자를 큰아이에게만 주었다고 상상해보자. 그리고 앞의 예와 같이 큰아이가 과자를 독차지하고 나누어주지 않았다고 상상해보자. 이 경우에도 큰아이는 부당한 행동을 한 것인가? 그렇게 보기 어렵다. 왜냐하면 비록 큰아이가 작은아이와 과자를 나누어 먹지 않은 것은 도덕적으로 바람직하지 않은 행위일지 몰라도 작은아이의 몫을 빼앗았다고 볼 수는 없기 때문이다. 즉 작은아이의 권리를 침해했다고 볼 수는 없다(Thomson, 1986: 10).

만일 권리가 침해당한 경우에만 불의가 발생한다면, 사회정의 역시 누군가의 권리가 침해된 경우에만 말하는 것이 옳다. 예를 들어 경제 양극화나 '기울어진 운동장'이 불의라면, 이는 누군가의 권리가 침해되었다는 것을 의미한다. 즉 누군가 갖고 있는 어떤 권리가 어떤 다른 사람에 의해 침해당했다고 말할 수 있어야 한다. 예를 들어 극빈자를 생각해보자. 그가 갖고 있는 권리에는 어떤 것이 있을까? 쉽게 생존권을 떠올릴 수 있다. 그렇다면 극빈자가 생존권을 갖고 있다고 가정하자. 다음은 그의 권리를 침해할 수 있는 사람이 누구인지 생각해보자. 부자 또는 국민 대다수라고 생각할 수 있다. 이 또한 논의를 위해 그렇다고 가정하자. 이제 우리가 검토해야 하는 문제는 이것이다. '과연 극빈자는 다른 사람(부자 또는 대다수 국민)에게 그의 생존에 필요한 것을 제공받을 권리가 있는가?' 즉 만약 다른 사람이 그의 생존에 필요한 것을 제공하지 않으면 그의 생존권을 침해하는 것인가?

우리의 도덕적 직관을 이끌어내기 위해 톰슨이 고안한 기발한 사유실험을 통해 이 문제에 접근해보자(Thomson, 1986: 8). 당신이 죽을병에 걸렸고 병을 치유할 수 있는 유일한 방법은 울릉도에 살고 있는 김개똥이라는 사람이 당신의 이마에 잠시 손을 얹어주는 것이라고 상상해보자. 우리는 지금 당신이 생존권을 갖고 있다고 가정하고 있다. 문제는 과연 그 생존권이 무엇을 함축하는가이다. 특히 당신의 생존권은 김개똥이 당신에게 와서 이마에 잠시 손을 얹어주도록 할 권리를 포함하는가이다. 아마 대부분은 당신이 그 같은 권리를 갖고 있지는 않다고 생각할 것이다.

물론 김개똥이라는 사람이 당신의 딱한 사정을 듣고 당신을 살리기 위해 먼 길을 마다하지 않고 와준다면 감사할 일이다. 울릉도에서는 모범시민으로 표창할 수도 있는 일이다. 그러나 그것이 당신의 권리가 무엇인가에 대한 답은 아니다. 우리가 통상 '생존권'이라고 부르는 것은 부당한 죽음을 당하지 않을 권리를 의미한다. 즉 누군가 정당한 이유 없이 우리를 죽이려 할 때 우리는 이 같은 행위의 부당성을 호소하고 도움을 청할 수 있다. 그러나 이러한 의미에서의 생존권은 내가 사는 데 필요한 것을 누군가로부터 제공받을 권리를 함축하지는 않는다. 그렇다면 같은 논리로 극빈자의 생존권이 그의 생존에 필요한 것을 다른 사람에게 제공받을 권리를 함축하지 않는다는 것을 알 수 있다.

존스턴의 억울한 옥살이 사례로 돌아가보자. 분명 억울한 옥살이는 불우한 일이다. 그러나 그것이 부당한 일, 즉 불의인지는 분명하지 않다. 누구의 권리도 침해당한 것처럼 보이지 않기 때문이다. 만약 '공정한 재판을 받을 권리'가 완전무결한 재판, 즉 죄의 유무에 정확하게 부합하는 형벌을 받을 권리를 의미하지 않는다면 그렇다. 배심원과 법조인이 최선을 다해 주어진 절차를 따랐지만 소위 '부당한 판결'이 내려지면 우리는 유감스럽게 생각한다. 그러나 그것이 특정인의 잘못이라고 말하지는 않는다. 이는 누구나 '행복권'이 있다고 생각하지만, 그것이 방해받지 않고 행복을 추구할 권리를 넘어서 행복을 보장받을 권리라고 생각하지 않는 것과 같다. 따라서 누군가 극빈 상태에 처하게 되는 것은 유감스러운 일이지만, 그가 그러한 일을 당할 '이유'가 없기 때문에 그의 권리가 침해당했다고 보는 것은 옳지 않다.[11]

왜 권리를 우리가 이상적인 상태에서 누릴 수 있는 것으로 생각하면 안 되는가라고 반문할 수도 있다. 그러나 권리를 그와 같은 방식으로 생각할 경우, 극빈자는 말할 것도 없고 조금이라도 이상적이지 않은 상태에 처한 사람 모두를 불의를 당한 사람으로 간주할 수 있다. 즉 불의와 불우가 같은 의미를 지니게 되어 권리라는 말의 효용이 사라진다. 더구나 머지않아 현재 우리가 '권리'에 부여하는 의미와 유사한 의미를 지닌 또 다른 용어가 생겨날 것이다.

기존의 사회정의론자들이 주장하는 사회정의는 다양한 정책을 망라한다. 경제적 양극화나 기회의 평등과 같은 평등주의적 정책을 주장하는 사람이 있는가 하면 빈민구제와 같은 사회 안전망 구축에 역점을 두는 사람도 있다. 물론 둘 다 주장하는 사람도 많다. 하지만 양자는 매우 다른 이슈이다. 전자는 어떤 의미에서든 평등이라는 이념에 기반을 둔

11 "우리는 우리의 집이 불에 타지 않아야 할 권리를 가지고 있지 않고, 우리는 우리의 생산물이나 서비스가 구매자를 발견해야 할 권리를 가지고 있지 않다. 또한 어떤 특정 재화나 서비스가 우리에게 공급되어야 할 권리도 없다"(Hayek, 2017b: 81).

입장이다. 반면 후자는 자비나 동정에 기반을 둔 입장이다. 전자는 후자를 함축하지 않으며 그 역도 마찬가지다. 그럼에도 불구하고 우리가 사회정의 무의미성 논제를 다루면서 굳이 빈민구제를 사례로 든 것은 그것이 기존의 사회정의론자의 입장에서 가장 유리한 사례이기 때문이다.[12]

이제 수혜자가 아닌 공급자의 관점에서 자유시장체제에서 사회정의를 말하는 것이 무의미하다는 하이에크의 주장을 살펴보자. 앞의 예에서 어머니가 돌아온 뒤 작은아이가 큰아이의 행실을 고자질했다고 상상해보자. 작은아이는 어머니가 애초에 큰아이에게만 과자를 주었지만, 큰아이가 자신에게 과자를 나눠주지 않은 것은 잘못이라고 생각할 수 있다. 따라서 시정을 요구할 수 있다. 그러나 그 결과 만일 어머니가 큰아이의 과자를 빼앗아 작은아이에게 준다면 어떨까? 이는 명백하게 잘못이다. 큰아이의 것을 본인의 의사에 반해 탈취한 것과 마찬가지기 때문이다. 비록 처음에는 과자가 어머니의 소유였을지 몰라도 큰아이에게 과자를 준 이상 그 과자는 더는 어머니의 것이 아니다.

하지만 이 예는 일반적인 상황과 다른 특징을 하나 가지고 있다. 가족이다. 종종 혈연은 권리를 능가한다. 특히 우리나라와 같이 공동체주의적 사회에서는 더욱 그러하다. 따라서 앞의 예를 선생님이 한 학생에게 주었던 과자를 빼앗아 다른 학생에게 주는 상황으로 바꾸어 생각하는 것이 적절할 수도 있다. 그러나 이 경우에도 선생님의 행동이 정당

12 극빈자의 생존권을 존중해야 한다는 주장이 저소득층의 '인간다운 삶을 살 권리'를 존중해야 한다는 주장보다 입증하기 쉽다는 가정은 별도의 논증이 필요하지만 이 글의 범위를 벗어나기 때문에 다루지 않는다. 하지만 정의와 권리 개념의 관계에 대한 앞의 논의는 권리가 어떤 유형인지에 영향을 받지 않기 때문에 이 가정의 타당성과 무관하다.

하다고 생각하는 사람도 있을 수 있다. 선생님의 행동이 부당하다고 생각하기 위해서는 선생과 학생 그리고 학생과 학생의 관계에 대한 특별한 가정이 필요하기 때문이다. 즉 이들은 서로의 편익을 위한 관계이며, 이들의 관계는 기본적으로 소유와 계약 그리고 자발적 협력에 기반하고 있다는 가정이 있어야 선생님의 행위가 학생의 권리를 침해하는 행위라고 평가할 수 있다.

반면 서로가 서로를 가족이나 친지같이 생각할 수 있다면 그 사회를 지배하는 관계는 결코 각자도생에 기초할 수 없다. 오히려 하이에크가 지적했듯이, 유대와 이타가 덕목의 중추를 이루는 관계일 수밖에 없다. 하지만 이러한 사실이 함축하는 것은 선생님의 행동에 대한 도덕적 평가가 전근대사회, 즉 부족사회와 현대사회, 즉 열린 사회에서는 다를 수 있다는 것뿐이다. 따라서 우리가 다루는 이슈가 시장경제체제에서 사회정의가 유의미할 수 있는가라는 문제라면, 부족사회에서는 선생님의 행위가 정당할 수 있다는 주장은 아무 효력을 갖지 못한다. 이미 1장에서 보았듯이, 적어도 하이에크의 관점에서 시장경제체제는 불가피하고 바람직하다.

정리하면, 시장경제체제에서 사회정의는 과거로 회귀하지 않는 이상 의미를 가질 수 없는 개념이다. 시장경제체제는 확장된 가족 공동체가 아니기 때문이다. 시장경제체제에서는 같은 공동체에 산다는 이유만으로 한 부류의 사람들이 다른 부류의 사람들의 소유 재산에 대한 권리를 갖는다거나 자신이 속한 공동체의 총이득의 일부에 대하여 권리를 갖는다는 주장을 할 수 없다(Hayek, 1996a, p. 176). "정의는 우리의 동료에게 우리를 부양해야 할 의무를 부과하지 않기" 때문이다(Hayek, 2017b, p. 81). 하지만 하이에크는 절박한 상황에 처한 사람들을 돕기 위해 징세하는 것에 반대하지 않았다. 오히려 이들을 돕는 것이 우리의 도덕적 의무라고 생각했다. 그렇다면 하이에크의 입장은 선생님이 한 아이의 과자를 빼앗는 것은 부당하다고 생각하면서도 만약 다른 아이가 절박한 처지에 있다면 그 아이의 과자를 빼앗는 것이 정당하다고 생각하는 것과 다를 바 없어 보인다. 이 같은 입장이 어떻게 가능한가?

4. 하이에크 사회정의론의 정합성

하이에크의 사회정의론의 정합성을 지적하는 사람들은 하이에크가 기존의 사회정의론을 황당하다고 비판하는 동시에 스스로 자신을 돌볼 수 없는 사람들을 보호하는 것이 필요하다고 주장하는 것은 모순적이라고 비판한다(Tebble, 2001: 598; Kley, 1994: 202; Plant, 1994: 175~176; Gamble, 1996: 49; Lukes, 1997: 124). 분명 하이에크는 국가가 나서서 최소한의 사회 안전망을 구축해야 한다는 취지의 발언을 여러 곳에서 했다. 기본소득 보장의 필요성을 언급했으며 누구나 건강하게 일할 수 있도록 의식주를 제공해야 한다고 말하기도 했다. 풍요한 국가가 열악한 상황에 처한 사람을 위해 생존에 필요한 최소한의 경제적 지원을 하는 것은 도덕적인 의무라고 주장하기도 했다.[13]

물론 하이에크의 입장은 사회정의론자의 입장과 유사하지 않다. 경제적 불평등을 해소해야 한다는 취지의 주장을 한 적은 없기 때문이다. 사실 그가 염두에 두었던 지원 대상은 매우 제한적이다. 대체로 자력으로는 먹고살 수 있는 방법이 막연한 사람을 지원 대상으로 여겼다. 그

13 "모든 사람에게 최소 수준 이상의 수입을 보장하거나, 혼자 힘으로 자립하기 어렵다 하더라도 삶의 질이 어느 수준 밑으로 떨어지는 것을 방지해주는 것은 (……) '위대한 사회'가 담당해야 할 정당하고도 필요한 일이라 할 것이다"(Hayek, 2017b: 248).

의 말을 빌리면 "노약자나 불의의 재난을 당한 사람들을 돕기 위해서 우리가 이용할 수 있는 모든 정치조직들을 활용하려고 노력해야 하는 데는 타당한 이유들이 존재한다"(Hayek, 1997a: 175). 그러나 여전히 하이에크의 입장이 정합적이지 않다고 생각할 여지는 남아 있다. 아무리 제한적이라고 하더라도 사회 안전망 구축은 부의 재분배를 함축하고, 이는 경우에 따라서는 본인의 의사에 반하는 강제를 수반하는 행위일 수 있기 때문이다.

이 같은 비판을 제기한 사람 중 일부는 하이에크가 스스로 모순에 빠졌다고 지적한다. 예를 들어 플랜트는 기본소득의 보장이, 만약 하이에크가 옳다면, 사회복지와 마찬가지로 자기증식적일 수밖에 없으며 이를 인정할 경우 하이에크는 자가당착에 빠진다고 비판한다(Plant 1994: 175~176). 이에 더해 기본소득으로 적합한 금액이 얼마인지 알 수 있는 근거도 박약하다고 지적한다. 기본소득을 책정하기 위해서는 빈곤의 정도는 말할 것도 없고, 빈곤의 원인과 과정 및 가용한 자원에 대한 정보를 갖고 있어야 하는데 하이에크에 따르면 정부는 그 같은 정보와 지식을 얻을 수 없기 때문이다.

플랜트의 비판은 하이에크의 논의를 원용해 하이에크를 비판한 것이기에 다분히 냉소적이지만 부당한 것은 아니다. 그럼에도 그의 비판이 치명적이라고 보기는 어렵다. 무엇보다 하이에크의 '기본소득'은 오늘날 우리가 생각하는 '기본소득'과 다르기 때문이다. 단적인 예로 그는 국민의 1/3이 정부에게 지원받는다거나 기본소득이 국민 평균소득의 30%에 달할 수 있다는 생각을 한 적이 없다. 하이에크의 '기본소득'은 그저 의식주가 가능한 최저 생계비용을 의미한다(Hayek, 1944: 120; Hayek, 1960: 257). 따라서 생존에 필수적인 비용이라고 해석해도 무방하다. 그럼에도 이론적으로는 최저 생계비용 책정과 기본소득 책정은 유사한 문제를 안고 있다고 지적할 수 있다. 일례로 계획경제에 대해 하이에크가 제기한 인식론적 문제에서 자유로울 수 없다. 하지만 개념적으로 이들을 구분하는 것은 누군가 필요로 하는 것과 누군가 바라는 것을 구분하는 것과 같다. 전자는 생존의 문제고 후자는 욕망의 문제다.[14]

하이에크 사회정의론에 제기되는 비판의 핵심은 결국 과연 하이에크와 같은 고전적 자유주의자가 한편으로 기존의 사회정의론을 비판하면서 다른 한편으로 빈민이나 노인 또는 장애인과 같은 최소 수혜자를 돕는 것이 시민의 도덕적 의무라고 주장할 수 있는가라는 것이다. 고전적 자유주의적 사회정의론을 대표하는 로버트 노직(Robert Nozick)에 따르면, 하이에크와 같은 입장을 취하는 것은 모순적이다. 정당한 절차를 거쳐 취득한 소유권은 절대적이기 때문에 이를 침해하는 일은 어떤 이유에서든 정당화할 수 없기 때문이다.[15]

이미 보았듯이 하이에크는 기존의 사회정의론이 잘못된 정의관에 기초하고 있다고 파악했다는 점에서 노직과 입장을 같이한다. 그러나 하이에크는 노직과 달리 빈민구제와 같은 최소한의 사회 안전망 구축이 도덕적으로 정당화가 가능하다고 주장한다. 따라서 빈민구제를 위

14 하이에크는 '최소 수준의 수입'을 통상적인 의미의 기본소득과 구분하기 위해 다음과 같이 말했다. "각 시민들이 자기 나라의 경제 상황에 맞는 수준에서 최소 생활을 요구할 권리를 인정해준다는 것은 (……) 개방사회의 이상과 어울리지 않고 따라서 심각한 문제를 일으키게 될 것이다"(Hayek, 2017b: 249).

15 노직의 입장에 대해서는 다른 해석도 가능하다. '비극적인 도덕적 재앙(catastrophic moral horror)'이 발생할 경우에는 권리를 침해하는 것이 정당할 수도 있다고 말했기 때문이다. 그러나 그는 어떤 상황이 비극적인 도덕적 재앙이고 어떤 상황이 그렇지 않은지에 대해 설명하지 않았다(Nozick, 1974: 30n).

한 강제 징세도 정당하다고 생각한다. 그러나 만약 노직이 옳다면, 정당한 절차에 따라 취득한 재산일 경우 빈민구제를 위한 강제 징세는 정당하지 않다. 아무리 결과가 좋아도 다른 사람의 권리를 침해하는 행위는 허용되지 않기 때문이다. 노직은 이를 권리가 지닌 도덕적 제약(side constraint) 때문이라고 설명한다(Nozick, 1974, p. 29).

노직의 주장은 설득력이 있다. 만약 누군가 어떤 일을 함으로써 그 이전 상태보다 모든 면에서 더 나은 결과를 낳더라도 누군가의 권리를 침해한다면 우리는 그것을 도덕적으로 용인할 수 없다. 예를 들어, 어린 자식이 있는 말기 암 환자를 상상해보자. 그리고 그가 유전자 치료를 받으면 살 수 있다고 가정하자. 즉 치료를 받는다면 그렇게 하지 않는 것보다 어떤 관점에서 평가하든 그 결과가 좋다고 가정하자. 만약 이 경우, 그가 종교적 신념을 이유로 치료를 거부한다면 어떻게 하는 것이 옳은가? 노직의 이론에 따르면, 환자의 의사를 존중해야 한다. 그의 생명 그리고 신체에 대해서 그가 치료를 받거나 받지 않을 수 있는 권리를 갖고 있기 때문이다. 물론 우리는 자식을 생각해서라도 치료받아야 한다고 설득할 수 있다. 그러나 강제할 수는 없다. 도덕적 제약은 이처럼 결과가 아무리 좋아도 도덕적으로 정당하기 위해서는 하지 말아야 하는 어떤 행동의 경계를 의미한다.

분명 우리는 결과만을 고려해 행동을 평가하지 않는다. 노직의 주장처럼 도덕적 제약이 존재한다. 그러나 그 제약이 어떤 경우에 얼마나 강하게 작용할 것인가는 분명하지 않다. 만약 모든 권리가 절대적이라면, 즉 어느 경우라도 도덕적 제약이 무한히 중요하게 작동한다면, 우리의 고민은 상당히 경감될 수도 있을 것이다. 그러나 불행인지 다행인지 도덕에 대한 우리의 생각은 그렇게 단순하지도 명쾌하지도 않다. 톰슨이 제시한 다른 사례를 살펴보자.

한 아이가 죽어가고 있고 당신만이 그 아이를 구할 수 있는 약을 갖고 있다. 그런데 마침 당신은 외지에 있어 당장 연락이 닿지 않는 상황이라고 가정하자. 이 경우 만약 누군가 당신의 허락을 받지 않고 당신 집에 들어가 당신 소유의 약을 아이에게 준다면 도덕적으로 잘못하는 것인가?(Thomson, 1986: 51). 그렇게 생각하는 사람은 많지 않을 것이다. 아이의 목숨이 경각에 달려 있다면 소유권을 침해하는 행위가 용인 가능하다고 볼 수 있기 때문이다.

물론 소유권을 침해하는 행위와 그렇지 않은 행위에 전혀 차이가 없는 것은 아니다. 분명 이 행위는 다른 상황이었다면 하지 않아야 하는 행위이다. 그렇기 때문에 당신의 약을 가져간 사람은 나중에라도 당신에게 그로 인해 발생한 손실, 예를 들면 약값의 일부를 보상해야 한다고 생각할 것이다. 그렇다면 허락 없이 약을 가져간 행위는 해를 끼친 행위이며, 권리를 침해한 행위라는 것이 분명하다. 그럼에도 우리가 이러한 경우 권리 침해 행위를 도덕적으로 잘못한 행위라고 판단하지 않는 이유는 무엇인가?

톰슨은 권리를 '훼손(violate)'하는 행위와 단지 그것을 '침해(infringe)'하는 행위로 구분하면 이를 설명할 수 있다고 제안한다. 후자는 권리를 침범해 손해를 끼치는 행위이다. 반면 전자는 도덕적으로 잘못된 권리 침해 행위이다. 이해를 위해 톰슨의 예를 약간 변형해보자. 당신이 외지에 나가 있었지만 마침 연락이 되어 약을 사용해도 되는지 허락을 구했는데 당신이 거부했다고 상상해보자. 이 경우 당신이 반대했는데도 누군가 당신의 집에 들어가 약을 들고 나왔다면 그 역시 잘못하지 않은 것인가? 아마도 그렇지 않을 것이다. 첫 번째 예에서는 당신에게 연락이 닿지 않아 약을 사용해도 좋다는 동의를 구할 수 없었지만, 두 번째 예에서는 당신의 뜻에 반해서 행동했기 때문이다. 물론 여기에도 추가적으로 고려할 사안은 있다.

만일 목숨이 경각에 달린 아이를 구하기 위한 약의 사용 요청을 거절한 이유가 그저 자기 소유물에 대한 과도한 집착 때문이라면 이를 소유권 훼손이라고 보기 어렵다. 훼손은 무엇인가 존귀한 가치를 지닌 것의 완결성이나 순수성을 손상시킨다는 뜻이기 때문이다. 반면 그 약이 이 세상에 하나밖에 없는 유일한 것이며 당신이 그것을 만들기 위해 평생을 바쳤다면, 비록 아이의 목숨을 구하기 위한 것이었어도 당신의 의사에 반해 그 약을 마음대로 가져가는 행위는 권리의 침해를 넘어 훼손하는 행위라고 보아야 마땅하다. 이러한 사례 모두를 감안할 때, 우리는 소유자의 의사에 반해 소유권을 침해하는 행위는 일단 도덕적으로 부당한 일로 보아야 하지만, 소유자가 소유물에 대해 갖게 된 경로, 노력 그리고 그것에 대해 부여하는 가치에 비례해서 정당하거나 부당하다고 최종적으로 결론지을 수 있다.

이제 권리의 훼손과 권리의 침해 구분이 어떻게 최소한의 사회 안전망 구축에 대한 하이에크의 입장을 정당화할 수 있는지 살펴보자. 이미 보았듯이 하이에크는 시장경제체제에서 기존의 사회정의론은 무의미하다고 주장했다. 이때 '사회정의'는 경제적 불평등 해소는 말할 것도 없고 최소 수혜자의 생존권 보장을 목적으로 하는 정책도 포함할 수 있다. 즉, 하이에크에 따르면, 시장경제체제에서 타인에게 자기 자신의 생존을 위해 최소한의 것을 제공해야 한다는 도덕적 권리 주장을 할 수 있는 사람은 없다. 비록 목숨이 경각에 달려 있다고 해도 타인에게 당신은 당연히 나를 살려야 한다고 권리 주장을 할 수는 없다는 것이다.[16]

만약 하이에크의 주장처럼 빈민에게 자신의 생존을 위해 필요한 것을 요구할 권리가 없다고 한다면, 어떻게 빈민구제가 우리의 도덕적 의무라고 할 수 있는가? 톰슨의 구분을 원용해서 답하면, 빈민구제는 정부가 다른 사람의 소유권을 침해하는 행위이지만 훼손하는 행위가 아닐 수 있기 때문이다. 물론 이때 궁극적으로 훼손 여부를 결정하는 것은 소유권을 침해당한 사람이 자신의 소유물을 어떤 노력을 통해 어떤 방식으로 갖게 되었으며 그것에 대해 얼마나 많은 가치를 부여하는가에 의해 영향을 받는다. 하지만 우리 현실을 감안할 때 빈민의 최소생계비를 정당화할 수 없을 만큼 과도한 과세는 상상하기 어렵다. 따라서 비록 단서에 매여 있지만 권리의 침해와 훼손을 구분할 경우, 누군가의 목숨을 구할 수 있다면 당사자의 반대 의사가 있었어도 정당한 방식으로 소유권을 침해할 수 있다는 점에서 톰슨의 구분은 하이에크의 입장을 정당화하는 데 도움을 줄 수 있다.

이제 남은 문제는 빈민구제를 위한 부담을 공평하게 배분하는 일이다. 빈민구제에 대한 의무는 목숨이 경각에 달린 사람을 살려야 하는 의무에서 비롯된다. 그러나 그 의무는 공동체 구성원 모두의 의무다. 따라서 이러한 의무를 수행하는 데 드는 비용을 공정하게 나누는 것 또한 필요하다. 공정한 분담의 원칙을 설정할 때 고려할 핵심적 쟁점은

16 여기서 왜 모든 사람에게 착한 사마리아인처럼 살라고 요구하면 안 되는지 물을 수 있다. 답은 도덕의 기능에 대한 이해에 있다. 만약 도덕적으로 용인할 수 있는 행동의 기준을 착한 사마리아인으로 정한다면, 달리 말해 헌신적 이타행위로 삼는다면, 마치 정의 개념을 지나치게 확장했을 때와 마찬가지로 권리 개념이 고유의 의미를 상실하는 결과를 낳게 된다. 물론 모든 사람에게 의인처럼 행동하기를 권면하는 것은 가능하다. 그러나 이를 도덕적 평가의 기준으로 삼을 경우, 우리는 도덕적 관점에서 최소한 자기 몫을 수행하는 사람과 그렇지 않은 사람을 구분할 수 없게 된다.

다음이다. 동일한 비율에 따라 분담하는가? 아니면 누진적 비율에 따라 분담하는가? 전자는 누구나 소득의 일정 정도를 분담하는 것이다. 반면 후자는 소득이 많을수록 더 많은 비용을 분담하는 것이다. 공동체의 구성원은 공동체의 일에 대등한 정도의 책임이 있다고 가정할 경우, 전자는 앞서 논의한 것으로 정당화가 가능하다. 그러나 후자는 그렇지 않다. 부유할수록 더 많은 부담을 져야 한다는 주장은 균등한 책임이 아니라 양극화 해소와 같은 평등주의적 가치를 전제하지 않으면 정당화할 수 없기 때문이다.[17]

빈민구제를 시행하는 주체에 대한 문제도 검토하지 않을 수 없는 문제 중 하나다. 특히 빈민구제 사업을 공공재와 마찬가지로 정부가 전담하는 것이 효과적인지 물을 수 있다. 하이에크는 빈민구제 사업도 공공재와 마찬가지로 정부 주도로 시행하는 것이 효율적이라고 본 듯하다. 하지만 정부가 직접 최소생계비를 공여하는 방식보다는 일종의 보험을 들도록 강제하는 방안을 선호했다(Hayek, 1997b: 148). 이에 더해 만약 사회보험의 형식으로 빈곤문제에 대비할 경우, 정부가 이를 직접 운영하는 것을 경계했다. 즉 정부는 사업을 대행할 다양한 기구를 경합하게 하고 이를 관리, 감독하는 것이 정부가 운영과 감독을 모두 함께하는 것보다 여러 가지 폐단을 방지하는 방법이라고 보았던 것이다.[18] 그

17 하이에크는 전자를 지지했다. "가장 합리적인 규칙은 총국민소득 중에서 정부가 조세를 부과할 수 있는 비율에서 수용 가능한 직접세의 최고율을 정하는 것으로 보인다. 이것은 만약 정부가 국민소득의 25%를 부과한다면, 25%가 또한 모든 개인소득의 직접세의 최고율이 되는 것을 의미한다"(Hayek, 1997b: 210~11). 그러나 이 이슈에 대한 논의는 이 글의 범위를 벗어나기에 다른 기회에 논의하도록 하겠다.

18 사회보험의 운영과 관련해서 적합한 정부의 역할에 대해서는 다양한 의견이 있을 수 있지만 이 또한 이 글의 범위에서 벗어난 것이기 때문에 더 이상 논하지 않을 것이다.

러나 최소한의 사회 안전망 구축의 비용 분담이나 운영 방식과 관련된 문제는 사회적 정의에 대한 하이에크의 입장의 정합성을 가늠하는 데 결정적 요소라고 보기는 어렵다.

맺음말

하이에크의 사회정의론은 양면성을 지니고 있다. 한편으로는 기존의 사회정의론이 가지고 있는 문제를 비판한다. 다른 한편으로는 마땅히 사회가 갖추어야 하는 사회 안전망의 구성 원리를 제시한다. 따라서 하이에크의 사회정의론을 옹호하기 위해서 한편으로는 기존 사회정의론에 대한 하이에크의 비판과 그에 대한 반론에 효과적으로 응수해야 하고, 다른 한편으로는 하이에크 자신의 사회정의론에 대한 긍정적 입장을 옹호할 수 있어야 한다.

필자는 이 글에서 하이에크가 기존의 사회정의론에 제기한 비판 중에서도 그것이 부당하다는 주장을 지지하는 논거를 제시하고자 했다. 특히 가치의 다원성과 민주주의의 관계 및 사회정의 정책에 내재하는 부당성에 입각해서 기존의 사회정의 개념이 비민주적일 뿐만 아니라 구조적으로 부당한 결과를 내포한다는 사실을 적시했다. 다른 한편 필자는 사회정의가 시장경제체제에서 무의미하다는 하이에크의 주장을 도덕적인 관점에서 바람직하지 않은 행위와 도덕적으로 부당한 행위를 구분해 옹호하고자 했다. 그리고 끝으로 절대적 소유권 개념에 대한 톰슨의 비판에 의거해서 최소한의 사회 안전망 구축 의무가 지지 가능하다는 것을 보이고 이를 통해 하이에크의 입장을 옹호하고자 했다.

필자의 논증에서 특별히 독창적인 것은 없다고 보아도 과언은 아니다. 그렇다고 필자가 하이에크나 하이에크 전문가의 논증을 요약하거나 해설하는 데 그친 것은 아니다. 오히려 하이에크에 정통한 학자의 관점에서 보면 하이에크가 하지 않은 주장을 하이에크의 이름을 빌려 함부로 사용했다고 질타할 수도 있다. 그러나 하이에크의 논증을 답습하는 것만이 '하이에크적'이라고 볼 수는 없을 것이다. 그가 가졌던 고전적 자유주의에 대한 믿음과 도덕적 직관에 충실하다면, 오히려 그것을 새로운 방식으로 옹호하고 입증하는 것이 후학의 몫이라고 보기 때문이다.

왜 갑자기 하이에크의 사회정의론인가라고 묻는 이도 있을 것이다. 두 가지 의미를 찾을 수 있다고 본다. 하나는 고전적 자유주의를 반성적으로 성찰할 계기를 제공한다는 데 있다. 소득 불균형이나 경제적 불평등 문제에 대한 고전적 자유주의의 입장은 흔히 친자본주의적 무정부주의나 야경국가 이념이 대변해왔다. 그러나 양자는 상식이나 통념과 잘 어울리지 않는다. 물론 상식이나 통념이 진리는 아니다. 그러나 '상식과의 전쟁' 이전에 과연 그들만이 고전적 자유주의를 학술적으로 충실하고 무결한 것인지 재고할 필요가 있다.

필자는 비판가들의 지적처럼 하이에크의 입장에 이론적 결함이 있다거나 그의 이론이 현실적 타협의 산물이 아니라고 생각한다. 특히 많은 고전적 자유주의자들이 별다른 근거 없이 당연시해온 '절대적 소유권'에 대한 가정을 버린다면, 하이에크의 사회정의론이 고전적 자유주의의 입장을 대표할 수 있는 유력한 후보라고 생각한다. 이는 단지 하이에크의 사회정의론이 통념이나 상식과 잘 어울릴 수 있어서가 아니라, 정의나 권리 그리고 자유와 평등과 같은 기본적인 개념에 천착하면 할수록 하이에크의 직관이 빛을 발하기 때문이다.

하이에크의 사회정의론을 재론하는 다른 의미는 그것이 기존의 사회정의 담론에 제공할 수 있는 새로운 자극에서 찾을 수 있다. 주지하다시피 롤스 이래 평등주의적 자유주의는 선진제국의 지배적인 정치철학으로 자리 잡았다. 우리나라의 경우 더욱 그러하다. 그 결과 오늘날 고전적 자유주의의 전통을 계승하는 입장은 발전은커녕 접하기도 어렵게 되었다. 그러나 다른 모든 분야에서와 마찬가지로 정치적 이념 역시 치열한 경쟁의 산물일 때 혁신과 발전이 가능하다. 따라서 사회적 정의에 대한 대안적 관점, 특히 고전적 자유주의를 대표하는 하이에크의 사회정의론에 대한 관심은 그 어느 때보다 더 절실하다 할 것이다.

자유주의 문명의 경계에서*

간디에서 이토를 넘어 롤스까지

허우성**

문명이란 개념은 역사, 언어, 문화, 전통 그리고 종교까지 포괄하므로, 특정 분야의 전공자가 쉽게 논의할 수 있는 주제가 아니다. 하지만 이 개념은 세계의 곳곳에서 다양하게 사용되어왔다. 문명(la civilization)이라는 명사는 18세기 후반 프랑스에서 미라보 후작이 《인간의 친구 또는 인구론》(1757)에서 처음 사용했으며, 그 이후 돌바크, 몽테스키외, 루소와 같은 계몽주의자들에 의해 전파되었다. 프랑스 계몽주의의 영향을 받아 영국 애덤 퍼거슨의 《시민사회의 역사에 관한 서론》(1767), 애덤 스미스의 《국부론》(1776) 등에 문명이라는 개념이 등장한다. 한 연구에 따르면, 미라보는 문명의 시원적 토대로 본 농업으로 되돌아가면서 도시에 기반을 둔 문명에 대해, 그리고 확장되는 산업화에 문명의 미래를 둔다는 점에 대해 반대했다. 미라보에게 "문명이라는 단

* 이 글은 2013년 한국연구재단의 지원을 받아 수행된 연구 논문(NRF-2013S1A5A2A03045274)으로서, "자유주의 문명의 밖에서: 간디에서 이토를 넘어 롤스까지"(《일본사상》, 2015)를 대폭 줄인 것이다.

** 경희대학교 철학과 명예교수. 경희대학교 비폭력연구소 소장.

어는 과거의 질서를 회고하는 것이지, 국민 국가나 상업화된 사회를 전망하는 것은 아니었다."[1] 하지만 미라보가 이 추상명사를 일단 세상에 소개하자마자 이 개념은 서양에서 독립적인 삶을 살게 된다.

19~20세기 일부 동양인들은 서양 세력이 동점해오자 서양 문명과 자신의 문명을 동시에, 그리고 그 차이를 자각하는, 헌팅턴의 소위 '문명의식(civilization consciousness)'을 갖게 되고, 변화의 필요성을 강하게 느끼게 되었다. 필자는 이 글에서 지난 100여 년 동안 주로 한국의 역사 그리고 정치와 관련 있는 몇몇 문명론을 골라서 그 내용과 역사적인 맥락을 논하고, 그것들과 비교 대조하기 위해 최근 영미권에서 일어난—이제 거의 현대 한국인의 것이 돼버린—문명론도 검토해볼 것이다. 간디와 롤스를 비교 검토함으로써 오늘날 우리가 문명론을 진지하게 논의할 수 있는 하나의 중심 주제를 제시하려고 한다. 그런 의미에서 이 글은 역사적·현재적 연구이다.

대체로 시대순으로 전개될 이 글의 1장에서 필자는《힌드 스와라즈(Hind Swaraj)》(1909)에 나오는 간디의 서양 문명 비판을 다루고, 그 비판의 핵심에 간디가 주장하고 실천했던 비폭력(ahimsa), 진리파지(眞理把持, satyagraha), 다르마(dharma)라는 포괄적인 교설이 있음에 주목할 것이다.《힌드 스와라즈》를 집필하기 직전 간디는 런던을 방문했는데, 그때 일본의 이토 히로부미(伊藤博文)가 어떤 한국인, 곧 안중근에게 암살당했다는 소식을 접했다. 간디는 이 사건에 대해 짧은 논평을 남겼는데, 거기에서 일본이 서양의 길을 모방하는 한 제국주의로 갈 수밖에

1 Bruce Mazlish, *Civilization and Its Contents*, Stanford: Stanford University Press, 2004, p. 7.

없다며 일본과 이토를 함께 비판했다. 간디가 비폭력 원리에 근거해서 이토와 안중근을 모두 비판하는 양비론을 폈을 때, 우리는 문명의 충돌을 목격한다.

2장은 일본을 다룬다. 일본은 서양을 배척하고 쇄국하자는 양이론(攘夷論)을 1870~1880년대에 거의 극복했다. 후쿠자와 유키치(福澤諭吉)는 1885년 탈아론(脫亞論)을 주장하면서 조선과 지나(중국)를 버리고 서양 문명을 적극적으로 수용하자고 했다. 이토와 후쿠자와는 부강을 가져다주는 서양 문명의 특징을 대체로 수용했지만, 후쿠자와는 '개인[一己]의 자유'에도 주목했다.

3장은 조선의 경우다. 1800년 정조 사후, 황사영의 백서 사건과 신유사옥(1801)에서부터 미국과의 수호통상조약(1882)에 이르기까지 서양의 것을 극단적으로 배척하려는 성향이 강했다. 19세기 말 이래 개화파와 위정척사파 사이에는 격렬한 정쟁이 있었다. 이 글은 지면상 한용운의 동도서기론(東道西器論)과 안중근의 문명론만을 다룰 것이다. 두 사람 모두 조선의 독립과 자주를 원했지만, 안중근은 경쟁과 살상을 중심에 둔, 당시의 문명론을 전면적으로 거부했고, 한용운은 조선에 세력과 독립을 가져다줄 서양 문명을 일본을 통해서 수용해야 한다고 역설했다.

4장에서는 헌팅턴(Samuel P. Huntington)의 문명충돌론과, 그와 유사한 니얼 퍼거슨(Niall Ferguson)의 문명론을 다룬다. 퍼거슨은 일본의 서양 문명 수용은 칭송하고, 서양 문명을 비판한 간디는 역비판했다.

5장에서 필자는 간디와 롤스를 비교 검토하면서 자유의 성격과 불평등의 문제를 문명론의 중심 주제 중 하나로 삼아야 한다고 주장한다.

1. 간디의 서양 문명 비판[2]

간디의 서양 문명 비판은 서양 문명이 힌두교나 불교 등의 가르침처럼 인간의 이상적인 덕성을 키우지 못하므로 비종교적이고 부도덕하다는 인식에 근거하고 있다. 이런 의미에서 그의 비판은 근본주의적이다. 간디는 힌두교도이지만 1927년 스리랑카 콜롬보의 한 대학에서 불교도들에게 연설한 적이 있다. 거기에서 간디는 독실한 종교 연구를 위한 조건으로 자제의 다섯 규칙을 제시했다. 첫째, 범행(梵行, brahmacharya) 곧 순결, 둘째는 진리(satya)이고, 셋째는 불상해(ahimsa), 넷째는 불투도(asteya)이고, 마지막으로 무소유(aparigraha)다.[3] 간디가 힌두교나 불교를 연구하기 위한 예비 조건으로서 권유한 행위의 다섯 규칙, 곧 덕목은 불교의 오계와 거의 유사하다. 간디는 마지막 대목에서 비천한 생명도 귀하게 여기는 것이 부처의 가르침이라고 덧붙였다. 그는 생명 사랑의 원리, 곧 아힘사(ahimsa)라는 종교적이고 포괄적인 교설이 개인의 덕목만이 아니라 한 사회의 특성이 되어야 한다고 믿고 이를 정치철학의 차원에까지 끌어올렸다.

1) 서양 문명 비판

간디의 서양 문명 비판은《힌드 스와라즈》에 잘 나타나 있다. 퍼거슨은 102년 뒤《시빌라이제이션(civilization): 서양과 나머지 세계》(2011)에서 그 핵심 구절을 인용하며 비판한다.[4] 그런데 퍼거슨이 비판하는 이 구절은 간디가《힌드 스와라즈》에서 소위 '문명의 참된 시금석'이라

2 간디, 이토, 안중근 관련 부분은 필자의 글, "간디, 이토, 안중근: 문명의 충돌,"《철학과 현실》(2014, 여름호)의 일부를 참조했다.

3 간디, 라가반 이예르 편, 허우성 옮김,《문명·정치·종교》, 나남출판, 2018, 811~812쪽.

고 부르며 비난한 바로 그 부분이다.[5] 간디가 보기에 현대 문명의 목표는 육신의 복리(bodily welfare) 증진에 있다고 보았다. 창 대신 기관총을 들게 된 것, 육체노동으로 농사짓던 사람들이 증기기관을 이용해 부를 축적하게 된 것, 돈과 사치품의 유혹에 빠진 것, 이런 것들이 간디가 관찰한 현대 문명의 모습이다.[6] 그는 의회제도도 노예 상태의 상징이라고 비난했다. 의회가 제정한 법률이 제국주의적 행위를 옹호하거나 허용한다고 보아서였을 것이다. 간디는 도덕과 종교에 주목하지 않는 서양 문명은 암흑기의 문명이라고 논했다.

간디가 본 '진정한 문명'은 다음과 같다: "문명은 인간에게 의무의 길을 가르쳐주는 행동양식(mode of conduct)입니다. 의무 수행과 도덕 준수(observance of morality)는 서로 맞바꿀 수 있는 말입니다. 도덕을 준수한다 함은 우리의 마음과 정염에 대한 지배력을 얻는 일입니다. 그렇게 할 때 우리는 우리 자신을 압니다. 구자라트어에서 문명이란 말은 '선행(good conduct)'을 뜻합니다."[7] 의무와 도덕을 가르쳐주는 행동양식, 그리고 마음과 정염에 대한 지배력을 얻고 자신을 아는 것, 이것이 간디에게 진정한 문명의 목표였다. 의무와 선행의 핵심은 영혼이 순결하게 되어 아힘사를 준수하는 데 있다. 힌두교, 불교 등 고등 종교에 근거한 간디의 문명관은 편익이나 선(善)보다 의무(다르마)를 중시했음이 분명하다.

4 Niall Ferguson, *Civilization: The West and the Rest*, New York: The Penguin Press, 2011, p. 141 ; 구세희·김정희 옮김, 《시빌라이제이션: 서양과 나머지 세계》, 21세기북스, 2011, 242쪽.

5 간디, 같은 책, 381~384쪽.

6 같은 책, 285~288쪽.

7 같은 책, 411쪽.

간디는 산업주의에 대해서도 비판적이었다. 간디는 그것을 "소수가 다수를 통제하는 것"으로 보았고, 대신 "촌락의 삶이 지배적이어야 하고 폭력적이고 물질적인 힘이 영혼의 힘에 순종"하는 사회를 꿈꾸었다.[8] 또 다른 곳에서는 서양의 방식인 산업주의가 영국과 같은 "경제적 제국주의(economic imperialism)"와 "경제적 착취"를 낳았다고 보았다.[9] 그의 대안은 영혼에 순종하는 사회에서 촌락산업을 일으키는 것이다.

2) 안중근과 이토 히로부미를 모두 비판함

1909년 7월 10일 이래로 런던에 잠시 체류하던 간디는 이토 히로부미가 한국인에 의해 암살당했다는 소식을 듣고, 그 직후 이토를 지칭하는 〈용감한 일본 병사〉라는 글을 남겼는데 그 대강은 아래와 같다.

> 여기의 신문들은 용감한 일본인 이토 후작이 어떤 한국인이 쏜 연발권총의 저격으로 사망했다고 보도하고 있다. (……) 영국인들이 이집트나 인도에서 세력을 장악하여 권리와 특권을 향유하고 있듯이, 일본인들은 한국에서 그렇게 하고 있다. (……)
> 그러나 일찍이 러시아의 피를 맛본 일본은 한국에서 그렇게 쉽게 물러날 리 없다. 세력에 도취하면 늘 그런 것이다. 수영선수가 물에 빠져 죽듯이, 칼을 휘두른 자는 주로 칼로 망할 것이다. 연발권총으로 이토를 저격했던 자는 일본이 한국을 지배하는 것을 차마 볼 수 없어서 이토를 죽였다는 점을 담대하게 인정했다. (……) 일본에서 일어나고 있

8 같은 책, 535쪽.

9 간디, 라가반 이예르 편, 허우성 옮김, 《비폭력 저항과 사회 변혁》, 나남출판, 2018, 739쪽.

는 어떤 일은 칭찬할 만하지만, 서양의 방식을 모방하는 것은 존경할 만한 가치가 없다. (……) 그(이토)는 용감한 자로 인정받아 마땅하다. 한국을 예속시킨 일은 그가 용기를 나쁜 목적에 사용한 것이다. 그런데 서양 문명의 마법에 걸린 사람들은 달리 할 수 없었을 것이다. 만일 일본이 세력을 통해서 지배하고 방어하고 자기 확장을 시도한다면, 이웃의 땅을 정복하는 수밖에 달리 길이 없었을 것이다. 여기에서 이끌어낼 수 있는 결론은 인민의 참된 복지를 심정에서 생각하는 자라면, 오직 사탸그라하(진리파지)의 길을 따라서 인민을 인도해야 할 것이라는 점이다.[10]

간디에게 일본은 '서양의 방식(Western ways)'을 모방한 나라로, 강한 세력을 이용해서 자신을 통치하고, 방어하고, 팽창하며, 이웃을 정복하다가 마침내 패망할 나라로 비쳤다. 지배자 이토 히로부미와 가해자 안중근은 모두 진리파지의 원리를 어긴 것이다.

간디가 서양 문명과 영국의 의회 제도를 비판했지만, 영국인이 사랑하는 자유를 완전히 배척하지는 않았다. 이런 태도는 1차 세계대전 중에 영국을 위해서 간디가 결행한 모병운동과, 2차 세계대전 중에 영국의 '불가피한' 폭력에 대해 도덕적으로 지지한 일에 잘 드러나 있다.[11] 간디의 모병은 1918년 유럽의 서부전선이 무너지고 독일군이 파리로 진격하고 있을 무렵에 있었다. 그는 한 연설(1918. 7. 14.)에서 독일이 승리한다면 패배자를 억압하고 핍박할 것이지만, 영국인은 자유를 사

10 간디, 《진리와 비폭력》, 나남출판, 931~932쪽.

11 *CWMG* vol. 79, p. 110.

랑하고 인도가 희생하면 영국이 양보할 것이라는 희망을 갖고 있기 때문이라고 했다.[12] 간디는 별로 성과가 없었던 모병과 아힘사 원리 사이에서 딜레마를 느끼면서도 독일의 진격 앞에 자유를 지키기 위해 모병한다고 했다. 간디는 영국 제국주의에 저항하면서도 영국인이 누리는 자유와, 영국이 다른 민족에게 자주권을 일정 부분 보장해주는 자유주의를 염두에 둔 것 같다. 자유에 대한 간디의 선호는 그의 스와라즈 개념에도 잘 드러나 있다.

3) 스와라즈의 두 가지 의미

간디의 스와라즈(swaraj, 自治)에는 크게 두 가지의 의미가 있다. 첫째는 한 나라나 민족의 정치적 독립과 자주 그리고 경제적 자치를 의미한다. 인도가 영국에서 독립하는 것, 하나의 촌락이 정치와 경제의 측면에서 자립하는 것이 여기에 해당된다. 둘째는 "우리가 자신을 다스리기를 배우는 것"을 의미한다.[13] 《힌드 스와라즈》의 말미에서 간디는 자치(Home Rule)를 네 항목으로 요약하면서 정치경제적 자립과 도덕적인 자립이라는 두 의미가 불가분의 관계에 있음을 보여준다. 그 대략은 다음과 같다.

(1) 진정한 자치는 자기 통치(self-rule)이고 자제(self-control)이다.

(2) 진정한 자치로 향하는 길은 수동적 저항, 즉 혼의 힘이나 사랑의 힘이다.

12 *CWMG* vol. 17, p. 130.

13 간디, 라가반 이예르 편, 허우성 옮김, 《문명·정치·종교》, 415쪽.

(3) 이 힘을 발휘하기 위해서 전 방위에 걸친 스와데시가 필수적이다.

(4) 나는 영국인에 대해 적대감이 전혀 없지만 그들의 문명에 대해서는 적대감이 있다.[14]

간디에 따르면, 완전한 스와라즈는 외세로부터의 자주 독립, 개인의 정치적 자유, 혼의 힘의 발휘 그리고 스와데시, 즉 외부 시장에 대한 경제적 의존의 탈피, 이 네 가지 모두를 포함한다. 완전한 스와라즈의 입장에서 보면, 당시의 서양 문명 내부에서 누리던 영국인의 자유는 크게 불완전한 것이었고, 오늘날의 자유주의 문명이 이 네 가지를 충족하지 못한다면 간디는 이에 도전할 수밖에 없다.

2. 일본: 서양 문명을 열렬히 수용함

〈용감한 일본 병사〉에서 보인 간디의 경고와 관계없이, 일본은 이토 히로부미가 포함된 이와쿠라 사절단이 보여주듯이, 서양 문명을 적극적으로 수용했다. 후쿠자와는 사해동포주의 같은 것이 사덕(私德)이어서 나라를 세우고 수호하는 데는 효력이 없다고 보았고, 권력의 편중에서 해방된 개인의 자유 이념을 서양 문명에서 구한 적도 있었다.

1) 이토 히로부미: 일본의 부강과 한국에 대한 문명화의 사명

한국인들은 이토 히로부미를 때때로 민족의 원흉이라고 부르지만, 일본에서 그는 종종 메이지 헌법의 아버지로 불린다. 1880년대에 대일본제국 헌법의 구상, 조사, 제정, 공포(1889)의 과정을 주도했기 때문이

14 간디, 같은 책, 463쪽.

다. 이토에 대해 한국과 일본의 사학자들이 합의할 수 있는 '올바른' 역사 인식은 거의 없어 보인다. 이토 유키오(伊藤之雄)에 따르면, 1863년 이노우에 가오루(井上馨) 등과 함께 밀항으로 영국 런던에 도착한 이토는 박물관과 미술관만이 아니라 해군 시설과 조선소 및 공장을 견학했다. "이토는 영국에 밀항한 후부터 서양의 근대 문명에 압도되고", "영국 문명의 진보와 국력의 강대함에 탄복하고 양이(攘夷)를 버렸다."[15] 이토는 1872년 1월 15일 이와쿠라 사절단의 일원으로 미국 샌프란시스코에 도착했다. 23일 이토는 부(副)대사의 한 사람으로 샌프란시스코 관민환영회에서 영어로 연설했는데, 여기에서 이토는 일본이 서양 제국처럼 문명의 최고점에 도달하기를 원한다고 했고, 미국의 육해군 제도와 학술교육과 관련된 여러 제도를 채용했다고 밝혔다. 이어서 신통상 시대를 맞이한 문명국이라면 갖춰야 할 모든 요소, 즉 외국과의 협력, 통상의 증진, 생산의 증가 등을 도모할 것이라고 말했다.[16]

2) 보편 윤리 대신에 국익을 선택함

이토 히로부미는 1871년 8월 미국에서 일본 정부에 의견서를 보낸 적이 있다.[17] 여기에서 그는 문명의 지체를 막기 위해 '보통의 정리(普通의 正理)'라는 윤리 대신에 국익을 선택해야 하고, 자신의 시대를 생존경쟁 시대로 보아서 일본의 물산이 국내에서 팔리도록 방어세를 부과해야 한다고 말했다. 이토는 방어세 도입이 자리자득의 인리(人理)에서 온

15 이토 유키오, 이성환 옮김, 《이토 히로부미》, 선인, 2014, 25, 29쪽.

16 春畝公追頌會, 《伊藤博文傳》 上卷(オンデマンド版, 2004), 原書房, 1943, 復刻 1970, p. 625.

17 春畝公追頌會, 같은 책, pp. 594~595.

것이지만 나라의 부강을 위해서는 불가피한 선택임을, 그리고 이것이 당시 최고의 문명국인 영국을 모방하는 것임을 잘 알고 있었다. 그는 문명의 이름으로 윤리보다는 시장을, 정의보다는 선을 택한 셈이다. 이토는 암살당하기 6일 전 1909년 10월 20일 뤼순관민환영회(旅順官民驩迎會)에서 연설을 했는데, 세계의 대세가 평화를 위해서라도 무장할 것을 요구한다고 하며 이를 "무장(武裝)의 평화"라고 부르고, 국위 선양을 위한 군자금의 공급이 국민의 의무라고 말했다.[18]

3) 문명화의 사명과 폭력

이토 히로부미는 한국의 통감으로 부임하면서 "자신이 이 땅에 내임한 것은 한국을 세계의 문명국으로 만들려고 하기 때문"이라고[19] 말함으로써 문명의 전도사임을 자임하고 있다. 이것은 사학자 다키이 카즈히로(瀧井一博)의 말대로 위선이 아니라[20] 투철한 사명감의 표현일 수도 있다. 하지만 문명화가 제국주의를 낳고 그것이 폭력으로 이어진 예는 수없이 많다.

이토는 서양 문명의 어떤 부분을 가장 선호했을까? 그는 일본의 자주 독립과 부강을 위해 시장에서 국익을 얻고자 했고, 기술과 과학을 통해 군사력의 증강을 꾀했으며, 군주권을 제한함으로써 의회정치를 성립시키려 했다. 그는 헌팅턴이 제시한 10개의 서양 이념들 중 개인주의, 민주주의, 인권은 시기상조라고 말했다(5장 참조).

18 瀧井一博 編,《伊藤博文演說集》, 講談社學術文庫, 2011, p. 421.

19 金正明 編,《日本外交資料集成》第六卷,《日韓併合編》上, 巖南堂書店, 1964, p. 247.

20 瀧井一博,《伊藤博文: 知の政治家》, 中公新書, 2010, p. 16.

4) 후쿠자와가 서양 문명에서 구한 것: 전쟁과 무역의 기술, 개인의 자유

후쿠자와는 《문명론지개략》(1875)의 10장에서 "전쟁은 독립국의 권리를 신장시키는 술(術)이고, 무역은 나라의 광명을 떨치는 것의 징후(徵候)라 하지 않을 수 없다"고 하고, 문명의 대세에서 보면 필요한 것은 사해형제주의와 같은 종교의 가르침이 아니라 보국충정과 건국독립, 애국심이라고 했다.[21] 간디와 달리 후쿠자와는 종교와 정치를 철저하게 분리했다.

탈아론(脫亞論)

1885년 3월 16일, 후쿠자와 유키치는 〈탈아론〉을 《시사신보》에 실었다. 이 논설은 "조선의 근대화를 지향한 갑신정변이 청나라의 개입으로 실패한 것에 대한 낙담과 주모자의 노부모, 어린아이까지 처형당했다는 것에 대한 분노로 인해 쓰인 것"이었다고 한다.[22] 그 요점은 다음과 같다.[23]

서양 문명의 바람이 아시아로 온 것은 교통의 편리 때문이다. 처음에는 양이론과 척사로써 이를 막으려고 했지만, 이는 불가능하므로 세상[世]을 따라 변해서 문명의 바다에 빠져 문명의 파도를 타고 고락을 즐길 수밖에 없다. 서양 문명이 홍역처럼 보이지만 항상 많은 이익을 주었다. 일본에서 개국은 1850년에 시작되었다. 후쿠자와는 "문명을 막

21 福澤諭吉, 《文明論之概略》, 《福澤諭吉著作集》 第四卷, 慶應義塾大學出版會, 2004(初版第一刷, 2002), pp. 306~307; 임종원 옮김, 《문명론의 개략》, 제이앤씨, 2012, 367~368쪽.

22 마키하라 노리오(牧原憲夫), 박지영 옮김, 《민권과 헌법》, 어문학사, 2012, 123쪽.

23 福澤諭吉, 《福澤諭吉著作集》 第八卷, 慶應義塾大學出版會, 2007(初版第一刷, 2003), pp. 262~264; 정일성, 《후쿠자와 유키치: 탈아론을 외치다》, 지식산업사, 2012, 22~26쪽.

고 그 침입을 금지한다면 일본은 독립할 수 없다"고 보았다.[24] 그래서 일본의 지사들이 메이지 정부를 세웠다. 후쿠자와는 "아시아 전체에 하나의 기축(機軸)을 내고 주의(主義)로 하는 바는 '탈아(脫亞)'라는 두 글자에 있을 뿐"이라고 했다.[25] 후쿠자와가 탈아를 주장하는 이유는, 새로운 문명 시대에 지나와 조선이 고루하고, 나라에 관해서 '개진(改進)의 길'을 모르고, 유교주의와 인의예지만을 칭송하며 자기반성도 하지 않는다고 보았기 때문이다. 이 두 나라는 독립하지 못하고 결국 세계 문명제국에 의해서 분할될 것이라고 예견했다. 그래서 서양으로부터 법률, 과학, 의협심도 없는 나라로 오해를 받기 전에 나쁜 친구인 지나와 조선을 버리자고 했다. 한국인들은 탈아론에 불쾌해할 수 있지만, 일본은 그의 말대로 서양 문명을 적극적으로 수용했고, 오늘날 헌팅턴이나 퍼거슨과 같은 서양학자들에 의해 비서양 국가 중에 가장 먼저 근대화에 성공한 나라로 칭송받고 있다. 하지만 중국은 분할을, 한국은 식민지를 각각 겪었다.

5) 권력의 편중과 개인의 자유가 없음을 비판함

후쿠자와는 《문명론지개략》의 9장에서 개인의 독립 자주와 자유에 주목하고 있다. 여기에서 그는 일본 문명을 포함한 동양 전통은 개인의 자유와 독립을 제대로 길러내지 못했지만, 서양 문명은 성공했다고 하고, 가장 큰 이유로 권력 편중의 유무를 꼽았다.[26] 그는 2500여 년의 일본사를 통해 정부는 변혁과 교대를 해왔지만 권력 편중의 국세(國勢)는

24 福澤諭吉, 上揭書, p. 262 ; 정일성, 같은 책, 19쪽.

25 福澤諭吉, 上揭書, p. 262.

26 福澤諭吉, 《文明論之槪略》, p. 233 ; 임종원 옮김, 《문명론의 개략》, 279쪽.

그렇지 않고, "그 권력은 항상 한편으로 치우쳐서(偏して), 마치 치자와 피치자와의 사이에 높고 큰 격벽(隔壁)을 만들어서 그 통로를 끊는 것과 같다"[27]고 했다. 후쿠자와는 권력의 편중 때문에 일본 문명이 낳은 모든 것, 즉 권력, 지덕, 학문과 종교를 망라한 모든 것이 치자와 피치자를 첨예하게 나누는 국세에서 벗어날 수가 없다고 보았다. 부와 재능도 권력에 따랐고, 일반 민중은 피치자로서 문명의 진퇴를 비롯해서 세상만사의 구경꾼에 지나지 않았다는 것이다.[28] 무인(武人)조차도 '독립자주의 기상'이나 '개인(一己)의 자유'를 누리지 못하고 언제나 자기 바깥으로 나가서 선조, 가문의 이름, 임금, 아버지라는 외물에 이끌렸다는 것이다.[29] 후쿠자와는 일본의 무인과는 달리 "저 서양의 인민이 자신의 지위를 중히 여기고 자신의 신분을 존중하고, 저마다 그 권리를 소유하고 신장시키는 자"라고 말하고, 일본에 전쟁이 일어났어도 "이 교제(交際)의 정칙은 깨뜨릴 수가 없다"고 했다.[30]

후쿠자와 유키치는《문명론의 개략》의 9장에서 독립 자주의 기상, 개인의 자유와 권리를 향유하는 인민의 도래를 문명의 진보로 보았다. 그런데 10장에서는 전쟁과 무역을 독립국의 권리를 신장시키는 기술이라고 해서 일본의 주권을 강조했다.《문명론의 개략》에 관한 한 개인의 자유와 국가의 주권 사이에 갈등이 존재하는 것 같다.

헌팅턴이 말한 서양 문명의 열 개의 이념 중에서 후쿠자와가 선호한 것으로는 헌정주의, 정교분리, 자유 시장, 그리고 퍼거슨의 여섯 가지

27 福澤諭吉, 上揭書, pp. 244~245;《문명론의 개략》, 292~293쪽.

28 福澤諭吉, 上揭書, p. 245;《문명론의 개략》, 292~293쪽.

29 福澤諭吉, 上揭書, p. 263.

30 福澤諭吉, 上揭書, p. 265; 임종원 옮김,《문명론의 개략》, 316쪽(일부 수정).

비장의 무기 중에서는 경쟁, 과학, 소비 정도일 것이다. 그는 한때 개인주의도 선호했지만, 19세기 말에 그가 기대했던 개인의 자유와 권리의 수준은 오늘날 일본에서 보장되는 수준보다는 훨씬 낮았다. 또한 합당하게 정의롭고 질서 정연한 민주사회의 꿈, 그리고 여기에 바탕을 둔 만민들 사이의 평화라는 꿈, 이런 꿈은 당시의 후쿠자와의 입장에서 보면 유토피아와 같다.

3. 안중근의 문명론 비판과 한용운의 동도서기론

나흘 먼저 태어난 한용운(1879. 8. 29~1944)의 문명론은 안중근(1879. 9. 2~1910)의 문명론에 비해서 좀 더 상세하다. 1908년 반년 정도의 일본 유학 생활 덕분에 한용운은 일본의 서양 문명 수용에 상당히 공감했던 것 같다. 두 사람 모두 조선 독립을 염원했지만, 안중근은 서양 문명을 배격했고, 한용운은 조건부로 수용했다. 논문의 흐름에 따라서 안중근을 먼저 논의한다.

1) 안중근의 문명론 비판

안중근의 자서전《안응칠 역사(安應七歷史)》에 따르면, 그는 일본의 '문명화' 과정에서 조선인에게 가해진 갖가지 폭력과 동양 평화를 깨뜨린 일에 대해 분노해서 이토를 죽였다.[31] 그는 같은 자서전에서 문명독립국을 성립시키고 민권자유를 얻고 싶다고도 했으니,[32] 그에게 독립 없는 문명은 의미가 없었다. 하지만 민권자유에 대한 상세한 설명이나

31 안중근, 윤병석 편역,《안중근문집》, 한국독립운동사연구소, 2011, 140쪽.

32 안중근, 같은 책, 95쪽, 481쪽.

그것을 얻는 구체적 방법에 대한 언급은 없다.

당시 문명론 비판과 동양 평화론

안중근은 〈한국인안응칠소회(韓國人安應七所懷)〉에서 당시의 문명론을 강하게 비판했다. 한문으로 쓴 이 글은 가해 사건(1909. 10. 26.) 직후인 11월 초 뤼순 옥중에서 연필로 써서 제출한 것으로 되어 있다. 이 글에서 안중근은 먼저 사해동포주의를 주창하고 사람에게 자유의 삶은 죽음을 싫어하는 만큼 인지상정이라고 했다. 제대로 된 문명이 있다면 그것은 인간의 상정인 자유를 지켜주고, 도덕을 숭상하게 하고, 경쟁심 없이 제 땅에서 생업을 즐기면서 태평을 누리게 해주어야 한다. 그런데 당시의 문명론은 경쟁의 설과 살인 기계를 부추길 따름이라고 했다.[33] 그런 잔혹한 문명론의 대표적 실행자가 바로 이토 히로부미였다. "이른바 이토 히로부미는 천하대세를 깊이 헤아려 알지 못하고 함부로 잔혹한 정책을 써서 동양 전체가 장차 멸망을 면하지 못하게 되었다"라고 하면서 이토의 죄악을 성토해서 죽였다는 것이다.[34] 제 땅에서 생업을 즐긴다는 것은 간디의 스와데시와 유사하고, 경쟁지설과 살인 기계 연구를 비판한 것은 간디의 문명론과도 비슷하다. 그런데 안중근에게는 의전(義戰)이 천성의 발현이었다면 간디에게는 비폭력이 천성의 발현이었다.

안중근은 《안응칠 역사》에서 "충성된 행동과 의로운 거사로써 이등의 포악한 통치[暴畧]를 성토하여 세계에 널리 알려서 열강의 동감정(同

33 안중근, "韓國人安應七所懷," 윤병석 편역, 《안중근문집》, 586쪽(일부 수정).

34 안중근, 같은 책, 같은 쪽.

憾情)을 얻은 다음에라야, 한을 풀고 국권을 회복할 수 있을 것이니, 그것이 이른바 약한 것으로 강한 것을 물리치고 어진 것으로써[以仁] 악한 것을 대적한다"고 했다.[35] 이 발언에 따르면 안중근이 잔혹한 문명론의 실행자인 이토를 죽인 일은 인(仁)으로써 악에 대적한 것이었다. 그리고 여기에 충성스런 행동[忠行]과 의거로써 이토의 포악한 통치를 소리 높여 규탄하면, 열강의 공감을 얻어서 국권을 회복할 수 있겠다는 기대가 담겨 있다. 런던에 있던 간디가 이 사건을 알았으니 세계에 널리 알렸다는 점에서는 성공했는지도 모른다. 하지만 간디는 비폭력의 입장에서 두 사람 모두 비판했고, 당시의 서구 열강은 안중근의 행위에 대해 공감도 없었고, 충·의·인이라는 유가의 덕목을 칭송할 여지도 없었다. 1902년 영일동맹을 맺은 영국은 한국에 대한 일본의 정책을 지지했고, 미국은 1905년 11월 을사조약이 체결되자 일주일 만에 1882년 이래 유지되어왔던 한·미 간 외교관계를 공식적으로 단절했다. 민족들 사이에 정의보다는 국익이 우선시되던 시대, 안중근은 후쿠자와가 비판했던 유교주의를 내세워 하늘을 불러내고 인과 충의를 드러냈지만 강자에 의해 처형되었다.

2) 한용운의 동도서기론(東道西器論)

만해 한용운은 《조선불교유신론(朝鮮佛教維新論)》(1913)에서 세상의 변화와 진보, 그리고 현대 물질문명도 수용했다.[36] 또 만해는 물질이 발전되고 욕망이 그 범위를 확장해 무한·무궁하게 되면 이에 따라서 진

35 안중근, 같은 책, 123쪽, 499쪽.

36 한용운, 《조선불교유신론》, 《한용운전집》 2권, 신구문화사, 증보재판, 1980, 51쪽.

보 사상도 무한·무궁해진다고 말했다. 그는 사람과 물질의 번성, 욕망, 진보를 긍정했고, 진보를 위해서는 산골보다는 대도시가 유리하다고 보았다.[37]

만해는 〈조선 청년과 수양〉(1918)에서 물질문명과 정신문명을 대조하고 있다. 만해는 이 글에서 물질문명의 안에는 해독도 있고 구경의 문명이 아니므로 정신문명으로 나아가는 것이 자연의 추세라고 말한다.[38] 그리고 그는 자신의 시대를 서양이나 일본에서 창조되거나 발명된 물질문명이 조선에 침입해오는 시대, 피문명 시대(被文明時代)로 본다. 그는 물질문명의 침입 때문에 정신문명도 자각해서 문명의식을 갖게 되었으므로 물질문명을 인정하고 능동적으로 수용하자고 한다. 만해는 서양 문명을 물질문명으로 부르면서도 정신문명을 동양 문명, 유교 문명, 불교 문명, 그 어느 것으로도 특정하지 않았다. 그것들의 실체가 잘 보이지 않아서일까? 만해는 같은 글에서 부호와 영웅이 되고자 하는 욕망, 그리고 물질적 생활, 학문, 지식, 쾌락을 추구하는 것은 모두 객차에 해당되고, 이 객차가 심리적·사회적 수양이라는 궤도를 이탈하지 않는 한 허용될 수 있다고 보았다. 외지의 물질문명이 서기(西器)라면 심리적 수양은 동도(東道)라고 할 수 있다. 만해의 문명관은 일종의 동도서기론이다.

안중근과 만해의 공통점은 동도(東道)에 있다. 안중근의 의전(義戰)은 유교적이다. 만해가 이해한 불교의 유가적 성격을 고려하면 그의 동도는 불교에만 있지 않다. 만해는 간디와는 달리 서양 문명을 수용해야

37 한용운, 같은 책, 64~65쪽.

38 한용운, 《한용운전집》 1권, 신구문화사, 증보재판, 1980, 267~268쪽.

한다고 보았다. 그가 서양 문명에서 선호했던 것은 주권 회복과 물질문명을 촉진시키는 특징이었을 것이다. 그는 일본이 "조선의 민의를 무시한 것"을 비판했으니 대의제와 민주주의에 대해서도 상당히 우호적이었을 것으로 보인다. 퍼거슨의 여섯 가지 비장의 무기 중 경쟁과 소비사회는 수양이라는 궤도가 절실히 필요한 객차로 보았다.

4. 헌팅턴의 문명충돌론과 퍼거슨의 여섯 가지 비장의 무기

새뮤얼 헌팅턴과 니얼 퍼거슨의 문명론은 서양인의 일반적인 문명관을 잘 보여준다. 퍼거슨은 이와쿠라 사절단의 적극적인 서양 문명 수용을 칭찬하고, 간디의 서양 문명 비판은 역비판하고 있다.

1) 헌팅턴의 문명충돌론

헌팅턴은 《문명의 충돌》(1993)에서 냉전시대의 세계가 이데올로기에 의해서 나눠졌다면 냉전 이후의 세계정치는 문화 내지 문명을 단층선으로 해서 대립할 것이라고 한다. 그는 "국민 국가가 국제정치 무대에서 가장 강력한 행위자로 남을 것이지만, 지구 정치의 주요 갈등은 다른 문명에 속하는 나라 간에, 그룹 간에 일어날 것이고, 문명들의 충돌이 지구 정치를 지배할 것이다. 문명 사이의 단층선들이 미래 전쟁선이 될 것"이라고 했다.[39] 냉전시대에는 세계가 자유민주주의 국가군과 공산주의 국가군 그리고 독재체제하의 제3세계, 이렇게 셋으로 나뉘었지만, 냉전 이후의 세계는 여덟 개의 문명권으로 재편성된다는 것이다.

39 Samuel Huntington, "The Clash of Civilizations?," in *The Clash of Civilizations?: The Debate: Twentieth Anniversary Edition*, New York: The Council on Foreign Relations, 2013, p. 3.

같은 논문에서 헌팅턴은 서양 문명, 유교 문명, 일본, 이슬람, 힌두, 슬라브 정교, 라틴아메리카 그리고 아프리카 문명, 이렇게 여덟 개를 언급했지만, 1996년의 책에서는 유교 문명을 중국 문명(Sinic civilization)으로 고쳐 불렀다.[40] 헌팅턴은 "비서양 문명들의 민족들과 정부들이 더 이상 서양 식민주의의 대상으로 남아 있는 것이 아니라 역사의 주동자(movers) 겸 형성자(shapers)로서 서양에 합세"했다고 했으므로,[41] 문명들의 충돌은 비서양 문명권이 '침입'당한 상태에서 벗어나 서양에 도전한 결과로 생긴 것이다.

문명 간의 대립은 왜 일어나는 것인가? 헌팅턴에 따르면, 첫째, 문명들 사이의 차이점은 실제적이면서 기초적인 것이기 때문이다. 문명을 구분 짓는 것은 역사, 언어, 문화, 전통 그리고 종교이다. 문명이 다르면 사람들은 신과 인간의 관계, 개인과 집단, 시민과 국가 등에 대해 서로 다른 견해를 가질 뿐만 아니라 권리와 책임, 자유와 권위, 평등과 계층 질서 사이의 상대적 중요성에 대해서도 견해가 달라진다. 헌팅턴은 이런 차이점들이 정치 이념이나 정치 체제 간의 차이점보다 훨씬 근본적이고 지속적인 것으로 폭력적인 갈등을 낳을 수 있다고 보았다. 둘째, 세계가 작아져서 다른 문명권의 사람들과의 만남이 증가했고, 이 만남이 문명의식을 고양하고, 문명 내부의 공통점과 문명 간의 차이점과 적대감을 강화시킨다는 것이다. 셋째, 경제적 근대화와 사회적 변화의 과정으로 인해 사람들은 해묵은 지역적 정체성으로부터 멀어지고, 국민국가에서 정체성을 확인하는 태도도 약화된다는 것이다. 이런 갭을 메

40 새뮤얼 헌팅턴, 이희재 옮김, 《문명의 충돌》, 김영사, 1997, 52~54쪽.

41 Samuel Huntington, *The Clash of Civilizations*, p. 4.

우는 것이 종교인데, 때로는 이것이 근본주의를 낳기도 한다. 넷째, 문명의식은 서양이 맡아온 두 가지 역할에 의해서 더 강화된다.[42] 하나는 서양 세력이 그 정점에 도달해 있다는 것이고, 다른 하나는 비서양 지역에서 뿌리로 복귀하려는 의식이 일어난다는 것이다.

헌팅턴은 서양 문명의 특성을 어떻게 파악하고 있을까? 그는 《문명의 충돌》에서 '서양 개념들(Western concepts)' 또는 '서양 이념(Western Ideas)'으로서 개인주의, 자유주의, 헌정주의, 인권, 평등, 자유, 법치, 민주주의, 자유 시장, 정교분리, 이렇게 열 가지를 제시하고 있다. 헌팅턴에 따르면, 이런 이념들은 이슬람, 유교, 불교, 일본 등의 문화에서는 거의 찾을 수 없는 것들이다.[43]

헌팅턴의 문명충돌론이 가진 의의는 《문명의 충돌》의 말미 "서양을 위한 함축"에 잘 나와 있다. 헌팅턴은 문명 간의 충돌을 부추기려는 것이 아니라 세계 문명들 사이의 충돌 요소를 확인해서 중단기 외교 정책을 수립하는 데 의의가 있다고 했다. 단기적으로는 서양의 이익을 위해 서양 문명권 내부에서는 협력과 일치를 도모하고, 러시아와 일본과는 협조관계를 유지하고, 문명 내적인 갈등이 문명 간의 갈등으로 번지지 않도록 해야 한다고 제안한다. 그리고 중국과 이슬람 국가들의 군사력이 증강되지 않도록 방지하고, 서양 군사력의 감소를 적절하게 조정하라고 한다. 헌팅턴은 또 중국 문명과 이슬람 국가들 사이의 차이와 갈등을 잘 활용하자고(exploit) 제안하기도 했다. 그는 다른 문명권이라도 서양적인 가치와 이익에 동조하는 그룹을 지지하고, 서양의 이익과 가

42 Huntington, 같은 책, pp. 5~6.

43 Huntington, 같은 책, pp. 19~20.

치를 반영하고 합법화하는 국제기구를 강화하라고 제안하고, 그런 기구에 비서양 국가들의 참여를 고무한다.[44]

그는 이 글을 마치면서 끝 부분에 장기 정책을 제시하고 있는데, 거기에 공존과 대결의 메시지를 함께 담고 있다.[45] 서양 문명과 비서양 문명의 공통점도 찾아보자고 하고, 당분간 보편 문명은 없으니 공존을 배워야 한다고 말한다. 이는 분명히 공존의 메시지다. 하지만 헌팅턴은 서양의 이익을 지키기 위해 필수적인 경제력과 군사력을 유지할 것을 요구하고, 이슬람 문명과 중국 문명의 차이와 갈등을 활용하자고 제안하고 있는데, 이는 대결을 염두에 둔 말이다.

이러한 대결의 메시지에 주목한 사이드(Edward Said)는 이 글의 주요 독자가《포린 어페어스》의 독자, 즉 워싱턴에 근거를 둔 정치가 또는 정책 수립가임을 지적하면서 헌팅턴의 문명충돌론이 분명 "냉전 이론의 재판"이라고 비판한다.[46] 사이드에 따르면, 이 냉전은 경제적이거나 사회적인 것이 아니라 이념적인 것(ideological)이고 그 이념의 중심은 서양 이데올로기다.

헌팅턴의 의도는 두 가지로 보인다. 하나는 문명의 평화로운 공존이고, 그것이 불가능하다면 비서양 문명의 공격으로부터 서양 문명을 지킬 수 있는 세계질서를 만드는 것이다. 9·11 테러는 두 번째 의도를 더 옳은 것으로 만든 것 같다.

44 Huntington, 같은 책, pp. 26~27.

45 Huntington, 같은 책, p. 27.

46 Edward Said, "The Clash of Definitions," *Reflections on Exile and Other Essays*, Cambridge: Harvard University Press, 2000, p. 570.

2) 퍼거슨이 본 서양 문명의 여섯 가지 비장의 무기

미국에서 활동하고 있는 영국 출신 경제사학자 퍼거슨은《시빌라이제이션: 서양과 나머지 세계》에서 자신의 문명론을 제시했다. 그것은 헌팅턴의 '서양과 나머지 세계'라는 이분법을 계승하고 있지만 훨씬 단순해 보이고, 그 핵심에 여섯 가지 비장의 무기(six killer applications)를 두었다. 그것들은 경쟁, 과학, 재산권, 의학, 소비사회와 직업 윤리이다. 이 비장의 무기 덕분에 서양은 1990년대 후반까지 지난 500여 년 동안 세계를 지배할 수 있었다. 결론 부분에서 퍼거슨은 재산권 대신에 법치주의와 대의제를 내세운다. 재산권과 재산을 소유한 자들의 대표성에 근거해서 생겨난 것이 법치와 대의제라는 뜻이다. 그는《위대한 퇴보》에서는 서양을 번성시킨 제도로서 민주주의, 자본주의, 법치주의, 시민사회를 꼽고 있다. 퍼거슨은 20세기 중반 이후 동·서양 사이의 소득격차를 줄이는 유일한 길은 동양 국가들이 서양의 제도와 운영 체제를 도입한 일본의 모범(Japan's example)을 따르는 것뿐이며, "서양 문명은 세계 나머지 국가들이 참고해야 하는 일종의 표본(a kind of template)이 되었다"고 갈파한다.[47]

퍼거슨은 서양 문명의 문제도 언급했다. 제국주의의 잔혹함, 소비사회의 경박함, 심각한 물질주의, 각종 불만이 그런 것들이다. 그럼에도 불구하고 "이 서양 문명 패키지는 여전히 인간 사회에 현존하는 최고의 경제·사회·정치적 제도를 제공하고 있다"고 보고, "지난 500년 동안 사회 구석구석에 숨겨진 천재들을 찾아내고 교육하는 데 서양 문명

47 Niall Ferguson, *Civilization: The West and the Rest*, New York: The Penguin Press, 2011, p. 7; 구세희·김정희 옮김,《시빌라이제이션: 서양과 나머지 세계》, 21세기북스, 2011, 45쪽.

보다 더 훌륭한 역할을 해낸 문명도 없었다"고 단언한다.[48] 퍼거슨은 헌팅턴이 냉전 후 세계를 잘 설명했다고 하면서도 냉전 이후 문명 간 전쟁은 전혀 증가하지 않았다고 한다. 이슬람과 비이슬람, 즉 문명 간의 갈등으로 간주될 수 있는 것은 오직 일부에 지나지 않는다고 말한다.[49] 그럼에도 퍼거슨 역시 이슬람주의자들에 대한 경고는 잊지 않았다.[50]

퍼거슨은 왜 서양 문명론을 전개했을까? "과거 서양이 패권을 잡은 진정한 원인을 알아내야만 오늘날 서양의 쇠퇴와 몰락 시점이 얼마나 임박했는지 조금이라도 정확히 짚어낼 수 있기 때문이다."[51] 그에게 서양 문명에 대한 최대의 위협은 중국의 부상도 이슬람도 또는 이산화탄소 배출량이 아니라, "선조에게서 물려받은 우리 문명에 대한 믿음을 잃는 것일 수도 있다"고 한다.[52] 퍼거슨은《위대한 퇴보》에서 서양 문명의 쇠퇴의 원인은 외부에 있는 것이 아니라, 서양을 번성시킨 네 가지 제도, 즉 민주주의, 자본주의, 법치주의, 시민사회의 약화와 상대적 쇠퇴에 있다고 한다. 그 결과 미국과 중국의 격차가 줄어들게 되었다. 그는 영웅적인 리더의 등장과 위대한 부흥(a great regeneration)을 열망하고 있다.[53]

3) 일본과 인도에 대한 평가

헌팅턴은 동아시아 삼국을 중국 문명과 일본 문명으로 양분하고 한

48 퍼거슨, 같은 책, 503쪽.
49 퍼거슨, 같은 책, 489쪽.
50 퍼거슨, 같은 책, 454쪽.
51 퍼거슨, 같은 책, 61쪽.
52 퍼거슨, 같은 책, 504쪽.

국을 중국 문명권의 일부로 본다. 헌팅턴은 일본을 비서양 문명 중에서 서양화되지 않으면서도 근대화한 유일한 나라로 본다.[54]

퍼거슨은 흥미롭게도《시빌라이제이션: 서양과 나머지 세계》4장 '의학'에서 간디의《힌드 스와라즈》에 실린 서양 문명에 대한 신랄한 비판—서양 문명을 질병이나 독으로 부른 비판—을 소개하고 이를 간단히 부정한다. 간디는 서양 문명을 비판하면서 서양 문명의 발전을 측정하는 데 순전히 '물질적' 잣대 중 하나로 '질병의 정복'을 꼽은 적이 있었다. 퍼거슨은 그 점을 지적하며 간디가 문명에서 영적 순결(spiritual purity)을 찾았지만, 서양 의학의 도움으로 더 장수하게 된 수백만 명의 사람은 생존(staying alive)을 선택할 것임을 주장하고 있다. 퍼거슨에 따르면, 이러한 질병의 정복은 제국 열강들뿐 아니라 그들이 통치하던 나라들에도 혜택을 주었다고 한다. 따라서 "서양의 제국들이 사악하고 이기적이며 문명인과 정반대되는 행위만 한다고 성급히 비난하기 전에, 다른 나라를 문명화하는 임무(civilizing mission)를 수행 중이었다는 그들의 주장에 어느 정도 신빙성이 있다는 사실을 이해할 필요가 있다"고 말한다.[55]

퍼거슨은《제국》에서 대영제국을 통한 자유 이념의 확산을 자랑스러워했다. 그는 다른 서양의 열강과는 달리 영국인들이 통치 지역에 유포한다는 아홉 개의 특징을 거론하고 있다. 이것들은 영어, 토지 보유권, 은행업, 보통법, 프로테스탄티즘, 단체 운동 경기, 제한 국가 또는 '야경' 국가, 대의제, 자유의 이념(the idea of liberty)인데, 퍼거슨은 특히 자

53 퍼거슨, 구세희 옮김,《위대한 퇴보》, 21세기북스, 194~196쪽.

54 Huntington, 앞의 책, p. 27.

55 Ferguson, 앞의 책, p. 146 ; 퍼거슨, 구세희·김정희 옮김, 앞의 책, 249쪽(일부 수정).

유의 이념이 영제국을 유럽 대륙의 다른 경쟁국들과 구별하는 가장 중요한 특징일 수 있다고 말했다.[56] 물론 이들 아홉 가지 특징은 퍼거슨이 앞에서 거론했던 서양 문명 이념과 많이 겹친다.

5. 간디와 롤스: 자유의 성격과 불평등의 문제

필자는 이 장에서 간디를 존 롤스와 제한적으로 비교하고, 이 논문의 현재적 성격을 드러내기 위해 자유의 성격과 불평등의 문제를 문명론의 중심 주제로 부각시키려고 한다.

1) 간디의 사회주의

간디는 끊임없는 탐욕 때문에 자본주의를, 폭력 때문에 공산주의를 각각 비판했다. 간디는 〈사회주의의 이상〉(1947)에서 사회주의가 현대의 용어이긴 하지만 《바가바드기타》에도 나오는 개념이라고 하고, 다음과 같이 말한다.

> 사람은 자신에게 필요한 것만을 소유할 필요가 있다. 그것은 만인이 신에 의해서 창조되었고, 따라서 의식주에서 동등한 지분을 가질 자격이 있음을 말한다. 이 이상의 실현을 위해서 거대한 조직체가 필요한 것은 아니다. 어느 개인도 그 이상을 실현하는 일을 착수할 수 있다. 부자들은 자신들이 소유한 부의 수탁자로서 활동해야 한다. 그러나 그들이 폭력의 방법으로 부를 빼앗기게 된다면, 그것은 우리나라의 이익이 되지 못할 것이다. 이것이 공산주의로 알려진 것이다. 더구

56 퍼거슨, 김종원 옮김, 《제국》, 민음사, 2003, 29쪽.

나 폭력적인 방법을 사용하게 되면, 우리는 사회에서 유능한 개인들을 쫓아내는 셈이 된다.[57]

간디에게 소유의 한계는 필요이고, 의식주에서 동등한 지분의 소유가 신의 의도이다. 필요한 것만을 소유하고 신의 의도를 따르는 것은 간디에게 이상이면서 의무(다르마)이다. 이 의무는 개인이 먼저 실천해야 하고, 부자는 잉여의 부를 수탁자로서 관리해야 한다. 폭력적인 재산 몰수는 나라 전체에 이익이 되지 못한다고 보았다. 간디는 사적 소유의 폭력이 국가 폭력(the violence of the State)에 비해서 덜 유해하다고 보고 "개인적으로 선호하는 것은 국가의 손에 권력을 집중하는 것이 아니라 신탁관리의 의미를 확대하는 일"이라고 보았다.[58]

간디는 〈평등한 분배〉(1940)에서 비폭력에 기초한 사회라면 반드시 평등한 분배라는 이상을 길러내야 한다고 했다.[59] 이런 이상을 가진 자는 자신의 욕구를 최소화해야 하고, 삶의 모든 방면에 자기규제가 있어야 한다고 했다.[60] 만일 부자들이 순결한 아힘사의 마음으로 자신의 잉여의 부에 대해 수탁자로서 행동한다면 "사회에 평화로운 혁명이 올 것이고, 이 과정에 어떤 쓰라림도 없을 것"이라고 했다.[61] 간디는 이런 높은 이상이 역사상 개인 차원에서는 실현된 적이 있었다고 본다. 사

57 간디, 라가반 이예르 편, 허우성 옮김, 《비폭력 저항과 사회 변혁》, 나남출판, 2018, 831~832쪽.

58 간디, 라가반 이예르 편, 같은 책, 855쪽.

59 간디, 라가반 이예르 편, 같은 책, 726쪽.

60 간디, 라가반 이예르 편, 같은 책, 726~727쪽.

61 간디, 라가반 이예르 편, 같은 책, 727~728쪽.

회적인 차원에서는 앞으로 비폭력 실험을 해야 할 것이라고 말한 다음, 간디는 계속해서 아힘사의 사용이 개인 영역에 국한되는 것이 아니라, "아힘사는 분명히 사회의 속성(an attribute of society)이다. 이 진리를 민중에게 확신시키는 일이 나의 노력이며 동시에 나의 실험"이라고 말한다.[62]

만일 부자들이 가난한 자들을 보호하지 못하면 어떻게 해야 할까? 이에 대해 간디는 비폭력적 비협조와 시민불복종을 제시했다. 운동의 주체인 가난한 자들이 아힘사의 힘을 터득해서 시민불복종을 벌이면, "그들은 강하게 될 것이고 자신들을 아사 직전까지 몰고 간 궤멸적인 불평등으로부터 비폭력의 방법으로 자신들을 구하는 방법을 배울 것"이라고 보았다.[63]

간디가 부자에게 요구한 수탁자 정신은 롤스의 '차등의 원칙'과 상당히 유사해 보인다. 간디가 재산권의 박탈을 주장한 것은 아니지만, 그는 정치적인 독립과 경제적인 평등 분배를 위해서 사회적인 차원에서 인간 본성의 변화를 촉구했고, 그런 것이 불가능하다면 문명 전체를 바꾸어야 한다고 보았다. 그는 폭력을 부추기는 볼셰비즘을 참을 수 없다고 하고 "인류의 파괴가 아니라 인류의 개심(改心, conversion)을 믿는다"고 했다.[64] 이처럼 간디는 아힘사와 평등한 분배라는 의무를 목표로 두는 문명, 인류의 개심을 가능하게 하는 문명을 꿈꾸었다.

그런데 간디의 진리(satya)나 의무(dharma)의 개념이 롤스의 정의 개념에 아주 가까워 보인다. 이 두 개념은 '진리파지(satyagraha)'에 잘 드

62 간디, 라가반 이예르 편, 같은 책, 728쪽.

63 간디, 라가반 이예르 편, 같은 책, 729쪽.

64 간디, 라가반 이예르 편, 같은 책, 790쪽.

러나 있는데, 이것은 진리를 찾아서 붙들고 놓지 않는다는 뜻이다. 정의롭지 못한 정부, 부패한 권력, 나쁜 사회 그리고 사악한 법안(法案)이 있을 때, 거기에 저항하는 것은 사람의 자연적 의무이고 그 의무를 다하는 것이 사탸그라하이다. 간디가 직접 벌인 대규모 진리파지 운동의 사례로는 남아프리카에서의 인종차별 철폐를 위한 저항운동, 인도의 독립운동, 하르탈(동맹휴업), 비협조운동, 스와데시가 있다.

2) 롤스의 문명론

롤스는 문명을 깊이 논의한 적이 없으며, 문명이라는 단어는《정의론》의 색인에도 나오지 않지만,《정의론》의 초판(1971)과 개정판(1991)에 '문명'은 열 차례 이상 나온다. 롤스는 문명의식이 강하지도 않았고 문명을 주제화하지도 않았지만, 자신의 정의론을 펼치기에 충분히 적합한 문명 안에 살고 있다고 믿었던 것으로 보인다. 그 문명을 아래에서 언급할 존 그레이를 따라서 자유주의 문명(liberal civilization)이라고 불러보자.

롤스는 문명과 정의의 관념이 같은 방향으로 진보한다고 본 것 같다. 예를 들면 롤스는 정의론의 관점에서 볼 때 "가장 중대한 자연적 의무(natural duty)는 정의로운 제도를 유지하고 발전시켜야 하는 것"이라 말하고, 또 정의로운 현행 제도가 있다면 우리가 지지해야 할 의무가 있고, 그런 것이 없을 경우 정의로운 체제를 세워 가기 위해 협력해야 할 자연적 의무가 있다고 말했다.[65] 자연적 의무는 '우리'의 보편적 의무가

65 John Rawls, *A Theory of Justice* Revised Edition, Cambridge: Harvard University Press, 1999, p. 293; 황경식 옮김,《정의론》, 이학사, 2009〔초판 2003〕, 438쪽.《정의론》의 19절에도 같은 내용이 나온다.

된다. 그런데 롤스는 "인간은 정의로운 제도를 유지하고 발전시킬 자연적인 의무를 가지며 이를 위해서는 문명이 어느 수준까지 향상될 필요가 있다"고 했다.[66] 그는 정의로운 제도, 자연적이고 보편적인 의무감, 문명, 이 셋이 함께 향상된다고 본 것 같다. 그렇다면 문명의 향상을 위해서 협력하는 것도 인간에게 보편적 의무이다. 롤스는 이 점에서 간디와 유사하다.

롤스는 정의의 제1원칙인 자유 개념의 진보가 문명의 진보와 관계가 있다고 보는데, 이는《정의론》초판의 다음 구절에 잘 나타나 있다.

> 그런데 자유 우선성의 근거는 대체로 다음과 같은 것인데, 즉 문명의 상태(conditions)가 향상됨에 따라 더 이상의 경제적·사회적 이득이 우리의 선(가치)에 있어서 갖게 될 한계 의의는 자유에 대한 관심에 비해 상대적으로 줄어들 것이며, 자유에 대한 관심은 동등한 자유의 행사를 위한 여건이 보다 충분히 실현됨에 따라 강화된다는 것이다.[67]

자유 우선성의 원칙을 설명하는 대목이다. 문명의 상태가 향상되면 사람들은 경제적·사회적 이득을 위해서 기본적 자유(basic liberties)를 포기하지 않을 것이라는 의미다. 기본적 자유에는 정치적 자유(투표의 자유와 공직을 가질 자유)와 언론과 결사의 자유, 양심과 사상의 자유 그리고 사유재산권 등이 포함되어 있다.[68] 그렇다면 하나의 민족이 기본적

66 John Rawls, 같은 책, p. 258 ; 황경식 옮김, 같은 책, 390쪽.

67 John Rawls, *A Theory of Justice,* Cambridge: Harvard University Press, 1971, p. 542 ; 황경식 옮김, 《사회정의론》, 수정판 재쇄, 서광사, 1985, 551쪽. 개정판 26절에 유사한 구절이 있다.

자유를 보장하는 것도 결국 문명의 향상과 불가분의 관계에 있다.

자유의 우선성과는 달리 사유재산권에 대해서는 간디와 롤스의 의견이 상당히 다른 것으로 보인다. 롤스는 기본적 자유의 목록에 개인적 재산을 소유할 권리를 포함시켰다. 초판에서는 소유권을 인격의 자유(freedom of the person)의 필수 요소로 보기도 했다.[69] 롤스의 《정의론》이 함축하고 있는 경제체제에서는 개인소유권과 경쟁시장 체제는 양보할 수 없다.[70] 이런 의미에서 롤스는 개인소유권에 기초한 자유주의적 전통의 계승자이다. 롤스는 '자유주의 문명' 안에서, 계몽의 프로젝트 안에서 활동했던 인물이다.[71] 이에 반해 간디는 서양 문명의 경계에서 자유주의 문명의 자유를 문제로 삼고 사유재산에 대해 수탁자 개념을 제시했다.

3) 간디가 본 진정한 문명 내의 인간의 다섯 가지 능력

간디는 서양 문명이 상정하는 자유에는 커다란 결함이 있다고 보았고, 그것을 개인적인 덕성의 함양으로 극복할 수 있다고 보았다. 비쿠 파레크(Bhikhu Parekh)는 간디가 이해한 위대한 문명이라면 그것은 인간에게 다섯 가지 독특한 능력을 요구할 것이라고 말한다. 그 다섯 가지 능력이란 자기 결정, 자발성(autonomy), 자기 지식(self- knowledge),

68 John Rawls, *A Theory of Justice* Revised Edition, 1999; 황경식 옮김, 《정의론》, 106쪽.

69 John Rawls, *A Theory of Justice*, 1971, p. 61.

70 정원섭, "롤스: 평화의 정치철학," 《현대 정치철학의 테제들》, 연구모임 사회비판과대안 엮음, 사월의책, 2014, 30쪽.

71 John Gray, *Liberalisms: Essays in Political Philosophy*, New York: Routledge, Reissue, 2010[1989], p. 41 등.

자기 훈련(self-discipline), 사회적 협력(social-cooperation)이다.[72] 기에르(N. F. Gier)에 따르면, 간디는 유럽 전통에도 존재하는 이 다섯 가지 능력 중에서 현대 문명에서는 마지막 셋이 가장 약하고 손상되기 쉽다고 보았다.[73] 기에르는 후기 롤스 등의 정치학자를 따라서 간디의 요구를 다 충족시킨 자유주의를 '개혁 자유주의'로 부른다.[74]

간디의 산업주의에 대한 비판, 개인소유권에 대한 수탁자 개념 제시는 자유주의 아래에서 살아가는 우리로서는 수용하기 쉽지 않다. 완전한 스와라즈에 근거한 간디의 '개혁 자유주의'는 롤스의 《정의론》보다 훨씬 더 강하게 평등을 요구하고, 자유에 대해 근원적인 반성을 요구한다.

헌팅턴이 제시한 서양 특유의 이념에도 자유주의와 평등이 포함되어 있고, 퍼거슨도 자유의 이념을 아주 높이 평가하고 있다. 헌팅턴과 퍼거슨은 자유와 평등 간의 갈등에 대해 덜 고민했던 것으로 보인다. 반면에 롤스는 대학 시절부터 종교적인 기질이 있었고,[75] 자신의 평등한 자유는 종교적 관용을 공공기관에 적용한 것이라고 밝힌 적도 있다.[76] 이 점에서도 간디는 헌팅턴과 퍼거슨보다는 롤스에 더 가깝다.

72 Bhikhu Parekh, *Gandhi's Political Philosophy: A Critical Examination*, Notre Dame: University of Notre Dame Press, 1989, p. 26.

73 N. F. Gier, "Nonviolence as a Civic Virtue: Gandhi and Reformed Liberalism," in Douglas Allen ed. *The Philosophy of Mahatma Gandhi For the Twenty-First Century,* Lanham: Lexington Books, 2008, p. 129.

74 Gier, 같은 책, p. 122.

75 John Rawls, *A Brief Inquiry Into The Meaning of Sin and Faith*, ed. Thomas Nagel, Cambridge: Harvard University Press, 2009, p. 113.

76 John Rawls, *A Theory of Justice* Revised Edition, p. 180, no. 6; also p. 181.

맺음말

이 글은 19세기 이후 동양에서 일어난 문명론들 중에서 근대 한국의 역사적·정치적 환경과 비교적 관련이 깊은 몇 사람의 문명론을 논했다. 필자는 간디와 롤스를 비교 검토하면서 거대 담론인 문명론에 자유와 평등의 갈등이라는 중심 주제를 제시하면서 문명론에 구체적인 성격을 부여하려고 했다.

이 논문은 지면의 제약으로 헌팅턴이 언급한 8대 문명 중 극히 일부만을 다뤘다. 필자가 동양인들이 선호했던 서양 문명의 특징이나 이념에 대해 설명했지만 그것은 잠정적이다. 이토, 후쿠자와, 한용운은 서양 문명의 특징 중에서 자국의 자주권 확보나 회복에 가장 유리한 것을 찾았다. 이토 히로부미는 조선에 대한 그의 문명화 정책이 조선의 자주권 박탈과 폭력을 초래할 수 있다는 점을 보지 못했다. 일본은 2차 세계대전 패배 이후, 한국은 해방 이후, 서양 문명을 적극적으로 수용하는 방향으로 나아갔다. 그 결과 퍼거슨이 말한 비장의 무기는 대체로 한국인과 일본인의 것이 되었고, 후쿠자와가 찾았던 '개인의 자유'라는 이념은 자유주의, 민주주의, 시장경제와 함께 한국과 일본에서 상당히 실현되었다.

일본과 중국 등 비서양 국가들이 서양 문명을 적극적으로 수용하면서 국제 관계에서 실력자로 부상하자, 헌팅턴은 문명충돌론을 전개해서 서양 문명의 핵심 가치와 문명의 중심국인 미국을 지켜야 한다는 위기의식을 고취시켰고, 퍼거슨은 서양 이념의 약화 내지 상실을 우려했다. 문명의 진보와 함께 국제 관계에서 이토와 같은 제국주의자는 20세기 중반 이후 거의 없어진 것 같다.

간디는 서양의 자유주의 문명의 경계에서 그것을 비판했다. 그의 관점에서 보면 헌팅턴, 퍼거슨, 롤스까지 계몽주의 문명, 그리고 그 후예인 자유주의 문명 안에 있는 셈인데, 헌팅턴과 퍼거슨은 중앙에 서 있고 롤스는 가장자리에 서 있다. 간디의 서양 문명에 대한 비판은 자유주의 문명의 특성과 한계를 선명하게 보여주면서 그것을 역사적인 산물로 만든 것으로 보인다.

간디의 완전한 자치(스와라즈)는 한 민족과 한 마을의 정치적·경제적 자주권, 개인의 정치적 자유, 혼의 힘의 충분한 발휘를 모두 요구한다. 필자는 이를 염두에 두면서 우리가 전개할 문명론의 중심 주제를 자유의 성격과 불평등의 문제에 두어야 한다고 결론지었다. 유토피아적인 간디의 완전한 스와라즈에 대해 롤스식의 질문, 즉 "'상반되며 화해 불가능한 종교적·철학적·도덕적 교리들'을 가진 자유롭고 평등한 시민들로 이뤄진 정의롭고 안정적인 사회가 어떻게 가능할 것인가?"라는 질문을[77] 던져보자는 것이다. 다시 말하면, 아힘사라는 종교적이고 포괄적인 교설을 사적인 일로 무시하지 말고, 공적 이성에 의한 중첩적 합의를 통해 정치적 영역에 들어갈 수 있는지를 물어보자는 것이다. 자유와 불평등이라는 중심 주제는 다음의 문제도 포함한다. 즉 정의와 선(善), 윤리와 시장의 관계를 어떻게 조정해야 하는가? 우리는 '한국' 고유의 문명론을 전개할 수 있을까? 그럴 때 만해의 동도서기론이나 당시 문명론에 대한 안중근의 유교주의적 비판은 어떤 이바지를 할 수 있을까?

필자는 이 글에서 일부 비서양권의 문명론들과 서양의 자유주의 문

77 John Rawls, *Political Liberalism*, Expanded edition, New York: Columbia University Press, 2005[1993], p. 4; 장동진 옮김, 《정치적 자유주의》, 동명사, 1998, 3쪽.

명론을 검토했다. 자유주의 문명과는 이질적인 중국 문명을 염두에 두면 우리가 자유주의 문명이 길러낸 평등한 기본적 자유들을 보존하고 후손에게 물려주는 것은 중요하다. 이질 문명의 인지에서 오는 문명의식과 함께 자유와 불평등의 문제를 염두에 두는 것은 자유주의 문명을 향상시킬 의무를 수행하는 첫걸음이기도 하다.

제2부

민주주의의 변화

민주주의의 새로운 모델

새로운 국가와 사회관계

진미경*

민주주의의 시대는 끝이 났는가? 중국과 러시아 등 권위주의 국가가 다시 부상하면서 민주주의의 가치, 신념, 효용성에 대한 회의가 일어나고 있는 가운데, 아직도 민주주의를 논해야 하는가 하는 의문까지 일고 있다. 그러나 현재 목도되고 있는 민주주의의 쇠퇴가 민주주의 자체를 부정한다고 보기에는 무리가 있다. 1970년대 말 이후 민주화에 성공한 국가들은 고전적 민주주의 이론을 따라 작은 국가, 큰 사회를 적용했다. 그러나 새로 출현한 작은 국가가 민주화 이후 일어난 경제, 사회 문제들을 잘 해결하지 못하면서 자유는 희생되었지만 효율적으로 사회문제를 단시일 내에 해결했던 과거 권위주의를 그리워하는 향수가 일어난다고 할 수 있다.

권위주의 국가의 강세가 나타나도 규범적 측면에서 개인의 자유와 이성을 바탕으로 하는 자유민주주의는 아직도 인류가 지향해야 할 보편적 가치라는 점에서 전 세계적으로 민주주의의 정당성에 대해서는

* 한국외국어대학교 초빙교수. 전 아주대 교수, 전 한국정치학회 부회장.

의심의 여지가 없는 것처럼 보인다. 그러므로 국가가 지향해야 할 이념으로 민주주의를 공통의 목표로 하면서 작은 국가, 큰 사회를 바탕으로 하는 고전적 민주주의 이론을 변용하는 새로운 민주주의 이론을 만들어낸다면 권위주의의 도전을 막고 민주주의의 가치를 충분히 지킬 수 있다.

사실 작은 국가, 큰 사회를 바탕으로 하는 고전적 민주주의 이론은 그 이론이 발달한 서구에서도 대공황 이후의 커다란 국가의 출현, 복지국가의 출현 등으로 원형을 지키지 못했고 수정이 필요한 단계에 와 있다.

어떻게 하면 민주주의의 가치를 유지하면서 민주주의를 훼손하지 않는 새로운 이론을 만들어낼 수 있을까? 민주주의는 법치, 다수결, 정기적 선거, 삼권분립, 군부의 탈정치화 등 여러 가지로 정의할 수 있지만 본 논문에서는 국가와 사회의 관계에 초점을 맞추어 새로운 민주주의 이론을 추구하고자 한다.

1. 고전적 민주주의 이론: 작은 국가, 큰 사회

국가와 사회의 관계로 민주주의를 분석하는 틀은 특히 근대 이래로 정치학자들의 주된 관심사였다. 존 로크(John Locke) 이후 발달한 고전적 민주주의 이론에서는 민주주의를 이룩하기 위해서는 국가의 역할이 작고 사회의 역할이 커야 된다고 주장했다. 로크의 작은 국가, 큰 사회 이론은 애덤 스미스(Adam Smith) 같은 자유주의자들에 의해 더욱 발전되었고, 이러한 작은 국가, 큰 사회를 바탕으로 한 민주주의 이론은 여태까지 민주주의의 지배적인 이론으로 자리 잡고 있다.

작은 국가, 큰 사회를 지지하는 고전적 민주주의 이론은 1970년대 말부터 남유럽과 남미에서 시작된 민주주의의 부활과 민주주의의 공고화를 연구할 때에도 무비판적으로 수용되었다. 그러나 새롭게 민주주의가 부활한 나라들이 고전적 민주주의 이론인 작은 국가, 큰 사회를 채택한 이후 경제적·사회적 문제들에 직면해 다시 권위주의로 되돌아가는 상황을 보면서 작은 국가, 큰 사회의 고전적 민주주의 이론 이외에 새로운 국가, 사회관계를 제시할 필요가 있다.

이를 위해 본 논문에서는 첫째, 민주주의 이론 중 처음 나타났던 고전적 민주주의 이론의 국가, 사회관계를 살펴본다. 둘째로 민주주의를 수입했다가 실패하고 권위주의를 채택한 아시아, 남미 국가들을 연구할 때 적용되었던 관료적 권위주의 이론의 국가 이론을 분석한다. 마지막으로 권위주의가 붕괴되고 새롭게 민주주의가 부활한 국가에서 민주주의를 정착시키기 위해서는 어떠한 국가, 사회관계가 필요한지 살펴봄으로써 새로운 민주주의 이론을 정착시키려고 한다.

1) 애덤 스미스의 작은 국가, 큰 사회 이론

작은 국가와 큰 사회를 기본으로 하는 고전적 민주주의 이론은 물론 로크 등 자유주의 사상가들에 의해 많은 영향을 받았지만 여기서는 애덤 스미스의 이론을 중심으로 고찰해보려고 한다. 이상하게 들릴지 모르지만 애덤 스미스의 '보이지 않는 손', '자유시장', '자유무역' 이론은 단지 고전적 민주주의 이론에만 큰 영향을 끼쳤을 뿐만 아니라 나중에 전개된 종속이론과 관료적 권위주의 이론의 발전에도 큰 영향을 미쳤기 때문이다.

애덤 스미스의 작은 국가론은 그의 자유주의 사상에서 출발한다. 인간은 누구나 이성을 갖춘 존재이므로 개인의 이익은 개인이 가장 잘 알아서 추구한다. 그러므로 개인은 자유를 부여받아야 하고 국가가 개인의 행동이나 사회에 간섭할 필요가 없다.

애덤 스미스의 대표적 저서인 그 유명한《국부론》을 보면, 인간은 개인의 이익인 사익을 추구할 때 보이지 않는 손에 이끌려 그가 전혀 의도하지 않았던 국민 전체의 공공이익을 증진시키게 된다.[1] "우리가 매일 식사를 마련할 수 있는 것은 푸줏간 주인과 양조장 주인 그리고 빵집 주인의 자비심 때문이 아니라, 그들 자신의 이익을 위한 고려 때문이다. 우리는 그들의 자비심에 호소하지 않고 그들의 자애심에 호소하며, 그들에게 우리 자신의 필요를 말하지 않고 그들 자신에게 유리함을 말한다."[2]

애덤 스미스가 옹호하는 개인의 사적인 자유, 자비심보다 우선하는 자애심, 국가의 시장 불개입 이론은 결국 작은 국가, 큰 사회를 기초로 하는 고전적 민주주의 이론을 한층 더 발전시켰다. 물론 애덤 스미스가 국가가 시장에 간섭하는 것을 반대한다고 해서 독점을 장려하는 것은 아니다.[3]

경제학자로서 애덤 스미스는 당연히 시장의 작동 원리에 관심을 가졌는데, 애덤 스미스는 생산력을 최대로 높이기 위해서는 분업의 필요성을 강조했다. 분업의 효율성은 대규모 제조업에서뿐만 아니라 소규모 제조업인 핀 공장에서 작은 핀을 만들 때도 노동의 효율성을 최대로 제고시킨다. 핀을 만드는 작업은 단순한 작업처럼 보이지만 다수의 부문으로 분할되어 있다. 첫 번째 사람은 철사를 잡아 늘이고 두 번째 사람은 철사를 곧게 펴며 세 번째 사람은 철사를 끊고 네 번째 사람은 끝

1 애덤 스미스, 김수행 옮김,《국부론》, 비봉, 2015, 552쪽.

2 애덤 스미스, 같은 책, 19쪽.

3 애덤 스미스, 같은 책, 553, 567쪽.

을 뾰족하게 하고 다섯 번째 사람은 대가리를 붙이기 위해 끝을 문지른다. 대가리를 만드는 것, 대가리를 붙이는 것, 핀을 휘게 하는 것 등 핀을 만드는 데 약 18개의 독립된 작업으로 분할되어 있다. 핀 만드는 사람은 혼자서 핀을 만든다면 하루에 1개에서 20개 정도 만들 수 있을 뿐이다. 그러나 분업을 실시하면 한 사람이 혼자서 핀을 만드는 것보다 작게는 240배, 크게는 4800배까지 생산량이 늘어난다고 보았다.[4]

분업에 의한 효율 극대화는 국내시장에만 그치지 않고 국제시장에도 마찬가지로 적용된다. 일반적으로 가장 부유한 나라들은 공업에서 더 뛰어나고 가난한 나라들은 농업에서 더 뛰어나다.[5] 그러므로 국내시장에서 분업이 생산량을 최대화하는 것과 마찬가지로 국제시장, 즉 무역에서도 분업을 적용할 것을 주장한다. 애덤 스미스의 자유무역론에 따르면 한 나라가 다른 나라에 대해 누리는 우위를 활용해 선진국은 공산품의 생산에 주력하여 수출하고, 후진국은 농산품의 생산에 주력하여 수출하면 상품 가격이 더 싸지고 국민들은 가장 싼 가격으로 상품을 공급받기 때문에 국민 개개인의 실질 수입과 부가 증가되므로 선진국, 후진국 모두에게 이익이 된다고 보았다.[6]

그러나 애덤 스미스의 자유무역에 근거한 각 국가의 산업 특화 이론은 가격이 싼 농산물을 주로 수출하는 후진국들이 선진국의 공산품을 비싼 가격에 계속 수입하게 되었다. 그 결과 후진국과 선진 공업국의 무역수지 격차를 확대시켜 선진국에게만 이익이 되고 제3세계 국가들은 계속 서구 국가들에 종속된다는 종속이론을 탄생시켰다.

4 애덤 스미스, 같은 책, 8~9쪽.

5 애덤 스미스, 같은 책, 10쪽(4편 참조).

6 애덤 스미스, 같은 책, 556, 543쪽.

애덤 스미스의 이론은 종속이론의 탄생뿐만 아니라 복지국가, 관료적 권위주의 이론의 큰 국가 이론에도 큰 영향을 끼쳤다. 애덤 스미스는 자유주의자로서 국가가 사회에 개입하는 것을 반대했지만 그럼에도 국가가 담당해야 할 세 가지 역할을 규정했다.[7] 첫째, 국가는 다른 독립사회의 폭력과 침략으로부터 그 사회를 보호하며 이것은 군사력에 의해서만 달성될 수 있다. 둘째, 그 사회의 구성원을 다른 구성원의 불의나 억압으로부터 보호하는 의무, 다시 말해 재판의 엄정한 시행을 확립해야 하는 의무가 있다. 셋째, 국가는 규모나 예산이 커서 개인이나 사회가 수행할 수 없는 공공사업을 국가가 담당해야 한다.

알프레드 스테판(Alfred Stepan)이 주장한 것처럼 국가가 위의 세 가지 역할을 담당하다 보면 작은 국가, 큰 사회를 기본으로 하는 고전적 민주주의 사상에서도 얼마든지 국가의 역할이 커질 수 있다.[8] 실제로 대공황 이후에 미국의 뉴딜 사업으로 인한 국가의 시장개입과 자본주의의 모순을 보완하기 위해 출현한 복지국가의 모습은 자유민주주의 국가에서도 국가가 비대해질 수 있는 가능성을 이미 보여주었다. 따라서 복지국가나 관료적 권위주의 이론의 큰 국가 역시 애덤 스미스의 이론에서 비롯되었다고 할 수 있다.

작은 국가, 큰 사회를 기반으로 하는 고전적 민주주의 이론은 시장경제가 발달한 미국과 서유럽의 국가에서뿐만 아니라 제2차 세계대전이 종식되고 독립을 이룩한 아시아, 남미, 아프리카 국가들에서도 민주주의 이론으로 자리 잡았다. 식민 지배에 있다가 독립을 획득한 이들 제3

7 애덤 스미스, 같은 책, 2015, 5편을 참조할 것.

8 Alfred Stepan, *The State and Society*, Princeton: Princeton Univ. Press, 1978, pp. 8~9.

세계 국가들은 서구 국가들이 이룩한 경제발전과 풍요로운 사회를 이룩하기 원했고, 이것을 이룩하기 위해서는 서구 국가가 밟아온 역사적인 과정을 그대로 따라서 자연히 서구 국가들이 채택한 고전적 자유민주주의 이론을 도입했다.

그러나 빠른 시일 안에 경제발전과 산업화를 이룩하기 원하는 이들 국가들은 서구 사회와 달리 경제발전을 주도할 자본과 기술, 중산층 계층이 존재하지 않았기 때문에 국가가 나서서 경제발전과 근대화를 주도했고, 그 결과 국가의 역할이 커지는 현상이 나타났다. 즉 이들 제3세계 국가들은 껍데기만 민주주의를 채택했고 실질적으로는 국가가 앞장서서 경제발전을 주도하고 시기별로 어떤 산업을 육성할 것인가를 결정하는 등, 국가의 힘이 비대해지는 현상, 즉 고전적 민주주의 이론의 작은 국가와는 정반대로 국가의 역할이 커지는 현상이 나타나게 되었다. 고전적 민주주의와 반대되는 큰 국가, 작은 사회 현상을 제3세계를 연구하는 학자들은 관료적 권위주의 이론으로 발전시켰다.

2. 관료적 권위주의 이론: 베버의 큰 국가, 작은 사회 이론

제3세계 국가에서 나타나는 큰 국가, 작은 사회 이론은 기예르모 오도넬(Guillermo A. O'Donnell)에 의해서 관료적 권위주의 국가 이론으로 정립되었다.[9] 오도넬은 아르헨티나를 연구하면서 정치체제는 경제발전 단계의 영향을 받는다고 주장했다. 아르헨티나는 19세기 말 독립 이후 토지와 광산을 지배하는 지배세력들이 과두지배체제를 탄생시켰

9 Guillermo A. O'Donnell, *Modernization and Bureaucratic-Authoritarianism*, University of California, Berkeley, 1973.

다. 이후 외국에서 수입해오던 소비재를 국내에서 생산하는 물품으로 대체하는 수입대체화 산업을 발전시켰다. 이 시기에는 국내에서 생산된 물품을 국내에서 소비시키기 위해 민중 계층의 임금을 올려주는 민중주의(populism)가 출현한다.

그러나 수입대체화 산업으로 소비재의 국내 생산의 목표를 달성하게 되자 다음 단계의 산업 심화 단계로 발전할 필요가 있었다. 이를 위해 외국으로부터 자본과 기술을 도입할 필요가 발생했고, 이는 폭력을 소유한 군부와 경제 지식을 가진 경제 관료들이 연합해 노동자를 탄압하고 노동자의 임금을 억제하는 관료적 권위주의 정권을 탄생시켰다.

오도넬의 관료적 권위주의 이론은 아르헨티나뿐만 아니라 아시아와 남미의 군부 정권을 분석할 때도 적용되었다. 관료적 권위주의 이론이 제3세계를 연구할 때 지배적인 이론으로 자리 잡은 이유는 서구 학자들의 근대화 이론의 이론적 공백을 채워주었기 때문이다. 근대화 이론은 서구의 역사적 경험을 빌려 경제가 발전하면 할수록 민주주의도 함께 발전한다고 했다. 그러나 아시아, 남미 국가에서는 근대화 이론과 달리 경제가 발전할수록 민주주의가 발전하는 것이 아니라 군인이 쿠데타로 집권하는 군부 정권이 전 세계적으로 유행했다. 근대화 이론이 설명하지 못하는 경제발전과 민주주의 간의 반비례 현상을 관료적 권위주의 이론은 잘 설명해주었고, 따라서 이 이론은 제3세계 국가를 설명하는 이론으로 지배적인 위치를 차지했다.

그러나 관료적 권위주의 이론은 제3세계 국가들을 연구할 때 이들 국가들이 지역적으로 갖고 있는 다른 특성들을 고려하지 않고 아시아, 남미, 아프리카 국가들에 공통적으로 사용되었다는 데에 단점이 있고, 이러한 점이 다른 이론을 파생시키는 단초를 제공했다.

1) 막스 베버의 국가론

오도넬의 관료적 권위주의라는 용어는 앱터(Apter)의 관료제(bureaucratic system)와 린츠(Linz)의 권위주의 체제(authoritarian regime)를 합성한 것이지만, 큰 국가, 작은 사회를 핵심으로 하는 관료적 권위주의 이론은 막스 베버(Max Weber)의 국가론에서 크게 영향을 받았다고 할 수 있다. 베버의 정의를 기준으로 하는 국가는 근대 국가의 출현 이후부터 적용된다고 할 수 있다.

베버는 국가를 입법에 의해 변하는 행정적이고 법적인 질서, 입법에 의해 규제를 받는 행정관료, 영토라는 기반을 가진 강제적 연합, 폭력을 정당하게 독점적으로 사용하는 기구 등 여러 가지 요소로 정의했다.[10] 그중에 우리가 주목해야 할 요소로 두 가지가 있다. 첫째, 베버는 국가를 영토 내에서 유일하게 합법적으로 폭력을 사용하는 제도로 정의했다. 둘째, 베버는 국가를 관료제로 정의했다.

관료제를 국가의 중요한 요소로 간주하는 것은 아마도 헤겔의 영향을 받은 것 같다. 관료는 일정한 법, 절차에 따라 어느 특정 집단이나 계층의 이해에 상관하지 않고 국민 전체의 이익을 위해서 국가의 임무를 수행하는 중립적인 제도이다. 폭력은 한 나라의 영토 내에서 국가만이 정당하게 독점적으로 사용할 수 있다. 그러므로 국가에 속하지 않는 범죄 조직이나 테러집단이 현실적으로는 폭력을 사용할 수 있지만 이러한 비국가 단체의 폭력 사용은 정당하다고 인정될 수 없다. 따라서 국가에 속하는 군부나 경찰의 폭력 사용은 그 목적의 선악 여부를 떠나

10 Talcott Parsons, ed. *Max Weber: The Theory of Social and Economic Organization*, New York: Free Press, 1964, p. 156.

서 정당하다고 할 수 있다.

국가를 폭력과 관료로 정의하는 베버의 국가관은 제3세계 국가를 폭력 수단을 소유한 군부와 경제적 지식을 소유한 관료의 연합체로 정의한 관료적 권위주의 이론과 거의 흡사하다. 물론 마르크스의 국가론도 관료적 권위주의 이론에 영향을 미친 것은 사실이다. 관료적 권위주의 이론이 국가의 체제(regime) 형태를 경제발전의 단계와 연결시켜 설명한 점은 마르크스의 정치경제론의 영향을 반영한다. 관료적 권위주의 이론을 개발한 오도넬은 경제발전의 단계에 따라 국가의 형태도 변한다고 보는데, 이는 경제적 요소가 정치를 결정짓는다는 마르크스의 경제 결정론과 다르지 않다. 마르크스의 국가론은 생산수단의 소유 여부에 따라서, 즉 빈부의 차이에 따라서 국민을 부르주아와 프롤레타리아로 구분한 점을 제외하고는 폭력과 관료제를 국가의 중요한 특성으로 보았다는 점에서 베버의 국가론과 비슷하다고 할 수 있다.

그러나 마르크스에게 국가를 대표하는 관료제도는 단지 외관상으로만 국민 전체를 위한다는 중립적인 허울을 쓰고 있다고 본다. 관료제의 실상은 부르주아 지배계급을 위해 다수 국민인 노동자 계급의 이익은 무시하면서 경찰, 군대와 같은 국가의 폭력을 이용해 노동자 계급을 착취하는 도구에 지나지 않는다.

제3세계 신생독립국가들을 연구할 때 적용되는 분석의 틀인 관료적 권위주의 이론은 결국 국가의 특성을 폭력과 관료라는 두 가지 요소로 이해하는 베버의 국가론에서 출발해 고전적 민주주의와 반대되는 큰 국가, 작은 사회의 이론을 발전시켰다. 관료적 권위주의 이론은 이후 민주주의에 반하는 이론으로 정착되었다. 그러나 뒤에서 살펴보듯이 큰 국가, 작은 사회 이론은 새로운 민주주의 이론으로 발전할 수 있다.

권위주의 강한 국가로 경제발전에 성공한 국가들은 시간이 지남에 따라 아리스토텔레스(Aristoteles)와 그의 영향을 받은 립셋(Lipset)이 예측한 대로 경제발전의 결과로 중산층이 형성되었고, 이들 중산층은 민주주의를 요구했다. 결국 권위주의는 그것이 성공시킨 경제발전의 부메랑으로 1970년대 말부터 남유럽, 아시아, 남미 국가에서 퇴장했다.

권위주의가 쇠퇴하고 민주주의가 부활한 국가들은 민주주의를 정착시키기 위해 다시 예전의 작은 국가, 큰 사회를 지향하는 고전적 민주주의 모델로 돌아갔다. 고전적 민주주의를 채택한 배경에는 제3세계 국가들이 서구에서 수입했다가 실패한 민주주의를 제대로 정착시키려는 시도와 더불어 1980년대 이후 그 당시 전 세계적으로 유행한 작은 정부의 흐름도 있다. 미국에서는 대공황과 뉴딜 정책 이후 큰 정부를 추진하면서 정부의 재정적자가 커진 결과 정부의 역할을 축소하려는 레이거니즘이 출현했고, 영국의 대처리즘, 워싱턴 컨센서스, 신자유주의의 작은 국가의 흐름 등은 작은 국가와 큰 사회를 기축으로 하는 고전적 민주주의 모델을 다시 전 세계적으로 확산시켰다.

2) 권위주의의 부상

위와 같은 흐름에 의해서 민주주의를 부활시킨 제3세계 국가에서 작은 국가, 큰 사회의 고전적 민주주의가 다시 지배적인 경향으로 자리잡게 되었다. 이들 국가에서는 민주주의의 특징인 정기적인 선거, 개인의 자유, 언론 자유의 보장, 국영기업의 민영화, 국가의 시장규제 축소, 군부의 탈정치화 등 민주주의로의 회귀가 일어났다. 그러나 민주화 이후, 권위주의 시대에 억눌렸던 사회 각 부문에서 봇물처럼 터지는 요구들을 민주화된 작은 국가들이 효율적으로 처리하기에는 역부족인 경우가 많았다.

한국 등 아시아 국가는 1990년대 초반에 IMF 위기 발생으로 긴축재정, 기업 파산, 높은 실업률 등에 시달렸다. 중동에서는 튀니지 재스민 혁명 이후 이집트, 리비아, 요르단 등에서 민주화 운동이 일어났지만 튀니지를 제외하고는 쇠퇴하고 있다. 2000년대 후반에는 미국, 유럽 등 선진 민주주의 국가에서도 금융위기가 발생해 민주주의에 대한 위협으로 작용했다. 민주화된 국가의 정책 능력에 실망한 이들 국가의 국민들은 민주주의에 대해 회의했고 다시 예전의 권위주의 국가로 회귀하려는 경향도 일어났다.

권위주의에 대한 매력을 일으킨 또 다른 이유는 중국과 러시아의 부상이다. 중국은 마오쩌둥(毛澤東) 사후 덩샤오핑(鄧小平)이 집권하면서 시장경제체제를 도입했지만 여전히 공산당 일당이 지배하는 권위주의 국가체제하에서 급속한 경제발전과 군사 근대화로 인해 G2라고 불릴 만큼 군사적·경제적 측면에서 세계 2위의 강대국으로 부상했다. 러시아 역시 소련연방 해체 이후 미국에 대적하는 세계 제2위의 자리를 중국에게 내주기는 했지만 혼란기를 거친 다음에 푸틴(Vladimir Putin) 집권 이후 예전의 슬라브주의를 내세우며 권위주의 통치 방식으로 다시 강대국으로 부상하는 중이다. 중국, 러시아의 부상은 민주화 이후 경제, 사회적 문제로 어려움을 겪는 국가들에게 권위주의로 회귀하고 싶은 욕망을 부채질하고 있다.

그러나 자세히 살펴보면 일부 학자들이 우려하듯이 최근의 경향이 반드시 권위주의로의 회귀는 아닌 것 같다. 현재 민주주의의 약화와 권위주의 득세가 일어나고 있는 국가들을 자세히 살펴보면 중국, 러시아처럼 (1) 원래 권위주의 전통과 문화가 있는 나라들과, (2) 우리나라처럼 뿌리가 약한 민주주의에서 권위주의로 후퇴했다가 다시 민주화된 신생 민주주의 국가들의 경우가 다수이다.

19세기 말 청조가 약화된 이후 실질적으로 민주주의를 도입한 적이 없는 중국의 경우를 예로 들며 민주주의가 쇠퇴한다고 우려하는 주장은 옳지 않은 것으로 보인다. 중국은 마오쩌둥 사망 후에 덩샤오핑이 경제적으로는 자본주의, 자유시장경제를 도입했지만 정치적으로는 공산주의를 포기하고 민주주의를 도입한 적이 없다. 중국은 덩샤오핑이 흑묘백묘(黑猫白猫) 이론으로 1970년대 중반 이후 자유시장, 자본주의 경제를 도입했지만 천안문 사태에서 보듯이 정치적으로는 여전히 공산당 일당 독재, 국민의 자유 억압, 반체제 인사 탄압의 공산주의 정책을 이어갔다. 물론 중국의 부상이 중국이 이룩한 단시일 내의 경제발전을 모방하려고 하는 다른 국가들에게 모델로 활용될 수 있지만 중국의 경우를 두고 민주주의가 쇠퇴했다고 하는 것은 잘못되었으며, 오히려 중국은 민주주의로 나아가는 과정에 있다고 봐야 할 것이다.

러시아의 경우도 중국과 마찬가지로 민주주의를 채택한 적이 없다. 1980년대 말부터 소련연방이 해체되고 러시아 독립국가연합이 들어섰지만 이 시기에 러시아가 민주주의를 채택했다고 보기는 어렵다. 푸틴 집권 이후 푸틴의 리더십 스타일이 권위주의 성격을 더해가고 있지만 러시아가 민주주의 국가가 아니었으므로 러시아에서 민주주의가 후퇴한다고 볼 수는 없다.

많은 학자들이 민주주의가 후퇴한다고 예를 든 러시아, 중국, 코소보, 리비아, 이집트, 튀니지, 네팔, 스리랑카, 파키스탄, 에티오피아 같은 국가들은 진정한 민주주의 국가라고 볼 수 없다.[11] 루젠(Douglas Rutzen) 자신이 지적한 대로 이들 국가들은 선거는 실시하지만 법치,

인권, 다원주의 같은 다른 면에는 관심이 없는, 진정한 민주주의 국가라기보다는 준권위주의(semi-authoritarian) 국가이거나 혼성 체제(hybrid regime)일 경우가 더 많다.[12] 또는 후쿠야마(Francis Fukuyama)가 언급한 것처럼 이들 중동, 아프리카의 국가들은 겉으로만 민주주의의 모습을 띠었지 실제로는 국가 지도자가 국가의 재원을 개인의 재산으로 생각하는 세습재산 국가인 경우가 많으므로 민주주의에서 권위주의 국가로 후퇴했다고 볼 수 없다.

이들 국가는 원래 권위주의의 전통이 강했던 국가이므로 단기간 민주주의를 실험해보고 민주주의가 실패했다고 단정하기는 시기상조인 것 같다. 전통적으로 민주주의 전통이 약하고 권위주의 전통이 몇 백 년, 몇 천 년 견고했던 국가들에서 민주주의가 단기간 실험된 후에 약화되었다고 해서 민주주의의 장래를 비관적으로 단정하기는 무리다. 플래트너(Marc F. Plattner)가 지적한 대로 새로운 민주주의 국가에서는 국민이 민주적 태도와 제도에 익숙해지는 데 시간이 걸리므로 민주주의가 성공하려면 시간이 오래 걸린다.[13] 권위주의도 약점이 많으며 민주주의는 권위주의에 반해 자정(self-correction) 능력을 갖고 있으므로 민주주의의 미래는 권위주의보다 낙관적일 수도 있다.[14]

새롭게 민주주의를 부활시킨 우리나라와 같은 신생 민주주의 국가에서 어떻게 하면 민주주의를 정착시킬 수 있을까? 고전적 민주주의를

11 Douglas Rutzen, "Civil Society Under Assault," *Journal of Democracy*, October 2015, p. 26:4.

12 Rutzen, 같은 글, 2015, p. 29.

13 Marc F. Plattner, "Is Democray In Decline?," *Journal of Democracy*, January 2015, p. 8.

14 Plattner, 같은 글, January 2015, p. 10.

실현했던 서구 국가에서 대공황 등의 경제적 위기, 복지국가의 출현 등으로 이미 고전적 민주주의의 변형인 큰 국가가 시도되었다. 이 점에 비추어볼 때 서구의 큰 국가를 고전적 민주주의의 일시적 변형으로 보고, 작은 국가와 큰 사회를 기반으로 하는 고전적 민주주의를 민주주의의 모델로 유지하기보다는 고전적 민주주의에서 벗어나 새로운 민주주의의 모델을 제시할 때가 되었다.

3. 큰 국가 민주주의 이론의 출발

작은 국가, 큰 사회를 바탕으로 하는 고전적 민주주의에 대한 도전은 아프리카 국가를 연구한 미그달(Joel S. Migdal)에서 볼 수 있다.[15] 이집트, 인도, 이스라엘, 멕시코, 시에라리온을 연구한 미그달의 이론은 고전적 민주주의에 대한 도전뿐만이 아니라 큰 국가, 작은 사회라는 모델로 제3세계 연구의 지배적 흐름을 장악했던 관료적 민주주의 이론에도 중요한 이의를 제기했다.

미그달에 따르면 제3세계, 특히 아프리카 국가들에서는 큰 국가, 작은 사회를 바탕으로 하는 관료적 권위주의 국가 이론과 달리 식민지배가 종식되고 새로운 독립국가가 출현했음에도 지방사회를 지배하는 부유한 농부, 부족 지도자, 대금업자 등 국가에 저항하는 사회세력이 국가보다 세력이 크다. 따라서 독립 후에 국가 지도자들이 새롭게 내세운 근대적이고 민주적인 정책, 법, 개혁들이 실패하는 현상이 나타나고 결국 국가 건설(state-building)과 경제발전, 근대화에 실패했다고 보고

15 Joel S. Migdal, *Strong Societies and Weak States*, Princeton: Princeton University Press, 1988.

있다.[16]

똑같이 제3세계를 연구했는데 관료적 권위주의 이론과 달리 큰 국가, 작은 사회를 주장하는 미그달은 어떻게 해서 이런 주장을 하게 되었을까? 그 이유는 고전적 민주주의 이론이나 관료적 권위주의 이론이 국가를 단일체로 분석했던 것과 달리 미그달이 국가를 다원적으로 분석했기 때문이다. 미그달은 국가 또는 국가 능력(state capabilities)을 사회 침투 능력(to penetrate society), 자원 징수 능력(to extract resources), 사회 지배 능력(to regulate social relationship), 자원 사용 능력(to appropriate or use resources in determined ways)의 네 가지로 구분했다.[17]

미그달은 관료적 권위주의 이론과 같이 제3세계 국가를 강한 국가로 보는 이론은 국가의 네 가지 능력 중 사회 침투 역량과 자원 징수 역량에만 분석의 초점을 두었기 때문이라고 보았다. 만약 국가가 사회를 지배하는 능력, 즉 국가 지도자의 정책이나 법을 사회 구성원들이 준수하게 하는 국가의 능력과, 국가가 원하는 대로 사회 자원—물적 자원뿐만 아니라 인적 자원—을 사용할 수 있는 측면을 분석한다면 제3세계 국가들은 관료적 권위주의 이론의 큰 국가와 달리 오히려 국가가 약하거나 실패했다고 보았다.[18]

따라서 관료적 권위주의의 이론에서 강한 국가의 범주에 들어가는 멕시코도 미그달의 이론대로 국가의 사회 지배 능력과 자원 사용 능력의 측면을 분석하면 약한 국가의 경우에 속하게 된다. 미그달이 연구한 이집트, 인도, 이스라엘, 멕시코 중에 이스라엘을 제외하고는 다 국

16 Migdal, 같은 책, 1988, p. 262.

17 Migdal, 같은 책, pp. 5, 261.

18 Migdal, 같은 책, p. 8.

가가 사회를 지배하는 데 실패했고, 그중에서도 특히 이집트의 나세르(Gamal Abdel Nasser) 같은 강력한 지도자도 사회를 지배하는 데 실패했다고 보고 있다.[19]

제3세계의 강한 국가가 약한 사회를 통제해 경제발전과 근대화에 성공하고 그 결과 중산층을 형성시켜 다시 민주주의로 돌아갈 것이라는 관료적 권위주의 이론이 아프리카 빈곤 독재 국가의 경우를 설명하지 못했다. 이와 같은 이론적 공백이 존재했음에 비추어볼 때 미그달의 약한 국가, 큰 사회의 이론은 학문적으로 대단한 성과라고 아니할 수 없다.

따라서 미그달은 아프리카 국가들이 빈곤과 독재의 악순환에서 벗어나 경제발전과 민주주의를 이룩하기 위해서는 기존의 사회집단, 사회 지배세력에 영향받지 않고 지도자의 원칙을 국민에게 잘 전달하는 관료집단의 발전과 위험 계산을 잘하는 지도자들의 출현이 필요하다고 보고 있다.[20] 미그달의 큰 국가, 작은 사회 이론은 국가 역량을 높게 만들어 현재 신생 민주주의가 겪고 있는 경제, 사회적 문제들을 해결하게 해주고 권위주의로의 회귀를 방지할 수 있는 이론으로서, 고전적 민주주의의 작은 국가, 큰 사회를 대체할 수 있는 새로운 민주주의 이론으로 고려될 수 있다.

미그달과 궤를 같이하면서 민주주의를 이룩하기 위해 국가의 역할이 커야 된다고 주장하는 학자가 프랜시스 후쿠야마다. 후쿠야마도 미그달과 마찬가지로 국가를 단일체로 보지 않고 범위(scope)와 능력

19 Migdal, 같은 책, p. 205.

20 Migdal, 같은 책, 1988, pp. 274~275.

(capacity, strength)으로 구분했다.[21] 후쿠야마 역시 미그달과 같이 전체주의, 권위주의가 붕괴된 동유럽, 아시아, 남미 국가가 민주화 이후 신자유주의, 워싱턴 컨센서스를 따라서 국가를 무조건 축소했다고 보았다.[22] 그러나 후쿠야마는 국가다움(stateness)에는 여러 가지 측면이 있으므로, 국가의 모든 측면을 다 줄이는 것에는 반대한다. 대신 국가의 범위는 줄이되 국가의 능력은 오히려 높여야 한다고 주장한다.[23]

그런데 신생 민주주의 국가들은 국가의 범위와 능력을 구별하지 못하고 국가의 범위뿐만 아니라 국가의 능력도 동시에 축소했기 때문에 이들 국가에서 여러 가지 위기가 나타나고, 위기는 곧 민주주의에 대한 실망과 권위주의로의 회귀 경향을 가져온다고 보았다. 후쿠야마는 민주화 이후에는 권위주의 시대에 팽창된 국가의 범위는 줄이되 국가의 능력은 반대로 증가시켜야 신생 민주주의의 문제들을 해결할 수 있고, 권위주의로의 회귀도 막을 수 있다고 본다.

후쿠야마가 말하는 국가의 능력과 범위는 무엇을 의미하는가? 국가의 능력은 국가가 정책을 기획하고 집행할 수 있는 능력, 법을 제정하고 강제할 수 있는 능력, 최소의 관료로 독직, 부패, 뇌물 등을 조정할 수 있는 능력, 책임성 등을 의미한다.[24]

국가의 범위는 국가가 담당하는 여러 가지 기능과 목표를 의미한다.[25] 구체적으로 예를 들면 민주화 이후에 국가의 범위를 줄이는 것은

21 Francis Fukuyama, "The Imperative of State-Building," *Journal of Democracy*, April 2004.

22 Francis Fukuyama, *State Building*, London: Profile Books, 2005, p. 5.

23 Fukuyama, 같은 책, pp. 7, 25, 162.

24 Fukuyama, 같은 책, pp. 9, 12, 163.

지방분권, 국영기업의 민영화처럼 지방이나 시장에 국가가 담당했던 기능을 분산시키는 것이다.[26] 국가의 능력을 높이는 예로는 법치를 강화해서 내부 사회에서 테러단체의 활동을 억제하고[27] 재산권, 기본적인 초등교육 등을 강화하는 것이다.[28]

후쿠야마는 현재 전 세계적으로 민주주의가 후퇴하는가 아닌가는 좀 더 시간을 두고 관찰할 필요가 있다고 본다.[29] 후쿠야마도 앞서 필자가 주장한 것처럼 현재 민주주의가 후퇴하고 있는 나라들은 권위주의에서 민주주의로 부활한 국가가 아니라 근대 이후의 비인격적 국가와 반대되는 세습재산 국가(patrimonial state) 또는 신(新) 세습주의 국가들이라고 보고 있다.[30] 이러한 후쿠야마의 진단에 따르면 권위주의 국가에서 민주주의 국가로 이행하는 것보다 세습재산 국가에서 민주주의 국가로 이행하는 것이 더 어렵다고 본다. 후쿠야마의 새로운 분석 틀은 사회의 강렬한 저항과 민주화 운동을 통해 민주주의를 부활시킨 신생 민주주의 국가에서 왜 민주주의가 약화되고 권위주의로의 회귀 현상이 나타나는지에 대한 답을 제공한다고 할 수 있다.

따라서 권위주의 체제를 종식시키고 어렵게 민주주의를 부활시킨 신생 민주주의 국가에서 민주주의를 살리려면 신자유주의가 권고하는 것처럼 국가를 일원적으로 보지 않고 국가를 다원적으로 분석해서 국

25 Fukuyama, 같은 책, p. 9.

26 Fukuyama, 같은 책, pp. 91~103.

27 Fukuyama, 같은 책, p. 163.

28 Fukuyama, 같은 책, p. 136.

29 Fukuyama, 같은 책, p. 11.

30 Francis Fukuyama, "Why is Democracy Performing So Poorly?," *Journal of Democracy*, January 2015, p. 12.

가를 범위와 능력으로 구분하고, 국가의 범위는 줄이되 정치, 경제, 사회 문제를 해결할 수 있는 국가의 능력은 확대해야 한다. 이렇게 신생 민주주의 사회가 직면하게 되는 여러 문제들을 국가가 높은 역량으로 해결할 때 국민들은 민주주의를 지지하게 되고 단기간에 억압적 지배로 사회문제를 해결했던 과거의 권위주의 체제로 회귀하고 싶은 욕망을 포기하게 돼서 민주주의를 정착시킬 수 있는 가능성이 높아진다.

결론적으로 민주주의를 공고화하기 위해서는 민주화 이후에 권위주의 시대의 모든 특징, 즉 강한 국가, 작은 사회를 부정해 작은 국가, 큰 사회가 되는 것이 아니라 국가의 범위와 능력을 구분해 범위는 약화하되 국가의 능력은 강화시켜야 된다. 민주화가 된 이후에도 여전히 큰 국가가 필요한 이유는 시민사회가 담당할 수 없고 국가만이 담당할 수 있는 큰 과제들이 있기 때문이다.

4. 민주주의의 새 이론: 큰 국가, 작은 사회

위에서 분석한 바와 같이 민주주의가 공고화되려면 사회가 커져야 하고, 또 동시에 국가도 능력 면에서 커져야 한다. 위의 분석에 근거해 우리는 민주주의의 새로운 모델을 제시할 때에 이르렀다. 자유민주주의 국가에서도 이미 애덤 스미스식의 고전적 자유주의 모델에서 말하는 작은 국가, 큰 사회의 민주주의 모델이 무너진 지 오래이므로, 정치 현실을 반영하는 새로운 민주주의 모델을 정립할 필요가 있다.

큰 국가, 큰 사회를 바탕으로 하는 새로운 민주주의 모델은 아래의 도표와 같다. 그러나 표 1에서 보듯이 약한 국가, 강한 사회의 범주에 서구의 고전적 민주주의 모델과 미그달이 묘사한 아프리카 국가들이 같이 속한다는 것이다.

표 1 민주주의의 새 모델[31]

구분		국가	
		strong	weak
사회	strong	새로운 민주주의	고전적 민주주의 모델 대부분의 제3세계 국가 (미그달)
	weak	관료적 권위주의	무정부 상태 (1939~1945의 중국)

그러나 분명히 이들 국가들 사이에는 차이점이 존재한다. 고전적 민주주의 국가는 사회가 강하고 국가가 약하지만 개인의 사적 이익 추구와 사회의 자율성, 국가의 사회에 대한 종속성이 있는데도 경제발전을 이룩했다. 반면에 아프리카 국가들은 사회가 강하고 국가가 약하지만 경제발전에 실패하고 대다수의 국민이 빈곤과 경제적 불평등에 시달리고 있다.

이러한 문제를 어떻게 해결할 것인가? 후쿠야마가 말한 대로 약한 국가, 강한 사회를 고전적 민주주의와 세습재산 국가로 다시 분리시켜야 할지는 좀 더 연구해볼 문제로 보인다. 다만 본 논문에서는 새로운 민주주의 이론으로서 국가의 범위는 축소하되 국가의 능력은 강화시키는 강한 국가와 강한 사회를 제시하는 데 그치려고 한다.

맺음말

민주주의를 이룩하기 위해 국가의 역할과 사회의 역할, 국가와 사회의 힘의 관계는 특히 근대 이래로 정치학자들의 주요 연구 주제 중의 하나였다. 애덤 스미스 이후 고전적 민주주의 이론에서는 민주주의를

31 이 도표는 미그달의 이론에서 많은 영향을 받았다. Migdal, 1988, p. 35 참조.

이룩하기 위해서는 국가의 역할이 작고, 사회 또는 시민사회의 역할이 커야 된다고 주장했다.

고전적 민주주의 이론은 1970년대 말부터 남유럽과 남미에서 시작된 민주주의의 부활과 민주주의의 공고화를 연구할 때에도 무비판적으로 적용되었다. 그러나 우리나라를 비롯해 새롭게 부활한 신생 민주주의 국가에서 작은 국가, 큰 시민사회라는 고전적 민주주의 이론을 그대로 적용하다 보면, 신생 민주주의가 직면한 정치적·경제적·사회적 문제들을 해결하기 어렵다. 애덤 스미스가 일찍이 주장한 것처럼 고전적 민주주의 국가에서도 국가를 외부의 적과 내부의 적으로부터 보호하고 공공사업을 수행하기 위해서는 국가의 역할이 커질 수 있다. 신생 민주주의 국가에서 고전적 민주주의에 국가의 역할을 크게 하는 이러한 이유 이외에도 민주주의를 공고화하는 과정에서 시민사회가 담당할 수 없는 과제들을 수행하다 보면 국가의 역할이 커진다.

반면 민주화를 이룩한 이후에 권위주의 체제하에서 과대 성장한 국가를 축소시키고 시민사회의 세력을 강화하다 보면 역으로 시민사회가 과대 성장하여 국가와 시민사회의 적절한 균형이 깨져 민주주의 발전에 오히려 장애가 될 수도 있다. 그러므로 민주화 이후에 국가의 힘을 무조건 약화시키는 것이 아니라, 국가에 적합한 능력을 부여하고 시민사회와 국가의 세력 균형의 접점을 찾는 것이 중요하다.

본 연구는 신생 민주주의 국가에서 민주주의를 공고화하기 위해서는 큰 국가, 큰 시민사회라는 새로운 국가와 사회의 관계가 필요하다고 주장한다. 고전적 민주주의 이론의 작은 국가, 큰 사회의 이론과 달리, 큰 국가와 큰 사회가 필요하다는 연구 결과는 민주주의의 새로운 모델을 제시할 수 있다는 점에서 학문적 의의가 크다고 할 수 있다.

민주주의의 이중성*

르포르의 포스트모던 민주주의

이동수**

민주주의는 오늘날 가장 바람직한 정치체제로 인정받고 있다. 최근 중동과 아프리카에서 일어난 재스민 혁명만 보더라도 민주주의가 지구인 모두에게 최선의 정치체제로 인식되고 있음을 알 수 있다. 한국 사회도 1948년 대한민국이라는 자유민주주의 국가가 수립된 이래, 산업화와 민주화 그리고 세계화 과정을 거치면서 이제 민주주의의 한가운데 서 있다. 세계 각국에서도 이런 한국 사회의 발전을 칭송하고 있으며, 그 장점들을 벤치마킹하기에 여념이 없다.

하지만 한국 사회에서 실제로 살고 있는 우리는 꼭 그렇게 생각하고 있지는 않은 것 같다. 혹자는 민주화를 진보나 좌경화로 곡해하기도 하고, 다른 혹자는 현 상태에 여전히 불만을 품고 아직 민주화가 덜 되었다고 생각하기도 한다. 때로는 민주주의가 지나쳐 혼란을 초래하는 것처럼 느끼기도 하고, 또 때로는 민주주의가 후퇴하고 있는 것처럼 염려

* 이 글은 《동양정치사상사》 제12권 2호(2013)에 게재된 "민주주의의 이중성: 르포르의 포스트모던 민주주의"를 수정·보완했다.

** 경희대학교 공공대학원 교수.

하기도 한다. 그렇다면 과연 우리가 체감하는 민주주의의 실체는 무엇일까?

이에 대한 결론을 내리기에 앞서 필자가 지적하고 싶은 것은 우리가 민주주의를 오해하고 있는 측면이 있다는 점이다. 혹자는 민주주의를 단순히 '인민의 지배'라는 원리 아래 '다수결의 원칙'에 따라 통치하는 체제로 정의하기도 하고, 또 다른 혹자는 민주주의를 독재의 상태에서 벗어나 자유와 평등이 보장되는 사회 건설로 인식하기도 한다. 하지만 이것은 민주주의를 지나치게 단순화시켜 이해하는 것에 지나지 않는다.

필자가 보기에, 민주주의는 한마디로 간단히 정의되거나 그 내용을 쉽게 파악할 수 있는 것이 아니다. 오늘날 민주주의가 하나의 '정치적 덕목(political virtue)'으로 인정되기까지에는 수많은 이론적 축적 과정과 수백 년에 걸친 역사적 변형 과정이 있었으며, 그 결과 정치체제로서 각각의 민주정이 현실화되었다. 고대 아테네의 민주정은 다시 빛을 보기까지 천년을 넘게 기다려야 했으며, 근대 민주정은 자유주의와 공화주의를 거쳐 20세기에 이르러서야 빛을 발했다. 그리고 많은 국가가 오늘날 민주정을 채택하고 있음에도 그 내용에서는 서로 다른 차이들을 내포하고 있다.

그런 점에서 오늘날 한국인들이 느끼는 혼란은 사뭇 당연한 것처럼 여겨진다. 민주화가 되었음에도 무언가 정리되지 않은 듯한 느낌은 원래 민주주의가 갖고 있는 이런 부분들을 올바르게 인식하지 못한 결과이기 때문이다. 즉 민주화란 단순히 민중세력의 지배가 아니며, 또한 기득권 세력이나 각각의 개인들이 자유로이 자신의 이익만 추구할 수 있는 체제의 수립도 아니다. 민주화란 민중세력과 기득권 세력의 갈등을 물리적 폭력을 사용하거나 혁명과 같은 체제 변동을 겪지 않으면서 그 사회 내에서 조정하고 해결할 수 있게 하는 제도와 규칙의 정립 및 제세력들 간의 권력의 균형을 이루는 과정이다.

물론 이 작업은 결코 쉬운 일이 아니다. 그리고 이 작업 속에서 민주주의는 모호성(ambiguity)을 지니고 있을 수밖에 없다. 왜냐하면 실체로서의 민주정은 그것이 수립되는 사회의 역사와 환경, 당시의 사회 구성 및 세력관계 등에 따라 다르게 나타나기 때문이다. 다만 민주정의 원칙은 존재한다. 앞서 말한 것처럼 '인민의 지배', '다수결의 원칙', '법의 지배' 등과 같은 요소들이 중요한 기준이 된다. 하지만 이 원칙들도 그것이 성립된 역사적 배경과 이론적 함의를 이해하고 적용해야만 그 실효성을 거둘 수 있다.

따라서 민주주의에 대한 논의는 어떤 정의와 원칙에 입각해 논하기보다는 역사적으로 민주정이 어떻게 등장했는지, 또 새로이 등장한 민주정이 그 이전 시대의 정치체제와 다른 점이 무엇인지, 그리고 민주정이 내세우는 가치나 원리들이 담지하고 있는 의미는 무엇인지, 그리고 민주정이라는 실체가 역사적으로 어떻게 오늘날까지 전개되어왔는지 등을 살펴보는 것이 더 중요한 작업이라 할 수 있다.

그런 점에서 르포르(Claude Lefort)의 민주주의에 대한 통찰은 우리의 눈길을 끈다. 르포르는 경제나 문화, 도덕 또는 그 밖에 다른 것과 달리 '정치적인 것(the political)'에 주목하면서 민주주의에 대해 논한다. 그에 따르면 먼저 정치란 "사회관계 속에 존재하는 지배자와 피지배자 간의 갈등을 권력을 통해 조정하는"[1] 일이다. 이때 민주주의는 전근대(pre-modern) 시대의 군주제가 무너지고 이를 대체하기 위해 등장한 근대적(modern) 정치체제로서, 왕이 부재하는 가운데 복합적인 방식으로 사회의 갈등을 조정하고 질서를 유지하기 위한 제도로 인식된다. 보다 구체적으로 민주주의는 단순히 일인이 지배하는 대신 다수가 지배하는 체제를 지칭하는 것이 아니라, '인민의 지배'라는 모토 속에서 결국 아무도 지배하지 못하게 하면서 세력들 간의 균형을 이루고자 하는 체제라는 것이다. 그리고 르포르는 이러한 복합성을 이해하지 못할 경우 현대 초기에서와 같이 '인민의 지배'라는 모토 속에서 다시금 '일인의 지배'나 '일당의 지배'와 같은 전체주의(totalitarianism)로 타락하거나, 오늘날과 같이 '보이지 않는 이데올로기(invisible ideology)'에 의해 대중화에 빠지기 쉽다고 경고한다.

이 글은 이러한 르포르의 민주주의론을 살펴보는 것을 목적으로 한다. 그의 연구방법론은 역사적 고찰과 현장에서의 정치 경험을 바탕으로 한 일종의 역사 경험주의적 성격을 띠고 있다. 따라서 본고의 구성도 르포르의 방법론을 차용해 먼저 역사적으로 전근대 군주제로부터 근대 민주주의가 어떻게 등장했는지를 살피고, 근대 민주주의의 내용이 무엇인지 알아본 다음, 현대에 들어와 민주정이 어떻게 타락했는지 검토한 후, 결론적으로 그의 민주주의론을 포스트모더니즘[2]과 연결시켜 논해보고자 한다.

1. '정치적인 것'의 의미

근대는 민주주의의 등장으로 새로운 정치적 이정표를 세웠다. 고대

1 이러한 관점은 정치를 '상충하는 이해관계의 조정'으로 정의하는, 즉 다소 경제적인 것과 연관시켜 규정하는 입장과는 다르다고 볼 수 있다. 르포르에 따르면, 정치란 '정치적인 것'만의 독특한 요소, 즉 지배하려는 욕망과 지배받지 않으려는 욕망 사이에서 발생하는 갈등을 조정하는 일이다.

부터 진행된 군주정 체제나 중세의 봉건체제를 지나 근대는 자유주의에 바탕을 둔 민주정 체제로 전환되었으며, 이는 서구 근대사회의 가장 큰 정치적 업적이 되었다. 하지만 19세기 이후 자유민주주의의 문제점이 드러나기 시작하면서 이에 대한 비판이 크게 두 차원에서 이루어졌다. 먼저 마르크스(Karl Marx)는 근대 민주주의가 계급지배를 정당화하는 이데올로기에 지나지 않는다고 본다. 그는 표현의 자유, 행동의 자유, 개인의 안전 보호와 같은 자유민주주의적 가치들이 인간과 인간을 분리시키는 부르주아적 에고이즘에서 비롯되었다고 파악하고, 자유와 평등의 가치 뒤에는 은폐된 억압과 착취의 관계가 있다고 폭로한다.[3] 즉 근대 민주주의는 부르주아 민주주의(bourgeois democracy)로서 인간의 권리를 시민사회 구성원의 권리로만 해석해 이기적 개인의 권리를 미화시킨 데 지나지 않는다는 것이다. 마르크스는 그 대신 사회주의의 필요성을 역설한다.

한편 슈미트(Carl Schmitt)는 1차 세계대전 이후 독일 바이마르공화국 시대 의회민주주의(parliamentary democracy)가 초래한 문제점을 지적하면서 근대 민주주의의 근본적인 문제는 그것이 추구하는 두 가치

2 르포르는 포스트모더니스트로 분류되기보다는 프랑스 자유주의자로 흔히 분류된다. 초기에 마르크스주의나 트로츠키주의에 경도되었다가 소비에트 소련의 실체를 보고 입장을 바꾸었는데, 특히 퓌레(Françios Furet), 로장발롱(Pierre Rosanvallon) 등과의 교류를 통해 자유주의적 경향을 보여주었다. 하지만 필자가 보기에, 르포르는 단순히 자유주의자라기보다는 메를로퐁티(Maurice Merleau-Ponty)의 현상학을 받아들이면서 점차 포스트모던적 성격을 띠었다. 르포르는 급진적인 해체주의적 입장에는 반대하지만 역사나 현실 속에 내포된 모순, 갈등, 이중성, 복합성 등을 충분히 인지하고 이를 바탕으로 자신의 이론을 전개함으로써 포스트모던적 성격을 띠게 된 것이다. 이런 특성에 대해서는 이 글의 결론 부분에서 보다 자세히 다룰 것이다.

3 Karl Marx, "On the Jewish Question," in K. Marx and F. Engels, *Collected Works*, vol. 3, London: Lawrence and Wishart, 1975, p. 162.

인 자유와 평등 또는 자유와 민주의 양립 불가능한 모순에 있다고 주장한다.[4] 보다 구체적으로 자유는 개인들을 사회의 토대로 보고 그들의 자유와 권리를 보장하고자 하는데, 이는 사회적 다원성을 유지해야 가능하다. 반면 민주는 구성원들의 실체적인 평등을 추구하는데, 이를 위해서는 사회적 동질성(homogeneity)을 획득해야만 한다. 근대 민주주의는 점차 발전할수록 단일성을 추구하며, 이것이 근대사회의 또 다른 근간인 이질성(heterogeneity)에 근거하고 다양성을 지향하는 자유주의를 배척한다. 그리하여 자유주의적 다원주의와 동질성을 추구하는 민주주의 사이에 극복할 수 없는 모순이 생긴다. 이런 이유 때문에 자유주의와 민주주의가 교묘히 결합된 근대 의회민주주의는 자기모순으로 말미암아 결국 소멸될 운명에 처해 있으며, 슈미트는 국가사회주의를 대안으로 내세운다.

이러한 비판에 직면해 르포르는 마르크스나 슈미트 모두 근대 민주주의의 본질을 잘못 파악했다고 지적한다. 먼저 르포르는 마르크스가 근대 민주주의의 계급적 한계를 지적한 것은 정당하다고 보았다. 그러나 마르크스는 근대 민주주의의 한쪽만 바라봄으로써 근대 민주주의의 또 다른 가능성을 간과했다. 즉 마르크스는 근대 민주주의의 이데올로기적 차원 외에 역사적 의의를 무시했다는 것이다. 마르크스는 근대 민주주의의 의미를 계급적 차원의 분석에 국한시킴으로써 형식적 민주주의가 함축하고 있는 보편적 가치를 발견하지 못했다. 그런데 르포르는 근대 민주주의의 형식적 가치야말로 인간의 조건을 개선해온 원

4 Carl Schmitt, *The Crisis of Parliamentary Democracy*, tr. Ellen Kennedy, Cambridge: The MIT Press, 1985.

동력이었다고 본다. 부르주아 시민사회의 요구에 의해 근대 민주주의의 원칙과 가치가 결정되었지만, 반대로 근대 민주주의는 부르주아 시민사회 자체를 새롭게 변형시켰다는 것이다. 그리고 자본주의의 착취구조에 투쟁해온 사회주의 운동도 그것이 그토록 비판했던 형식적 민주주의의 가치에 힘입은 바 크다. 근대 민주주의가 추구하는 정치적 자유와 시민적 권리는 근대사회가 현상 유지를 거부하고 부단히 자기 쇄신의 노력을 경주함으로써 보존될 수 있었다.[5]

또한 슈미트식의 비판에 대해서는 근대 민주주의 속에 내포된 이중성(duality)을 잘 파악하지 못한 결과라고 진단한다. 보다 구체적으로, 근대 민주주의는 왕정을 폐지하면서 '인민의 지배'라는 모토를 내세우는데, 이때 인민을 단일성을 갖는 특정한 개인이나 집단, 민족 등으로 구체화시키지 않고 비워둔 채 그 해석에서 다양성을 전제했다. 즉 개인이 사회의 주요한 구성단위로 인정되는 인민의 지배를 내세우지만, 다른 한편 현실의 다양성, 갈등, 분열을 근본 전제로 수용하고 인민주권의 개념 속에 사회적 이질성을 가정함으로써 단일화된 표상을 거부했던 것이다. 요컨대 근대 민주주의는 민중, 국민, 인민의 개념을 수용하지만 일자(一者)로서의 인민 개념(People-as-One)은 인정하지 않는다. 사회의 다양성은 유지하면서 무정부주의적 상태에 이르지 않기 위해 국민, 인민이라는 상징적인 것—비록 그 내용에 있어서는 비어 있지만—이 필요하다. 이것이 근대 민주주의의 출발점에서 보이는 이중적 개념의 의미다. 슈미트는 이런 이중성을 이해하지 못하고 다양성을 바

5 Claude Lefort, "Politics and Human Rights," in *The Political Forms of Modern Society: Bureaucracy, Democracy, Totalitarianism*, ed. John B. Thompson, Cambridge: The MIT Press, 1986, pp. 259~260.

탕으로 하는 자유주의와 동질성을 추구하는 민주주의 사이의 갈등을 화해 불가능한 모순으로 잘못 파악했다는 것이다.[6]

그렇다면 르포르가 생각하는 근대 민주주의의 본질은 무엇일까? 이에 대해 알아보기에 앞서 정치에 대한 르포르의 견해부터 먼저 살펴보자. 르포르가 보기에, 근대의 발생 즉 근대적 정치체제의 변동은 정치적인 것의 핵심인 권력의 형태가 어떻게 변했는가와 관련된다. 여기서 르포르는 '정치적인 것'을 경제적인 것, 사회적인 것, 도덕적인 것과 다르게 권력이 형성되고 행사되는 것과 밀접히 연관된 것으로 파악한다. 사회적인 것이 군주와 신민, 주인과 노예와 같은 신분관계를 구분 짓는데 주목한다면, 정치적인 것은 이러한 사회적인 것들의 권력관계를 살펴 여기서 발생하는 사회적 갈등을 통합하고 질서를 유지하는 방식에 관심을 두는 것이다.

르포르에 따르면, 마키아벨리(Niccolò Machiavelli)의 저작들이 이러한 정치적인 것의 특성을 잘 보여준다. 고대 로마와 르네상스기 피렌체 같은 역사적 사회를 다루는 《군주론(*The Prince*)》과 《논고(*The Discourses*)》 속에서 마키아벨리가 우리에게 알려주고자 한 것은 단순히 현실주의(또는 마키아벨리즘)에 대한 강조나 공화정에 대한 논의가 아니라 바로 갈등에 민감한 정치에 대한 본질이다.

먼저 르포르의 이해에 따르면, 마키아벨리에게 정치는 인간의 본성이 좋은가 혹은 나쁜가에서 출발하지 않는다. 마키아벨리에게 "사회는 항상 그리고 어디에서나 내적 갈등에 의해 찢겨져 있으며, 이런 갈등을

6 Claude Lefort, "The Question of Democracy," in *Democracy and Political Theory*, tr. David Macey, Minneapolis: University of Minnesota Press, 1988, p. 17.

제거하려는 것은 불가능할 뿐만 아니라 바람직하지도 않다."[7] 어느 사회나 두 개의 계급, 즉 귀족과 평민의 분리로 인한 대립이 존재하며, 이는 억압하려는 욕망과 억압되지 않으려는 욕망 사이의 대결(opposition between the desires to oppress and not to be oppressed)을 내포한다.[8] 이때 정치는 권력을 통해 이런 대립을 어떻게 해결할 것인지에 대해 고민하는데, 고대 군주정은 군주가 자신을 사회의 통합체로 상정해 "계급투쟁을 조절하기 위해 제3자로서 개입하는"[9] 체제이며, 군주 권력뿐만 아니라 모든 제도나 법률 등도 이러한 기능과 연관된다. 즉 계급들 간의 투쟁을 조절하면서 분열되었지만 하나의 사회로 구성해내는 것이 권력의 역할이라는 것이다.

또한 로마 공화정의 경우, 로마 사회는 결코 이상적인 체제가 아니었으며 위대한 만큼 타락과 갈등이 넘치는 사회였다. 다른 사회와 마찬가지로 로마 사회도 귀족파와 평민파로 나뉘어 끊임없이 계급투쟁을 벌였다. 그러나 로마는 사회적 갈등을 슬기롭게 극복하는 정치적 기술을 발휘했는데, 평민계급이 지배계급과의 투쟁을 통해 자유와 권리를 쟁

7 Bernard Flynn, *The Philosophy of Claude Lefort: Interpreting the Political*, Evanston: Northwestern University Press, 2005, p. 22.

8 이것이 마키아벨리와 마르크스를 서로 구분 짓는 지점이다. 마키아벨리와 마르크스는 모두 계급 간의 갈등을 정치의 전제조건으로 삼고 있다. 하지만 마르크스는 이 갈등의 본질이 경제적인 데 있기 때문에 경제적 착취와 불평등 구조를 제거함으로써 계급 갈등이 종식될 수 있다고 본 데 비해, 마키아벨리는 계급 갈등이 지배하려는 자와 지배받지 않으려는 자들 간의 정치적 갈등에서 비롯되며 이는 어떤 사회에서든지 존재하기 때문에 근본적으로는 이를 제거할 수 없다고 본다.

9 Claude Lefort, *Le Travail de l'oeuvre Machiavel*, Paris: Gallimard, 1972, p. 476; 홍태영, "클로드 르포르: 정치적인 것의 발견과 현대 민주주의의 모색,"《현대 정치철학의 모험》, 서울: 난장, 2010, 28쪽에서 재인용.

취하는 한편 로마 정부와 제휴해 국가권력을 분립시키고 그것을 순치하는 데 성공한 것이다. 요컨대 로마의 위대함은 집정관, 원로원, 민회 등과 같은 독특한 제도를 복합적으로 활용해 계급 간의 갈등을 조화와 균형의 상태로 변경시킨 데 있으며, 그리하여 로마는 사회를 통합할 수 있었다.

그런데 여기서 권력에 의해 만들어진 사회의 통합이 공동체 구성원들의 조화로운 통일을 의미하는 것은 아니다. 계급들 사이의 불화는 결코 제거될 수 없다. 사회의 제도화로서 권력은 "사회체가 분해되지 않도록 정체성, 즉 상상적 공동체를 체현하는 심급"[10]의 역할을 하는 것이다. 권력은 상상적 공동체를 구성하는 힘이며, 이것이 없으면 사회나 역사는 존재할 수 없고, 그 대신 귀족에 의한 직접적이고 통제 없는 지배만이 존재하게 될 뿐이다.

마키아벨리가 로마 공화정을 논의의 준거로 삼았던 것은 정치체제에 대한 고정관념을 거부하기 위해서다. 어떤 사회에서도 갈등은 결코 사라지지 않는다. 하지만 그 가운데 상상적 공동체의 구성을 통해 그 문제를 해결할 가능성도 존재한다. 마키아벨리는 동시대 피렌체 인문주의자들에 의해 형성된 로마의 이미지, 즉 잃어버린 이상사회로 미화된 로마의 이미지를 탈피하고 정치의 본질을 보여주고자 했다.

그러면 이제 다시 근대 민주주의의 탄생이 어떻게 이루어졌는가에 대한 르포르의 이야기로 돌아가보자. 르포르는 마키아벨리의 독해에서 얻어낸 '정치적인 것'에 대한 개념을 통해 마르크스 유의 해석을 비판

10 Claude Lefort, *Le Travail de l'oeuvre Machiavel*, p. 434; 홍태영, 앞의 글, 28쪽에서 재인용.

하면서 근대사회를 재해석한다. 마키아벨리의 교훈은 사회 속에서 정치적 관계가 경제적 관계로 환원되지 않는다는 것이며, 계급의 지배관계 역시 착취관계로부터 직접적으로 유추되는 것은 아니라는 점이다.

오히려 '정치적인 것'은 경제적 차원(the economic)보다는 상징적 차원(the symbolic)과 연관된다. 달리 말하면, 정치는 실재 그 자체가 아니라 실재와의 거리 속에서 상징적인 것에 의해 구성된다. 르포르에 따르면, 사회적인 것의 상징적 차원이 드러나는 것은 정치적인 것이라 불리는 형태 속이며, 그 상징적 차원을 드러낸다는 것은 정치적인 것의 흔적을 찾는 것으로서 사회적인 것의 상징적 차원에 주의를 기울인다.[11] 사회는 자신의 정치적 정의를 포함하고 있으며, 그 정의를 통해 다른 사회와 구별된다. 그리고 사회를 구성하는 힘인 권력은 무엇보다도 상징적 축으로서 사회로 하여금 스스로 드러나게 한다. 그로부터 다양한 사회적 분리와 결합들이 공통의 공간 속에서 이해되며 사실의 조건들이 현실화되고 정당화된다.

그런데 르포르가 보기에, 전근대는 사회의 상징적 구조가 역사와는 떨어져 존재하는 자연이나 초감각적(suprasensible) 세계, 즉 다른 곳(another place)에 상징성을 고정시키는 삶의 형태를 갖고 있다. 즉 전근대는 삶의 형태를 안전하게 어딘가에 정박시킨 사회인데, 다만 그 정박지를 현실사회 이외의 곳에 두고 있다. 그런 점에서 르포르는 칸토로비츠(Ernst Kantorowicz)의 견해를 받아들인다. 칸토로비츠에 따르면, 전근대는 '두 개의 몸(two bodies)'을 가진 왕이 상징적으로 사회의 단일성을 표상하는 체제이다. 즉 왕은 경험적인 현실세계와 초월적인 신성

11 홍태영, 앞의 글, 32쪽.

한 세계를 연결하고 통합하는 상징적인 역할을 한다. 그런데 이 단일성이 근대에 접어들면서 흐트러졌고, 특히 연속된 근대 민주주의 혁명에 의해 완전히 사라졌다.

그리하여 근대는 전근대 시대에 통용되던 인간을 구별하는 토대를 제거했다. 예전에는 자연 속에 뿌리내리고 있던 인간들 사이의 구별 또는 신화나 종교에 의해 법령화되었던 인간들 사이의 구별을 흩어지게 만들었다.[12] 귀족과 평민으로 구별되던 인간의 구분은 사라지고 이제 인간 또는 인민이 사회를 구성하는 동등한 조건을 갖게 되었다. 하지만 전근대의 초월성에 대한 형상이 지워졌는데도 이 초월성의 장소는 여전히 빈 공간으로 남아 있다. 즉 초월성을 표상하는 형상(figure)은 왕을 죽임으로써 제거했지만, 그가 상징하던 초월성의 장소(place)는 빈 상태로, 그러나 여전히 그 흔적은 남아 있는 것이다.[13] 따라서 근대는 전근대와 다른 구조를 갖는다. 즉, 근대의 민주주의는 권력의 상징적 차원에서 초월성을 전제하지는 않지만 여전히 현실의 근거로 존재하는 빈 공간이 필요하며, 그것이 현실 외부에 존재하는 것이 아니라 현실 내부의 것, 즉 '인민의 지배'로 표현되는 '인민'이라는 형상을 띠고 나타난 것이다.

2. '인민의 지배'의 이중성

이제 근대 민주주의의 발생에 대해 살펴보자. 어원적으로 민주주의는 그리스어 demokratia에서 파생되었으며 인민을 나타내는 demos

12 Bernard Flynn, 앞의 책, p. 120.

13 Fred Dallmayr, *The Promise of Democracy: Political Agency and Transformation*, Albany: SUNY Press, 2010, p. 190.

와 지배의 뜻을 갖는 kratos의 합성어다. 따라서 일반적으로 민주주의는 '인민의 지배'로 정의되며, 다수의 인민이 지배하는 체제라는 의미를 갖는다. 그러나 르포르에 따르면, 이때 주의해야 할 것은 민주주의가 추구하는 이상의 달성 여부는 '인민의 지배' 속에 내포된 이중성이 얼마나 유지되는가에 달려 있다는 점이다. 즉 새로운 근대 민주주의의 상징적 모토인 '인민의 지배'는 이중적 의미를 갖는데, 이는 한편으로 권력은 국민에서 비롯된다(rule by the people)는 것과 더불어 다른 한편 누구에게도 권력이 귀속되지 않는다(nobody rules)는 이중적인 내용을 담지한다. 요컨대 민주주의는 인민의 지배와 지배의 공백 사이의 이중성으로 특징지어진다는 것이다. 르포르는 이러한 민주주의의 특성을 다음과 같이 말한다.

> 권력의 정당성은 인민에 기초한다. 그러나 인민주권의 이미지는 누구도 점유할 수 없는 비어 있는 장소(empty place)의 이미지와 연관되어 있어서 공공의 권위를 행사하려는 사람들은 결코 그것을 전유하고 있다고 주장할 수 없다. 민주주의는 이러한 외견상 모순되어 보이는 두 원칙을 합쳐놓은 것이다. 한편으로 권력은 인민으로부터 생긴다. 다른 한편 그것은 누구의 권력도 아니다. 그리고 민주주의는 이 모순에 근거하여 성장해왔다. 이 모순이 해결되려는 위험을 감수할 때마다 민주주의는 거의 파괴 직전에 몰리거나 이미 파괴된 상태이다.[14]

14 Claude Lefort, "The Logic of Totalitarianism," in *The Political Forms of Modern Society: Bureaucracy, Democracy, Totalitarianism*, p. 279.

근대 민주주의의 출발 단계에서는 이러한 이중성의 논리가 어느 정도 유지되었다. 근대 민주주의의 시작은 그 이전의 왕정체제나 봉건체제에 반대해 인간의 자유와 권리를 추구하는 사회형태로서 인민주권의 관념 속에서 실제로는 권력의 공간을 비어 있는 장소로 만들어 누구도 권력을 홀로 전유할 수 없도록 막는 것이 근본적인 목표였다.

그러면 이러한 민주주의의 변천 과정을 보다 구체적으로 알아보자. 우선 르포르는 사회가 어떤 형태를 유지하는가의 핵심은 '권력의 지위(the status of power)'에 있다고 본다. 권력은 단순한 지배의 수단이 아니라 앞서 말한 바와 같이 특정 사회의 정당성과 정체성을 표현하는 것으로서 상징적 체계이다. 권력이 어떤 상징성을 갖는가에 따라, 즉 그 사회에서 권력은 어떤 지위를 점하고 있는가에 따라 역사상의 사회는 군주제와 근대 민주주의, 전체주의로 나누어진다.

먼저 군주제란 단순히 왕 일인이 권력을 독점하는 지배체제가 아니라 일종의 '유기적 정치체(body politic)'를 이루는 것으로서 사회를 하나의 몸으로 여기는 통합된 사회이며 그 통합성이 왕을 통해 표상되는 체제이다. 앞서 말한 바와 같이, 군주제하에서 왕은 '두 개의 몸'을 갖는 존재이다. 왕은 한편으로는 신성을 대표하는 초월적 존재로서의 몸을 상징하며, 다른 한편 세속사회의 일원으로서 법에 의해 구속되는 개인적인 몸을 표상한다. 근대 국가로 발전하면서 왕의 표상적 위치는 점차 약해지지만 왕은 그의 왕국을 상징적으로 통합한다.

이와 같이 사멸하면서도 불멸하는 존재를 암시하고 또 개인이면서도 집합을 상징하는 이중적 몸으로서의 왕의 몸에 대한 이미지는 원래 예수의 몸에서부터 유지되어왔다. 이 전통하에서 예배식을 통한 충성심이 사라지고 난 오랜 후에도 왕은 여전히 그의 몸속에서 성스러움을 부여받은 왕국의 공동체를 체현하는(embody) 힘을 갖고 있으며, 따라서 왕의 몸은 정치 공동체, 민족 공동체, 신비로운 몸의 체현이었다.[15] 그리하여 왕은 이 세상에서 신의 왕국이 이루어지든 또는 이루어지지 않든 자신을 통해 통합된 인간세계를 동질화된 세계로 유지할 수 있었던 것이다.

그러나 근대 민주주의의 등장은 인민주권의 관념과 권력의 점유를 방지하는 체제를 성립시킨다. 왕의 몸을 처형함으로써 구체제가 무너졌을 뿐만 아니라 왕의 몸을 통한 통합체제도 막을 내렸다. 근대 민주주의는 유기체적 사회, 군주로 표상되는 통합된 정치체로서의 사회를 거부하고 인간의 자유를 표방하면서 등장한다. 이에 '개인들의 해체(the disincorporation of individuals)' 현상이 나타난다. 개인들이 사회의 주요한 구성단위로 인정되지만 그들은 한편으로는 현실의 다양성, 갈등, 분열을 근본전제로 수용하고 인민주권의 개념 속에 사회적 이질성을 가정함으로써 단일화된 표상을 거부한다. 근대 민주주의는 민중, 국민, 인민의 개념을 수용하지만 일자로서의 인민 개념(People-as-One)을 인정하지 않는다. 사회의 다양성은 유지하면서 무정부주의적 상태에 이르지 않기 위해, 비록 그 내용에서는 비어 있지만 인민이라는 상징이 필요하다. 이것이 근대 민주주의 출발점의 이중적 개념을 의미한다.

민주적 사회는 통합을 상징하는 몸이 없는 사회로, 유기체적 통일성에 대한 표상을 슬며시 훼손하는 사회로 제도화된다. 그렇다고 해서 그 사회가 단일성이나 정해진 정체성이 없다고 주장하는 것은 아니다. 반

15 Claude Lefort, "The Image of the Body and Totalitarianism," in *The Political Forms of Modern Society: Bureaucracy, Democracy, Totalitarianism*, p. 302.

대로 한때 왕 개인이나 귀족의 실존과 연관 지어졌던 자연적인 결정을 사라지게 함으로써 순수하게 '사회적인 사회(social society)'가 생긴 것이다. 그 사회에서는 민족이나 국가가 보편적 실재로서의 지위를 갖고, 어떤 개인이나 집단도 같은 지위를 갖는 것이 인정된다. 그러나 국가, 인민, 민족 중 어느 것도 본질적인 실재를 표상하지는 않는다.[16]

따라서 민주주의적 사회 형식은 왕의 지배를 인민의 지배로 바꾸어 왕과 귀족을 대체하는 구체적 인민집단의 지배를 완성시키기 위한 것이라기보다는 인민이라는 비어 있는 상징성 속에서 항상 실천의 과정으로 여겨지는 행위들만 존재하지 그 자체는 결코 완성되지 않는다는 데 특징이 있다. 민주주의란 '인민의 지배'라는 슬로건은 내걸지만, 그 인민의 내용에서는 구체적으로 규정되지 않는, 비결정적이고 불확실한, 인민이 무엇인가에 대해 항상 질문하는, 일종의 통제 불가능한 모험의 무대이며, 항상 변화하는 변혁의 정치이다.[17] 민주주의의 특징인 불확실성에 대해 르포르는 다음과 같이 말한다.

> 중요한 것은 민주주의란 확실성의 표시들이 해체됨으로써 제도화되고 유지된다는 점이다. 그것은 모든 사회생활의 수준에서(사물들의 본

16 Claude Lefort, "The Question of Democracy," p. 18.

17 이 점에서 르포르의 민주주의론은 토크빌(Alexis de Tocqueville)의 민주주의관과 다르다. 토크빌은 근대 민주주의의 익명적 성격을 경계했으며, 사회적 권력의 위험을 극복하기 위한 정치적 자유의 필요성을 역설했다. 그러나 르포르는 근대 민주주의가 정체주의를 좌절시키는 새로운 지적 질서 속에서 출발했음을 강조한다. 근대 민주주의는 정당성의 근거를 끊임없이 의문하고 기존의 권력과 지식에 대해 항상 도전을 시도하는 모험의 무대이다. 토크빌의 민주주의관에 대한 르포르의 비판에 대해서는, 장원석, "클로드 르포르의 정치이론 연구: 프랑스 신좌파의 포스트모더니즘화 경향과 관련하여," 서울대학교 정치학박사 학위논문, 1993, 87~96쪽을 참조하라.

성에 대한 믿음 혹은 초자연적인 원칙에 대한 믿음의 결과를 한 번쯤 생각할 수 있는 분리, 특히 권력을 소유하고 있는 자와 권력에 복종하는 자 사이의 분리 수준에서) 권력, 법, 지식의 근거에 관해, 자아와 타인 사이의 관계의 근거에 관해, 근본적인 비규정성(indeterminacy)을 경험하는 사람들의 역사를 개시했다.[18]

비규정성의 특징은 권력에서뿐만 아니라 '권리(right)' 개념 속에서도 발견된다. 즉 비어 있는 권력의 실체와 마찬가지로 민주주의가 강조하는 인간의 권리라는 개념의 실체 역시 비어 있다는 것이다. 민주주의적 권리 개념은 특정의 법률이나 제도의 형식으로 존재하지 않으며, 권리의 자각만을 의미할 뿐이다. 그러나 권리에 대한 자각이 모두 법률적으로 대상화될 수 없다는 점에서, 즉 법전 속에 모두 조문화될 수 없고 사회가 스스로 해독해야 하는 지속적인 요청만이 법문의 유일한 지침이라는 점에서 권리의 상징적 차원이 표출되고 있는 것이다.[19] 민주주의 사회는 권리를 지키려 한다. 그러나 그 권리의 내용은 고정된 것이 아니라 시대에 따라 변한다. 그리고 변화하는 현실의 요청에 따라 새로운 권리가 출현하고 새로운 유형의 투쟁이 전개된다.

그런 점에서 하나의 보편적 권리(Right)가 아니라 여러 권리들(rights)이 존재한다. 이것은 권리에 대한 어떤 공식화를 거부한다. 하나의 권리가 쟁취되면 그것은 다른 권리의 필요성을 제기하고 다음 단계로 나아간다. 시민의 권리, 노동자의 권리, 농민의 권리, 여성의 권리, 경영자

18 Claude Lefort, "The Question of Democracy," p. 19.

19 Claude Lefort, "Politics and Human Rights," p. 260.

의 권리 등으로 확대된다. 이러한 권리의 변화는 단순히 그 시대의 권리 탄압에서 비롯된 것이 아니라, 빈 공간으로서의 권리라는 상징 속에 인간의 자유와 보존을 위한 내용들이 채워지게 되는 과정을 함의한다. 물론 이 속에는 상충하는 권리도 있을 수 있다. 그러나 이런 상충 속에서 권리의 빈 공간을 채우는 새로운 내용이 또다시 등장하며, 이에 따라 사회가 변한다.

따라서 인권은 궁극적으로 결정되지 않은 인간을 전제한다. 권리의 개념을 인간성의 문제로 환원시켜 고정불변의 것으로 파악하려는 자연주의적 견해는 사회적 상황을 무시하고 구체적 인간을 외면하는 우를 범한다. 권리의 이름은 존재하나 형체가 없으며 따라서 그것을 독점적으로 정의하려는 모든 시도는 실패할 수밖에 없다.

그리하여 민주주의 사회 형식은 실천을 통해서만 존재하며 결코 완성되지 않는다는 데 그 특징이 있다. 민주주의는 뛰어난 역사적 사회이다. 민주주의는 통제 불가능한 모험의 무대이며 본질적으로 변혁적인 사회이다. 르포르는 근대 민주주의의 기초를 비결정성과 불확실성을 특징으로 하는 사회 형식, 그리고 질문의 정치이며 변혁의 정치로 파악한다. "민주주의는 확실성의 해체에 의해 구성된"[20] 사회인 것이다. 그리하여 민주주의는 근대인으로 하여금 권력과 법률, 지식의 근거에 대해 근본적인 불확실성과 모호함을 경험하게 하는 새로운 체제를 출범시켰다.

그러나 르포르에 따르면, 근대 민주주의는 진행 과정에서 자신의 이상을 배반했으며, 현대에 접어들면서 점차 전체주의화 또는 동질화 경

20 Claude Lefort, "The Question of Democracy," p. 19.

향을 나타낸다. 근대 민주주의는 그 전개 과정에서 초기의 민주주의의 이중성을 유지하는 대신 민주주의의 구성원인 개인들이 주체화되고 그 개인들에게 권력의 소유권을 넘겨줌으로써 개인들 간의 각축장으로 만들거나, 여기서 초래된 혼란을 방지하기 위해 동질성으로 사회 형식을 철저히 규율하는 파시즘이나 공산주의와 같은 전체주의 사회로 전락했다. 근대화가 어느 정도 진행된 20세기에 파시즘이 나타난 것은 슈미트가 분석한 것처럼 의회민주주의에 내재된 자유와 민주의 근본적 모순으로 의회민주주의 자체가 파멸했기 때문이 아니라, 민주주의에 내재된 근본적인 이중성을 슈미트처럼 어느 것으로 규정해 환원시키려는 시도를 했기 때문이다. 그리고 현대 민주주의에서도 전체주의와 마찬가지로 동질화된 인민들, 즉 대중의 지배 형태를 취함으로써 민주주의는 그 본래 경로를 이탈하고 있다.

3. 민주주의의 타락과 전체주의

근대 민주주의는 그 전개 과정에서 비어 있는 인민주권에 대한 불안감이 증폭되고 개인주의가 발달함에 따라 인민주권의 내용을 점차 '개인'의 주권으로 변경한다. 즉 구체적이며 규정적인 존재인 개인을 단위로 하여 개인만이 자연적이며(natural) 결정된(determined) '주권(sovereignty)', '권리(right)', '자유(liberty)'를 갖는다고 전제한다. 그 결과 본래 민주주의에 내포된 이중성이 사라지고, 사회는 주권을 가진 개인들이 자신의 권리와 자유를 보호하기 위해 다른 개인들과 경쟁 또는 협상하는 장으로 인식된다.

여기서 중요한 것은 결국 개인들로 환원된 주권 개념에 의해 비어 있는 공간, 즉 비결정의 공간이 사라지고, 따라서 모든 가치를 동질적으로 계산할 수 있다는 사실이다. 자본주의 사회는 '돈'으로 동질화되며, 홉스(Thomas Hobbes)는 '신체적 자기보존(bodily self-preservation)'으로, 로크(John Locke)는 '소유물에 대한 자기보존(the self-preservation of property)'으로 모든 가치들이 동질화된다. 요컨대 비규정적인 특성을 갖는 인민에서 구체적으로 규정된 개인으로 주권의 소재가 옮겨감에 따라 민주주의에서 추구하고자 하는 가치의 다양성이 개인적 이익, 즉 계산 가능한 구체적 이익으로 환원되고 말았다.

그런데 가치가 동질화되면 그것을 둘러싼 개인의 갈등과 경쟁은 더욱 가열되고, 사회는 이를 통해 투쟁의 장으로 변모한다. 이제 더 이상의 협상과 타협은 없으며 각자 자기이익의 극대화를 위해 매진할 뿐이다. 그 결과 사회적 혼란과 불평등이 점차 가중된다. 즉 민주주의가 아무런 상징적 공간을 두지 않고 현실세계의 개인들 간의 각축장이 됨에 따라 민주주의 사회 그 자체가 유지될 수 없게 된다. 이때 동질화된 가치를 추구하는 개인들의 갈등과 투쟁을 '해결'하려는 시도로서 전체주의가 등장한다. 전체주의자들은 근대 민주주의 초기에 있었던 다양성과 이질성의 용인이 결국 개인주의적 갈등관계를 초래했다고 판단하고, 아예 이러한 이질성의 위험과 불확실성의 위험을 근본적으로 제거하려 한다.[21] 그리고 고대의 '유기적 정치체'를 새로운 '기계적 정치체'로 부활하려 든다.

이런 전체주의 사회는 민주주의로 이행 과정상 초기 단계에 있는 국가에서 주로 발견된다. 근대 시민혁명은 신체화된 사회를 파괴했다. 근대 민주주의는 해체된 현실을 수용해 이질성 속에서 통합을 시도했다.

21 Claude Lefort, "The Image of the Body and Totalitarianism," p. 305.

그러나 전체주의 사회는 불확실성의 위협을 제거하기 위해 민주주의의 경험 그 자체를 파괴하고, 동질적 사회의 환상에 의해 새로운 형태의 또 다른 정치체(body politic)를 추구한다.

이렇게 새롭게 탄생한 전체주의 정치체는 과거의 그것과 성격을 달리한다. 군주의 신체는 권력과 법률 및 지식의 원리를 동시에 구현한 반면, 상위의 권력과 법률 및 이성의 권위에 복종한다. 귀족과 도시의 권리, 신의 정의가 나름대로 군주의 권력을 제약하는 역할을 한다. 중세적 표현에 따르면, 군주는 자신 이상의 존재이며 자신 이하의 존재이다. 그러나 전체주의 사회에서 등장하는 유일지배자(egocrat)는 자신을 사회 그 자체와 동일시함으로써 아무런 제약 없이 전능의 권위를 행사한다.[22]

그러면 전체주의 사회에 대해 구체적으로 살펴보자. 먼저 전체주의 사회의 가장 뚜렷한 특징은 국가와 사회를 구별하지 않고 단일체를 구성한다는 것이다. 이때 지식과 법률은 단일체의 권력에 종속되며, 사회의 모든 영역은 정치적 권위에 예속된다. 또한 역으로 전체주의에서 권력은 사회적 권력이다. 국가권력이 사회를 표상함에 따라 국가와 사회의 경계선이 무너지고 정치권력은 행동하는 권력으로서 사회 그 자체를 표상한다.

둘째, 전체주의 사회는 사회의 내적 분화를 용인하지 않는다. 사회의 모든 분화 현상들의 원인이 구체제의 폐습과 사회적 계층분화에 있다고 비판한다. 이를 대신해 새롭게 등장한 전체주의 사회는 구체제의 계급분화를 원천적으로 제거함으로써 계급, 집단, 개인들 사이에 발생하

22 Claude Lefort, 같은 글, p. 306.

는 적대적인 이해관계 대립을 불가능하게 만들 수 있다고 생각하고, 하나의 보편적 계급이 지배하는 사회를 지향한다.

결국 전체주의 사회는 모든 사회적 이질성(heterogeneity)을 부정한다. 자신이 지향하는 모습과 상반되는 생활양식, 행동, 가치, 신념의 차이를 인정하지 않는 것이다. 그 대신 정상화(normalization), 단일화(uniformization)의 지배계획을 계속 밀고 나가 사람들의 관습, 기호, 이념에 이르기까지 비밀스럽게, 자발적으로, 파악되지 않게 스스로 그것들을 받아들이게 만든다. 요컨대 전체주의 사회는 '탈분화(de-differentiation) 사회'를 도모하는 것이다.[23]

사회적 권력으로 존재하는 전체주의 사회에서 정치적 권력과 행정적 권력 사이의 분리는 사라지고 국가기구의 독립성은 훼손된다. 즉 정부는 사회로부터 독립되어 제3자로서 조정자 역할을 하는 것이 아니라, 사회적 권력의 지시를 집행하는 기구로 전락한다. 오히려 단일화된 사회적 권력은 정부가 아니라 스스로를 사회와 동일시하는 매개집단, 즉 정당에 의해 구체화된다. 따라서 전체주의 국가는 사회를 유일하게 표상하는 전체주의 정당의 지시와 통제를 받는다. 전체주의 정당은 사회적 권력을 집약하고 표상하는 존재이며, 이 집약과 표상은 최종적으로 정당을 대표하는 일인에게 귀속된다. 그리하여 전체주의 국가는 전체 사회를 표상하는 전체주의 정당, 또 그 정당을 대표하는 일인의 유일지배자에게 사회적 권력이 집중된다. 결국 전체주의 사회는 개인의 지배로 귀착되는 것이다.[24]

23 Claude Lefort, "The Logic of Totalitarianism," pp. 284~285.

24 장원석, 앞의 글, 85쪽.

민주주의 사회에서 사회적 권력은 잠재적이었으며 누구도 정치권력을 독점할 수 없었다. 하지만 전체주의 사회는 정치권력을 특정 집단에게 귀속시키려 한다. 그 결과 전체주의는 하나의 조직을 구성하며, 이 조직은 하부에 무수한 작은 조직을 거느리고 이를 통제한다. 민주주의 사회가 변화를 수용하는 뛰어난 역사적 사회라고 한다면, 전체주의 사회는 새로운 사회 창조를 구호로 내세움에도 변화를 허용치 않는 비역사적 사회이며 하나의 조직에 지나지 않을 뿐이다. 원래 트로츠키주의자이기도 했던 르포르는 공산주의 소련이 이런 전체주의 사회의 특성을 가지고 있음에 실망하고, 마르크스주의로부터 완전히 등을 돌린다. 르포르가 보기에, 마르크스는 인간 해방을 위해 노력했다기보다는 프롤레타리아 계급으로 상징되는 동질적 사회의 이상을 역설했을 뿐이며, 레닌은 볼셰비키당에 독점적 지위를 부여함으로써 그것을 사회적 권력의 분신으로 만드는 우를 범했다.

결론적으로 전체주의 사회는 개인주의 사회에서 발생하는 동질적 가치를 놓고 서로 다투는 갈등과 모순의 문제를 아예 없애려는 의도하에서 사회가 개인적 단위 또는 계급적 단위로 분화되는 것을 원천적으로 막고 전체 사회를 단일한 이익과 단일한 가치로 재편하려고 시도하는 사회이다. 그러나 르포르가 보기에 이것은 근본적인 해결책이 아니다. 오히려 이것은 인간의 다양한 분화 현상과 삶의 양식을 억압하는 기제로만 작용할 뿐이다. 그리고 이것은 민주주의를 지탱하는 이중성을 해결하고자 저지른 또 다른 동질성의 저주인 것이다.

한편 르포르가 보기에, 전체주의가 민주주의를 대체하게 된 것은 이데올로기 덕분이기도 하다. 원래 이데올로기란 현실의 다양성을 통합하려고 노력하기보다 이러한 현실을 은폐하면서 이질성을 제거하려는 시도인데, 민주주의가 타락하는 데 일조한 부르주아 이데올로기가 한계에 다다라 이를 전체주의 이데올로기가 대체했다. 르포르는 정치체제로서의 민주주의와 부르주아 이데올로기를 구별하면서 부르주아 이데올로기뿐만 아니라 이데올로기 자체에 대해 비판한다.

먼저 르포르는 근대 이후 통용된 이데올로기를 다음과 같이 셋으로 구분한다. 첫째, 부르주아 이데올로기가 있다. 이는 민주주의가 진행되는 가운데 19세기에 절정에 달했던 이념, 즉 내세에 대한 초월적 믿음 대신 추상적 이념인 인류, 진보, 과학, 재산, 가족, 민족 등 대문자로 쓰인 가치들이 현실의 분열을 은폐하는 작용을 했던 것을 일컫는다.[25]

부르주아 이데올로기는 이분법에 근거했는데, 부르주아와 노동자, 문명과 야만, 정상과 광기, 성인과 아동 등의 분류가 그것이다. 그런데 이 이분법은 평등한 관계의 이분법이라기보다는 문명과 야만, 정상과 광기에서와 같이 이상적인 것과 타락한 것의 대비를 내포한다. 그리고 이러한 대비 속에서 부르주아 이데올로기는 사회적 분열을 제거한다는 목적 아래 이상적인 사회를 상정하고, 이에 근거하여 어느 한편을 다른 한편으로 치환시킴으로써 동질화를 시도했다.

그러나 부르주아 이데올로기는 자신을 사회와 동일시하지는 않았으며 자신이 하나의 담론임을 분명히 했다. 부르주아 이데올로기의 강점은 권력과 담론 사이의 거리를 유지했다는 데 있다.[26] 즉 부르주아 이데올로기는 전체성을 강요하지 않으며 다만 이상적인 것, 도덕적인 것,

25 Claude Lefort, “Outline of the Genesis of Ideology in Modern Society,” in *The Political Forms of Modern Society: Bureaucracy, Democracy, Totalitarianism*, pp. 205~206.

26 Claude Lefort, 같은 글, p. 209.

올바른 것의 모형을 내세운다. 이런 의미에서 부르주아 이데올로기는 교육적 모델에 입각해 있다고 볼 수 있다. 부르주아 이데올로기는 다양한 사회제도, 즉 국가, 기업, 법률체계, 교육제도 속에 이상적인 것을 제시함으로써 자신에 대한 저항을 최소화하고 효과적인 사회화의 기능을 한다. 그러나 부르주아 이데올로기는 현실적으로 존재하는 불평등과 차별을 막지 못했다.

이런 부르주아 이데올로기의 약점 때문에 전체주의 이데올로기가 등장한다. 부르주아 이데올로기는 현실의 분열에 대해 잠재적인 은폐를 시도했으나 교육적으로 이상만 제시했을 뿐 실제로 이를 성취하는 데에는 실패했다. 이 실패를 해결하기 위해 등장한 것이 전체주의 이데올로기이다. 전체주의 이데올로기는 투명한 사회의 이상을 추구하기 위해 모든 것을 합리적으로 측정하고 계획한다. 그리고 이것이 가능하려면 전체주의가 추구하는 지식은 통일적이고 무모순적이어야 한다.

이러한 통일적 지식과 합리적 계획에 따라 전체주의 이데올로기는 사회의 분화를 종식시키고 사회의 이상을 실제로 추진한다. 이 과정에서 모든 사회 영역 간의 경계가 소멸되며, 사회적 분화와 사회적 실재의 이질성은 부정된다. 부르주아 이데올로기가 권력과의 거리를 유지하는 데 비해 전체주의 이데올로기는 자신을 권력과 동일시함으로써 반대를 용납하지 않는다.[27] 이질적 요소에 대해 배제의 전략이 취해지고 그것은 폭력을 수반한다. 담화와 현실의 일치가 힘에 의해 강요된다. 부르주아 이데올로기는 인간성의 표상과 관련해 우열의 존재를 가정했다. 그러나 전체주의 이데올로기는 사회적인 것과 반사회적인 것,

27 Claude Lefort, 같은 글, p. 215.

선과 악을 나누고 이것들이 서로 양립 불가능하다고 설파한다.

그러나 사회적 분열은 결코 없앨 수 있는 것이 아니어서 전체주의 이데올로기는 사회 전체를 동질화시키는 데 실패하고, 그 대신 새로운 지배와 피지배의 관계를 형성한다. 즉 전체주의 이데올로기에 동의하는 지배자와 동의하지 않는 피지배자로 나뉜다. 그러나 전체주의 이데올로기는 이러한 분화와 차별을 전체주의 사회는 동질적 사회라는 이미지 속에 은폐시킨다. 즉 전체주의 이데올로기 속에서 사회 전체가 이상적으로 동질화되는 것이 아니라 실제 사회의 차별은 존재하면서 이를 단지 은폐시키는 역할만 할 뿐이다.

이러한 전체주의 이데올로기의 가면이 벗겨지고 난 지금, 이제는 '보이지 않는 이데올로기(invisible ideology)'가 우리 사회에 도래한다. 이는 서구 산업사회를 지배하는 새로운 이데올로기로서 부르주아 이데올로기와 전체주의 이데올로기의 중요한 특징들이 부분적으로 결합되어 있다. 이 새로운 이데올로기는 전체주의 이데올로기처럼 동질적이며 통합된 사회를 모색하지만 전체성에 호소함이 없이 암묵적이며 비가시적인 방법에 의존한다는 점에서 전체주의 이데올로기와 차이가 있다. 이 새로운 이데올로기의 은폐 논리는 전체화를 포기하면서 표상과 실제의 괴리를 제거하는 데 있다.[28]

보이지 않는 이데올로기는 매스미디어에 의한 사회적 커뮤니케이션의 경로를 중요한 수단으로 이용한다. 이 이데올로기는 전체주의 이데올로기처럼 폐쇄된 의식체계를 고집하지 않는다. 그것은 사회 통제를 위한 타부를 생산하지 않으며 완전무결한 사회를 가장하지도 않는

28 Claude Lefort, 같은 글, p. 225.

다. 오히려 새로움을 적극적으로 수용하며, 구성원으로 하여금 모든 것을 말할 수 있게 한다. 그러나 이는 기존질서에 대한 의문을 배제하기 위한 하나의 제스처에 지나지 않는다. 제한 없는 대화의 이미지가 모든 것을 정당화해준다. 이러한 통합의 이미지 속에서 현대인들은 오히려 동질적 존재인 대중이 되어가며 대중화 속에서 차이와 분화는 점차 잊히고 현실은 자연스럽게 은폐되는 것이다.

이상에서와 같이, 르포르는 원래 민주주의에 내포되어 있던 이중성을 파괴하는 개인적 자유주의나 사회적 전체주의 모두 민주주의에 대한 배신 행위로 규정한다. 민주주의는 '인민의 지배'라는 모토 속에서 인민을 개인으로 환원시켜 동질적인 개인들의 이익 간의 다툼을 조정하는 자유주의와는 다르다. 또한 인민을 구체적 집단으로 국한시켜 동질적인 사회적 단일체로 만들어가려는 전체주의와도 다르다. 그 어느 것으로 환원될 수 없는 빈 공간을 유지하면서 '일시적 해석'을 통해 사회의 균형추를 잡아나가는 것이 민주주의의 본래 모습이다. 민주주의가 고심하여 만든 비어 있는 공간을 개인의 이익이나 사회 전체의 단일한 이익으로 규정하려 할 때, 오히려 민주적 공간은 사라진다.

맺음말: 포스트모던 민주주의의 가능성

앞서 논의한 내용들을 요약하면 다음과 같다. 첫째, 르포르는 '정치적인 것'의 본질이 억압하고자 하는 욕망과 억압되지 않으려는 욕망 사이에 발생하는 갈등을 조정하는 권력과 연관되어 있다고 보고, 이런 권력에 관한 것이 사회적인 것, 경제적인 것, 종교적인 것과 구분되는 정치적인 것만의 특징이라고 생각한다. 둘째, 근대 민주주의는 고대의 정치질서, 즉 군주가 사회를 통합하는 유기적 정치체 역할을 하는 군주제가 해체된 후 '인민의 지배'라는 모토 속에서 한편으로 인민이 지배하지만 다른 한편 그 인민의 내용을 비워두어 특정한 누구도 지배할 수 없는 상태를 유지하려는 의도에서 수립되었다. 셋째, 이런 민주주의 사회에서 비규정적인 인민을 규정적인 개인으로만 해석해 그들 간의 사회적 경쟁과 갈등을 부추기는 자유민주주의로 이행하거나, 또는 이런 경쟁과 갈등이 사회 혼란을 야기하기 때문에 이를 제거하기 위해 전체 일자로서의 인민을 내세워 기계적 유기체로 통제하는 전체주의로 타락하기도 했다. 넷째, 현대 민주주의의 위기를 극복하기 위해서는 근대 민주주의에 내포된 본래적인 이중성을 인식하고 그 균형을 이루는 것이 필요하다. 즉 어느 것으로 환원될 수 없는 비어 있는 공간을 유지하면서 '일시적 해석'을 통해 사회의 균형추를 잡아나갈 때에만 사회의 민주적 공간은 확보될 수 있다.

필자가 보기에, 이러한 르포르의 민주주의론은 포스트모더니즘과 유사한 측면이 있다. 앞서 지적한 바와 같이, 일반적으로 르포르는 프랑스 자유주의철학자 또는 전향한 트로츠키주의자로만 알려져 있을 뿐이다. 하지만 르포르가 전제하는 중요한 개념과 전제들은 포스트모더니즘의 영향을 받았다고 볼 수 있다. 먼저 르포르는 민주주의에 내포되어 있는 모호성(ambiguity)을 어느 것으로 환원시키거나 규정하려 하지 않는다. 근대성의 효시를 이루는 데카르트(Rene Descartes)의 철학이 확실성(certainty)을 기반으로 하는 데 비해, 르포르는 모호성을 전제하고 그 모호성의 본체를 밝히려 한다. 그리고 르포르는 모호성의 실체가 비어 있는 공간 또는 이중성에서 비롯되었다고 파악하고 그 모호성 자체를 제거하지 않는다.

또한 르포르는 하나의 사물이나 사건에 내재된 상반되는 요소들을 모순(contradiction)이 아니라 이중성(duality)으로 파악해 모두 보존하고자 하는데, 이 역시 포스트모더니즘의 특성을 이어받는 것이다. 근대 철학은 앞서 살펴본 바와 같이 이분법을 전제한 후 이 중 이상적인 것을 내세워 결국 하나로 환원시키거나 혹은 변증법적 과정을 통해 결국 하나로 통일시키는 데 비해, 포스트모던 철학은 이분법(dualism)이 아니라 이중성(duality)에 주목해 서로 상반되는 두 요소들을 결코 하나로 환원시키거나 통일하려 하지 않는다. 예컨대 모순과 배리를 배제하지 않는 하이데거(Martin Heidegger) 철학에서 인간은 존재(Being)의 영역에 연관되는 현존재(Dasein)적 속성과 일상적인 존재자적 영역에 연관되는 세속인(Das Man)의 속성을 동시에 지닌 '존재론적 이중성'을 갖는 특이한 존재로 설정되는데,[29] 르포르 역시 군주제에서 왕의 몸이 이러한 이중성을 갖는다고 전제한다.

르포르가 마키아벨리를 해석하는 데도 그의 포스트모던한 특징이 잘 드러난다. 르포르는 마키아벨리의 저작을 단순히 하나의 텍스트나 담론으로 간주하는 것이 아니라, 하이데거나 메를로퐁티처럼 하나의 사건(event)이나 도래(advent)와도 같은 성격을 지닌 것으로 파악한다.[30] 즉 마키아벨리는 자신의 텍스트를 통해 '정치적인 것'의 사건의 발생 혹은 도래를 얘기하면서, 그것이 경험적 세계에서 얼마나 복합적으로

29 Martin Heidegger, *Being and Time*, trs. John Macquarrie and Edward Robinson, New York: Harper & Row, 1975. 특히 하이데거 철학의 본질을 존재의 이중성에 맞춰 설명한 것으로는, 이동수, "포스트모더니즘과 한국 현대 정치사회의 이중성," 《정치사상연구》 제3집, 2000을 참조하라.

30 이 점에서 르포르의 정치 이론은 사르트르(J. P. Sartre)의 급진적 주관주의(radical subjectivism), 데리다(Jacques Derrida)의 세계가 없는 텍스트주의(worldless textualism), 레비나스(Emmanuel Levinas)의 선험주의(transcendentalism), 하버마스(Jürgen Habermas)의 합리주의(rationalism) 등과는 다르다. Bernard Flynn, 앞의 책, pp. 65~66.

이루어지는지를 잘 보여주고 있다고 생각한다. 이것이 의미하는 바는 마키아벨리가 자신의 텍스트를 통해 자신의 목적을 독자에게 강요하려 한 것이 아니라 상식(sense)과 비상식(nonsense), 이성(reason)과 비이성(nonreason)을 엮어 당시의 사건들을 설명함으로써 이것들이 현실에서 얼마나 교묘히 공존하고 있는지를 보여주는 전략을 택했다는 것이다. 그리하여 마키아벨리의 저작들은 단순히 규정된 마지막 의미를 전달하는 것도 아니고, 아무런 의도 없이 해석의 바다 속에서 표류하는 것도 아니라, 실재 속에 혼재하는 이중성을 통해 정치에 대한 새로운 지평을 열어주고 있는 것이다.[31]

이와 같은 르포르의 마키아벨리 해석 방식은 포스트모더니즘과 밀접히 연관된다. 포스트모더니즘은 단순히 이성의 해체를 부르짖는 것이 아니라, 리얼리티 속에는 비이성이 이성과 뗄 수 없을 정도로 혼재되어 있어서 이것을 이성으로만 해석하려는 시도를 멈춰야 한다고 주장한다. 그리고 이와 같이 공약 불가능한 이성과 비이성의 교묘한 공존 속에서 현실을 새롭게 추동하는(그것이 발전일지 아닐지는 모르지만 생성이라고는 할 수 있는) 새로운 지평이 탄생하고 역사가 이어진다고 본다. 따라서 포스트모더니즘에서 강조하는 이중성은 근대성이 전제하는 모순이라는 관점과는 근본적으로 다르다. 근대 형이상학에서 모순은 양립될 수 없는 것이며, 따라서 둘 중 하나는 제거되거나 또는 기껏해야 다음 단계에서 하나로 통일될 것이라고 전제한다. 하지만 포스트모더니즘은 서로 상반되지만 제거되지 않는 요소들이 존재하며, 이런 것들의 공존은 모순관계가 아니라 이중적인 관계라고 설명하면서 그 사이를 통

31 Fred Dallmayr, 앞의 책, p. 190.

해 역사가 생성된다고 본다.

필자의 견해로는, 르포르의 민주주의론이 포스트모더니즘을 받아들이게 된 것은 그의 이론이 단순히 논리적 정합성에만 근거를 둔 것이 아니라 본인이 직접 경험한 정치적 체험 속에서 나온 성찰에 근거했기 때문이다. 르포르는 근대 민주주의를 추상적 이론의 리허설이 아니라 민주주의라는 정치체제가 실제 현실에서 형성해온 역사적 경험으로 이해하고 있으며, 본인이 트로츠키주의자로서 현실정치에 참여했던 경험을 바탕으로 현실세계의 모호성, 복합성, 이중성을 체험한 바를 바탕으로 재해석하고 있다.

그런데 우리가 포스트모더니즘을 논할 때 주의해야 할 것은 '포스트모던 철학'과 '포스트모던 정치학'을 구별해야 한다는 점이다. 전자 즉 '포스트모던 철학'은 실재의 모호성과 복합성 그리고 이중성의 본질을 밝히는 데 주안점을 두기 때문에 해체주의적 방법론을 사용하는 경향이 있지만, 후자, 즉 '포스트모던 정치학'은 이러한 모호성, 복합성, 이중성의 사회적 실재 속에서 어느 것을 제거하거나 환원시키지 않고 공존시키는 방안에 주목하면서 사회 통합과 유지를 위한 '정치적인 것'에 관심을 갖는다. 즉 포스트모던 정치학은 현실정치의 해체, 예컨대 국가나 정부 및 정당의 해체, 이성의 폐기, 모든 것이 용인되는 관용적인 가치관 등을 주장하는 것이 아니라, 기존 정치학이 잘못된 현실 인식을 바탕으로 했기 때문에 현재의 사회갈등과 분열을 해결할 수 없다고 보고, 근본적인 모호성과 복합성, 이중성에 기초해 새로운 정치 해결책을 모색하려는 것이다. 따라서 포스트모던 정치학은 근대 정치학과 달리 이상(Ideal), 선(Good), 이성(Reason) 등과 같은 덕목을 강조하기보다 모호성과 복합성, 이중성이라는 실재 속에서 상생, 공존, 화해, 조화와 같이 둘 이상의 요소가 포함되는 덕목들을 강조한다. 그리고 이런 덕목에 맞는 정치적 제도나 정치적 전략을 선택하게 되는 것이다.

그런데 포스트모던 정치학이 완전히 새로운 주장을 펴고 있는 것은 아니다. 포스트모던 정치학이 강조하는 덕목들은 오히려 고대로부터 강조되어왔다. 예컨대 아테네 민주주의의 정신적 토대가 되었던 그리스 비극 작품들을 살펴보면, 고대 아테네인들이 염두에 두었던 민주주의는 단순히 시민의 평등이나 권력의 분립 대신 폴리스라는 정치적 공간에서 낯선 이방인들의 공존과 화해를 모색하는 것을 목표로 했다. 즉 그리스 비극이 우리에게 주었던 교훈은 인간들 사이의 이중적 요소와 복합적인 관계들은 결코 해소될(resolved) 수 없으며, 따라서 정치적 지혜는 그 상반되는 것들의 긴장과 균형 속에서 화해될(reconciliated) 가능성에 대한 탐구에 모아졌다. 요컨대 '이중성 속의 균형(balancing in duality)' 또는 '이중성 속의 화해(reconciliation in duality)'가 정치적 문제 해결의 관건이라는 것이다.[32]

이와 같은 포스트모던 정치학의 입장과 르포르의 민주주의론은 한국 정치에 새로운 시사점을 던져준다. 주지하다시피, 우리 사회는 민주화 단계를 거쳐 이제 민주주의의 한가운데 와 있다. 그런데 현 상태는 지나친 갈등이 사회 통합을 저해하고 있는 것처럼 보인다. 여야갈등, 노사갈등, 세대갈등, 보수와 진보의 이념갈등 등 너무나 많은 사회적 갈등이 분출되어 사회적 합의를 이루기 어려운 상황이다. 그러나 마키아벨리가 지적했듯이, 어느 사회나 귀족과 평민으로 대변되는 사회적

32 이동수, "그리스 비극에 나타난 민주주의 정신: '아테네'의 메타포를 중심으로," 《한국정치연구》 제22집 2호, 2013.

갈등은 존재한다. 또 르포르가 설파했듯이, 민주주의 사회는 인민을 빈 공간으로 남겨둠으로써 인민이 누구를 지칭하는지를 둘러싸고 해석의 갈등을 내포하는 사회이다. 다만 그 '갈등의 동학(dynamics of conflicts)'에 대한 이해가 필요한데, 그것은 바로 갈등의 복합성과 이중성을 파악해 서로 인정하는(recognize) 태도가 선행되고 결코 제거할 수 없는 상대방과 화해하는(reconciliate) 것이 정치적 지혜라는 점이다. 이를 한국 사회에 적용해보면, 한국 사회의 보수와 진보는 어느 것이 옳은지를 따져 우리 사회를 보수 또는 진보의 사회로 만드는 것이 갈등의 해결이 아니라, 보수와 진보가 공약 불가능하며 제거 불가능하다는 점을 인식하고 둘 사이의 상호 인정과 화해를 모색해야 한다는 것이다. 그런 점에서 르포르의 민주주의론은 민주주의를 협소하게 해석하는 우리 정치 현실에 새로운 탈출구를 제시해준다.

시민적 공화주의*

신중섭**

샌델(Michael Sandel)은 공화주의적 공공철학을 그동안 미국을 지배해온 자유주의 공공철학의 대안으로 제시했다. 샌델은 현재 미국 사회에서 제기되는 다양한 형태의 민주주의에 대한 시민들의 불만은 자유주의 공공철학에서 나왔다고 진단하고, 정치에 대한 국민의 불만을 해소하고 미국이 새로운 방향으로 나아가기 위해 필요한 공공철학이 바로 자신의 '시민적 공화주의'라고 확신한다. 샌델은 아리스토텔레스 정치학의 전통을 이어받아 자신의 '시민적 공화주의'를 발전시켰다고 주장하지만, 미국 역사학계에서 1975년[1]을 기점으로 공화주의가 본격적으로 논의되기 시작했는데, 샌델은 이러한 논의의 영향으로 자신의 '시

* 이 글은 "샌델의 시민적 공화주의: 근대 서구 문명에 대한 이념적 대안이 될 수 있을까"(《윤리교육연구》 제42집, 2016)와 《샌델의 『정의론』 바로 읽기》(비봉출판사, 2016)에 실린 글의 일부를 수정한 것이다.

** 강원대학교 윤리교육과 교수, 한국과학철학회 회장, 유네스코 한국위원회 위원 역임.

1 1975년은 포칵(J. G. C. Pocock)이 *The Machiavellian Moment: Florentine Political Thought and Atlantic Republican Tradition* (Princeton: Princeton University Press, 1975)을 발간한 해이다. 역사학계에서는 이 책의 출간을 계기로 공화주의에 대한 논의가 활성화되었다.

민적 공화주의'를 발전시켰다.[2]

그렇다고 미국의 역사에 자유주의 공공철학만 존재했던 것은 아니다. 샌델이 '진보의 시대'라고 부르는, 미국이 독립하고 농업사회에서 산업사회로 변모할 때 공화주의 공공철학을 주창하는 학자들과 정치인들이 있었다. 서로 다른 두 공공철학은 공존하면서 경쟁했지만 대공황과 뉴딜 정책을 계기로 케인스 경제학이 우세해지면서 1960년대에는 완전히 자유주의 공공철학이 주도권을 장악해 오늘에 이르렀다.

1. '시민적 공화주의'란 무엇인가

샌델은 '시민적 공화주의'의 핵심을 "자유는 자치를 요구하고, 자치는 다시 시민의 덕에 의존한다"[3]는 것에서 찾는다. 샌델은 이러한 공화주의는 미국 건국 당시 결정적인 역할을 했다고 말한다. 독립선언을 하기 전날 밤 존 애덤스는 "공적인 덕성은 공화국의 유일한 토대이다"라고 말했다. 존 애덤스는 진정한 자유와 공화주의적 정부를 위해서는 시민들의 마음속에 공공선, 공익, 명예, 권력과 영광에 대한 적극적 열정이 확립되어야 한다고 주장했다.[4]

공화주의는 시민이 덕을 가져야만 자치가 가능하다고 믿었다. 시민의 마음속에 덕이 없으면 부패하고 타락한다. 파렴치, 황금만능주의, 부패, 탐욕, 야망, 이윤과 상업에 대한 열망은 시민이 덕과 공공정신을 갖지 못할 때 나온다. 공화주의자들은 자치가 실현되기 위해서는 이러

2 조승래, "마이클 샌델의 공화주의,"《대구사학》제112집, 대구사학회, 2013, 2쪽.

3 Michael Sandel, *Democracy's Discontent: America in Search of a Public Philosophy*, Harvard University Press, 1996, p. 129.

4 Sandel, 같은 책, p. 129.

한 악덕을 물리치고 시민의 덕을 육성해야 한다고 믿는다. 그리고 시민의 도덕적 인격을 형성하고 향상시키고, 공공선에 대한 열망을 강화하는 것을 정치의 목적으로 규정했다. 정치가 덕 있는 시민의 육성을 목적으로 삼는 형성적(formative) 역할을 담당해야 한다는 것이다.[5] 샌델은 일관되게 정치의 형성적 역할을 강조하는데 그는 이것을 아리스토텔레스 정치철학의 전통에서 찾는다.

2. 공화주의와 정치의 목적

샌델의 '시민적 공화주의'는 아리스토텔레스의 전통에 따라 정치의 목적을 규정한다. 아리스토텔레스는 정치의 핵심적인 과제는 목적을 설정하고 그것을 실행하는 것이라고 보았다. 오늘날 자유주의 전통은 정치의 목적 설정의 주체를 국가가 아니라 개인에게서 찾는다. 곧 근대 서구의 자유주의는 정치의 목적에 대한 아리스토텔레스적인 전통과 결별한 것이다.[6]

서양 근대를 주도한 이념으로서 자유주의는 정치에 특별하고 본질적인 목적이 존재한다고 믿지 않는다. 정치 공동체의 목적을 미리 부여하면 그것을 직접 결정할 수 있는 시민의 권리를 박탈하는 것으로 생각한다. 모든 사람이 단일한 정치적 목적을 공유한다고 믿지도 않는다. 정치의 목적을 미리 설정하지 않아야 시민의 자유가 보존된다고 믿는다. 근대 자유주의에 따르면, 정치의 목적 가운데 하나는 시민이 스스로 목적을 선택할 수 있도록 권리를 보장해주는 절차를 만드는 것이다.

5 Sandel, 같은 책, p. 127.

6 Sandel, *Justice: What's The Right Thing To Do?*, Straus and Giroux, 2009, p. 9.

그러나 샌델은 아리스토텔레스가 정치를 그렇게 보지 않았다고 말한다.[7] 샌델은 아리스토텔레스는 정치의 목적을 어떤 목적에 중립적인 권리의 틀을 만드는 것이 아니라, 좋은 시민을 양성하고 좋은 자질을 배양하는 것에 두었다고 말한다. 아리스토텔레스는 정치 공동체의 목적은 오로지 재산을 보호하고 경제를 번영시키는 것이 아니라, 시민의 미덕을 키우는 것에 두었다는 것이다. 국가의 목적은 "상호 방위를 위해 동맹을 체결하거나 (……) 상호 거래를 원활하게 하고 경제 교류를 촉진하는 것"이 아니다.[8]

아리스토텔레스에게 정치는 어떻게 하면 좋은 삶을 살 것인가에 관한 것이다. 정치의 목적은 사람들의 고유한 능력과 미덕을 계발하는 것이다. 샌델의 표현을 빌리면 공공선을 고민하고, 판단력을 기르며, 시민 자치에 참여하고, 공동체 전체의 운명을 보살피게 한다. "폴리스(polis)의 목적과 목표는 좋은 삶이며, 사회생활을 위한 여러 제도는 그 목적을 위해 존재한다"[9]는 것이다.

인간은 폴리스를 떠나 인간이 될 수 없고, 폴리스 안에서 자신을 실현하는 존재라는 아리스토텔레스의 인간관은 인간을 사적인 개인의 이익이 아니라 공익을 추구해야 하는 존재로 규정한다. 공공의 일에 참여한다는 것은 공적 이익을 먼저 추구한다는 의미이고, 공적 이익의 추구는 인간이 자신의 목적을 실현하기 위해 필요한 덕이다. 폴리스 곧 공화국이 존립하고 운영되기 위해서는 덕 있는 시민의 참여가 필수적이다. 공익을 추구하는 덕스러운 시민의 좋은 삶과 공화국은 한 몸

7 Sandel, 같은 책, pp. 193~194.

8 Sandel, 같은 책, p. 194에서 재인용.

9 Sandel, 같은 책, 같은 쪽, 재인용.

이다.

그러나 샌델은 오늘날에는 정치를 좋은 삶에 꼭 필요한 요소가 아니라 필요악쯤으로 여긴다고 통탄한다. 정치라면 타협, 가식, 특수 이해관계, 부패를 연상하기 때문이다. 정치를 사회 정의를 실현하기 위한 도구로 여기는 경우에도 정치를 목적 달성을 위한 수단으로 여길 뿐, 인류의 선을 구현하기 위한 필수 요소로 여기지 않는다.

아리스토텔레스는 좋은 삶을 살기 위해서는 정치에 참여해야 한다고 주장한다. 정치에 참여하지 않고서는 훌륭하고 미덕이 가득 찬 삶을 살 수 없다. 그 이유는 인간은 폴리스에 살면서 정치에 참여할 때만 인간으로서의 본성을 충분히 발휘할 수 있기 때문이다. 아리스토텔레스가 이렇게 생각한 이유는 언어 사용 능력을 인간의 본성으로 보았기 때문이다. 인간은 언어를 통해 무엇이 공정하고 불공정한지를 선언하고, 옳고 그름을 구별한다. 언어는 선을 식별하고 고찰하는 매체이다.

아리스토텔레스에 따르면 우리는 오직 정치 결사체를 통해서만 언어라는 인간 고유의 특성을 발휘한다. 우리는 폴리스에 있을 때만 다른 사람들과 함께 정의와 부정의를 분별하고 좋은 삶의 본질에 대해 고찰할 수 있다. 그는《정치학》에서 "우리는 폴리스가 선천적으로 존재하며, 개인에 앞선다는 사실을 알 수 있다"[10]고 했다. 인간은 폴리스에 살 때에만 비로소 본성을 실현한다. 우리는 고립되어 자족할 수 없다. 언어 능력과 사유 능력을 발휘할 수 없기 때문이다.[11]

미덕으로 충만한 삶을 살려면 폴리스에 살아야 한다는 것이 아리스

10 Sandel, 같은 책, p. 196에서 재인용.

11 Sandel, 같은 책, p. 194

토텔레스의 주장이다. 단지 집이나 강의실에서 철학이나 윤리에 관한 책을 읽고 그것을 현실에 적용하면서 사는 것으로 미덕을 갖출 수는 없다. '도덕적 미덕'은 습관의 결과이며, 실천을 통해 배운다는 것이다. 폴리스의 법은 우리에게 좋은 습관을 심어주고, 좋은 인격을 형성하며, 시민의 미덕을 길러주며, 시민으로서의 삶은 심사숙고하는 능력과 실천적 지혜를 발휘하게 한다. 사람들은 폴리스에서 대안을 저울질하고, 생각을 논의하고, 통치하고 통치받을 때만, 한마디로 시민이 될 때만 미덕이 생긴다.[12]

샌델은 아리스토텔레스의 이러한 정치관을 계승해 정치가 시민성을 형성하는 데 이바지해야 한다고 주장한다. 올바른 정치는 시민성을 기르는 '형성적(formative) 정치'여야 한다는 것이다. 샌델은 아리스토텔레스가 말하는 시민은 오늘날 우리가 생각하는 시민보다 더 숭고하고 엄격한 의미의 존재라고 말한다. 아리스토텔레스의 정치는 여러 면에서 경제와 다르다. 아리스토텔레스에게 정치의 목적은 공리를 극대화하거나 개인의 이익을 추구할 수 있는 공정한 규칙을 만드는 것이 아니다. 정치의 목적은 우리의 본성을 표현하고, 좋은 삶의 본질과 인간의 능력을 펼쳐 보이는 것이다.

3. '시민적 공화주의'의 필요성

공화주의 공공철학에서 시민의 자유는 '자치에 참여하는 것'이다. 샌델에 따르면 '자치에 참여하는 것'은 개인이 정치를 통해 자신의 목표를 추구하는 것 이상의 의미를 지닌다. 자치에 참여하는 것은 동료 시

12 Sandel, 같은 책, pp. 197~200.

민과 함께 공공선에 대해 숙고하고 정치 공동체의 운명을 형성하는 데 이바지하는 것이다. 공공선에 대해 숙고하기 위해 필요한 것은 자신의 목적을 선택할 능력과 타인의 권리를 존중하는 능력만으로는 부족하다는 것이 샌델의 판단이다.[13] 공공선을 숙고하기 위해서는 공적인 것에 대한 지식, 전체에 속해 있다는 소속감과 관심, 자신이 속한 공동체와의 도덕적 연대감 등이 필요하다는 것이다.[14]

샌델은 자치 참여는 시민의 특정한 인격이나 시민의 덕을 요청한다고 말한다. 샌델의 이러한 주장에 따르면 공화주의적 정치는 시민이 선호하는 가치와 목적에 대해 중립을 지킬 수 없다. 공화주의적 자유는 형성적 정치를 요구한다. 정치는 시민이 자신의 삶을 살도록 자유롭게 내버려두어서는 안 된다. 정치는 자치에 필요한 덕을 시민이 갖도록 요청해야 한다.[15]

시민은 자치에 참여하기 위해 시민적 덕을 소유하거나 습득해야 하고, 정치가 그것을 가능하게 해야 한다. 샌델은 자유를 '공화주의의 자유'와 '자유주의의 자유'로 구별하고, 공화주의적 자유만이 시민이 덕을 형성할 수 있는 계기를 제공한다고 말한다. 자유주의적 자유와 달리 공

13 샌델은 자유주의 공공철학이 시민의 덕성을 완전히 무시했다고 보지는 않는다. 자유주의도 교양, 관용, 절차 존중과 수용, 효율성과 같은 덕목을 좋은 시민이 갖추어야 할 덕목으로 요청한다. 그러나 샌델은 이러한 덕성만으로는 공화주의적 자치가 실현될 수 없다고 본다. 자유주의가 제시하는 시민의 덕성과 구별되는 덕성이 공화주의에서는 필요하다는 것이다. 그것은 바로 개인의 목적 설정에 정치가 개입하는 것이다. 좋은 삶은 단순히 개인의 선택의 문제가 아니라 그 선택에 앞서 공동체 안에 존재하는 것이기 때문이다. Sandel, 앞의 책, 1996, p. 5, pp. 306~351.

14 Sandel, 앞의 책, 1996, pp. 5~6. Sandel, *Public Philosophy: Essays on Morality in Politics*, Cambridge: Harvard University Press, 2005, p. 10.

15 Sandel, 앞의 책, 1996, p. 6.

화주의적 자유는 '시민이 자치를 행사하기 위해 필요한 성품을 육성시키는 형성적 정치'를 요구하기 때문이다. 샌델은 과거 수십 년 동안 미국 정치를 지배한 것은 '시민적 또는 형성적 정치'가 아니라 '절차적 공화정'이었다고 진단한다. 국가의 역할은 '공정한 절차'를 제공하는 것에서 멈추었다는 것이다. 정치가 시민적 덕성 계발을 장려하지 않고 자기 자신의 가치를 선택할 수 있도록 하는 역할에 만족했다는 것이다.

샌델의 '시민적 공화주의'의 핵심은 자치이다. 그는 자치를 실현하기 위해서는 '시민성의 정치경제학'이 필요함에도 현대 미국의 경제학은 경제적 번영과 공정성에 집중되어 있다고 주장한다. 과세 정책이나 예산안, 규제정책은 모두 번영과 공정성을 둘러싸고 전개된다. 현재 정치경제학은 파이를 더 크게 키우고 그것을 공정하게 분배하는 것에 초점을 맞춘다. 그러나 샌델은 미국의 정치경제학이 항상 성장이나 분배에만 초점이 맞추어졌던 것은 아니고 '자치에 가장 적합한 경제정책이 무엇인가?'라는 물음도 있었다고 말한다. 샌델은 이런 전통에서 자신의 '시민적 공화주의'의 뿌리를 찾는다.

샌델은 현재 미국 사회의 위기를 시민사회의 위기에서 찾는다. 그는 "사람들에게 도덕적 기준과 소속감을 부여해온 가족, 이웃, 도시, 마을, 학교, 종교회당, 노동조합과 같은 공동체 곧 '시민사회(civic society)' 기관들의 해체와 함께 미국 사회가 위기에 처했다고 진단한다.[16] 샌델은 이렇게 된 원인을 미국 사회에서 '공화주의적 자유'가 쇠퇴하고 그 자리를 '자유주의적 자유'가 대신하게 되었기 때문이라고 주장한다. 곧 공화주의 공공철학이 사라지고 자유주의 공공철학이 번성하여 오늘의

16 Sandel, 앞의 책, 2005, p. 55.

미국 사회가 당면하고 있는 위기가 도래했다는 것이다.

4. 미국의 공화주의 전통

샌델은 미국의 역사를 자유주의의 공공철학이 공화주의적 공공철학을 밀어낸 과정으로 이해한다. 즉 절차적 공화정이 출현하면서 공동체와 자치를 강조하는 공화주의적 공공철학이 쇠퇴한 과정으로 이해한다.[17] 토머스 제퍼슨(Thomas Jefferson)은 〈버지니아주에 대한 노트〉(1787)에서 미국의 대규모 제조업 육성에 반대했다. 제퍼슨은 농업 중심의 생활이 덕을 갖춘 시민을 육성하고 자치를 실현하기에 가장 적합한 삶의 양식이라고 보았기 때문이다. 그는 농업에 종사하는 사람은 신의 축복을 받은 사람이고, 농사를 통해 시민의 미덕이 체화된다고 했다.[18]

당시 유럽의 정치경제학자들은 모든 국가가 제조업을 발전시켜 수요를 충족해야 한다고 주장했지만, 제퍼슨은 대규모 제조업이 공화주의적 시민 의식에 꼭 필요한 독립성을 상실한 무산계급을 산출할 것이라는 우려를 표명했다. 무산계급이 유산계급에 종속당하면 양자 사이에는 아첨과 굴종의 관계가 성립하고 미덕이 싹틀 수 없다고 보았기 때문이다. 나아가 제퍼슨은 제조업이 도덕적 타락을 초래하고 잘못된 습관을 가져올 것이라고 믿었다. 공화국의 활력은 시민의 올바른 태도와 정신에서 나오는데 제조업은 이것을 타락시키고, 이러한 타락은 국가

17 Sandel, 같은 책, pp. 9~34에서 자유주의적 공공철학과 공화주의적 공공철학의 관계를 미국의 역사를 통해 설명했다. 이 부분은 앞의 책(1996)의 2부인 "시민성의 정치경제학"(123~315쪽)을 요약한 것이다.

18 Sandel, 앞의 책, 1996, pp. 125~126.

의 법률과 헌법의 정신을 파괴하는 병균이 될 것이라고 보았다.

루이스 브랜다이스(Louis Brandeis)는 경제의 거대화를 우려해 경제권력을 분산시키고 이를 민주적 통제 아래 둠으로써 자치의 가치를 보존하려고 했다. 그는 국가가 갖는 민주제도의 권한을 확장함으로써 경제권력의 집중을 통제하고자 했다. 시장권력이 민주정부의 권한을 손상시킨다는 정치적 이유로 시장권력에 비판적인 태도를 견지하면서 경제권력의 분산화를 시도한다.

브랜다이스는 거대 기업이 두 가지 방식으로 자치를 위협한다고 보았다.[19] 그에 따르면 직접적으로는 민주제도를 제압하고 그 통제를 무시하며, 간접적으로는 노동자들의 시민으로서 생각하고 행동할 수 있는 도덕적·시민적 능력을 훼손한다. 그는 집중화된 권력은 그것이 경제적인 것이든 정치적인 것이든 자유를 침해하고 자치를 침해한다고 믿었다. 집중화된 권력에 대해 그가 제시한 해결책은 트러스트(trust)를 붕괴시키고 경쟁을 유지하는 것이었다. 오직 이러한 방법을 통해서만 탈중심화된 지역에 기반을 둔 기업을 중심으로 경제체제를 만들고 그것을 민주적 통제 아래 둘 수 있다고 생각했다. 브랜다이스는 자치 능력을 지닌 시민의 육성에 분배 정의보다 더 높은 가치를 부여했다는 점에서 오늘날 성장과 분배에 초점을 맞춘 경제학과 구별된다. 샌델은 브랜다이스의 경제학에 '시민성의 정치경제학'이라는 이름을 부여했다.

샌델은 기업 권력의 위협에 대항한 진보주의 운동(Progressive movement)의 하나로 시어도어 루스벨트(Theodore Roosevelt)의 신국민주의(New Nationalism)를 검토한다. 루스벨트는 경제의 분산화가 아니

19 Sandel, 앞의 책, 2005, p. 14.

라 연방정부의 역량을 키워 거대기업을 규제하는 신국민주의를 표방했다. 신국민주의는 브랜다이스와 동일한 문제의식에서 출발했지만 그와는 다른 해결책을 제시했다.

경제권력의 집중이 초래할 정치적 결과를 우려한 루스벨트는 분권주의자와는 다른 방식으로 민주적 권위를 확보하려고 했다. 그는 거대기업을 산업의 발전이 초래한 피할 수 없는 결과로 인정하면서, 그 기업을 통제할 수 있는 방법을 모색했다. 그는 대부분의 거대기업들은 이미 주 또는 국가의 경계를 넘나들고 있었기 때문에 그 기업들을 통제할 수 있는 유일한 수단은 연방정부라고 보았다.

제퍼슨 이후의 공화주의와 마찬가지로 루스벨트도 어떤 경제정책이 시민의 의식에 미칠 수 있는 영향력을 우려했다. 루스벨트는 거대기업이 정부에 미치는 영향력을 축소시키고, 미국 시민들의 자기 이해의 수준을 높이려고 했다. 루스벨트는 '영구적이고 참된 도덕적 각성'인 '넓고 원대한 국민주의 정신'을 시민들의 의식에 심고 싶어 했다. 샌델은 루스벨트의 신국민주의를 제도 개혁 프로그램을 넘어서 새로운 국민의식의 양성을 촉구하는 형성적 프로젝트로 이해한다.

샌델에 따르면 루스벨트가 신국민주의를 신봉한 정치인이었다면, 허버트 크롤리(Herbert Croly)는 신국민주의 사상가였다. 크롤리는《미국인의 생활 전망》(1909)에서 진보주의적인 국민주의 운동에 기초가 되는 정치론을 전개했다. 그는 미국의 산업적·정치적·사회적 생활의 중앙 집중화가 증대하는 것에 발맞춰 미국 정부의 중앙 집중화가 강화될 필요성이 있다고 보았다. 민주주의가 성공하기 위해서는 정치적 전국화가 필요하다고 본 것이다. 정치 공동체가 주 단위가 아니라 국가적 차원으로 확대될 필요가 있다는 것이다. 이것이 바로 미국인의 생활의 규모와 정체성 사이에 벌어진 격차를 줄이는 길이었다. 경제가 전국적으로 확산되면 그에 부응하여 민주주의도 사상과 제도 그리고 정신적인 측면에서 전국화되어야 한다.

크롤리는 민주주의가 권력 분립에 기초를 두어야 한다는 제퍼슨의 주장에 동의하지는 않았지만, 경제구조와 정치구조는 그것이 시민정신에 미치는 영향력에 의해 판단되어야 한다고 봄으로써 제퍼슨과 같은 노선을 취했다. 크롤리가 주창한 미국 국민의 전국화 프로젝트는 '본질적으로 형성적이고 계몽적인 정치적 변화'를 목적으로 한 것이었다. 그는 미국의 민주주의 발전을 위해 민주주의가 전국화되어야 하고, 전국화된 민주주의를 발전시키기 위해서는 시민에게 확대된 국가 정체성을 심어주어야 한다고 믿었다. 이를 위해 시민교육이 필수적이라고 생각했다.

샌델은 진보주의 개혁의 분산화 운동과 전국화 운동은 1912년 우드로 윌슨(Woodrow Wilson)과 시어도어 루스벨트의 대결에서 극명하게 드러났다고 설명한다. 그는 이를 브랜다이스와 윌슨 대 크롤리와 루스벨트의 대결로 해석한다. 이들은 많은 점에서 차이를 표출했지만, 정치와 경제 제도는 자치를 위해 필요한 도덕적 자질을 장려하는가 아니면 훼손하는가에 의해 평가받아야 한다는 믿음을 함께 가지고 있었다. 모든 공적 제도를 평가하는 기준을 '자치를 위해 필요한 도덕적 자질의 육성'에 두었다는 점에서 이들의 정치경제학은 자유주의 정치경제학과 구분된다.

샌델은 미국의 이런 전통에도 오늘날 정치 경제 제도는 미국 역사에 면면히 흐르는 공화주의적 진보주의적 흐름에서 완전히 멀어졌다고 주장한다. 이 흐름은 어떻게 경제구조를 경제 권력의 집중으로부터 민주주의 정부를 보호할 수 있도록 조직할 것인가에 초점을 맞추었다. 그러나 오늘날의 정치경제학은 경제성장과 분배에 관심을 집중했다. 샌델은 미국의 정치경제학이 이렇게 변한 계기를 뉴딜 정책 후반에서 찾는다. 그의 판단에 따르면 뉴딜 정책 후반기에 시작된 '성장과 분배에 초점을 맞춘 정의의 정치경제학(the political economy of growth and distributive justice)'은 1960년대 초반에 그 정점에 달했고, 마침내 '시민성의 정치경제학(political economy of citizenship)'을 완전히 밀어냈다.[20]

5. 케인스 경제학으로 인한 공화주의의 쇠퇴

샌델에 따르면[21] 뉴딜 정책이 케인스 경제학을 받아들여 정부 지출을 통해 경제 회복을 도모하면서, 미국의 정치경제학은 '시민성의 정치경제학'에서 멀어졌다. 케인스의 경제학은 경제학에서 시민성을 완전히 배제했다. 케인스주의자들은 경제정책이 더 이상 시민성의 형성이라는 사명을 가질 필요가 없다고 보았다. 그들은 단순히 소비자들이 가지고 있는 선호를 수용하고 총수요를 조정함으로써 경제를 운영하려고 했다.

케인스주의 경제학은 경제와 시민성의 육성을 분리했다. 경제정책을 선택할 때 그것이 도덕 특히 시민성에 어떠한 영향을 미칠 것인가를 최고의 기준으로 삼지 않았다. 더 이상 시민성이라는 덕목으로 경제정책의 좋고 나쁨을 판단하지 않았다. 경제는 경제 논리로 풀어야 한다는 주장이 힘을 얻기 시작한 것이다.

20 Sandel, 같은 책, pp. 18~19.

21 Sandel, 앞의 책, 1996, pp. 262~266; Sandel, 2005, pp. 19~20.

샌델은 제2차 세계대전이 끝날 무렵 미국 경제정책의 핵심 이슈는 20세기 초반 미국을 지배했던 논쟁과 전혀 달랐다고 말한다. 산업 자본주의를 어떻게 개혁할 것인가라는 과거의 논쟁은 사라지고, 1960년이 되자 대부분의 경제학자들과 정책입안자들은 "미국의 가장 중요한 경제 문제는 총생산량을 신속하게 증가시키고 유지하는 것"이라는 데 동의했다. 국부의 총량과 분배하는 것에만 관심을 기울여 경제정책을 결정하고, 경제정책을 통해 시민성을 어떻게 육성할 것인가에는 아무 관심이 없었다. 샌델은 시민성의 정치경제학은 성장과 분배적 정의의 정치경제학에 완전히 자리를 내준 것으로 평가한다.

샌델은 케인스주의 경제학을 실행한 사람들이 자유주의라는 말로 자신들의 정책을 옹호하지는 않았지만, 새로운 정치경제학은 절차적 공화정(procedural republic)을 규정하는 자유주의의 두 가지 특성을 드러낸다고 분석한다.[22] 첫째, 케인스의 경제학은 정책입안자나 선출된 공직자들이 논쟁의 여지가 많은 좋은 사회에 대한 입장을 제외시키거나 유보할 수 있는 방법을 제시했다. 둘째, 케인스식 경제정책은 '형성적 프로젝트'를 포기함으로써 정부가 시민의 도덕성을 형성해야 한다는 입장을 부정하고, 자유롭고 독립적인 자아로서 개인이라는 개념을 긍정했다.

케인스식 경제정책이 1960년대를 지배하면서 경제문제에 대한 미국의 정치 논쟁에서 시민성의 정치경제학적 관점은 사라졌다는 것이다. 샌델은 이렇게 된 이유를 경제를 완전히 지배하려는 공화주의자들의 희망을 받아들이기에는 경제가 너무 거대해졌다는 사실과 번영이라는

22 Sandel, 앞의 책, 1996, p. 269.

꿈에 빠진 전후 시대의 미국인들이 가진 자유에 대한 새로운 관점에서 찾는다. 이 관점에 따르면 자유는 우리의 집단적 운명을 통제할 수 있는 힘을 함께 쌓을 수 있는 시민으로서 갖는 능력이 아니라, 개인으로서 자신의 가치와 목표를 선택하고 추구하는 능력이다. 샌델의 공화주의 정치 이론(republican political theory)의 관점에서 볼 때 이러한 변화는 치명적인 후퇴이다. '형성적 목표'를 포기하는 것은 '공화주의적 자유'의 프로젝트를 포기하는 것이다.

샌델은 미국인들이 경제성장을 이룩하고 패권을 획득하고 있어서 한동안 시민성의 자유관(civic conception of freedom)의 소멸이 겉으로 뚜렷하게 드러나지는 않았다고 말한다. 그러나 1968년 월남전이 일어나고 빈민가에서 폭동이 발생하고 대학 캠퍼스가 분규에 휩싸이고, 마틴 루터 킹 목사와 로버트 케네디가 암살당하면서 미국인들은 자신의 주변에서 일어나는 혼란과 제대로 대결할 수 있는 장비를 갖추고 있지 못하다는 생각에 빠져들었다.

6. 새로운 정치의 등장

샌델은 현대 자유주의 공공철학은 민주주의에 대한 불만을 해소하는 데 실패했다고 단정한다. 자유주의는 '자치(self-government)'를 실현하지 못했고, '자치'를 실현하기 위해서 필요한 '품성'을 육성하지 못했기 때문이다. 그렇다고 자유주의적 공공철학이 '품성'의 육성에 전혀 관심이 없었다고 보는 것은 아니다. 샌델은 레이건과 빌 클린턴이 이런 문제에 관심을 가졌다고 생각한다.[23]

23 Sandel, 같은 책, pp. 327~328; Sandel, 앞의 책, 2005, pp. 22~23.

일부 보수주의자들은 공공 정책과 정치 담론에서 시민적 덕성, 인격 형성, 도덕적 판단과 같은 공화주의적 가치를 도입했다. 특히 레이건은 공화주의적 요소를 강조하여 집권했다. 잘 알려져 있듯이 레이건은 하이에크를 받아들인 강한 시장 보수주의자로 평가받고 있다. 샌델은 레이건의 이런 정치적 성향에 대해서는 강한 부정을 표현하면서도 그의 탁월한 정치 감각은 높이 평가한다. 레이건은 국민의 불안감을 포착하는 본능적 직관을 가지고 있었다. 그는 미국 사람들이 개인적으로나 집단적으로 자신의 삶을 지배하는 세력을 통제할 수 있는 힘이 사라져가고 있다는 사실에 공포심을 가졌다는 사실을 간파했다. 그래서 레이건은 가족과 이웃, 종교, 애국심와 같은 공동체의 가치의 중요성을 환기시켰다.[24]

나아가 샌델은 선거 운동 기간 레이건의 정치철학에는 시민성이 포함되어 있었다고 생각한다. 신자유주의자로 각인된 레이건을 '시민성의 보수주의자'로 재평가한 것이다. 레이건은 당시 널리 퍼져 있던, 시민의 불만을 해소할 수 있는 정치적 의제를 찾아내려고 노력했다는 것이다. 적어도 선거 기간 동안 레이건은 국민에게 호소력을 지닌 의제를 찾아냈다. 이 의제를 통해 레이건은 자신의 담론을 기존의 정치 담론과 차별화하는 데 성공했다.

샌델은 레이건이 후보 시절 이러한 상황에서 미국 국민 속에 잠재한 국민적 우려와 갈망을 간파하고 '우뚝 선 미국'을 외쳤지만, 실제로 대통령이 되어서는 미국 국민의 자기 지배감을 회복시키지도, 공동체의 붕괴를 되돌리지도 못했다고 평가한다. 그러나 샌델은 레이건이 자치

24 Sandel, 같은책, 2005, p. 39.

와 공동체의 언어를 사용했다는 사실은 높이 평가한다. 레이건이 비록 보수적 시각에서지만 자치와 공동체의 언어를 구사했다고 보기 때문이다.

레이건뿐만 아니라 빌 클린턴도 '시민적인 것'을 중시했다. 1993년 빌 클린턴은 마틴 루터 킹 목사가 암살 전날 설교했던 멤피스 교회에서 자유주의자들이 기피해온 주제인 도덕적 영역과 정신적 영역에 대해 연설했다. 그는 저소득층이 밀집되어 있는 도심지에 일자리를 만들 필요성을 강조하면서, 그 이유는 일자리가 소득 증대뿐 아니라 인격 형성에 도움을 주고, 일이 가족생활에 규율과 체계 그리고 자부심을 심어주기 때문에 중요하다고 했다. 샌델은 저소득층에 대한 일자리 제공을 단순히 소득 증대라는 경제적 이유가 아니라 인격 형성, 가족 윤리, 자부심에 영향을 준다는 관점에서 중요하게 생각한 클린턴의 연설을 공화주의에 대한 새로운 관심이라고 보고 있는 것이다.

7. 자치를 위한 경제 권력의 통제

샌델은 복지가 필요하다고 생각하지만, 평등주의적 자유주의의 복지정책에는 반대한다. 샌델은 평등주의적 자유주의가 경제성장과 공정분배를 주장한 케인스 경제학의 패러다임 안에서 나온 것이라고 보기 때문이다. 이러한 복지는 시민을 능동적인 정치적 주체로 키우려는 형성적 정치가 아니라 수동적인 소비의 주체로 볼 뿐이다. 케인스의 경제 패러다임 안에서 나온 평등주의적 복지정책은 중립주의적 국가관에 기초한 자유주의적 정치경제학의 소산이지 시민정신의 형성을 목적으로 삼는 공화주의적 정치경제학과 거리가 있다는 것이다.[25]

공화주의적 정치경제학은 경제제도나 산업구조의 정당성을 평가하는 기준으로 그것이 얼마나 효율적이고 생산적인가에 초점을 맞추지 않고, 그것이 얼마나 시민의 자치 능력 발휘에 도움이 되는가, 방해가 되는가에 주목한다. 아무리 효율적이고 생산적이라 하더라도 경제제도나 정책, 산업구조가 시민의 자치 능력을 방해한다면 정치를 통해 그 제도를 제어해야 한다. 샌델이 말하는 공화주의적 정치경제학에 부합하는 산업정책을 제시한 사람이 바로 토머스 제퍼슨이다. 제퍼슨은 대규모 제조업이 시민의 독립성과 자치 능력의 육성을 방해하고 기업주에 대한 의존도를 높인다는 이유로 반대했다.[26]

샌델이 보기에 지역사회에 기반을 둔 비영리법인이 전국적으로 확장하는 기업형 슈퍼마켓에 대해 반대하는 운동이나 지역사회 경제 발전을 추구하는 운동은 공화주의 정치경제학의 정신이 발현된 것이다.[27]

자유주의적 정치경제학이 글로벌 대기업과 같은 세계적인 경제 권력은 그대로 방치하면서 성장의 결과만 공정하게 분배하면 된다고 믿는다면, 공화주의적 정치경제학은 글로벌 대기업이 시민정신의 형성에 방해가 된다면 그것을 통제해야 한다고 믿는다는 점에서 자유주의의 절차적 공화정과 구별된다. 샌델은 복지 자체가 중요한 것이 아니라 어떤 정치경제학에서 나온 복지인가를 따지고 있는 것이다.

샌델이 염두에 둔 공동체는 어떤 공동체일까? 그는 미국의 민주당은 공동체를 말할 때 주로 국가 공동체를 생각한다고 말한다. 프랭클린 루스벨트는 지역 공동체의 오랜 원칙을 국가 수준으로 확장해야 한다고 생각했다. 그러나 샌델은 공동체에 대한 갈망은 더 이상 국가를 통해

25 Sandel, 앞의 책, 1996, pp. 262~273.

26 Sandel, 같은 책, pp. 124~125.

27 Sandel, 같은 책, pp. 329~338.

충족되지 않는다고 생각한다. 이미 거대해진 국가는 개인에게 참여할 기회를 자주 제공하지 못한다. 그러나 시민의 지역사회에 대한 애착은 그들에게 개인적인 목표를 넘어 공동의 생활에 참여할 수 있는 기회를 제공할 수 있다. 나아가 지역사회는 공적인 일에 관심을 갖는 습관을 키우게 함으로써 자치에 이바지할 수 있다. 토크빌이 말했듯이 지역사회는 "그들의 손이 미치는 작은 영역 안에서 통치의 기술을 연마할 수 있게" 해준다.[28]

샌델은 가까운 이웃 공동체에서 일어나는 시민의 활동이 더 넓은 범위로 확장되어야 한다고 주장한다. 이웃과 마을회관, 교회와 회당, 노동조합, 학교의 사회운동에서 깨어난 시민의 역량이 국가 수준으로 확장될 수 있다는 것이다. 샌델은 1960년대 미국 남부의 흑인 침례교회에서 형성된 시민교육과 사회적 연대성이 이후 전국적인 민권운동으로 확산된 사례를 제시한다. 몽고메리의 버스 탑승 거부 운동은 결국 남부 흑백 분리 정책에 대한 도전으로 발전했고, 이는 평등한 시민권과 투표권에 대한 전국적 운동으로 확산되었다. 이것은 지역사회에 대한 애착과 공동체적 연대감이 솟아날 수 있는 시민 참여의 모범적 사례였다.[29]

샌델은 미국 국민이 민주주의에 불만을 갖게 된 원인을 가족과 이웃에서부터 도시와 마을, 종교와 민족 또는 문화적 전통으로 구분되는 다양한 공동체에 이르기까지, 개인과 국가 사이에 놓인 중간 단계의 공동체들의 쇠퇴에서 찾는다. 샌델은 자치를 위해 미국의 공공의식은 다양

28 Sandel, 앞의 책, 2005, p. 41.

29 Sandel, 같은 책, p. 41, pp. 189~190.

한 공동체를 통해 배양되어왔는데, 공동체가 쇠퇴하면서 공공의식도 사라졌다고 본다. 인간은 개인으로 살아가지만 그것으로 만족스러운 삶을 살 수는 없다. 동질감을 느끼는 공동체 생활에 참여함으로써 자신의 운명을 통제하고 싶은 열망을 갖고 있다. 곧 공동체가 해체되면서 시대적인 불안과 우려의 시대가 왔다는 것이다.[30]

공화주의가 자유주의와 선명하게 구별되는 지점은 사유재산에 대한 입장이다. 포칵(J. G. A. Pocock)과 같은 공화주의자는 '소유적 개인주의'를 인정하지 않는다. 자유주의는 '소유적 개인주의'가 정당하다는 전제 위에서 재산의 무한 획득을 개인의 권리로 인정했다. 포칵은 재산을 시민의 독립을 보장하는 기능을 가진 것으로만 본다. 포칵은 재산의 불평등은 시민의 평등을 위협하며 공동체를 부패시킨다는 입장을 취한다. 따라서 전통적으로 공화주의자들은 인간적인 공동체인 공화국을 실현하기 위해서는 농지법을 통해 재산을 균등하게 분배해야 한다고 생각했다.[31]

포칵의 이러한 생각은 신해링턴주의자들의 전통을 이어받은 것이다. 17세기 말 영국에서는 재산의 기능에 대해 치열한 논쟁이 벌어졌다. 재산의 기능이 도덕적·정치적 인격을 가지고 독립적으로 행위할 수 있는 시민의 능력을 키워줌으로써 덕을 확고하게 해주는 것인가, 아니면 물질적·문화적 욕구를 만족시켜줄 수 있는 능력을 키워주는 것인가가 논쟁의 쟁점이었다. 신해링턴주의자들은 재산의 기능을 개인의 시민적 덕과 독립성을 유지해주는 것이라고 주장했다.[32] 재산을 물

30 Sandel, 앞의 책, 1996, pp. 317~318; Sandel, 앞의 책, 2005, pp. 43~44.

31 조승래, 앞의 논문, 3쪽.

32 조승래,《공화국을 위하여: 공화주의의 형성 과정과 핵심 사상》, 서울: 길, 2010, 77쪽.

질적인 욕구 충족의 수단으로 보지 않은 것이다.

공화주의적 자유론은 경제와 밀접한 연관을 가진다. 공화주의에 따르면 임금노동자는 결코 자유로울 수 없다. 왜냐하면 임금노동자가 자치에 참여할 수 있을 때 그들은 자유롭고, 참여하기 위해 자신의 덕성을 함양해야 하는데 임금노동자는 경제적으로 종속되어 있어 그럴 기회를 갖지 못하기 때문에 자유롭지 못하다는 것이다. 이런 논리에 따르면 오직 자유노동자만이 자치에 참여할 수 있는 능력을 키울 수 있기 때문에 자유롭다. 따라서 고용주에 고용되어 임금을 받고 살아가는 임금노동자는 자유 시민으로서 판단을 내리고 자치에 참여하는 시민의 덕성을 형성할 수 있는 기회를 갖지 못하기 때문에 정치적 독립성을 획득하지 못해 자유롭지 못하다는 것이다.[33] 공화주의의 임금노동자에 대한 이런 평가는 노동 조건에 자발적으로 동의하고 계약 과정에 강요나 압력이 존재하지 않았다면 그들이 자유롭다고 보는 자유주의와 완전히 다르다.

샌델은 1810년대 미국인들을 공화주의적 자유를 실천할 수 있는 자유노동자로 이해한다. 이 당시 미국인들은 장인과 농부로서 자신의 생산수단을 소유하고 있었기 때문이다. 이때 미국인들은 자신을 공화국의 일부로 인식하고 공화국의 시민으로서 덕을 가지고 있었다고 믿었다. 그러나 남북전쟁 이후 본격적으로 금융·산업 자본이 점차적으로 미국을 지배하게 되고 임금노동이 보편화됨으로써 공화주의적 자유는 사라지고, 오직 계약의 자유만을 앞세우는 자유주의적 자유가 그 자리를 차지하게 되었다는 것이다.[34]

33 Sandel, 앞의 책, 1996, p. 169.

샌델이 지지하는 '공화주의적 정치경제학'의 목적은 소비자들의 욕구를 충족시키는 것이 아니라 시민이 스스로 자기 지배를 할 수 있는 덕성을 길러주는 것이다. 따라서 정치는 시민이 노동을 통해 시민적 덕성을 획득하고 발전시킬 수 있도록 노동의 조건을 조정해야 한다. 경제의 목적도 시민의 자치에 필요한 습관과 품성을 형성하도록 하는 것이기 때문에 정치는 경제를 통제해 그 목적과 부합하는 경제정책을 시행해야 한다.[35] 샌델의 '공화주의적 정치경제학'은 그 목적이 개인의 욕구충족을 돕는 것이라는 자유주의자의 정치경제학과 구별된다.[36]

만일 우리가 샌델의 이러한 분석을 받아들인다면 공화주의적 자유를 새롭게 부활시키기 위해서 사회경제적 조건을 변경해야 한다. 현재와 같은 경제체제로는 공화주의적 자유를 실현할 수 없기 때문이다. 공화주의적 자유인가 자유주의적 자유인가는 단순히 시민의 선택이 아니라 그들이 살고 있는 사회경제적 조건에 의존하고 있기 때문이다.

8. 비판적 논의

새롭게 등장한 공화주의에 대한 비판은 그동안 여러 관점에서 제시되었다.[37] 샌델 자신도 자신의 '시민적 공화주의'에 대해 제기된 문제점을 검토하면서 자신에 대한 비판에 대해 다양한 방식으로 반론을 제기했지만[38] 충분한 것은 아니었다. 이 글에서는 샌델의 '시민적 공화주의'

34 Sandel, 같은 책, p. 170.

35 Sandel, 같은 책, p. 242.

36 공화주의자들이 모두 샌델과 같은 정치경제학을 주장하는 것은 아니다. 현대 공화주의자들의 정치경제학에 대해서는 Richard Dagger, "Neo-republicanism and civic economy," *Politics, Philosophy & Economics* 5(2), 2006. 6, pp. 151~173.

가 안고 있는 심각한 문제만 지적하려고 한다.

박정순이 지적했듯이 샌델은 공동체에 대해 애매모호한 입장을 견지함으로써 여러 가지 비판에 직면했다. 샌델은 실질적인 정의도 없이 가족, 지역 공동체, 국가, 국민, 민족을 나열한다. 샌델은 여러 공동체들이 아무런 갈등 없이 상위 공동체, 하위 공동체들로 이해 충돌 없이 공존할 수 있는 것으로 가정하고 있다. 박정순은 "아마도 소규모적이고 정태적이고 고립적인 면접적 공동체에서는 매킨타이어와 샌델과 같은 가치 통합론자들의 이상이 실현될 수 있을지도 모른다"고 했다. 그리고 그들은 공동체의 역동적 구성과 다양한 공동체들 사이의 관계 설정을 정립하지 않음으로써 "유토피아적 노스탤지어와 전체주의적 함축성을 내포할 수밖에 없다"[39]는 박정순의 비판은 설득력이 있다.

9. 전체주의의 위험성

다음으로 지적할 수 있는 공화주의의 문제점은 실제로 공화주의적 이상을 부활시키는 것이 가능하다고 할지라도 그렇게 하는 것이 바람직하지 않은 결과를 초래한다는 것이다. 시민이 자발적으로 시민적 덕성을 갖는 것은 매우 어렵기 때문에 공화주의 정치는 항상 강압적이 될 수 있다. 이러한 위험은 "민주공화국에서는 형성적 계획이 필수적"이

37 공화주의에 대한 다양한 비판에 대해서는 다음 논문 참고. Geoffrey Brennan, Loren Lomasky, "Against reviving republicanism," *Politics, Philosophy & Economics* 5(2), 2006. 6, pp. 221~252.

38 샌델도 자신의 공화주의적 공공철학의 문제점을 논의했다. Sandel, 앞의 책, 1996, pp. 317~321; Sandel, 앞의 책, 2005, pp. 23~26.

39 박정순,《마이클 샌델의 정의론, 무엇이 문제인가: 지혜의 자각과 자기발견을 위한 철학적 여로》, 철학과현실사, 2016, p. 171.

라고 주장한 장 자크 루소(Jean Jacques Rousseau)의 글에도 잘 나타나 있다. 루소는 공화국의 창시자 또는 위대한 입법자의 과제는 "인간의 본성을 바꾸는 것"이라고 했다. 공화국에 필요한 덕성을 위해서는 개개인이 가지고 있는 성품을 개조해야 한다. 성품 개조는 개인의 자발성이 아니라 국가권력에 의존할 수밖에 없다.

입법자는 모든 인간이 하나의 전체로서 공동체의 공익을 추구하도록 하기 위해서는 개인이 가지고 있는 독립성과 자발성을 부정해야 한다. 루소의 표현을 빌리면 개개인이 가진 의지가 줄어들고 사라져야 사람들은 일반의지를 수용할 수 있다. 루소는 "시민이 개인으로서는 사소한 존재가 되고, 타인과 협력하지 않고서는 아무것도 할 수 없을 때 (……) 법률은 가장 완벽한 상태에 접근한다"고 했다. 공화주의자들도 공화주의를 실현하기 위해서는 개인의 영혼을 통치해야 한다는 '영혼통치술'의 필요성을 인정한다. 미국 독립선언서에 서명한 벤저민 러시(Benjamin Rush)는 "인간을 공화주의를 실현하게 하는 기계로 변화시키려고" 했으며, 모든 시민에게 "개인은 자신에게 속한 것이 아니라 공공재라는 사실"을 가르치려고 했다.[40]

이러한 비판에 대해 샌델은 국가권력에 의한 강압을 통하지 않고서도 공화주의의 영혼통치술은 실행될 수 있다고 생각한다. 이렇게 엄격하지 않은 부드러운 형태의 영혼통치술이 시민교육을 통해 가능하다는 것이다. 그는 19세기 시민성의 정치경제학은 시민이 단순히 공통성을 형성하는 것을 넘어서서 공공선을 잘 숙고할 수 있는 판단력과 독립성을 갖추도록 했다고 주장한다. 샌델은 이러한 판단력과 독립성은 강

40 Sandel, 앞의 책, 2005, pp. 24~25.

압을 통해서가 아니라 알렉시스 드 토크빌이 "사회가 스스로 조용하고 느린 속도로 취하는 행동"이라고 부른 설득과 습관화가 결합하여 이루어낸 것으로 이해한다.

샌델은 토크빌이 본 미국 사회의 분산과 차별화라는 미국 공공생활이 형성한 시민성은 루소의 공화주의적 사고와 구별되는 것으로 이해한다. 샌델의 해석에 따르면 완벽한 조화를 추구했던 루소는 개성이 전혀 없는 인간만이 일반의지에 복종할 수 있다고 생각했다. 루소는 개인이 모인 공동체를 하나의 유기체로 인식했기 때문에 다양한 의견을 가진 사람들이 참여하는 정치적 논쟁을 허용할 수 없다는 것이다. 루소는 어떤 의견을 "처음 제안하는 사람은 이미 모든 사람이 느끼고 있는 것을 말하기만 하면 된다. 구성원의 지지를 이끌어내기 위해 달변이나 수사법을 통해 다른 사람을 설득할 필요가 없다"고 보았다.[41]

샌델은 루소가 정치를 강압적인 방향으로 몰고 간 이유를 형성적 의욕 자체가 아니라 공공선은 단일하며 논란의 여지가 없다는 잘못된 가정을 했기 때문이라고 설명한다. 루소는 토론이나 설득과 합의는 공화주의 정치에서 필요하다고 생각하지 않았다는 것이다. 그러나 샌델은 '시민성의 정치경제학'이나 '자유에 대한 시민적 개념'은 의견의 불일치를 필요한 것으로 여긴다고 설명한다. 자유에 대한 시민적 개념은 정치적 논쟁을 초월하는 방법이 아니라 그 논쟁의 중요성을 인정한다는 것이다.

샌델의 시민적 공화주의가 시민에게 획일적인 삶을 강제하는 것이 아니라 자신들의 공동운명에 대해 심의하고 결정할 수 있는 능력을 선

41 Sandel, 같은 책, p. 25.

으로 보았다는 해석은 샌델의 주장을 우호적으로 해석한 것이다. 그러나 국가가 특정의 선을 시민에게 장려해야 한다는 아리스토텔레스적인 정치철학과 샌델의 공적 영역의 심의에 대한 강조는 서로 갈등을 일으킬 수 있다. 무엇이 심의의 대상이 된다는 것, 민주적 토론의 대상이 된다는 것은 그 과정을 통한 최종 결정이 열려 있다는 것을 전제하는 것인데, 아리스토텔레스의 정치철학은 특정 가치를 심의에 앞서 받아들이고 있다.

샌델은 루소의 단일한 관점과 달리 토크빌이 기술한 공화주의 정치는 합의나 만장일치가 아니라 논쟁이 꽃을 피우는 것이라고 생각한다. 토크빌이 말한 공화주의는 개인의 차별성을 존중한다. 이러한 공화주의는 개인 사이의 거리를 없애 하나로 통합하려고 하지 않고 사람들을 다양한 형태로 모아주고, 그들을 구분하면서도 동시에 연결할 수 있는 공공제도를 찾아내어 개인 사이의 간격을 메우려고 한다.[42]

샌델이 말하는 공공제도에는 주거 구역과 학교, 종교, 지역 그리고 도덕적으로 살 수 있도록 하는 장치들이 포함된다. 이런 장치는 민주공화국이 필요로 하는 '품성'과 '마음의 습관'을 형성한다. 시민 교육기관들은 시민에게 공적인 일에 참여하는 것을 반복적으로 가르쳐 습관이 되도록 한다. 따라서 그 기관들 자체가 다양성을 가지고 있기 때문에 공공생활이 획일적인 전체 안에 녹아들지 않는다는 것이다.[43]

샌델의 이러한 주장은 자신은 공동체주의자가 아니라는 주장 속에 잘 표현되어 있다.[44] 공동체주의는 공동체의 구성원은 자신이 속한 공

42 Sandel, 앞의 책, 2005, p. 26.

43 Sandel, 같은 책, p. 26.

44 Sandel, 앞의 책, 2009, pp. 220~221.

동체의 관습적이고 지배적인 가치에 따라 정체성이 형성되고 권리를 보장받는다고 보지만, 공화주의는 공동체를 문화나 혈연 공동체가 아니라 보편적 시민의 삶의 공동체로 본다.

이 차이를 설명하기 위해 샌델은 킹 목사의 민권을 위한 행진과 신(新)나치의 행진을 비교한다. 공동체주의자는 양자를 모두 거부할 것이다. 왜냐하면 킹 목사가 행진하려고 했던 남부에서는 흑백차별이, 신나치가 행진하려고 했던 스코키에서는 나치에 대한 증오가 그 지역 공동체의 관습적이고 지배적인 가치였기 때문이다. 공화주의는 공동체를 보편적 가치로서 시민적 평등이 실현되어야 할 곳으로 보기 때문에 킹 목사의 민권 행진은 허용하고 신나치의 행진을 금지하는 정책을 입안하고 집행할 수 있다는 것이다.[45]

샌델에 따르면 공화주의는 공동체주의가 빠질 수 있는 통일된 하나로서 공동체라는 관념에 빠지지도 않는다. 나아가 샌델은 일반의지에 의해 결정된 공공선에 도전할 수 없다고 주장하는 루소의 주장도 거부한다. 공동체의 소수는 배려와 설득의 대상이지 억압의 대상이 아니라고 보기 때문이다.[46]

샌델은 공화주의가 다원성을 인정하기 때문에 필연적으로 강압성을 갖는 것은 아니라고 주장하지만, 이러한 주장은 설득력이 약하다. 다원성이 개인적인 차원이나 샌델이 말하는 공동체 차원에서 인정되려면 각각의 고유성과 독립성을 인정해야 한다. 개인과 공동체의 다양성을 통제할 수 있는 한 차원 높은 조직을 상정하지 않으면 다양성을 가진

45 Michael Sandel, *Liberalism and the Limits of Justice*, Cambridge: Cambridge University Press, 1982, pp. 14~16.

46 Sandel, 앞의 책, 1996, pp. 318~320.

개인이나 공동체가 그 개인이나 공동체를 넘어 공공의 이익을 도출할 수 없다. 개인과 공동체를 넘어 존재하는 어떤 가치를 가정하지 않으면 개인이나 공동체가 조화를 이루며 공공선에 이바지할 수 없다.

다양성을 규율하는 조직으로 강력한 국가가 없다면 공화주의의 이념은 실현되기 어렵다. 다양성을 존중하는 정치는 그 정치가 초래할 수 있는 위험성도 받아들여야 한다. 공화주의에서 말하는 시민의 품성은 시민이 속한 공동체에 맞추어 형성되기 때문에 나쁜 공동체는 나쁜 품성을 형성할 수도 있다. 자유주의 없는 공화주의만의 공공철학으로 이러한 안전장치는 확보될 수 없다.

맺음말

샌델은 현대사회가 안고 있는 여러 문제점들이 자유주의 공공철학에서 유래한다고 가정하고, 그것에 대한 대안으로 공화주의 공공철학인 '시민적 공화주의'를 제시했다. 샌델은 공화주의에는 있지만 자유주의에는 없는 것, 곧 공적인 것에 대한 지식, 전체에 속해 있다는 소속감과 관심, 자신이 속한 공동체와의 도덕적 연대감의 중요성을 강조했다. 그는 공화주의 공공철학은 시민의 자유를 '자치에 참여하는 것'으로 보며, '자치에 참여하는 것'을 동료 시민과 함께 공공선에 대해 숙고하고 정치 공동체의 운명을 형성하는 데 이바지하는 것으로 규정했다.

그러나 아리스토텔레스 정치철학의 전통을 이어받은 샌델의 '시민적 공화주의'는 현대와 같이 세계화되고 다원화된 거대사회(great society)에는 적합하지 않다는 비판에서 벗어나기 어렵다. 그럼에도 불구하고 정치를 통해 시민적 덕성을 형성하려고 하면 전체주의 사회로 나아갈 위험성에 빠지게 된다.

우리가 자유주의의 공공철학이 강조하는 관용, 타인에 대한 존중, 절차에 대한 존중과 같은 덕목만으로 사회가 유지되고 발전하기 어렵다고 생각하더라도, 샌델이 강조하는 아리스토텔레스적 정치, 곧 국가가 '시민적 덕성' 함양을 주도하는 것은 바람직하지 않다. 이런 상황에서 우리는 공동체 유지를 위해 필요한 여러 가지 덕성을 국가의 강제가 아닌 시민사회가 주도하는 민간 운동을 통해 육성할 수도 있다. 이때 어떤 것이 시민에게 필요한 덕성인가에 대해서는 다원주의적 입장을 견지해야 한다.

우리는 시민적 덕성을 아리스토텔레스나 샌델과는 다른 방식으로 정의해야 한다. 시민적 덕성을 '본질적 가치'가 아니라 사회를 유지하고 발전시키기 위해 필요한 '수단적 가치'로 해석해야 한다. 시민적 덕성을 본질적인 가치를 지닌 것이 아니라 수단적인 가치[47]를 지닌 것으로 이해하면, 시민적 덕성의 다원성을 인정할 수 있다. 시민적 덕성의 다원성을 인정하면 샌델의 '시민적 공화주의'가 빠질 수 있는 전체주의로의 위험에서 벗어날 수 있을 것이다. 지금까지 논의를 통해 분명하게 나타났듯이 샌델의 '시민적 공화주의'는 그동안 근대 서양 문명이 추구해온 자유주의의 문제점을 드러나게 했다는 점에서는 높이 평가되어야 한다.

그러나 샌델의 공화주의 공공철학은 서양 근대 문명이 추구해온 이념의 경계 안에서 새로운 가능성을 모색하려는 시도로 해석되어야 한

47 Alan Patten은 이렇게 재해석된 공화주의에 '도구적 공화주의'라는 이름을 붙였다. '도구적 공화주의'는 자유주의 공공철학과 충돌하지 않기 때문에 자유주의 공공철학의 보완재 역할을 할 수 있다. Alan Patten, "The Republican Critique of Liberalism," *British Journal of Political Science*, Vol. 26, No. 1 (Jan., 1996), pp. 26~27.

다. 서양 근대 문명의 철학적 기초를 벗어나 새로운 철학을 제시한 것이 아니라 그 안에서 미세한 조정의 성격을 가지고 있기 때문이다. 게다가 샌델의 공화주의 공공철학은 과거 지향적 요소를 지니고 있으며, 현대 거대 사회에서 실현하기 어려운 많은 문제점을 가지고 있다는 사실도 인정해야 한다. 근대 서양 문명의 한계를 벗어나려면 자유주의와 공화주의의 공공철학 밖에서 새로운 공공철학이 나와야 할 것이다.

복합평등의 철학적 기원*

박정순**

미국의 저명한 정치사상가 마이클 월저(Michael Walzer)의 《정의의 영역: 다원주의와 평등의 옹호》(1983)는 현대 정의론을 부흥시킨 존 롤스(John Rawls)의 《정의론》(1971)에서 개진된 자유주의적 평등주의 이후 평등에 관한 중요한 현대적 접근 방식의 하나로 간주되어왔다. 그는 각 사회적 가치는 그 가치가 지니는 공유된 사회적 의미에 의거한 독자적인 분배적 규칙이 작동하는 그 자체의 "영역(sphere)"을 구성한다고 주장한다. 정의에 의해 요구되는 이러한 각 분배 영역, 즉 총 11개의 분배 영역에서의 자율성은 결국 상이한 사회적 가치들이 상이한 근거에 의해, 상이한 절차에 따라서, 상이한 주체들에 의해, 상이한 사람들에게 분배됨으로써 "복합평등(complex equality)"으로 귀착된다. 그렇다면 복합평등은 광범위하게 분산된 1차적인 불평등으로부터 발생하는 2차적

* 이 글은 "복합평등의 철학적 기원," 《철학연구》 제76권(2007)에 게재한 것이다.

** 연세대학교 미래캠퍼스 인문예술대학 철학과 교수 정년 퇴임. 경희대학교 미래문명연구원 특별연구원. 한국윤리학회 회장 역임. 한국철학회 세계 석학 초빙강좌 〈다산기념철학강좌〉 운영위원장 역임.

인 평등이다.

복합평등의 기원은 보에티우스의 《철학의 위안》(AD 524)으로 소급될 수 있으며, 더 나아가서 피타고라스의 우주적 정의(cosmic justice)의 개념에 이르게 된다. 복합평등에 관한 하나의 상징적 해석은 그것을 마방진(magic square)과도 연계시킨다. 이러한 연계를 통해 우리는 마방진의 원형인 중국의 낙서(洛書)가 지니고 있었던 분배정의론적 의미를 밝힐 수 있을 것이다. 더 나아가 복합평등은 우주론에서의 균일성과 등방성 원리, 자연과학에서의 복잡계 이론, 카오스, 창발과도 연계된다. 이러한 복합평등의 다양한 기원과 연계 탐구는 인류의 과거 정신사의 미래 함축성에 관한 하나의 흥미진진한 사례를 제시해줄 것이다.

1. 복합평등의 철학적 의의

사회적 존재인 인간은 자신의 성취와 실패에 대해서 절대적인 고립 속에서가 아니라 남과의 비교를 통해 자신이 행복하거나 불행하다고 느낀다. 따라서 모든 사람이 최소한의 행복감과 자존감을 갖기 위해서는 어떤 유형의 평등은 필연적으로 요청될 것이다. 그러나 존재론적 평등, 기회의 평등, 조건의 평등, 결과의 평등으로 대별되는 평등의 다양한 개념적 유형들 사이의 상충과 아울러 복지, 자원, 역량으로 구분되는 평등의 실질적인 내용적 대상들 사이의 갈등 때문에 현대사회에서 어떠한 유형과 내용을 가지는 평등이 실현가능한지에 대한 철학적 논란은 여전히 계속되고 있다.[1] 특히 공산주의 진영의 붕괴 이후 국내외

1 Norman Daniels, "Equality of What: Welfare, Resources, or Capabilities?," *Philosophy and Phenomenological Research* vol. 50, 1990, pp. 273~296.

적 불평등을 심화시키는 신자유주의의 득세로 말미암아 평등주의의 실행 가능성 문제는 현대 윤리학과 사회철학에서 중차대한 도전적인 안건의 하나로 자리 잡게 되었다.

마이클 월저의 평등사상이 주목받기 시작한 것은 한 사회의 사회경제적 불평등은 최소수혜자의 최대이익을 보장하는 한에서만 허용된다는 롤스(J. Rawls)의《정의론》에 비견될 수 있는 그의《정의의 영역들: 다원주의와 평등의 옹호》가 출간된 연후이다.[2] 월저는《정의의 영역들》에서 특히 분배적 정의 문제에 주목하고, 사회적 가치는 특정한 사회에서 그러한 사회적 가치가 가지는 공유된 사회적 의미에 가장 충실하게 분배되어야 한다고 주장한다. 따라서 정의의 원칙은 롤스의 "최소수혜자의 최대이익 증진의 원칙(maximin principle)"처럼 모든 사회적 가치들에 일률적으로 적용되는 것이 아니고 그러한 사회적 가치들의 각 영역에 타당한 다원적인 원칙들로 구성된다(SJ, 9~10쪽).

《정의의 영역들》에서 월저는 모든 사회와 제도의 정의 여부를 객관적으로 평가하기 위한 보편적인 정의원칙을 수립하려는 롤스의《정의론》에서 개진된 자유주의적 보편주의를 비판한다. 이러한 보편적이고 추상적이고 철학적인 정의원칙을 정의 문제에 대한 시민들의 현실적이고 구체적인 합의보다 우선하는 것은 비민주적일 뿐만 아니라, 그러한 원칙은 구체적 상황에 적용될 수 있는 현실성도 결여되어 있다는 것이다(SJ, 14쪽). 또한 월저는 분배적 정의원칙이 규제하는 분배의 대상,

2 John Rawls, *A Theory of Justice* (Cambridge: The Belknap Press of Harvard University, 1971); Michael Walzer, *Spheres of Justice: A Defence of Pluralism and Equality,* (New York: Basic Books, 1983). 이하 본문에서 SJ로 약함. 번역본은 마이클 월저, 정원섭 외 옮김,《정의와 다원적 평등: 정의의 영역들》, 서울: 철학과현실사, 1999 참조.

즉 사회적 기본가치들에 관련해서 롤스를 비판한다. 롤스는 사회적 기본가치란 "합리적 인간이 그가 다른 무엇을 원하든 상관없이 많이 가지기를 원하리라고 생각되는 것"으로 보고 "권리와 자유, 기회와 권한, 소득과 부, 자존감"을 예로 든다.[3] 그러나 월저는 모든 도덕적, 물질적 세계를 망라해서 생각할 수 있는 사회적 기본가치의 목록은 없다고 논파한다(SJ, 8쪽).

따라서 월저의 정의원칙 도출의 방법론과 분배 대상의 가치론은 다원적이고도 특수적이다. 즉, "정의원칙들 자체는 그 형식에서 다원적이다; 상이한 사회적 선 혹은 가치(social goods)는 상이한 이유에 따라서, 상이한 절차에 따라서, 그리고 상이한 주체에 의해 분배되어야 한다. 이러한 차이는 사회적 가치 자체에 대한 상이한 이해로부터 유래한다. 이러한 상이한 이해는 역사적이고 문화적인 특수주의의 필연적 산물이다"(SJ, 6쪽). 가치들의 정의로운 분배는 사회구성원들이 그러한 가치들의 "사회적 의미"에 대해서 가지고 있는 공유된 "사회적 이해"에 달려 있다(SJ, 7쪽; 313쪽). 따라서 "정의는 사회적 의미에 상대적이다"(SJ, 312쪽). 다시 말하면, "분배의 기준과 방식은 가치 그 자체가 아니라 가치의 사회적 속성에 내재해 있다. 그 가치가 어떤 것이고, 그것이 사람들에게 어떠한 의미를 갖는 것인지를 이해한다면 그것이 어떻게, 누구에 의해서, 어떤 이유에 따라 분배되어야 하는가를 이해할 수 있게 된다. 모든 분배는 가치의 사회적 의미에 상대적으로 정의 여부가 결정된다"(SJ, 8~9쪽). 월저에 따르면, 모든 분배적 논변은 도덕적 관점에서 "단순히 공통된 의미에 호소하는 것"이다(SJ, 29쪽).

3 Rawls, 1971, p. 92.

다원적이고 특수적인 사회적 가치론으로부터 가치의 사회적 의미가 뚜렷이 구별될 때 분배는 각 영역에 따라서 자율적이어야 한다는 명제가 도출된다. 즉, "각각의 사회적 가치 혹은 일련의 가치는 오직 어떤 분배적 기준 혹은 방식만이 적합한 분배영역(distributive sphere)을 구성한다"(SJ, 10쪽). 상이한 가치를 상이한 이유에 따라서 분배하고, 분배되는 가치들의 사회적 의미가 독특하게 구별될 때, 정의로운 분배는 사회적 가치들과 그 고유한 분배 기준이 적용되는 영역의 자율성을 보장하는 것이다. 이것이 바로 월저의 성가를 높이고 있는 복합평등론 혹은 다원평등론(complex equality theory)이다. 복합평등론은 상이한 사회적 가치들이 단일한 방식에 의해서가 아니라 그러한 사회적 가치들의 다양성과 그것들에 부착되어 있는 의미들을 반영하는 다원적 영역들의 기준에 의해 분배되도록 요구한다(SJ, 20쪽). 월저는 총 11가지의 분배영역을 제시하고 있으며, 각 분배영역은 분배 대상이 되는 가치에 대한 공유된 의미 이해에 의거한 "내재적 원칙(internal principle)"에 따라 분배가 결정되어야 한다고 주장한다(SJ, 9쪽, 19쪽). 11가지의 분배영역은 공동체 구성원의 자격, 안전과 복지, 돈과 상품, 공직, 힘든 노동, 여가, 교육, 친족관계와 사랑, 신의 은총, 사회적 인정, 정치권력이다. 이러한 각 영역들의 내재적인 분배원칙을 개략하면, 공동체 구성원의 자격은 공동체 구성원들의 합의에 의해, 안전과 복지는 필요에 의해, 돈과 상품은 자유교환에 의해, 공직은 공적에 의해, 힘든 노동은 엄격한 평등에 의해, 여가는 자유로운 선택과 필요에 의해, 교육에서는 기본교육은 엄격한 평등에 의하고 고등교육은 시장과 공적에 의해, 친족관계와 사랑은 이타주의와 상호적 애정에 의해, 신의 은총은 자유로운 종교적 추구와 헌신에 의해, 사회적 인정은 자유롭고 자발적인 상호 인정의 교환에 의해, 그리고 정치권력은 민주주의적 설득력과 시민의 지지에 의해 분배되어야 한다는 것이다.

복합평등은 돈, 권력 등 지배적인 사회적 재화와 가치를 동일하게 나누려는 단순평등(simple equality)의 근시안성과 전체주의적 함축성을 경계한다. 그러한 단순평등을 유지하기 위해서는 국가의 개입이 필연적으로 요청되고, 따라서 관료주의적인 정치권력이 또다시 투쟁의 대상이 되는 상황이 발생한다(SJ, 15쪽). 복합평등을 이해하기 위해서는 어떤 사회적 가치나 재화의 대부분을 소유하는 "독점(monopoly)"과 어떤 영역의 가치가 다른 영역의 가치를 잠식하는 "지배(dominance)"의 구분이 중요하다(SJ, 10~11쪽). 월저는 독점의 문제보다 지배의 문제에 주안점을 두고, 돈과 권력 등 지배적인 가치가 다른 가치들과 교환(exchange)되거나 전환(conversion)되는 것을 방지하는 복합평등을 추구한다.[4] 즉 어떤 지배적 가치가 타 영역의 가치를 침해하는 교환을 봉쇄함으로써 독점의 심각성을 약화시키겠다는 것이 그 요점이다.[5] 복합평등 사회는 상이한 가치들이 독점적으로 소유될 수 있지만, 특정한 가

4 Stephen Mulhall and Adam Swift, *Liberals and Communitarians,* Oxford: Blackwell, 1992, p. 148.

5 월저는 개인 혹은 정치권력이 화폐를 통해 구매할 수 없는 "봉쇄된 교환(blocked exchanges)"의 예로 14가지를 든다(SJ, 100~103쪽): 인신매매, 정치권력과 영향력, 형법적 정의, 언론·출판·종교·집회의 자유, 결혼과 생식·출산권, 이민 금지 정치적 공동체에서의 이민의 자유, 군복무·배심원 의무 면제, 정치적 공직, 경찰의 보호와 초중등 교육, 자포자기적인 절망적 교환(최소임금·8시간 근무제·건강과 안전 규제 포기 등), 상과 명예, 신의 은총, 사랑과 우정, 살인청부·장물취득·마약과 같은 불법적 거래. 그리고 "권력 사용의 봉쇄(blocked uses of power)"의 예로 9가지를 들고 있다(SJ, 283~284쪽): (1) 국민의 노예화·인신 구속 (2) 봉건적 후견권 · 결혼의 간섭 (3) 처벌을 정치적 압박 수단으로 사용 금지 (4) 특정한 정책의 경매 금지 (5) 법 앞에서의 평등 파괴 금지 (6) 자유 재산에 대한 자의적 침해 금지 (7) 종교 영역 침입 금지 (8) 교권의 침해 금지 (9) 언론, 집회, 결사의 자유 침해 금지.

치가 다른 가치로 "전환"되지 않는 사회이다. 각 분배영역 안에서는 어느 정도의 독점이 있어 "많은 조그마한 불평등"이 용인되기는 하지만 그것이 영역 간의 전환 과정을 통해 "지배"로 변환되지 않는다(SJ, 17쪽). 또한 각 분배영역에 내재하는 고유한 원리를 무시해 어떤 한 영역이 다른 영역을 침범하는 "전제(tyranny)"도 사라지게 된다(SJ, 19쪽).

월저는 가치에 대한 공유된 사회적 의미와 그에 따른 분배영역의 상대적 자율성을 보장하는 복합평등론이야말로 사회정의를 위한 "정당성의 원칙(a principle of legitimation)"이고 "비판적 원칙(a critical principle)"이며, 또한 근본적인 사회비판을 위한 "급진적 원칙(a radical principle)"이라고 역설한다(SJ, 9쪽, 10쪽). 왜냐하면 가치의 사회적 의미가 훼손되고, 독립적이고 자율적인 영역들이 타 영역에 의해 침해되고, 분배 기준들이 위배될 때, 사회적 부정의는 인식되고 비판될 수 있기 때문이다. 그래서 월저는 "충실한 영역 방어야말로 사회를 정의롭게 만드는 관건이다"라고 지적한다(SJ, 319쪽). 충실한 영역 방어는 가장 큰 부정의의 두 가지 사례인 자본의 지배(domination)와 정치권력의 전제(tyranny)를 방지하기 위한 교환과 사용의 봉쇄(blocked exchanges and uses)에 집중되어 있다(SJ, 100~103쪽; 283~284쪽). 월저의 복합평등론은 독단적이고 불공평한 지배나 전제가 영속화되거나 고착화되는 상황을 제어하는 하나의 기준점이 된다. 또한 영역 방어는 분배영역의 자율성을 해치고, 한 영역의 가치가 다른 영역의 가치로 전환되는 비근한 사례인 면죄부, 친족등용주의, 정략결혼, 성매매, 뇌물, 성직 및 관직 매매 등을 배제한다(SJ, 9쪽).

복합평등한 사회는 하나의 이상적 모형으로서, 그러한 사회는 아직까지 존재한 적이 없다. 월저의 복합평등론은 기본적으로 사회부정의에 대한 비판적인 기준이지만, 그 기준은 또한 만약 한 사회의 구성원들이 실제로 다양한 분배적 영역에 참여해 활동하고, 각 분배영역의 자율성을 성공적으로 방어한다면 어떠한 사태가 도래할 것인가를 기술하는 서술적 기준이기도 하다.[6]

2. 복합평등의 철학적 기원: 보에티우스, 피타고라스, 낙서

월저의 복합평등론은, 그 스스로가 인정하고 있듯이, 사적 영역과 공적 영역, 공권력의 승계와 가족, 국가와 시민사회, 정치와 경제, 교회와 국가 등을 구분한 근대 자유주의의 공헌과 유산을 수용한 것이다.[7] 월저의 복합평등론은 자유주의의 이러한 전통을 보다 급진화하여 정의의 각 영역의 자율성을 보장하는 탈중앙화되고 "분권화된 민주적 사회주의"로 발전된 것이다(SJ, 318쪽). 또한 월저의 복합평등론은 평등주의적이고도 다원민주주의적인 가치들에 대한 공동체주의적 헌신을 반영한다고 평가될 수 있다.[8]

월저는 자신의 복합평등론이 인간의 다양한 재능의 광범위한 분산을 배경으로 이루어진다고 지적한다.[9] 보다 엄밀하게 본다면, 복합평등론과 인간 재능의 광범위한 분산과 발현은 일방적인 관계라기보다는

6 Walzer, "Exclusion, Injustice, and the Democratic State," *Dissent*, 1993, p. 49, pp. 55~56.

7 Walzer, "Liberalism and the Art of Separation," *Political Theory* vol. 12, 1984, pp. 315~330.

8 월저의 공동체주의적 복합평등론과 사회비판이론에 대한 구체적인 논의는 박정순, "마이클 월저의 공동체주의,"《철학과 현실》, 1999, 175~216쪽. 박정순, "공동체주의적 사회비판의 가능성,"《범한철학》제30집, 2003, 211~247쪽.

9 Walzer, 1993, p. 62.

상호보완적인 것으로 보는 것이 더 타당할 것이다. 복합평등론은 자율성이 보장된 다양한 분배적 영역 속에서 만개하는 다양한 가치와 능력과 성취들 사이의 통약불가능성을 통해 인간의 사회적 서열화를 무력화시킬 뿐만 아니라, 왜 금권정치, 신정정치, 노인정치, 기술자 지배정치 등 하나의 가치와 그것의 소유에 관련된 자질이 다른 모든 가치들과 자질들을 지배하려는 작금의 정치적·사회적 시도가 부정의인지를 판결해준다. 월저는 신자유주의 아래 만연된 승자독식 시장(winner-take-all market)은 승자와 패자를 양분화하는 이데올로기적 도식으로서 결코 정당화될 수 없는 시장의 지배 책략이므로 복합평등론이 우선적으로 배제해야 할 대상이라고 강조한다. 그는 모든 영역에 걸친 성공자와 실패자의 집단이 존재할 가능성도 있음을 부인하지 않는다. 그러나 그는 인류 역사와 일상적 삶을 통해 볼 때 개인의 자질과 능력은 모든 영역에 아주 근본적으로 분산되어 있다고 믿는 것이 더 타당할 것이라고 생각한다. 그래서 그는 다양하게 분산된 자질과 능력이 돈 버는 능력과 정치권력에 위축되지 않고 충분히 발현되는 상황, 즉 지배와 전제와 부당한 전환을 배제하는 충실한 영역 방어와 교환 봉쇄가 가능해질 때, 복합평등의 실현 가능성은 충분히 실제적인 것이라고 주장한다.[10]

월저는 인간의 다양한 재능의 광범위한 분산이야말로 복합평등론을 가능케 하는 사회학적 사실이라고 다음과 같이 주장한다:[11]

복합평등은 (사회적 가치의 상이성뿐만 아니라 또한) 인간의 상이성과 아울

10 Walzer, "Response," in David Miller and Michael Walzer, ed. *Pluralism, Justice, and Equality*, Oxford: Oxford University Press, 1995, pp. 290~292.

11 Walzer, 1993, p. 62 (강조 부가).

러 인간들 사이의 다양한 자질, 관심, 능력 등의 상이성에 대응한다. (……) 그러한 자질, 이익, 그리고 능력의 범위는 매우 넓으므로 특정한 개인들에게 그러한 것들의 어떤 긍정적인 혹은 부정적인 집합만이 극단적으로 편향해서 나타나는 증거를—물론 내 자신의 경험이 어떤 증거를 제시하지는 못하겠지만—나는 발견하지 못했다. 이 탁월한 수학자는 정치적 숙맥이고, 이 재능 있는 음악가는 다른 사람들과 어떻게 지내야 하는지에 대해서는 도무지 감이 없고, 이 능란하고 자상한 부모는 사업적 재능은 전무하고, 이 도전적이고 성공한 실업가는 도덕적 비겁자이고, 이 거리에서 구걸하는 거지 혹은 저 감옥의 죄수는 솜씨 있는 장인이거나 아무도 모르는 시인이거나 혹은 멋진 웅변가일지도 모른다.

월저가 꿈꾸는 다원적인 복합평등 사회에서 우리의 삶은 구체적으로 어떠한 양태로 나타날까?[12] 비록 그 사회는 "모든 사람의 행복과 불행이 공동체 전체에 의해서 공유"되는 정도까지는 아니지만(SJ, 70쪽), 기본적으로 우리의 행복과 불행은 여러 종류와 방식으로 존재한다는 다원주의적 인식에 따른 상호존중과 자존감이 풍만한 사회가 될 것이다. "상호존중과 공유된 자존감은 복합평등의 심층적 원동력이다. 이러한 가치들은 다시 복합평등을 지속 가능케 하는 원천이 될 것이다"(SJ, 321쪽). 복합평등은 하나의 "도덕적 결속이다. 그것은 강자와 약자, 운이 좋은 사람과 불운한 사람, 부자와 빈자를 결합해 모든 이익의

12 같은 논문, p. 284; Walzer, 제11장 "A Day in the Life of a Socialist Citizen," in *Obligations*, Cambridge: Harvard University Press, 1970.

차이를 초월하는 연합을 창출"할 것이다(SJ, 82~83쪽). 따라서 복합평등은 삶의 승리에 대해서 겸손하게 할 뿐만 아니라 삶의 실패에 대해서도 위안을 줄 것이다. 복합평등은 자만과 계급적 특권의식을 감소시킬 뿐만 아니라 자기비하와 모멸감, 그리고 압제적 명령과 그에 따른 맹종도 사라지게 할 것이다.[13] 따라서 복합평등은 절대적 불평등만이 아니라 상대적 박탈감도 아울러 감소시킬 것이다.[14]

보에티우스(Boethius)는《철학의 위안》에서 일찍이 인간 운명의 복합평등적 특성에 대해 갈파하고, 그것을 철학적 위안의 중대한 기제로 삼은 바 있다. 월저는 복합평등의 선구자로 파스칼과 마르크스를 들고 있으나,[15] 어떤 면에서 인간 운명 자체의 복합평등을 논한 보에티우스가 더 중요할지도 모른다:[16]

> 어느 면에서든 자기의 상태에 불만이 없을 정도로 그렇게 완전하게 행복한 사람은 없다. 불안과 근심으로 가득 찬 것이 인간사의 본질

13 Walzer, 1995, p. 284.

14 Nancy Rosenblum, "Moral Membership in a Postliberal State," *World Politics*, vol. 36, 1984, p. 591.

15 월저는 ① 사회적 가치들의 고유한 작동 영역과 그 사회적 의미에 따른 분배원칙의 설정 ② 한 영역에서의 분배원칙을 무시하는 전제에 대한 비판이라는 두 가지 관점에서 파스칼과 마르크스를 복합평등론의 사상적 선구자로 지목한다(SJ, 18~19쪽). 월저는 또한 현대 평등사상을 정립했던 버나드 윌리엄스(Bernard Williams), 윌리엄 갈스톤(William Galston), 니콜라스 레셔(Nicholas Rescher) 등도 복합평등론의 단초를 제공한 것으로 언급한다(SJ, 18쪽). 그 외 월저가 들고 있는 사상적 선구로서는 서로 돌아가면서 통치하는 아리스토텔레스적인 순환적 귀족정체, 공동체주의적 상호부조를 실현했던 고대 그리스 사회와 중세 유대인 사회 등이 있다: Walzer, 1993, pp. 55~56. 오렌드(Orend)는 월저의 (사회)철학적 사상사적 혹은 방법론적 선구로서 칸트, 밀, 듀이, 콰인, 데이비슨 등도 언급한다: Briend Orend, *Michael Walzer on War and Justice*, Montreal: McGill-Queen's University Press, 2000.

인 것이다. 인간사는 결코 모든 것이 완벽하게 잘 되어가지는 않는 법이며, 또한 항상 변함없이 머물러 있는 일도 없다. 어떤 사람의 경우는 부유하기는 하되 천민 태생임을 수치로 여겨 불만이며, 또 어떤 사람은 태생은 고귀하되, 자기 가문의 가난함 때문에 널리 알려지는 것을 달가워하지 않는다. 어떤 사람들은 부와 고귀한 태생의 축복을 받았지만 아내가 없기 때문에 불행하고, 또 어떤 사람들은 행복한 결혼을 했지만 자식이 없으므로 자기의 핏줄이 아닌 상속자를 위해 그들의 돈을 절약하는 셈이 되며, 또 어떤 사람은 자식을 두는 축복을 받았지만 자식들의 나쁜 행위 때문에 눈물을 흘린다. 운명의 여신이 자기에게 내려준 운명을 받아들이기란 누구에게 있어서나 용이한 일은 아니다.

월저가 강조하는 인간 재능의 광범위한 분산에 관련된 복합평등 상태와 보에티우스가 강조하는 인간 운명에서의 행복과 불행의 다양한 착종이 가져오는 복합평등 상태는 그 추론적 관점에서 유비적으로 일맥상통하는 면이 있음을 포착하기는 어렵지 않을 것이다.[17]

보에티우스가 《철학의 위안》에서 그 위안의 요체로 삼은, 인간의 행복과 불행에 관한 복합평등적 양태에 대한 철학적 관조는 종국적으로 형이상학적 조화나 일치인 하모니아(*harmonia*)를 강조하는 피타고라

16 A. 보에티우스, 박병덕 옮김, 《철학의 위안》, 서울: 육문사, 1990, 제2권, 63쪽 (강조 부가). 복합평등한 모든 사람의 인생 자체는 궁극적으로 죽음을 통해 단순평등을 실현할 것이다. "영예의 오만함을 멸시하는 평등주의자인 죽음은 신분의 높고 낮음을 무시하고 모든 것들을 똑같이 격하시키며, 힘 있는 자들이나 미천한 자들이나 모든 것들을 똑같이 격하시킨다"(제2권, 82쪽).

스(Pythagoras)의 자연적 정의(natural justice) 혹은 우주적 정의(cosmic

17 본 논문은 보에티우스의 이 구절이 복합평등을 표현하는 것으로 해석하고, 또 그것을 매개로 하여 피타고라스와 마방진과 낙서로 연계적으로 소급되는 구조를 가지고 있다. 그러나 이 구절은 결코 월저가 말하는 복합평등을 나타내는 표현으로 간주할 수 없으므로 이 논문의 기본적 전제가 잘못되어 있다는 지적이 있었다. 이러한 지적은 인간의 행복과 불행이 다양하게 서로 착종되어 있다는 다원적 사실 자체가 복합평등을 나타내는 것은 아니라는 지적으로 해석될 수 있을 것이다. 이 구절은 원래 호라티우스(Horatius)의 〈오데스(Odes)〉에 나오는 "모든 점에서 행복할 수 없다(*Nihil est ab omni parte beatum*. Nothing is from every portion happy)"에서 유래했다. Boethius, *The Consolation of Philosophy*, Translated and Introduction and Notes by P. G. Walsh, Oxford: Oxford University Press, 1999, p. 126. 인간이 모든 점에서 행복할 수 없다는 것은 인간이 어쩔 수 없이 당면하는 불행에 대한 하나의 스토아적인 위안으로 작동할 수 있을 것이다. 이 구절을 월저의 복합평등론적으로 해석하면, 인간은 모든 분배영역에서 우위를 점할 수 없다는 것이 될 것이다. 월저는 "어떠한 일련의 사람들도 모든 분배영역에 걸쳐 우세한 위치를 점할 수 없다(No single group of people would be dominant across the spheres)"고 강조한다. Walzer, 1993, p. 55. 또한 "모든 사회적 선이 어떤 동일한 사람들에게 연이어 주어지는 것은 아니다(All social goods won't come in train to the same people)"라고 강조한다. Walzer, "Pluralism and Social Democracy," *Dissent*, 1998, p. 49.
월저의 복합평등론은 "사람은 모두 장점과 단점을 동시에 가지고 있어서 신은 공평하다"고 하는 인류의 일상적 신조와 일맥상통한다. 이러한 관점에서 월저는 복합평등한 사회의 가장 중요한 특성을 이렇게 지적한다: "이러저러한 가치들에 대해서 사람들은 우수한 혹은 열등한 위치를 점하므로, 어떠한 사람도 모든 영역에서 우위를 점하거나 하위를 점하는 일은 없을 것이다(Individuals are up or down with reference to this or that good, but no one is up or down everywhere)": Walzer, 1998, p. 48. 한 영역에서 불리한 위치에 있는 사람은 다른 영역에서 유리한 위치를 통해서 보상적 효과를 가질 수 있으므로 복합평등은 철학적 위안의 기제로서 작동할 수 있는 것이다. 즉 봉급은 낮지만 하는 일이 중요하거나 흥미가 있거나, 혹은 많은 여가 시간을 주는 것처럼, 어떤 한 영역에서의 우월한 입지가 다른 영역에서의 열등한 입지를 보상할 수 있다. Walzer, 1995, p. 284. 물론 인간의 능력과 재능이 다양하게 분산되어 있고, 인간의 행복과 불행이 다양한 방식으로 서로 착종되어 있다고 하더라도 그것이 복합평등을 결과한다고 단언할 수는 없을 것이다. 그러나 월저는 만약 다양한 분배영역에서의 인간의 상대적 위치가 충분히 "긴 목록(a long list)" 속에서 기술된다면, 결국 복합평등으로 귀착될 것으로 본다. Walzer, 1993, p. 62. 즉 월저는 복합평등이 "철저하게 분산되고 해체된 불평등(radically dispersed and disaggregated inequalities)"으로부터 도출되어 나온다고 생각한다. Walzer, 1998, p. 49. 이러한 관점은 스위프트(Swift)에 의해서도 주장된다: 각주 47 참조.

justice)로까지 소급될 수 있을 것이다. 이러한 소급의 단초로서 우리는 보에티우스가 철학의 여신에게 한 다음과 같은 말을 지적할 수 있다: "당신은 날마다 나의 귀와 나의 생각 속에 '신(神)을 따르라'는 피타고라스 학파의 금언(金言)을 주입시키곤 했습니다. 그리고 당신이 나의 정신을 신(神)의 그것과 흡사한 경지까지 이끌어주시고 있었던 까닭에, 내가 가장 비열한 정신의 도움을 구하려 한다는 것은 거의 있을 수 없는 일이었습니다."[18] '신을 따르라'는 피타고라스의 경구는 원래 이암블리쿠스(Iamblichus)의 《피타고라스의 생애》에서 부각되었던 것이다: "더 나아가서, 이 모든 교훈들은 하나의 단일한 근원적인 원리인 신성의 목적에 근거하고 있다. 따라서 모든 삶의 총체는 철학의 원리이자 교설인 신을 따르는 것으로 귀착된다."[19] 신을 따른다는 것은 신과 일치된다는 것이며, 보에티우스의 《철학의 위안》에 전승되었듯이, 그것은 인간이 분노, 고통, 욕망, 무지 등에 의해 스스로 지배당하지 않는 것을 의미한다. 그러기 위해서는 인간 영혼의 신적인 부분을 정화하려는 노력이 있어야 한다고 피타고라스는 강조했던 것이다.[20]

18 보에티우스, 1990, 제1권, 37쪽.

19 *The Life of Pythagoras* by Iamblichus of Chalcis in David Fideler, ed. *The Pythagorean Sourcebook and Library*, Grand Rapids: Phanes Press, 1988, p. 79.

20 존 스트로마이어 · 피터 웨스트브룩, 류영훈 옮김, 《인류 최초의 지식인간: 피타고라스를 말하다》, 서울: 통큰, 2005, 69쪽.

21 Sarah Pessin, "Hebdomads: Boethius Meets the Neopythagoreans," *Journal of the History of Philosophy*, vol. 37, 1999, pp. 29~48. 피타고라스학파에서 중시되었던 산술, 음악, 기하학, 천문학이라는 4과(quadrivium) 교과과정을 체계적으로 분류해 중세시대에 성행하도록 한 사람이 바로 보에티우스다. 그리고 보에티우스는 음악에 대한 피타고라스의 접근방식을 궁극적으로 자신의 《음악론(*De Musica*)》에서 집대성했다. 존 스트로마이어 · 피터 웨스트브룩, 앞의 책, 2005, 90쪽, 106쪽.

그렇다면 최후의 고전 철학자요, 최초의 스콜라 철학자라고 평가되고 있는 보에티우스로부터 피타고라스에게로 그 사상적 기원을 소급하는 것은 결코 견강부회라고 할 수 없을 것이다.[21] 인간의 운명에 대한 보에티우스의 철학적 관조와 위안은 그 원형을 피타고라스에서 찾아볼 수 있다. 보에티우스의《철학의 위안》에 있는 "사라짐으로써 인간을 불행하게 만들 수 없는 행복은, 있음으로 해서 인간을 행복하게 만들 수도 없는 것이다"라는 구절처럼,[22] 마지막 구절에서 "영혼의 구원"이 언급되고 있는 피타고라스의《황금시편》에서도 "운명이 주는 행운은 불확실하며, 그러한 행운들을 얻더라도 그것들이 동시에 사라질 수 있다는 것을 생각하라"라는 일맥상통하는 구절이 있다.[23] 또한 피타고라스는 "불운 속에서 어떻게 스스로를 도울 것인가를 아는 사람은 그리 많지 않다. 운명은 인간의 판단을 흐리게 한다. 운명은 계속해서 인간을 끝없는 슬픔 속으로 여기저기 내몬다"고 지적하고, "신이 운명을 통해서 우리에게 보내준 슬픔이 무엇이든지 간에 인내를 가지고 참으며, 당신에게 어떤 일이 닥치더라도 불평하지 마라"고 조언한다.[24]

인간의 운명에 대한 피타고라스의 이러한 철학적 관조는 그의 자연적 혹은 우주적 정의의 개념으로부터 유래한다. 그의 자연적 혹은 우주적 정의는 조화로운 우주, 즉 코스모스적 하모니아 개념에 근거하고 있다. 자연적 혹은 우주적 정의는 이러한 우주의 조화로운 질서의 원칙

22 보에티우스, 1990, 제2권, 66쪽.

23 Philip Wheelwright, ed, *Presoratics*, New York: The Odyssey Press, 1966, "Pythagoreanism; From the Golden Verses," pp. 55~56.《황금시편》에 대한 국내 번역으로 존 스트로마이어·피터 웨스트브룩(2005)을 참조하기는 했으나 번역은 필자의 졸역임.

24 Pythagoras, *The Golden Verses*, in Fideler, 1988, pp. 163~164.

을 따르는 것을 의미한다. 그러한 "원칙은 균형과 평등을 보전하고, 서로 대립하는 자연적 힘들 중 어느 하나가 나머지 다른 것들에 대한 전제(tyranny)를 확립하는 것을 막는다."[25] 보에티우스도 이를 답습하여, "세계는 끊임없이 변화하면서도 조화를 유지하며, 원소들은 본질적으로 상충하면서도 평온을 유지한다"고 언명한다.[26] 월저의 복합평등론에서 각 분배적 영역의 자율성을 해치는 전제와 지배(domination)는 강력하게 배제된다. 전제는 다음과 같이 규정된다: "사회적 선 혹은 가치들은 사회적 의미를 가지므로 우리는 이러한 의미에 대한 해석을 통해 분배적 정의에 이르는 길을 추구한다. 우리는 각 분배적 영역에 내재하는 원칙들을 찾는다. (……) 이러한 원칙들을 무시하는 것이 전제이다. 둘 사이에 본질적인 연관이 없는, 하나의 가치를 다른 가치로 전환시키는 것이 일단의 사람들이 관할하고 있는 어떤 영역을 침범하는 것이다. (……) 다른 가치들을 획득하기 위해 정치권력을 사용하는 것이 전제적 사용인 것이다"(SJ, 14쪽). 또한 월저는 "지배는 어떤 사회적 가치를 그 사회적 의미의 제약을 받지 않고 사용하거나 혹은 어떠한 사회적 가치의 의미를 자의적으로 형성해 사용하려는 방식을 기술한다"라고 밝힌다(SJ, 10~11쪽).

피타고라스의 자연적 혹은 우주적 정의의 개념은 그의 《황금시편》의 다음 구절에서 찾아볼 수 있다: "신의 축복을 탄원하기 전까지는 어떠한 일도 시작하지 마라. 만약 이것을 확고하게 믿는다면, 당신은 머지않아 신과 죽음을 피할 수 없는 존재인 인간, 그리고 어떻게 모든 것이

25 J. L. Stocks, "Plato and the Tripartite Soul," *Mind*(New Series), vol. 24, 1915, p. 207.

26 보에티우스, 1990, 제2권, 84쪽.

왔다가 돌아가는가 하는 존재의 진정한 본질을 알게 될 것이다. 그리고 자연은 모든 면에서 거의 동등하다(how Nature in all is almost equal)는 진리를 알게 될 것이다. 따라서 당신은 바랄 수 없는 것을 바라지 않게 되고, 그 무엇에도 소홀함이 없게 될 것이다."[27] "자연은 모든 면에서 동등하다"는 피타고라스의 언명은 자연적 혹은 우주론적 정의에서의 복합평등적 측면을 강조하는 것처럼 보인다. 이러한 자연과 우주의 복합평등적 측면은 인간의 운명에서의 행 · 불행에 대한 보에티우스의 철학적 관조의 이면에 흐르는 형이상학적 원리라고 할 수 있을 것이다.

피타고라스의 자연적 혹은 우주적 정의의 복합평등적 측면은 그의 마방진(魔方陣: magic square)으로 우리를 인도한다. 마방진은 1에서 n2까지의 정수를 가로·세로·대각선의 합이 전부 같아지도록 n행 n열의 정사각형 모양으로 나열한 방진을 말한다. 마방진이라 함은 그것이 여러 정사각형의 숫자 배열인 방진들 중에서 상하·좌우·대각선의 합이 모두 같은 특수한 조건을 만족하는 마술적인 성질은 가진 방진이라는 뜻이다.[28] 마방진은 그 상수적 합의 일정성에서 감지되는 신비한 규칙성과 조화로 말미암아 인류의 모든 문명에서 하나의 질서정연한 우주적·자연적·사회적 체계를 상징하는 것으로 등장했던 것이다.[29] 피타고라스의 마방진은 3차 마방진, 4차 마방진, 5차 마방진 등이 있으며 그 각각의 합은 모두 일정하게 15, 34, 65이다. 예를 들면 3차 마방진은 위

27 Pythagoras, *The Golden Verses*, in Fideler, 1988, p. 164 (강조 부가).

28 전용훈, "수학사의 미스터리 마방진: 숫자 속에 숨겨진 우주의 질서,"《과학동아》제14권 제7호 (1999년 7월), 69쪽.

29 Clifford A. Pickover, *The Zen of Magic Squares, Circles, and Stars*, Princeton: Princeton University Press, 2002, p. 207.

로부터 풀어서 쓴다면, {(8,1,6), (3,5,7), (4,9,2)}의 자연수의 배열로 이루어져 있으며, 상하 좌우 양대각선의 총 8번의 합이 모두 일정하게 15가 된다. 피타고라스의 마방진은 그가 이집트에 체류했을 때 배워 고대 그리스 사회에 전파한 것으로 생각되며, 따라서 피타고라스학파를 위시한 다른 수학자들에게도 널리 알려졌으리라고 추정된다. 피타고라스의 마방진은 그의 자연적 혹은 우주적 정의에서의 하모니아 개념, 보다 명확하게는 "자연은 모든 면에서 동일하다"는 자연적 혹은 우주적 정의의 복합평등적 측면에 대한 하나의 수학적 상징이라고 말할 수 있을 것이다.[30]

인류 문명에서 최초로 등장한 마방진은 중국의 낙서(洛書)이다. 중국의 낙서는 3행 3열의 3차 마방진이다. 낙서는 하도(河圖)와 함께 주역의 근본 원리가 함축된 도서로 간주되고 있다. 《주역》〈계사전〉에는 "하도와 낙서가 나타나니 성인이 이를 법칙으로 삼았다"는 언급이 나온다.[31] 낙서는 {(4,9,2), (3,5,7), (8,1,6)}으로 배열된 3행 3열의 3차 마방진으로서 그 상수적 합은 15이다. 낙서는 지금으로부터 4000년경 중국 하나라 우왕이 황하의 범람을 막기 위해 치수를 할 때 낙수에서 나타났던 거북의 등에 각인된 마방진으로서, 우왕이 천하를 다스리는 대법으로 삼았다고 전해 내려오고 있다.[32] 그렇지만 하도와 함께 낙서의 진정한 의미는 무엇이고, 또한 그 대법은 과연 무엇인가 하는 논란은 끊임없이 전개되어왔던 바 있다.[33] 낙서의 사회철학적 함축성에 관한 언급은 다

30 Hobert Huson, *Pythagoron: The Religious, Moral and Ethical Teachings of Pythagoras: Reconstructed and Edited*, Refugio: Texas, 1947, p. 214.

31 《주역》〈계사전〉 상, 11장.

32 Frank J. Swetz, *Legacy of the Luoshu*, Chicago: Open Court, 2002, "Introduction."

음에서 찾아볼 수 있다: "낙서는 현실적으로 하나의 구조가 완벽하게 존재하기 위해서는 수량적으로 균형을 일정하게 유지해야 된다는 점을 밝히고 있다. 처음과 끝이 맞물리고, 위와 아래가 얽혀서 전후좌우가 서로 균형 있게 조화를 얻어야만 그 조직체가 제대로 유지되는 것임을 상징했다."[34] 따라서 낙서는 사회통합의 모범으로서 간주된다. 이러한 사회통합적 모범의 관점에서 그 분배정의론적 함축성을 명백하게 언급하고 있는 것은 다음과 같다: "하도(河圖)의 선천적인 자연의 질서체계가 있음에도 낙서(洛書)의 후천적인 화합체계가 필요한 까닭은 인간은 만물의 영장으로 단지 자연의 주어진 조건에 만족하지 않고, 한 사람의 낙오자나 차별을 받는 이가 없이 전체가 다 함께 안락하게 사회를 만들려는 인간애의 정신을 (……) 담았기 때문이다. (……) 상하(上下)의 귀하고 천함도 균등하게 배분하여 정신적 가치는 위에 사람에게 후하게 주고, 물질적 가치는 아래 사람에게 후하게 분배하였으니 각각 소원을 성취시키려는 노력이다."[35] 낙서의 이러한 사회철학적 분배정의론적 함축성을 감안해볼 때 그 사회통합의 모범적 특성은 낙서의 복합평등적 관점에서 유래한다고 단언해도 과언은 아닐 것이다.

여기서 구체적인 논의를 전개할 수 없지만, 복합평등에 대한 마방진적 해석은 우주 내에서 존재하는 성좌들을 비롯한 천체는 국부적으로는 불균등하지만 전체적으로 보면 균등하게 분포하고 있다는 우주의 균등성 이론(homogeneity of the universe theory)과 우주는 어느 방향에

33 문재곤, "하도 낙서의 형성과 개탁,"《중국철학》제2권, 1991, 123~159쪽.

34 서정기 역주,《새 시대를 위한 주역》上, 서울: 다락방, 1999, 29쪽.

35 서정기, "禮節文化再建의 시대적 과제,"《세종문화회관 대강연집: 예절 부흥으로 새 시대를 열자》, 서울: 동양문화연구소, 2000, 8쪽.

서 보더라도 천체의 분포는 동일하게 보인다는 등방성 이론(isotropy of the universe theory)과 연계될 수 있을 것이다. 그리고 월저의 복합평등론은 다양한 분배적 영역에서의 카오스적인 불평등 상태에서 복합평등이라는 일정한 이차적인 규칙성이 창발(emergence)하는 사회현상에서의 복잡계 이론(complex system theory)으로도 간주될 수 있을 것이다.[36]

3. 마방진으로서의 복합평등과 그 해석적 논란

월저의 복합평등론은 한편으로는 공동체의 사회적 분화와 가치의 파편화가 심화된 모던 혹은 포스트모던 시대에서 자유와 평등을 조화하여 사회정의를 실현할 수 있는 유일한 현실적 대안이라고 칭송을 받는다. 그러나 다른 한편으로는 무한경쟁 속에서 승자독식 시장의 지배를 당연시하는 신자유주의적 세계화 시대에 역행하는 초라한 반동적인 사회민주주의적 환영(幻影)에 불과하다는 비판을 받고 있다.[37] 보다 구체적으로, 복합평등론에 대해서 11가지 분배영역 자체와 아울러 그것들에 따른 내재적 분배원칙의 임의적 설정과 분배영역 간 교환의 엄격한 제한을 위한 국가의 통제적 간섭과 개입의 필요성 고조 등에 관련된 다양한 문제점들이 지적되어왔다. 또한 복합평등은 어떤 한 영역의 지배적 가치가 다른 영역들의 가치들로 전환되거나 혹은 그것들을 지

36 John L. Casti, *Complexifcation*, New York: Harper Perennial, 1994. 박정순, 《마이클 월저의 사회사상과 철학적 깨달음: 복합평등, 철학의 여신, 마방진》, 서울: 철학과현실사, 2017, 제4장 '복합평등의 철학적 기원', 3절 '복합평등과 우주의 궁극적 원리들' 참조.

37 Rosenblum, 1984, p. 590; Mark Lilla, "The Phantom of Democratic Socialism," *The Public Interest* vol. 73, 1983, pp. 125~133.

배하는 것을 방지하는 데에 초점을 맞추므로 한 영역에서의 독점을 방치하게 되어 심각한 불평등을 용인하게 된다는 평등주의적 관점에서의 비판이 전개되었던 바 있다.[38] 그렇지만 여기서는 복합평등론에 대한 철학적 기원을 통해서 밝혀진 복합평등론에 관한 심리위안적 특성, 그리고 자연적 혹은 우주적 정의로서의 마방진적 해석에 대한 논란에 그 초점을 맞출 것이다.

월저의 복합평등론은, 제I장에서 논의한 것처럼, 정교 분리 등 사회적 제영역에서의 근대적인 "분리의 기술(art of separation)"에 근거하고 있다.[39] 더 나아가서 복합평등론은 상이한 영역에서의 상이한 사회적 가치들이 상이한 이유와 절차에 따라서, 상이한 주체에 의해 시행되는 다원적인 분배적 정의원칙들에 의해 실현된다는 의미에서 다양한 사회적 분화가 이루어진 탈근대적인 사회에 기반하고 있다(SJ, 6쪽). 따라서 복합평등론의 철학적 기원을 보에티우스의 《철학의 위안》을 통해 피타고라스의 마방진적인 우주적 정의에로 소급시킴과 아울러 종국적으로 마방진의 신화적인 원형인 중국의 낙서까지 소급시킨 것은 시대착오적인 전근대적 회귀라고 폄하될 수도 있을 것이다. 이것은 영미 사회철학 및 윤리학 분야에서 최전선에 있는 (신화로부터 지적 활동을 해방했던) "세계의 탈주술화"된 이론을 "재주술화"하는 것이라는 우려도 제기될 수 있을 것이다.[40]

이러한 관점에서 마방진으로서의 복합평등은 봉건제도를 정당화하는 이데올로기적 기제로도 작용할 수 있다는 비판이 제기될 수 있다.

38 Miller and Walzer, 1995, 'Introduction' 참조.

39 Walzer, 1984.

40 김재범, 《주역사회학》, 서울: 예문서원, 2001, 252쪽.

이러한 이데올로기적 정당화의 기제는 사회정의에 대한 정당한 요구를 발생시키지 못하게 할 것이며, "계층적 사회를 인가하는 고정된 자연질서에 대한 믿음"을 통해 인간의 자존감을 상이한 방식으로 뒷받침해준다.[41] 이러한 봉건주의적 믿음은 보다 구체적으로 다음과 같이 설명할 수 있을 것이다:[42]

> 봉건체제나 혹은 계급제도에 있어서는 각자 사물의 질서에 따라 자신에게 할당된 지위를 취한다는 믿음을 갖게 된다. 그의 비교는 아마도 자신의 지위나 계층 내에 국한해서 이루어질 것이며, 이러한 서열화는 결국 인간이 통제할 수 없게끔 확립되고 종교나 신학에 의해서 인가된 많은 비교될 수 없는 집단을 만들어낸다. 사람들은 하등의 의혹도 품지 않고서 그들의 지위에 몸을 내맡기며 모두가 자신의 소임을 부여받은 것으로 보기 때문에, 모든 사람은 동일하게 운명 지어졌고 섭리자의 눈에는 똑같이 귀한 것이라고 주장한다. 이러한 사회관은 사회정의의 문제를 일으키는 여건을 생각 속에서 제거함으로써 문제를 해결하고 있다.

아마도 마방진적인 복합평등 사회에서는 사회계층적 상향이동 욕구

41 존 롤스, 황경식 옮김, 《정의론》, 서울: 이학사, 2003; 영어초판 1971, 개정판 1999, 700쪽. 롤스의 이러한 비판은 월저의 복합평등론 자체에 대해서 제기된 것은 아니지만 복합평등론에 대한 마방진적 해석이 지닌 봉건주의적 함축성에 대한 비판으로 원용될 수 있을 것이다. 월저의 복합평등론에 대해서 그것이 "모든 사회구성원들이 자신들을 신의 자식이라고 생각하므로 근본적으로 신의 관점에서는 동등하다고 간주한다"는 고색창연한 봉건주의적 평등감에 근거하고 있다는 비판은 Richard Arneson, "Against Complex Equality," in Miller and Walzer, 1995, p. 241 참조.

42 롤스, 2003, 699쪽 (강조 부가).

도 고조되지 않을 것이다. 또한 모두들 자신의 영역에서 최선을 다하는 것으로 만족하고 살아갈 것이다. 이것은 "각자에게 자신의 몫을(to each his/her own; *suum cuique*)"이라는 고대로부터의 정의관의 기본신조를 현대적으로 실현하는 한 가지 방식이 될 것이다. 그러나 다양한 분배영역들 사이에서의 가치의 교환을 봉쇄당하고 자신의 봉건적 영역(feudalistic fief/turf)에서만 복합평등적으로 안주하며 사는 것은 현대인에게 적합하지 않은 고도의 "심리적 금욕주의"를 요구하는 것인지도 모른다.[43] 따라서 월저의 복합평등론은 현대사회에서 직접적으로 현실화할 수 있는 방식의 미래 설계가 아니라는 점에서 하나의 유토피아론이 될 수도 있다. 또한 인간의 행·불행에서의 마방진적인 복합평등적 측면을 강조함으로써 얻는 철학적 위안은 사회적 상층계급과 하층계급 사이에 엄연히 존재하는 복합적인 혹은 누적적인 불평등의 간극을 은폐하려는 하나의 "허위적 위안(a false comfort)"인지도 모른다.[44]

월저의 복합평등론을 마방진으로 해석하는 것은, 마방진이 마술적인 상수적 합을 갖는 것으로 미루어볼 때, 개인 복지의 측정과 개인 간

43 Rosenbaum, 1984, p. 593.

44 Sheila Briggs, "The Politics of Identity and The Politics of Interpretation," *Union Seminary Quarterly Review* vol. 43, 1989, p. 177.

45 복합평등론이 하나의 현실적인 분배적 정의론으로 작동하기 위해서는 개인이 향유하는 사회적 가치와 복지에 대한 측정과 개인 간 비교가 필연적으로 요청될 것이다. 그리고 복합평등을 마방진으로 해석하는 것은 그중 가장 엄밀한 측정과 비교, 즉 서수적(ordinal)이 아니라 기수적(cardinal)인 측정을 요구하게 될 것이다. 또한 복합평등을 마방진으로 해석하는 것은 복합평등을 기회나 조건의 평등이 아니라 결과의 평등으로 보는 것을 의미하며, 또한 결과의 평등에 대한 확인절차로서 개인적 복지의 측정과 개인 간 비교가 요청될 것이다. 개인적 복지의 측정과 비교에 관련된 문제에 대해서는 Jon Elster and John E. Roemer, ed., *Interpersonal Comparisons of Well-Being*, Cambridge: Cambridge University Press, 1991 참조.

복지 비교에서 그 기수적인(cardinal) 측정과 비교 가능성을 함축한다는 비판이 제기될 수 있다.[45] 마방진으로서의 복합평등은 모든 분배영역에서 각 개인들의 총체적인 입지에 대해서 결과적 평등인 상수적인 합계를 산출할 수 있다는 것을 의미한다. 이것은 결국 메타차원적인 이차적인 평등으로서의 복합평등을 "총체적인 실질적 평등(overall literal equality)"으로 간주하는 것을 의미한다.[46] 이러한 실질적 평등으로서의 복합평등은 2차적인 것으로 돈과 권력 등 지배적인 가치들에 대한 1차적인 평등을 추구하는 (월저가 굳이 피하려고 하는) 단순평등하고는 다른 것이다.

총체적인 실질적 평등으로서의 복합평등은 스위프트(Swift)에 의해 제기된 바 있다. 그는 월저의 복합평등론은 하나의 사회적 계산법(social arithmetic)으로서 복합평등이 다양하게 분화된 분배영역 속에서 개인들의 다양한 높고 낮은 입지들에 대한 "가중적 평균치(the weighted average of the positions)"를 통해서 산출될 수 있다고 주장한다. 복합평등한 사회에서는 모든 사람은 거의 동일한 가중치를 갖게 될 것이다. 특히 사회계층이 공고화되지 않은 사회라면, 모든 사람이 어떤 분야에서는 높은 위치를 차지하고, 어떤 분야에서는 낮은 위치를 차지할 것이므로 복합평등의 달성이 쉬울 것이다. 그러한 사회에서 각 개인은 각 분배영역에서 여러 가지 높고 낮은 위치를 점하게 되므로 총체적으로 볼 때 각자의 위치는 평등상태에 접근할 것이다. 이것은 결국 "사회적 불평등에 대한 복합적 감소(complex reduction of social inequalities)"로서의 복합평등을 산출하게 된다는 것이다.[47]

46 Arneson, 1995, p. 234.

안슨(Arneson)은 월저의 복합평등이 결국 복합적인 불평등(complex inequality)으로 전락하지 않기 위해서는 복합평등이 총체적인 실질적 평등으로 해석되어야만 한다고 주장한다. 안슨은 만약 그렇지 않다면 월저의 복합평등론은 이미 언급한 복합평등의 봉건주의적인 고색창연한 평등감을 옹호하거나, 아니면 우연적인 의미에서만 평등주의가 될 뿐이라고 주장한다. 즉 월저의 복합평등론은 그 자체로서는 모든 영역에서 승자와 패자가 양분되는 누적적인 복합적 불평등 사회와도 양립 가능하며, 또한 그러한 승자와 패자 사이의 엄청난 간극을 용인하는 승자독식 시장과도 양립 가능하다는 것이다. 그러한 승자독식 시장에서 복합평등은 기껏해야 상층부에 있는 다양한 승자들 사이에서나 가능하게 될 것이라는 것이다.[48]

그러나 밀러(Miller)는 월저의 복합평등을 총체적인 실질적 평등으로 해석하는 이상과 같은 스위프트와 안슨의 관점에 대해서 극력 반대한다.[49] 밀러는 분배적 정의에서 배분 대상이 되는 사회적 가치들에 대해 월저가 강조한 다원주의적 특성에 주목한다. 제1장에서 이미 논의한 것처럼, 월저에 따르면, "상이한 사회적 선 혹은 가치(social goods)는 상이한 이유에 따라, 상이한 절차에 따라, 그리고 상이한 주체에 의해 분배되어야 한다. 이러한 차이는 사회적 가치 자체에 대한 상이한 이해로부터 유래한다. 이러한 상이한 이해는 역사적이고 문화적인 특수주의의 필연적 산물이다"(SJ, 6쪽). 이러한 관점에서 밀러는 복합평등을 총

47 Adam Swift, "The Sociology of Complex Equality," in Miller and Walzer, 1995, pp. 254~255.

48 Arneson, 1995, p. 233.

49 David Miller, "Complex Equality," in Miller and Walzer, 1995, p. 205.

체적인 실질적 평등으로 해석하는 것은 상이한 가치들에 대한 통약가능성(commensurability)을 전제하고 있다고 본다. 그러나 이것은 사회적 가치들 사이에서의 근본적인 차이와 통약불가능성(incommensurability)을 강조하고 있는 월저의 복합평등론과 배치된다고 주장한다. 그래서 "만약 돈과 정치권력이, 말하자면 근본적으로 상이한 유통적 혹은 통용적 가치(currencies)를 가지고 있다면, 둘 사이의 전환은 불가능하다"고 예증한다.[50] 따라서 밀러는 월저의 복합평등을 일종의 정치적 조건의 평등이라고 할 수 있는 신분 혹은 자격의 평등(equality of status)으로 해석한다.[51] 이러한 신분 혹은 자격의 평등에 의해 각 사회의 구성원들은 한 사회에서의 성원권(membership right)을 가짐으로써 동등한 시민권(equal citizenship)을 획득하게 된다는 것이다.[52] 이러한 동등한 시민권은 월저가 강조한 것처럼 다양한 경제사회적 분배적 영역들에서 상이한 개인들의 다양하고도 자유로운 참여 활동과 상이한 입지와 분배적 혜택을 보장하기 위한 기본적 관건이 된다(SJ, 63쪽).

복합평등을 총체적인 실질적 평등으로 해석하는 것에 관련된 이러한 논란에 대해 월저는 다음과 같이 자신의 입장을 밝힌다. 한편으로

50 같은 논문, 205쪽.

51 같은 논문, 204쪽. 신분 혹은 자격의 평등을 "처지의 평등"으로 해석하는 것은 구승회, "마이클 테일러의 정의사회에서의 비전: 존 롤스, 마이클 왈처와의 비교," 《국민윤리연구》 제46집, 2001, 277~296쪽 참조. 이러한 관점에서 구승회는 밀러에 동조한다: "분배의 영역이 다양하게 분리되어 있는 사회에서 (……) 그들이 향유하는 선들은 서로 다르기 때문에, 전체적인 면을 비교해서 이들 개인들의 서열을 매기는 것은 불가능하다. 개인들에 대한 전체적인 평가가 불가능한 한 개인의 지위는 한 사회의 성원자격(membership)이라는 공통의 지위(common position)만 가질 뿐이다. 그들이 살아가는 사회의 공공 제도에 의해 평등하다고 정의된다면, 이 처지는 평등한 처지이다"(구승회, 289쪽).

52 Miller, "Introduction," in Miller and Walzer, 1995, p. 13.

월저는 총체적인 실질적 평등으로 복합평등을 해석한 스위프트의 입장에 대해서도 찬동하지 않는다. 월저는 복합평등이, 스위프트가 주장한 것처럼, 상이한 사회적 분배영역에서 각 개인들의 상대적 입지에 대한 평균적 가중치를 통해서 가장 잘 측정될 것으로는 생각하지 않는다. 또한 스위프트가 해석하는 총체적인 실질적 평등으로서의 복합평등이 달성되기 위해서는 어떤 독재적인 정치적 장치가 필요할 것이라는 우려도 내비친다. 물론 월저는 상이한 분배적 영역들에서 각 개인들의 상대적 입지에 대한 주관적인 자기평가가 어떤 보상적인 효과를 가져올 것이라는 점은 인정한다. 즉 봉급은 낮지만 하는 일이 중요하거나 흥미가 있거나, 혹은 많은 여가 시간을 주는 것처럼, 어떤 한 영역에서의 우월한 입지가 다른 영역에서의 열등한 입지를 보상할 수 있다.

다른 한편으로, 월저는 상이한 사회적 가치들의 근본적인 통약불가능성(radical incommensurability)을 강조하는 밀러의 입장에 대해서도 유보적인 태도를 취한다. 월저는 복합평등론이 자율성이 보장된 다양한 분배적 영역 속에서 만개하는 사회구성원들의 다양한 가치와 능력과 성취들 사이에서 어느 정도의 통약불가능성을 통해 인간의 사회적 서열화를 무력화시킨다는 것을 기본적으로는 강조하고 있다.[53] 그러나 월저는 가치의 자기평가에서 가치들 상호간에 보상적 효과가 있으므로 밀러가 주장하는 것처럼 근본적인 불가통약성을 주장하고 싶지는 않다는 점을 밝힌다. 그러나 월저는 상이한 가치들 사이의 보상 효과 혹은 전체적 서열에 관한 사회적 평가에 있어서는 격렬한 사회적 불일치가 존재할 것이라고 본다. 그리고 이러한 불일치가 평등주의적 효과를

53 Walzer, 1995, p. 285.

가져올 것이라고 기대한다. 이러한 관점에서 월저는 복합평등한 사회의 부정적인 특성에 대해서 더 확신을 갖는다. 그러한 사회에서는 어느 한 집단의 사람들이 지배적인 위치에 있거나 모든 가치가 한 방향으로 편향적으로 흐르지 않게 된다는 것이다. 이러한 부정적 특성이 확고하게 되면, 불평등한 사회에서 만연된 승자의 자만과 계급적 특권의식을 감소시킬 뿐만 아니라 패자의 자기비하와 모멸감, 그리고 승자의 압제적 명령과 패자의 그것에 따른 맹종도 사라지게 할 것이라는 것이다.[54]

그러나 월저의 이러한 자기 해명에 대해 하토그(Hartogh)는 그것이 매우 역설적인 것이라고 비판한다. 우리가 월저의 복합평등론이 올바른 분배적 정의론이라는 것을 믿고, 그것에 의거해 한 사회의 근본적인 불평등을 파악하고 비판하려고 할 때, 복합평등론은 사회적 가치들에 대한 통약적인 사회적 평가가 불가능하므로 실질적인 사회비판 원칙으로 작동할 수 없다는 것이다. 복합평등론이 상이한 가치들 사이의 통약불가능성이 주는 우연적인 (가치 우열에 대한 사회적 논란을 해소할 수 없다는 점에서) 평등주의적 효과에만 의거한다면, 복합평등론은 결국 상이한 가치들에 입각한 각 분배영역들에서 각 개인들의 전반적인 입지를 고려할 수 없는 "광범위한 무지"에 귀착하고 만다는 것이다.[55]

복합평등을 총체적인 실질적인 평등으로, 더 나아가서 고전적이고 봉건주의적인 하모니의 상징인 마방진으로 해석하는 것은 이상과 같은 다양한 논란 속에 둘러싸여 있다. 그러나 우리가, 심지어 월저의 자기 해명에도 반하여, 복합평등에 대한 마방진적 해석을 견지하는 이유는

54 같은 논문, 284쪽.

55 Govert den Hartogh, "The Architectonic of Michael Walzer's Theory of Justice," *Political Theory* vol. 27, 1999, p. 521.

복합평등이 하나의 평등, 즉 총체적인 실질적 평등이라는 점을 담보하기 위한 일종의 상징체계가 필요하기 때문이라고 말할 수 있을 것이다. 그렇지 않다면, 이차적 평등으로서의 복합평등이 하나의 실질적인 평등으로 나타날 것이라는 보장은 그 어디에서도 찾아볼 수 없을 것이다.

4. 결론: '과거의 미래'로서의 복합평등

복합평등은 어떤 영역의 가치가 다른 영역의 가치를 잠식하는 지배(dominance)가 사라지고, 각 분배영역의 자율성이 확보된 이후에 등장하는 부차적인 결과(by-product)이다(SJ, 20쪽).[56] 복합평등이 부차적인 결과라는 것은 그것이 중요하지 않다는 것이라기보다는 월저의 복합평등론은 일차적인 각 분배영역에서의 자율성의 확보를 우선적 과제로 삼으며, 그것이 달성되면 복합평등은 후속적으로 도출되는 메타차원적인 이차적인 속성으로서의 결과라는 것을 의미한다.[57] 그렇다면 그러한 이차적인 결과를 단순한 정치적 조건 혹은 기회의 평등으로서 신분과 자격의 평등으로만 보는 것은 분명히 결과적 평등의 속성을 갖는 복합평등을 기회와 조건의 평등으로만 소극적으로 해석하는 것이 될 수 있다. 그러나 복합평등을 총체적인 실질적인 평등으로 볼 경우, 우리는 그것을 확인할 수 있는 사회적 계산법(social arithmetic)을 정식화하기는 매우 힘들다는 것을 알게 되었다. 따라서 월저가 복합평등이 가

56 Miller, "Introduction", 1995, p. 3.

57 이러한 관점에서 밀러는 복합평등은 일차적인 어느 한 분배영역에 직접적으로 적용될 수 없고, 일차적인 기준들 사이에 상충이 있을 경우에 최종 조정자(tiebreaker)의 역할을 한다고 주장한다: Miller, "Introduction", 1995, pp. 13~15. 그러나 복합평등의 역할을 최종 조정자로만 국한하는 것은 복합평등의 평등주의적 함축성을 크게 약화시킨다는 비판이 제기된다: Arneson, 1995, p. 234; Hartogh, 1999, p. 521.

져오게 될 부정적 혹은 소극적 특성, 즉 특정한 가치가 다른 가치들로 전환되어 그것들에 대한 지배를 행사하는 것과 각 분배영역에 내재하는 고유한 분배원리를 무시하는 전제에 대한 동시적 해소를 강조하고 있는 것은 충분히 이해될 수 있는 일이다.[58] 그러나 우리는 그러할 경우 이차적인 평등으로서의 복합평등이 하나의 실질적인 평등이 된다는 것은 우연적인 것에 불과하다는 점을 지적했다.

복합평등의 이러한 우연적인 평등주의적 효과가 극복되기 위해서는, 복합평등은 총체적인 실질적 평등인 마방진으로 해석되어야만 할 것이다. 그러나 복합평등에 대한 마방진적 해석은 기수적인 개인 간 복지 비교와 총체적인 실질적 평등을 감독하고 시행하기 위한 독재국가적 통제기구를 요구한다는 문제에 봉착한다. 따라서 우리는 복합평등에 대한 마방진적 해석을 견지하는 이유가 복합평등이 하나의 평등이라는 것을 보증하기 위한 상징체계가 필요하기 때문이라는 점을 분명히 했다. 월저 자신도 〈정치적 사유에서 상징주의의 역할〉이라는 논문에서 상징적 체계의 필요성을 강조하고 있다: "정치적 사유에서 상징주의의 역할에 대해 언급하는 것이 필요할 것이다. 전통적인 우주론과 신학은 하나의 정치적 이론이 도출될 수 있는 일련의 명제들을 제시했던 것이 아니고, 오히려 그것들은 하나의 이론이 형성될 수 있는 이미지와 유비추론적 대상들을 제시했던 것이다."[59]

이러한 관점에서 우리는 복합평등이 총체적인 실질적 평등이라는 그 근원적인 철학적 의미로 보아 보에티우스의 《철학의 위안》으로 소

58 Walzer, 1995, pp. 284~285.

59 Walzer, "On the Role of Symbolism in Political Thought," *Political Science Quarterly* vol. 82, 1967, pp. 194~195.

급될 수 있으며, 더 나아가서 피타고라스의 우주적 정의로서의 하모니아의 개념에 이르게 된다는 점을 입증하려고 노력했다. 총체적인 실질적 평등이라는 복합평등에 관한 하나의 상징적 해석을 통해 우리는 오랜 동안 신비적 형상으로만 남아 있던 마방진의 원형인 중국의 낙서가 지니고 있었던 분배정의론적 함축성을 밝힐 수 있게 되었다.[60] 마방진은 단지 흥미를 끄는 숫자놀음만은 아니고, 그것은 "세계질서에 관한 심원한 철학적 문제"를 함축하고 있다.[61] 그 철학적 문제에 관해 4000

60 본 논문의 이러한 주제적 입론이 기본적인 혼동으로 말미암은 것이라는 지적이 있었다. 즉 그것은 규범철학과 이론철학의 혼동이라는 것이다. 보에티우스나 피타고라스, 낙서 등에서 제시된 조화사상은 우주와 현실이 조화를 이루고 있다는 기술적 주장이고, 월저의 주장은 사회 속에 그러한 조화가 이루어지도록 노력해야 한다는 당위적 주장이라는 것이다. 월저의 사상에는 우주와 사회가 실질적으로 그러한 조화를 이루고 있다는 것에 대한 시사는 전혀 없다는 것이다. 이러한 지적은 기본적으로 이론철학과 실천철학, 더 나아가서 존재와 당위에 대한 이분법적 사고에 근거하고 있다. 그러나 보에티우스, 피타고라스, 낙서 등에 제시된 조화사상은 우주와 자연에 관한 이론철학적 기술로서만 해석될 수 있는 것이 아니고, 인간사회의 실천철학적인 당위적 지침으로도 해석될 수 있을 것이다. 즉 그러한 조화사상은 이론철학적인 조화와 질서를 인간의 행위와 사회에서 실현하도록 하는 당위적 지침, 즉 인간의 도덕철학적 · 사회철학적 이상으로서 작동했기 때문이다. 우주의 조화로운 질서에 부응하기 위해 영혼의 정화를 위한 엄격한 생활신조와 규율을 철저히 지켰던 피타고라스학파의 철학적 공동체, 천하를 다스리는 규범적 대법(大法)으로서의 낙서는 그러한 실천철학적인 측면을 잘 나타내주고 있다. 특히 보에티우스는 철학의 여신의 의복에 새겨진 Θ(Theta), Π(Pi)에 대한 언급을 통해서 이론철학(theoretical philosophy)과 실천철학(practical philosophy)의 통합을 모색하고 있다: 보에티우스(1990), 제1권, 21쪽. 월저의 경우를 보면, 복합평등론은 하나의 사회적 이상과 비판적 기준으로서 아직 그러한 사회는 존재한 적이 없다고 한 점에서 그것은 분명히 당위적인 주장이라고 할 수 있을 것이다: Walzer(1993), p. 56. 그러나 월저는 자신의 복합평등론은 복합평등을 가능케 하는 일련의 사회학적 사실에 대응하며, 그러한 대응이 없다면 복합평등론은 "실현가능성이 없는 허무맹랑한 유토피아주의(bad utopianism)"에 불과할 것이라는 점도 강조하고 있다: Walzer(1993), p. 62. 즉 "복합평등은 (사회적 가치의 상이성뿐만 아니라 또한) 인간의 상이성과 아울러 인간들 사이의 다양한 자질, 관심, 능력 등의 상이성에 대응한다"는 것이다: Walzer(1993), p. 62.

61 Herman Schubert, *Mathematical Essays and Recreations*, Chicago: Open Court Publishing Company, 1898, p. 63.

년 동안 지속되었던 의문에 대한 해결의 단초가 이제 마련된 셈이다.

복합평등의 철학적 기원 탐구는 이렇게 인류의 과거 정신사의 미래 함축성에 대한 또 하나의 흥미진진한 사례를 발견하게 해준다. 물론 이러한 근원 탐구는 "하늘 아래 새로운 것이 없다"는 경구를 강변하는 것만은 아니다. 우리는 도덕철학과 사회철학의 방법론에 관련해볼 때 월저의 복합평등론이 "새로운 창안(invention *de novo*)"이 아니라, 인류 문명에 잠재해 있는 근원적 원칙들을 현대적인 관점에서 재해석하고 명료화하는 작업을 통해서 등장한 것임을 강조하고자 하는 것이다.[62] 어떤 의미에서 월저의 복합평등론은 인류 문화에서 고대로부터 하나의 일상적 신조로서 정립되었던 철학적 위안의 기제를 현대적 관점에서 체계적으로 종합하고 정식화한 것이라고 해석할 수도 있을 것이다.[63] 나아가서 월저의 복합평등론은 우주와 인간사회의 조화에 관한 형이상학적 미학적 관조와 도덕철학적인 사회적 이상으로서 인류의 동서 문명세계를 관통하는 하나의 "궁극적 원리(a supreme principle)"라고 해도 과언이 아닐 것이다.[64]

62 Walzer, *Interpretation and Social Criticism*, Cambridge: Harvard University Press, 1987, p. 16.

63 "팔방미인은 그 어떤 것도 통달한 것이 없다(Jack-of-all trades, but a master of none)"; "인생만사 새옹지마"; 날카로운 뿔이 있는 짐승은 날카로운 이빨이 없다는 "각자무치(角者無齒)"; "미인박명(美人薄命)" 등은 모두 어떤 면에서 복합평등적인 철학적 위안의 기제를 담고 있는 것으로 해석될 수 있을 것이다.

64 밀러는 월저의 복합평등론이 "전통적인 의미에서의 궁극적 원리"로서 제시된 것이 아니라고 해석하지만, 복합평등에 대한 우리의 철학적 기원 탐구는 복합평등을 충분히 그러한 궁극적 원리로서 해석할 수 있게 만든다. Miller, "Introduction", 1995, p. 13.

문명 진보를 위한 국가행정의 제도화*

정용덕**

"행정은 '천지창조(the Creation)'에 참여했다."

- 드와이트 왈도

"민주주의에서 정치 권위의 궁극적 원천은 인민…… 이다.
그런데 어떤 인민(which people)을 말하는 것인가?"

- 글렌든 슈버트

이 글은 바람직한 문명 진보를 도모하기 위한 국가행정의 제도화 방안을 공익 개념을 중심으로 탐구하기 위한 하나의 시론(試論)이다. 인류는 삶의 질을 향상시키기 위해 오랜 역사를 거치면서 문명의 발전을 추구해왔다. 이 점에서 "인류의 역사란 [곧] 문명화의 과정이며 (……) 역

* 이 글은 2013년 한국연구재단의 지원을 받아 수행된 연구 (NRF-2013S1A5A2A03045274)이며, 2014년 12월 18일 〈인류 문명의 새로운 패러다임에 대한 탐구〉 세미나에서 발표되었고, 2015년 《행정논총》, 53(4)에 게재한 것을 수정·보완했다.

** 금강대학교 총장, 서울대학교 행정대학원 명예교수.

사의 창조란 [곧] 새로운 문명의 창조"에 다름없다(이한구, 2014). 그런데 인류가 역사를 거치면서 그때마다 이루어낸 문명은 긍정과 부정의 이중성을 지닌다. 이러한 이중적인 문명 발전에 국가행정은 나름대로 책임이 있다. 문명과 행정은 상호 긴밀한 관계를 유지하면서 지대한 영향을 미쳐왔기 때문이다. 문명의 발전 과정에서 긍정적 측면은 극대화하고 부정적 측면은 최소화하기 위해 바람직한 국가행정의 제도화를 모색해야 하는 이유다.

바람직한 문명 진보에 이바지하도록 하기 위한 국가행정의 가치판단 기준으로 공익을 고려할 수 있다. 공익은 바람직한 국가행정의 궁극적 가치판단 기준으로 간주되어왔기 때문이다. 공익이라는 용어는 본래 앵글로-아메리칸계 나라들의 국가행정 전통에서 발전된 개념이다(Stillman, 1999: 45~46; Peters, 2003; Pierre, 1995; 2011). 그러나 이 개념은 앵글로-아메리칸계 나라들의 국가행정 전통에 부합하는 것과 같은 독특한 공익 기준뿐만 아니라 여타 나라들의 다양한 국가행정 전통에 친화적인 경쟁적인 공익 기준들도 아울러 포함시켜 논의할 수 있는 장점이 있다(예로서 Schubert, 1960; Held, 1970 참조). 경쟁적으로 대립하는 대표적인 시각으로 '개인 이익의 합'으로서의 공익과 '일반이익(general interest)'으로서의 공익을 들 수 있다. 공익이란 공동체 구성원의 이익을 합한 것에 지나지 않는다고 보는 개인주의적 자유주의 시각의 공익관[1]을 전자의 예로, 단순히 개인 이익의 합을 넘어 전체 공동체 자체의 일반이익을 찾아 그것을 구현해야 한다고 보는 공동체주의[2] 또는 국가주의[3] 시각의 공익관을 후자의 예로 들 수 있다.

한 나라의 구성원들에 의해 수용되는 합의된 공익 개념의 존재가 그것의 실현까지 보장하는 것은 아니다. 특정의 공익 개념이 실현되기 위해서는 그것을 뒷받침할 적절한 국가행정의 제도화가 필요하다. 역으로 한 나라에 배태된 국가행정의 특성에 친화적인 공익 개념이 그 나라에 형성되었다는 설명도 가능하다. 실제로 위에서 든 두 가지 대표적인 공익 개념들은 그것에 부합하는 혹은 그것을 실현하기에 적합한 국가행정 제도와 상호 연계되어 발전이 이루어졌다. 개인 이익의 합으로서의 공익 개념은 '시민연합(civil association)'으로서의 국가(이하 시민국가)행정이, 그리고 일반이익으로서의 공익 개념은 '목적연합(purposive association)'으로서의 국가(이하 목적국가)행정이 각각 제도화된 나라에서 발전이 이루어졌다(Spicer, 2001).

문제는 이와 같은 경쟁적인 두 가지 대표적인 공익 개념, 그리고 그것에 각각 부합하는 국가행정 제도는 바람직한 문명 발전을 위해 장점과 단점을 모두 지니고 있다는 점이다. 공익을 개인 이익의 합으로 간주하는 경우, 공동체를 구성하는 개개인의 선호를 중시하는 장점이 있

1 서구에서 종교개혁과 근대화 과정에서 개인이 "자신의 고유성과 사회에서 분리된 독립적 정체성을 갖는다"는 '개체성(individuality)'에 대한 인식이 확대되었다. 이러한 개체성에 대한 강조는 다양한 근대 이념과 연계되는 것이지만, 서구의 근대사에서는 특히 자유주의의 핵심 구성 요소로 자리매김했다(김용민, 2008: 41; 송재룡, 2015: 14). 개인의 자유를 중심적 가치로 삼아 "개인들이 자신이 설정한 가치관과 인생을 최적으로 자유롭게 실현"할 수 있는 (……) "개인의 기본적 자유 및 그것의 평등성 그리고 자율성"을 강조하는 이념이 그것이다(장동진, 2008: 206~208, 229~231; Buckler, 2010). 여기서 공익이란 동등한 권리를 소유한 개인들의 선호가 결집된 결과로 이해된다.

2 공동체주의란 자유주의에서 강조하는 개인적 권리보다는 그 개인이 속한 공동체의 우선성을 강조하는 이념이다. 여기서 공익은 개인 선호의 집합이 아닌 실체적 개념으로서 공동체의 삶을 규정하는 공동선(common good)을 의미한다(유홍림, 2008: 368~369; 장동진, 2008: 230~232).

3 국가주의(etatiste)는 공동체주의를 특히 나라 차원에서 실현하기 위해 국가(the state)를 핵심적인 정치제도로 보는 경우다. 여기서는 공공문제를 적극적으로 정의하고 해결하는 국가 역할이 기대된다(Pierre & Peters, 2005: 17~24).

으나, 공동체 전체의 (특히 장기적인) 이익을 간과할 우려가 있다. 공익을 일반이익으로 간주하는 경우, 공동체 전체의 이익을 중시하는 장점이 있으나, 자칫 그 공동체를 구성하는 개인의 (특히 단기적) 이익을 침해할 우려가 있다(Schubert, 1960; Held, 1970). 자연히 각 시각의 공익에 친화성이 있는 국가행정 제도들도 마찬가지의 문제를 지닌다.

첫째, 개인 이익의 합으로서의 공익 개념에 부합하는 시민국가의 경우, 구성원 개개인의 이익이 상호 조정 과정을 거치면서 상향적으로 결집되는(aggregate) 국가행정을 특성으로 한다. 여기서는 다양한 사회집단과 정당을 매개로 하는 대의정치 제도가 이 기능을 담당하는 핵심 국가기구로 진화했다. 그러나 마치 '진흙탕을 헤쳐 나아가는(muddling-through)' 것처럼 혼란스럽고 예측 불가능한 다원적 정책결정 과정으로부터 일반이익의 구현을 기대하기란 쉽지 않다.

둘째, 일반이익으로서의 공익에 부합하는 목적국가 행정의 경우, 개인들의 단기적 이익과는 한 단계 거리를 둔 관료행정 제도가 이 기능을 담당하는 핵심 국가기구로 자리 잡았다. 그중에서도—해당 시민(들) 또는 집단(들)을 상대로 직접 공공서비스를 제공하는 계선기구보다는—시민들로부터 한 단계 더 멀리 자리하면서 계선기구들에게 예산·조직·인력 등을 배당하는 중앙관리기구(central agency)들이 일반이익을 챙기기에 더 유리하다. 그러나 행정관료제가 일반이익을 정의하고 그것을 합리적으로 추진하는 데 필요한 보편타당한 기준을 어떻게 확보한다는 것인가라는 근본적인 문제에 봉착한다. 일반이익의 이름으로 그 자신 또는 조직의 이익을 끼워 넣는 문제도 있다.[4]

근대화 선진국들은 서로 대칭적인 이 두 시각의 공익을 절충해 보완하기 위한 국가행정의 제도화를 추구해왔다. 개인주의적 자유주의 국가로 시작한 미국이 행정국가[5]로 진화한 것, 공동체주의와 국가주의 전통이 강한 독일과 프랑스가 대의정치 제도를 강화해온 것이 대표적인 예다. 개인 이익과 일반이익 간의 절충과 조화가 이루어질 수 있는, 그래서 궁극적으로 바람직한 문명 발전에 기여하는 국정운영은 관련자들의 행위와 리더십에 의해 가능해진다. 그러나 그와 같은 행위와 리더십이 효과적으로 발휘될 수 있는 국가행정의 제도적 구조가 필요하다.

한국은 역사적으로 공동체주의와 국가주의가 강하게 배태된 나라다. 특히 극도로 자유주의가 위축되고 국가주의가 성행했던 제4공화국('유신'체제)에서 제5공화국('5공'체제)까지 15년(1972~1987)의 시기를 거치고 나서야 비로소 자유주의의 확대와 국가주의의 이완이 전개되고 있다. 그리고 이 과정에서 국정운영에서 많은 혼란과 갈등 그리고 그로 인한 교착과 시행착오가 만연하고 있다.

이와 같은 문제의식을 갖고 이 글에서는 한국이 스스로의 발전과 인류 문명 발전에 모두 공헌하기 위해 바람직한 국가행정의 거시적인 제도화 방향을 공익의 개념을 중심으로 모색해보기 위한 탐색적 연구를 시도하려고 한다. 바람직한 문명 발전이나 그것에 공헌하기 위한 국가행정 제도의 구체적인 내용에 대한 논의는 이 글의 범위를 넘어선다. 여기서는 국가행정이 바람직한 문명 발전에 이바지하도록 하기 위한 가치 판단 기준으로 준거해야 할 공익의 기준, 그리고 그에 부합하는

4 예로 들면 2016년도 예산안을 편성하는 책임과 권한을 가진 기획재정부 장관이 자신의 지역구에 애초 정부 제출 예산안에는 없던 300억 원을 포함해 약 500억 원의 예산을 배정했다(경향신문, 2015.12.4; 조선일보, 2015.12.4).

5 행정국가란 프랑스 혁명 이후 서구에서 공공문제 해결을 위해 국가 역할을 확대하고, 그 확대된 역할을 관료제 방식으로 수행하는 국가행정의 새로운 패러다임이다. 19세기 말 이후 미국의 행정국가화 현상에 대해서는 Waldo, 1948; Caiden, 1981; Rosenbloom, 1993 참조.

국가행정의 제도화 방안을 중심으로 논의를 전개하려고 한다. 근대화 선진국들의 경우를 개관해보고, 앞으로 한국에 대한 심층 연구를 수행하기 위한 명제들을 도출한다.

1. 문명, 국가행정, 공익의 의의 및 상호관계

1) 문명화의 의의, 상호성 그리고 이중성

서구에서, 특히 계몽주의자들에게 문명이란 적어도 다음과 같은 세 가지 의미를 함축한다(이한구, 2014). 첫째, 라틴어 'civis(시민)'와 'civitas(도시)의 형용사인 civilis'에서도 짐작할 수 있듯이, 문명은 "야만적이거나 비이성적인 것"이 아닌 도시적이거나 세련된 좋은 것이다.[6] 둘째, 이처럼 좋은 어떤 상태에 그치는 것이 아니라 더 좋은 방향으로 나아가는 역동적인 과정이다. 셋째, 이와 같이 더 좋은 방향으로의 발전은 신(神) 또는 다른 어떤 것이 아닌 인간들 스스로가 이성에 의해 만들어나가는 것이다.

이처럼 인간들 스스로 더 좋은 방향으로 이성을 통해 변화를 추구해 나아가는 과정인 문명은 필연적으로 행정의 문제와 결부된다. 복수의 인간들이 더 좋은 방향으로의 변화를 계획하고 그 계획을 합리적인 방법을 통해 추진하려는 이성적이고 집합적인 활동이 그것이다. 행정은 태초부터 "문명과 항상 더불어 존재해왔고, 지금도 복잡하게 얽혀 있으며, 밀접하게 관련되어" 있는 것이다(Waldo, 1980: 1).

문명은 삼중 구조로 된 "독특한 개성을 지닌 문화유전자의 집합체"

6 문명은 "자연(nature)과 대비되는 인간의 정신적 및 물질적 삶의 총체"로 정의된다(송재룡, 2015).

로 정의할 수 있다(이한구, 2014). 가장 중심부(즉, “종교, 문학, 예술, 철학 등 인간과 사회 및 세계에 관한 근본적인 신념체계로 구성된 중핵 부분”), 중간 부분(즉, “정치, 경제를 비롯한 사회체제”), 그리고 가장 바깥 부분(즉, “과학과 기술 영역”)이 그것이다. 그렇다면 행정은 문명의 중간 부분에 속하는 사회체제의 일부분에 해당한다. 행정은 삼중 구조의 중간 부분에 있으면서 그 안과 밖의 다른 요소들과 상호작용을 통해 문명의 발달에 관여해온 것이다. 그리고 행정 또한 문명으로부터 그 자체의 발전에 도움을 받아왔다.

> 역사적으로 행정은 (삼중 구조의 바깥 부분에 해당하는) 농업, 광업 및 야금술, 상공업, 의학, 교통, 공학, (그리고 중간 부분에 해당하는) 교육 등 모든 분야의 발전을 위한 시도에서 중요한 역할을 수행해왔다. (……) 자연과학과 수학 초기 단계에서부터 지원자로서 그들의 발전을 위해 많은 도움을 주었다. (……) 강을 통제하고 농작물을 생산하고 공공시설물을 건축하고 군대를 만들고 유지하는 데 있어 다양한 도구 등을 필요로 했기 때문에 이들 분야를 적극적으로 지원한 것이다. 심지어 (삼중 구조의 중핵 부분에 해당하는) 예술도 역사적으로 행정과 밀접하게 연계되어 있다. (……) 행정은 문명 창조에 기여하고, 문명은 문명대로 행정의 힘과 창의성 증진에 기여한다. (……) 행정은 문명의 발전이 언제 어디에서 이루어지든지 간에 그것의 필수 요소였다. 행정이 제공한 기초와 틀이 없었다면 문명은 발달하지 못했을 것이다(Waldo, 1980: 18, 24~25).

그런데 역사적으로 문명은 이중성을 지니고 발전해왔다. 문명은 “관습적으로 원시적이며, 촌스럽고 거칠고 잔인한 의미”의 반대인 “진보적이며 세련되고 교양 있고 인간적인 의미"를 함축하고 있다. 그러나 실제로 그것은 "'좋은 것'인 동시에 '나쁜 것' 그리고 인간에게 많은 성과와 혜택을 가져다준 동시에 많은 불편, 불의, 무자비, 공포 등도 가져다주었다……. (심지어) 루소는 문명을 불평등, 불의, 폭력, 전쟁 등으로 얼룩진 인류사에서 잘못 취해진 비극적 행로로 보고 있다"(Waldo, 1980: 1~2). 나치즘과 일제의 가공할 침략과 반인류적 만행은 전형적인 국가 간에 또는 민족 간에 저질러진 사례거니와, 압축 경제성장의 이면에서 유린된 기본 인권도 간과할 수 없는 국내적인 예다. 이들은 모두 근대화가 절정기에 달했다고 믿었던 20세기에 인류가 경험한 사례들이다.

행정이 문명과 불가분의 관계에 있는 그만큼, 행정은 문명의 이중성에 불가피하게 관련되어 있다. "행정은 문명의 업적 및 혜택에 있어 매우 중요한 공헌자임은 사실이나 동시에 불의, 무자비, 공포에 본질적으로 기여한 책임자이기도 하다"(Waldo, 1980: 2). 문명의 발전이 선과 악의 이중성을 지녔듯이, 행정도 불가피하게 이중성을 지녀온 것이다. 이와 같은 문명의 이중성, 그리고 이 문명의 이중성에 기여한 행정은 단지 과거의 일만이 아닌 오늘 그리고 내일도 반복될 수 있는 사안으로 남아 있다.

> 미래에 펼쳐질 인류 문명의 운명이 어떠한 것이 될지라도 그것은 우리 인간의 선택이 낳은 소산일 것이다. 현재 우리 인류는 현대 문명의 종말을 가져오게 할 수 있을 만큼의 기술적 능력을 보유하고 있다. 오늘날 수많은 인류를 파멸에 이르게 할 수 있는 선택이 단지 소수의 몇몇 사람에 의해 결정될 수도 있다(Ostrom, 1974: 12).

그렇다면 행정이 문명의 바람직한 발전에 이바지할 수 있도록 개혁하고 제도화해야 한다. 앞서 이야기된 문명에 대한 개념 정의를 통해 표현하면, 행정이 문명의 바람직한 발전에 기여할 수 있도록 '우리 인간들'이 '선택'에 의해 개혁하고 제도화해야 한다. 여기서 '우리 인간들'이 단수가 아니라 복수라는 사실에 주목할 필요가 있다. 결국 행정을 개혁하는 일 또한 복수 인간들의 집합적 결정과 그 결정의 추진이라는 의미에서 그자체가 '행정적'인 사안인 것이다.

2) 국가행정의 의의 그리고 이중성

앞에서 인용된 행정학자들은 행정 개념을 넓은 의미로 사용한 측면이 있다. 즉, 복수의 인간들이 공동의 문제를 해결하기 위해 다양한 형태의 조직적 활동을 수행하는 현상으로 행정을 이해하는 것이다. 이 경우에는 행정과 정치를 구분하지 않고, 심지어 공공 부문(국가)과 사적 부문(사회)을 구분하지 않은 채, 공동의 문제 해결을 위한 인간들의 모든 집합적 행동을 포함한다.[7] 이와 같은 광의의 개념 정의는 굳이 현대적 의미의 공·사 부문의 구분이 불분명했거나, 공공 부문에 초점을 두는 경우에도 "정치는 주로 마상(馬上)에서 이루어지고 통치행위는 곧 행정을 의미"했던[8] 시대의 행정에 적합하다. 그러나 오늘의 시점에서 행정에 대한 논의는 국가(혹은 정체)와 좁은 의미의 행정(혹은 관료제)을 구분할 필요가 있다. 그렇게 함으로써 문명 발전에 유익하거나 위해를

7 이처럼 공사 부문을 구분하지 않고 공공문제를 더불어 해결하려는 시도가 20세기 후반에 새로운 거버넌스(new governance)라는 이름으로 대두하고 있다.

8 이 부분은 2014년 11월 13일 〈인류 문명의 새로운 패러다임 탐구〉 연구회에서 발표된 김성문의 논문 "유교민주주의와 가치다원주의"에 대한 정인재의 토론에서 시사받았다.

끼칠 수 있는 넓은 의미의 행정을 보다 구체적으로 분석하고 평가하고 개선하기에 편리해진다.

좁은 의미의 행정(administration)[9]은 국가(the state)[10] 제도의 일부를 구성하고 그 기능의 일부를 담당한다. 행정을 흔히 관료제와 혼용하는 경우도 있다. 이는 후술하는 것처럼, 근대 행정이 주로 베버(Weber, 1947)가 이념형으로 정리한 관료제 방식[11]에 의해 이루어지는 경향에서 비롯된다.

국가는 비(非)국가, 즉 사회(혹은 시민사회)와 대립되는 개념이다.[12] 서양의 경우, 근대화가 진전되면서 국가와 사회 간의 이분화가 이루어졌다. 국가의 영역과 통치자(군주)의 사적 영역을 구분하는 제도화도 근대화의 산물이다.[13] 서양을 기준으로 보면, 로마제국의 멸망(5세기) 이후 봉건제(8~14세기), 신분제(14~16세기), 절대주의(16~18세기)의 시대를 거친

9 행정은 역사적으로 'administration'으로 표기해왔다. 그러나 19세기 후반 이후부터 대형화되기 시작한 기업들을 관리하는 (기업)경영(business administration)과 구분하기 위해 (공공)행정(public administration)으로 구분해 지칭하는 관행이 생겼다.

10 국가는 정체, 정치체계 그리고 좀 더 흔하게는 정부와 혼용하는 경향이 있다. 그러나 정부는 (앵글로-아메리칸계 나라들에게서 나타나는) 특정의 국가성을 지닌 국가 유형에 부합하는 용어이다. 이 글에서는 이 특수한 유형의 국가 개념에 해당하는 경우 외에는 정부를 국가와 혼용해서 사용하지 않을 것이다.

11 여기서 관료제 방식이란 베버의 관료제 이념형에 부합하는 행정을 의미한다. 그러나 근대 이후에도 행정은 관료제 외에 다양한 방식들에 의해 이루어지고 있다. 예로써 19세기 미국의 잭슨 민주주의(Jacksonian democracy)의 엽관제 행정이나 20세기 말 이후의 시장자유주의의 신공공관리(NPM) 행정을 들 수 있다.

12 한·중·일의 한자어 국가는 이처럼 사회 부문과 구분되는 좁은 의미의 국가 외에 나라(country) 혹은 국민(nation)을 의미하는 개념으로 사용되기도 함으로써 혼란을 유발한다.

13 한국에서도 1894년 갑오개혁의 '홍범 14조' 가운데 국왕과 국가의 재정 간에 명확한 구분을 명시한 것은, 비록 실패한 개혁이었지만, 근대화를 지향하는 개혁의 의미 있는 시도였다(김운태, 1970; 윤재풍, 2008).

다음에 18세기 혹은 19세기 이후부터 근대국가가 제도화되기 시작했다(Pierson, 2004: 2장). 근대국가는 폭력 수단의 (독점적) 통제, 영토권, 주권, 입헌성, 탈사인적(impersonal) 권력, 공공관료제, 권위와 정당성, 시민권, 징세 등의 요소를 특성으로 한다(Pierson, 2004: 6~26).[14]

현대에 행정은 국가의 일부이면서 정치와는 대비되는 개념으로 정의되고 있다. 근대국가는 행정(즉, 정책의 집행)과 정치(정책의 결정)를 이원화하여 운영하는 규범이 정립되었다. 이 규범은 미국과 유럽에서 서로 다른 역사적 배경을 지니고 제도화가 이루어졌다. 미국의 경우, 처음 약 한 세기 동안은 대체로 정치와 행정을 명확하게 구분하지 않고, 정책의 결정과 집행을 모두 정치가 (혹은 정치적인 방식으로) 수행했다. 그러나 19세기 말에 이르러 정책 결정은 계속 정치가 담당하되, 정책 집행은 행정 영역을 새로이 제도화하여 담당하도록 분업화가 이루어지기 시작했다(Wilson, 1887). 유럽에서는 정반대의 발전 경로가 이루어졌다. 행정이 통치자(군주)를 도와 정책 결정과 정책 집행을 모두 수행하던 것에서 민주화와 더불어 점차 정치의 영역이 분리되어 제도화되었다(Weber, 1947; Etzioni-Halevy, 1985: 101~126).[15]

14 한국의 경우, 조선 국가는 폭력 수단의 통제, 영토권, 주권, 권위와 정당성은 갖추었으나 입헌성, 탈사인적 권력, 공공관료제, 징세의 미비로 인해 근대국가로 보기 어렵다. 조선시대에도 물론 공공관료제는 존재했다. 그러나 후술하는 근대적 개념의 관료제가 아닌 점에서 취약성을 지닌 것이었다. 대한민국 출범 이후에도 근대적 관료제의 요건은 1990년대에 들어서야 비로소 확충될 수 있었다(Jung, 2014: Ch. 4). 20세기 중반에 이르러 대한민국의 수립과 더불어 일제에 의해 강탈된 주권을 회복하고, 입헌성을 확보하는 등 근대국가의 제도화를 확립하기 시작했다. 그러나 무엇보다도 북한 지역의 영토권을 포함하지 못하고 있는 점과 권력의 탈사인성 등의 요소에서 취약한 채로 있다.

15 한국에서는 대한민국 출범과 더불어 비로소 유럽 대륙 국가들과 유사한 방식으로 이원화가 이루어졌다.

정치와 행정의 이원화는 경험적 혹은 규범적으로 도전을 받아왔다. 첫째, 행정이 주로 베버(Weber, 1947: 328~340)의 관료제 이념형에 부합하는 방식에 의존하기 때문에 발생하는 문제에 대한 비판이다. 베버는 프러시아 행정에 대한 관찰을 통해 관료제가 (1) 잘 정비된 분업체계, (2) 계층제 조직구조, (3) 공·사 간의 구분된 권위, (4) (선거가 아닌) 임명에 의한 공직 인사, (5) 훈련에 의한 객관적 자격, (6) 경력에 의거한 인사와 신분 보장, (7) 사적 목적으로부터 직위/수단의 사용 금지, (8) 객관적 기준에 의한 일관성 있는 규정 준수, (9) 사적 애증을 수반하지 않는 탈사인성 정신(a spirit of impersonality), (10) 비(非)관료 출신 수장 등의 특성을 지닌다고 보았다. 이러한 행정체제가 가장 높은 수준의 합리성과 효과성을 발휘할 수 있는 행정체계인 것으로 평가했다 (Etzioni-Halevi, 1985: 28~29).[16] 한편, 공식적이고 세분화된 그리고 계층제적인 분업체계와 법적이고 형식적인 절차에 의존하는 행정관리가 베버의 주장과는 달리 비효율적이고 비효과적이며 (행정조직 내부에서) 비민주적이라는 비판이 20세기 중반 무렵부터 주로 미국의 실증주의 연구자들에 의해 제기되었다. 이와 같은 문제 제기를 바탕으로 1980년을 전후해서부터 기업 경영 방식을 공공 부문에 도입하려는 신공공관리(New Public Management) 패러다임이 확산되었다.

둘째, 정치와 행정의 역할 구분이 실제로는 제대로 이루어지지 않고 있다는 비판이 구미에서 경험적 연구를 통해 제기되어왔다. 한편으로는 정치가 행정(즉 정책집행) 영역에도 여전히 많은 영향을 미친다는 지

16 이 가운데 한국 관료제가 가장 취약한 특성은 공과 사의 엄격한 구분(즉, 3, 7, 9)인 것으로 보인다.

적이다. 특히 정치인들이 정파적인 목적을 위해 행정관리들을 정치화한다는 것이다. 이로 인해 본래 행정을 분리시킨 목적인 정책집행의 합리적 수행이 어렵다는 분석이다. 역으로, 행정관리들이 본래 주어진 범위를 넘어 사실상 정치적인 활동을 수행한다는 비판도 제기되었다. 행정(조직 혹은 관리자들)도 그 자체가 하나의 이익집단으로 행동한다는 것이다. 미국의 경우, 행정(관리자들)을 정치(인들)가 정치화시킨다는 점에 더 초점이 주어져왔다. 유럽 대륙 국가들의 경우, 특히 행정관리들의 정치적 영향력에 좀 더 초점이 주어진다. 정책결정 과정에서 행정관리들, 특히 고위직 행정관리들이 상당한 영향력을 행사해온 전통이 여전하다는 것이다(Badie & Birnbaum, 1983; Heper, 1987; Etzioni-Halevy 1985; Khulman & Wollmann, 2014).

셋째, 위의 두 가지 비판이 주로 경험적인 사실 관계에 대한 것인 반면, 정치-행정 이원화에 대한 규범적 비판도 제기된다. 본래 정치와 행정을 이원화하는 목적은 국가 운영에서 도구적 합리성을 증진시키기 위한 것이다. 즉, 정치에 의해 정책결정(즉 가치판단)이 이루어지면, 행정은 (정치에 의해 결정된) 정책을 객관적이고 과학적인 방법(즉 사실판단)에 의해 최적 수단을 찾아 집행한다는 원리가 그것이다. 그렇게 함으로써 효율성과 효과성을 높인다는 것이다. 그러나 이처럼 위로부터 주어진 정책을 집행하는 행정(관리자들)으로부터 실질적 합리성을 기대하기 어렵다는 문제의식이 있다.[17] 이와 같은 비판은, 행정관리들에게는 도구적 합리성에 의해 업무 수행을 하도록 애초에 설정해놓았음을 감안하면, 내용적으로 모순이다. 따라서 행정은 정치(즉 가치판단을 요하는 정책결

17 한국에서 흔히 행정관리들을 '영혼 없는 해바라기들'로 비하하는 경우가 한 예다.

정)와 분리되는 것이 바람직하다는 이원론 자체에 대한 비판이 된다.

정치-행정 이원론에 대한 이와 같은 규범적 비판에 대한 이해를 돕기 위해 한 가지 예를 들어보기로 한다. 앞에서 문명 그리고 국가행정의 이중성에 대한 예로 나치 독일의 만행을 들었다. 이 천인공노할 만행은 그것이 인간들이 이성에 의해 진보를 가져올 수 있다는 확신에 가득 차 있던 20세기 유럽에서 벌어졌다는 점에서 더더욱 충격적이다. 이 나치 독일의 군수성 장관으로 쉬페어(Albert Speer)라는 천재적인 행정가가 있었다(정용덕, 2001). 그는 "20세기에 가장 막강한 행정관리 가운데 한 사람이었다. 비교적 젊은 나이인 36세에 나치 독일의 군수성 장관을 역임하면서 2,800명의 직원을 지휘했고, 히틀러의 가장 가까운 동료였으며, 많은 사람들에 의해 추종되었다. 연합군조차도 그의 천재적인 행정관리 능력을 존경해, 1945년 미군이 그를 생포한 직후부터 심문에 착수한 유일한 고위직 나치 관리자였다"(Stillman, 2001: 249). 그런데 그가 천재성을 발휘하여 관리한 행정은 나치 국가의 만행에 크게 기여하는 결과를 초래했다. 그는 "오늘날 가장 선진화되고, 참여적이고, 인본주의적인 것으로 인정받는 조직 및 관리 이론들의 전형을 창안해낸…… 그러나…… 이 이론들의 실제 적용에서 인류 역사상 가장 비(非)인본주의적인 정부 가운데 하나인 나치 정부의 목적을 달성시키기 위해 활용(한…… 그래서) 자신의 위대한 지적 능력을 죽음과 파괴를 관리하는 데 사용한 그릇된 관료였다"(Singer & Wooten, 1976: 80~101).

쉬페어는 정치-행정 이원론에 대한 첫 번째 문제 제기, 즉 관료제 방식의 행정이 (베버의 견해와는 달리) 비효율성, 비효과성, 그리고 (조직 내부에서의) 비민주성을 유발할 수 있다는 우려를 해결한 천재적인 행정가였다. 그러나 결과적으로 그는 나치 독일의 가공할 반인류적 결과를 초래하는 만행에 쓰일 군수물자를 극히 효율적이고 효과적이며 (조직 내부 구성원들에게는) 민주주의적인 방식을 통해 생산해낸 것이다. 이 사례는 행정(관리자들)이 정치(인들)에 의해 결정된 정책을 가장 효율적이고 효과적으로 집행하는 것만으로 그 역할(따라서 책임)의 범위를 설정하는 이원화가 과연 바람직한 것인가라는 의문(즉, 위에서 제기한 세 번째 비판)을 야기한다.[18]

쉬페어의 사례는 행정관리들이 정치에 의해 결정된 정책을 단순히 합리적인 방법으로 집행하는 것에서만 정당성을 부여하는 정치-행정 이원론의 문제점을 여실히 드러내 보인다. 행정(관리자들)은 도구적 합리성만 추구하고 실질적 합리성은 상관없다는 것인가? 1960년대 미국 국방부(행정관리들)가 '왜 미국이 베트남에서 전쟁을 수행해야 하는가'라는 질문은 외면한 채, 단지 '가장 적은 예산으로 가장 많은 베트콩을 살상할 수 있는 무기체계를 개발하고 선정하는 일'에만 몰입하면 되는 것인가라는 질문을 제기했던 신행정학(NPA) 이론가들도 마찬가지 맥락의 문제의식이다. 이 질문은 행정을 국가와 사회 간의 관계라는 거시적 맥락에 대한 이해를 바탕으로 논의해야 할 필요성을 환기시켜준다. 그리고 바람직한 문명 발전을 위한 국가행정의 새로운 패러다임 모색이라는 여기서의 논제에 직접 관련되는 문제이기도 하다.

18 이처럼 위(정치)로부터 지시되는 '옳지 않은' 정책을 행정이 도구적으로 집행하는 것에 문제가 있음에도 '바람직한' 정책의 경우에 그것을 규칙에 따라 엄격하게 집행하는 행정의 역할이 필요하다는 점에서 딜레마가 야기된다(Etzioni-Halevy 1985: 339~340). 이 문제와 관련해 충분한 의견을 개진하지 않은 베버는—비록 그가 관료제의 이와 같은 문제점을 이해하지 못한 것은 아니라는 일부 지적이 있음에도—비판을 받기에 충분하다(Etzioni-Halevy, 1985: 38).

3) 공익의 의의 그리고 다양성

본래 공익이라는 용어는 대중적 반(反)국가주의(populist antistatism) 이념이 배태된 미국에서 상향식 정책결정의 전통을 바탕으로 발전된 개념이다. 오로지 사실에 근거해 귀납적으로 '공공이익'이 도출되고 그에 따라 '공공행위'가 이루어지는 전통이 그것이다. 이는 후술하는 '국가 이성(reasons of the state, Staatsraeson)' 개념을 바탕으로 하향식으로 행정 원리를 연역해내는 유럽 대륙계 나라들과는 상반된 접근방법이다. 또한 '국익(national interest)'은 국제 문제를 그리고 공익은 국내 문제를 논함에서 각각 일차적으로 사용되는 경향도 있었다(Schubert, 1960: 17). 여기서는 인류 문명의 바람직한 발전을 논하는 데 국익보다는 공익을 넓은 의미로 개념화하여 접근하려고 한다. 하나의 나라 혹은 국민(nation) 차원의 이익(즉, 국익)을 간과하지 않으면서도 전(全)지구적 보편 이익을 포함하는 트인 문명 발전에 대해 논의하기 위한 것이다. 실제로 서양의 학자들은 공익 개념에 다양한 시각들을 아울러 포함하여 비교하고 평가하는 작업을 해오고 있다. 대표적인 예로 반필드와 메이어슨(Banfield & Meyerson, 1955), 슈버트(Schubert, 1960), 헬드(Held, 1970)를 들 수 있다. 이들의 유형화를 크게 공동체 구성원들의 이익을 바탕으로 접근하는 방법과 구성원들의 이익을 넘어선 공동체 전체의 차원에서 접근하는 방법으로 나누어 정리할 수 있다.

반필드와 메이어슨이 보기에 "보다 많은 공중(public)의 목적(ends)을 희생해 다른 일부 공중의 목적 달성을 촉진한다면, 그 결정은 특수 이익", "일부 공중의 목적보다는 오히려 전체 공중(the whole public)의 목적을 위한 것"이면 공익에 해당한다(Banfield & Meyerson, 1955: 322). 그런데 공익에 해당하는 이 전체 공중의 목적이라는 것이 과연 무엇을 의미하는가에 관해 두 가지 상이한 시각이 존재한다. 첫째, 일원적(unitary) 공익 개념의 경우, 전체 공중의 목적이란 "공중의 모든 구성원들에게 평등하게 해당하는 유일한 일련의 목적들(a single set of ends)"을 의미한다. 이는 두 가지 이유 가운데 하나에 근거한다. 즉, "공중은 그 자체의 이익을 지닌 사회유기체(social organism)"이기 때문이거나 "전체 공중의 목적은 공중의 모든 구성원 각자가 모든 다른 구성원과 공유하는 이익의 집합"이기 때문이다.[19] 둘째, 개인주의적(individualistic) 공익 개념의 경우 "'전체로서의' 다수의 목적(the ends of the plurality 'as a whole')이란 개인들에 의해 받아들여진—대개 공유되지 않은—목적들의 집합(aggregate)"을 뜻한다.[20]

슈버트는 공익에 대한 다양한 이해 방식들을 합리주의(rationalist), 이상주의(idealist), 현실주의(realist)로 정리한다. 첫째, 합리주의자들은 공공규범은 정치체계 내에서 주어진 것으로 간주하고, 공직자들이 이 규범을 수용해 정부행위에 적용하는 것으로 본다. 규범(즉, 정책)을 정치가 결정하면 그것의 실행(즉, 집행)은 행정이 담당하는 정치-행정 이원론의 원리와 유사하다. 공공규범은 공동체의 모든 혹은 다수의 구성원들이 공유하는 가치, 즉 '공공의지(public will)'를 의미한다. 둘째, 이상주의자들은 공중(the public)은 공공정책의 결정에서 부적절하고, 대개 무능의 원천인 것으로 본다. 정치가와 공직자들의 의사결정 규범 또한 모호

19 여기서 첫 번째 이유는 헬드의 '일원론' 및 슈버트의 '이상주의' 개념, 그리고 두 번째 이유는 헬드의 '공동이익'과 슈버트의 '합리주의' 개념에 각각 유사한 것으로 이해된다.

20 여기서 그 자신의 효용에 대한 모든 개인의 판단은 공히 중요성을 지는 것으로 보는 시각과 그렇지 않게 보는 시각들이 혼재한다(Held, 1070: 213). 이 경우는 헬드의 '다수설(preponderance)' 및 슈버트의 '현실주의' 개념에 유사한 것으로 이해된다.

하고 불안전하다. 실정법은 상위법, 그리고 다수에 의한 결정은 진정한 공익과 각각 갈등을 야기할 수 있으며, 정당이나 이익집단 모두 공익을 충분하게 증진시킬 수 없다. 따라서 건전한 결정에 도달하기 위해서는 상당한 개인적 재량(personal discretion)을 활용하여 자신의 양심과 공공선(public good)을 추구하는 경세가형 공직자들(statesmen-officials)의 지혜(wisdom)에 의존하는 것이 낫다. 셋째, 현실주의자들은 한 공동체에 속한 다양한 개인이나 집단들의 이익을 넘어서는 '공공'의 이익이나 전체 국민(the nation as a whole)의 이익 같은 것은 존재하지 않는다.

헬드 역시 다양한 시각의 공익을 다수(preponderance), 공동이익(common interest), 일원(unitary)의 세 가지 이론으로 정리한다. 첫째, 다수론의 경우 "공익이라는 용어가 뭔가 어떤 의미가 있다고 한다면 그것은 '개인 이익들의 다수 혹은 합(preponderance or sum)'과 상충하지 않는다"고 본다.[21] 여기서는 개인 이익들 간에 정당한 갈등이 존재할 수 있으며, 모든 개인이나 집단은 자신의 이익을 주장할 권리가 있지만, 다른 개인이나 집단의 권리와 주장 또한 동등하게 인정한다. 둘째, 공동이익론의 경우, 공익이란 한 정체의 모든 구성원들이 '공동으로 갖는 이익'을 의미한다. 여기서는 개인 이익 간의 정당한 갈등이 있을 수 있음을 배제하지는 않는다. 그러나 그 갈등을 '만장일치(unanimity)'나 '양립(compatability)' 개념을 통해 해결할 수 있을 것으로 본다.[22] 셋째, 일원론은 단일의 질서 있고 일관성 있는 가치체계가 존재한다는 가정에 입각해 공익을 모색한다. 개인들 간의 혹은 개인 이익과 공익 간의 정

21 이 점에서 "공리주의자 및 집합주의자(aggregationist)의 개념"과 일치하며, 홉스, 흄, 벤담 등의 사상에도 부합한다(Held, 1970: 43).

당화될 수 있는 갈등이란 존재할 수 없다고 본다.[23]

이상에서 공익 개념을 반필드는 두 가지로 그리고 슈버트와 헬드는 세 가지로 각각 구분하고 있다. 그러나 핵심 사항은 공익이 공동체를 구성하는 개인들의 (공동 혹은 다수의) 이익인가, 아니면 구성원의 이익을 넘어서는 전체 공동체 자체의 이익인가의 여부로 크게 구분할 수 있다. 즉, 전자의 경우 반필드의 개인주의, 슈버트의 현실주의, 헬드의 다수론, 그리고 후자의 경우 반필드의 일원주의, 슈버트의 이상주의, 헬드의 일원론이 각각 해당한다. 반필드의 일원주의가 타당하다고 보는 근거 가운데 '구성원들이 공유하는 이익의 집합', 슈버트의 합리주의, 헬드의 공동이익론은 제3의 영역을 제시하는 것이지만, 여전히 공동체 구성원들의 이익에서 공익의 기준을 찾는 점에서 전자의 변형에 해당한다.

반필드의 생각과 마찬가지로, 이처럼 상반되는 두 가지 공익 개념 가운에 어느 것이 더 바람직한가는 지금까지 끊임없는 정치적 논쟁의 대상이었고, 앞으로도 계속해서 그럴 것이다. 따라서 그 가운데 어느 하나를 규범적으로 선택하는 논쟁을 지속하기보다는 두 시각의 절충 방안을 모색하는 것이 보다 현실적이다. 또한 공익에 관한 두 시각이 모두 장단점을 각각 지니고 있기 때문에도 그러하다. 전술한 것처럼, 공

22 '공동선(common good)' 개념을 제안하는 루소와 '만장일치' 방법을 제안하는 사람들이 이 시각에 해당한다. 헬드의 '공동이익'으로서의 공익관은 슈버트의 '합리주의자'의 공익관과 유사한 것 같으면서도 의사결정 기제 면에서 분명한 차이가 있다. 전자는 만장일치를, 후자는 다수결 원리를 각각 의사결정 기제로 인정한다. 따라서 슈버트의 합리주의는 헬드의 공동이익보다는 다수론에 가까운 면이 있다. 한편 헬드에 의해 공동이익론에 해당하는 것으로 분류하는 공공선택학파는 만장일치보다 의사결정에서 실현 가능성이 높은 '1/3' 안을 내세운다.

23 플라톤, 아리스토텔레스, 헤겔 등의 견해가 여기에 해당한다.

익을 개인 이익의 합으로 간주하는 경우에 공동체 구성원들의 선호를 중시하는 장점이 있으나, 전체로서의 공동체 이익을 간과할 우려가 있다. 공익을 일반이익으로 간주하는 경우, 공동체 전체의 이익을 중시하는 장점이 있으나, 자칫 그 공동체를 구성하는 개인의 이익을 침해할 우려가 있다. 따라서 양자 간의 절충을 모색하는 것이 바람직하다. 그렇게 함으로써 각각의 장점을 살리고 단점은 최소화하는 방안을 모색하는 것이다. 그리고 두 가지 시각의 공익 간의 조화로운 절충이 이루어지기 위한 국가행정의 제도화 방안을 모색하고 실현하기 위한 논의가 필요한 이유다.

2. 국가행정의 제도적 특성

1) 공익과 국가행정 제도

이상에서와 같이 공익 개념을 정리 소개한 이론가들은 각 시각에 부합하는 의사결정 기제에 관해서도 의견을 제시하고 있다. 반필드와 메이어슨의 경우, 일원적 개념은 "유일한 일련의 목적으로부터 결과가 도출되는 협동적인 선택 과정(cooperative choice process)"에 의해…… 그리고 "정치적 통일체(the body politic)의 목적—즉, 구성원들의 '외견상' 이익이 아닌 '실질적(real)' 이익—을 파악해내기에 충분한 능력을 갖춘, 그리고 경쟁하는 소수의 이익을 넘어 '전체'의 이익을 확고히 하기에 충분한 권력을 소유한 중심적인 의사결정자(central decision maker)"의 존재를 시사한다. 반면 개인주의적 공익 개념은 공동체 구성원들의 "경쟁적인 목적들 간에 타협(compromise)이 이루어지는 기제 (……) 그리고 이것에 의해 목적-만족의 최대 '총합(greatest total)'이 만들어지도록 개인 이익들 간 선택 혹은 타협이 이루어지는 것"을 의미한다. 자유시장이 여기에 부합하는 최적의 제도일 것이다. 그러나 비(非)시장적 상황에서는 선거구민들이 지시하는 대로 행동하는 대의원들을 활용하는 기제가 적합할 것이다(Held, 1970: 213~214).

슈버트의 경우도 그의 세 가지 유형의 공익관에 적합한 각각의 의사결정 기제를 다음과 같이 표현한다. 첫째, 합리주의자 시각에서 공익은 정당의 다수결 원리에 따른 결집, 국회가 그것을 법률로 구체화, 대통령의 책임하에 행정관료들의 집행, 법에 근거한 법원의 세부적 규칙 추론에 의해 구현된다. 문제는 공공의지를 반영하는 정책결정 혹은 입법이 쉽지 않은 점이다. 여기서는 다수결 원칙은 수용하되, 그것이 현실 정치 과정에서 제대로 반영되기가 어렵다는 점을 문제로 여긴다. 둘째, 이상주의에서 공익은 입법가의 양심(conscience)의 명령에 따른 단일의 도덕적 선택(a single moral choice), 정당들의 갈등과 특수 이익을 넘어 '모든' 인민의 진정한 이익을 위한 일종의 '최고 지도자(Supreme Leader)'로서 대통령의 역할 수행, '자비로운 관료(benevolent bureaucrat)'로서 최선으로 이해하는 공공선에 따른 행정관리의 행정결정, 그리고 자연법의 모호한 이상들을 구체화하는 법관들의 역할에 의해 이루어진다.[24] 셋째, 현실주의에서는 공공의지나 공익 개념의 독자적이고 실질적인 내용이 있을 가능성에 회의적인 이상, 정부 공직자들은 공동체 내의 다양한 개인 혹은 집단들의 갈등하는 이익을 중재하고 조정하는 사람으로 행동해야지, 공동체를 위해 최선의 것이 무엇인가에 대한 자신의 생각을 적용하려고 해서는 안 된다.

24 법원의 역할은 공공의지(public will)를 '발견'하는 것이 아니라 '형성'하는 것이며, '소송 당사자들이 바라는 바의 것'이 아니라, 판사들이 생각하기에 '그들에게 선한 것'이다(Shubert, 1960: 87; 134-5; Held, 1970: 209).

> 합리주의자들은 친공공(pro-public), 친정당, 반(反)이익집단적이다. 이들은 공동선(common good)을 당연한 것으로 생각하며, 이 공동선은 다양한 공동—대개는 다수주의(majoritarian)—이익의 존재를 반영한다. 공동선은 대중의지(popular will)(공중의지, 인민의지)로 표현된다. 모든 공직자들의 공통된 의무는 대중의지를 충실하게 실행하는 것이다. (……) 이상주의자들은 친공공, 반정당, 반이익집단적이다. (……) 이들은 참된 이익을 지지하는 바, 이는 공공 그 자체에 의해서 인지된 공공의 이익과 반드시 일치하지는 않는다. 이들은 공익이란 인간이 만든 실정법에 기초하는 것이 아니라 보다 상위법, 즉 자연법에 기초하는 것으로 믿는다. (……) 공익은 조용하고 작은 양심의 소리가 각 공직자들에게 나타나는 모든 것이다. (……) 현실주의자들은 친이익집단적이다. (……) 정당은 특수한 형태의 이익집단일 뿐이며, '공공(the public)'은 '공공적인 것들(publics)'로 분리되어 이익집단의 개념에 통합된다. 바꾸어 말하면 현실주의자들은 공공과 정당에 반대하지 않고 그것들을 해체시킨다(Schubert, 1960: 198~201).

한 나라에 제도화된 국가의 특성, 즉 국가성은 다양한 유형으로 구분해볼 수 있다.[25] 여기서는 논의의 편의를 위해 크게 두 유형으로 구분한 견해를 원용하기로 한다. 즉, 시민국가 대 목적국가(Spicer, 2001), 혹은 '시민사회의 자체적 조직화' 대 '국가의 시민사회 지배'(Badie & Birnbaum, 1983)로 구분하는 경우가 그것이다. 이 두 유형은 개인, 사회,

25 국가성(stateness)의 개념에 대해서는 Badie & Birnbaum, 1983; Poggi, 1993; Heper, 1987; Heady, 2001; Pierre, 1995; 2011; Kuhlmann & Wollmann, 2014 참조.

국가 간의 관계에 대해 다음과 같이 서로 다른 시각을 나타낸다.

첫째, 시민국가(혹은 시민사회 스스로의 조직화)의 경우, 국가를 구성하는 개개인들은 자신의 이익과 가치를 추구하는 데 근본적으로 자유로운 존재인 것으로 간주된다. 물론 그들의 행동을 제한하는 어떤 규칙들이 있다. 그러나 이 규칙들은 공동체를 위한 어떤 특정의 실질적인 목표의 성취 또는 특정의 결과를 보장하기 위한 것이 아니라, 단지 개개인이 자신의 특정 이익이나 목적을 추구함에 있어서 다른 사람들과 더불어 지켜야 할 행동양식이나 상호작용의 조건들에 관한 것이다. 시민국가가 수행해야 할 주된 역할은 공동체 구성원들의 행동 및 상호작용을 통제하는 행동 규칙들을 집행하는 일이 주가 된다.[26] 국가는 경기에 직접 참여하는 자가 아니라 단지 규칙을 관리하는 자에 지나지 않는다.

둘째, 목적국가(혹은 국가의 시민사회 지배)의 경우, 개개인은 자신을 공동체 전체의 실질적이고 공통적인 목적을 추구하거나 특정 결과물을 성취하기 위한 집합체의 일부로 간주된다. 그래서 개개인의 행동은 국가의 응집된 실질적 목표들을 추구하기 위해 조직화된다. 물론 개개인도 자기 자신(혹은 소속된 조직이나 집단)의 실질적인 목표들을 추구하는 행동에 종사할 수 있다. 그러나 이 경우에도 국가의 실질적 목표에 도움이 되거나 아니면 적어도 방해가 되지는 않는 범위 내에서만 수용될 수 있다. 목적국가의 주된 역할은 전체 공동체를 위한 공통의 실질적 목표를 정의하고 구성원들의 행동과 자원을 이 공통의 목표를 성취하기 위해 조직하고 관리한다. 공동체 구성원들의 인적 및 물적 자원은 국가가 재

26 여기서 행동 규칙이란 경기에 이기는 법이 아니라 경기하는 법, 즉 '게임 규칙(game rule)'을 의미하며, 이야기하는 사람들에게 무엇을 이야기할 것인가가 아니라 단지 이야기하기 위한 공적 토론의 규칙을 의미한다(Oakeshott, 1975).

량으로 국가의 목적에 일치하는 방향으로 관리하는 '자산'인 것으로 간주된다.

이 두 유형의 국가는 각각 그것에 부합하는 특징적인 국가와 행정의 구조화가 이루어진다. 첫째, 시민국가의 구조적 특성은 17세기 영국의 현실 정치와 그것에 바탕을 둔 로크(John Locke)의 정치사상에서 그 예를 찾아볼 수 있다(Spicer, 2001). 로크식의 시민국가에서는 정치권력이 삼권 가운데 또는 정부 수준 가운데 어느 한곳으로 집중되는 것을 우려한다. 단일의 권력 중심보다 권력의 파편화를 선호한다. 국가(즉, 정부) 권력에 관련하여 다중적인 견제점이 존재하며, 그 하나하나가 각자 독자적인 정치권력을 지니며, 이 자율적인 권력원들은 다시 다른 권력원들에 의해 견제받는다. 이처럼 정치권력의 파편화를 통해 정치 과정에서 특정의 정치집단이 자신들의 정치적 목적을 타인에게 강요하는 능력이 효과적으로 제한된다. 따라서 전쟁 등 국가 위기 시를 제외하고는 어떤 일관된 실질적인 국가 목적을 정의하고 그것을 실행에 옮기는 데 필요한 정책 수단이 구비되기 힘들다. 대신에 상이하고 때로는 갈등이 내재된 공적 및 사적 목적을 지닌 개인과 집단들 사이에서 국가가 수행할 행동에 대한 동의가 이루어진다. 국가기구는 공통의 실질적인 국가 목적을 정의하고 그 수단을 찾기 위한 것이 아니라, 단지 상이한 입법 분파들의 상이하고 갈등하는 다수의 목적들 간의 타협이 이루어지도록 하는 장(場)이다.

목적국가의 구조적 특성은 본래 프러시아에서 그 전통적인 모습을 찾아볼 수 있다. 목적국가가 그 본연의 목적을 달성하기 위해서는 최소한 두 가지 조건이 충족되어야 한다(Spicer, 2001: 3장). 첫째, 정치권력이 국가 구조 내에서 충분히 집권화되어서 행정관리들의 활동이 실질적인 국가 목표 추구에 효과적으로 동원될 수 있도록 지휘할 수 있어야 한다. 행정권이 국가의 실질적인 목적을 달성하는 일에 기여하도록 동원하기 위해서는 행정기구들에 대한 집권화된 정치적 통제가 필요하다. 이를 위해 통합되고 집권화된 행정구조가 필요하며, 행정수반의 권력을 강화할 필요가 있다. 둘째, 정책결정자들은 국가의 실질적인 목적을 달성하기 위해 그들이 취해야 할 대안적인 정책 행동에 대한 충분한 지식을 가지고 있어야 한다. 시민 개개인, 집단, 그 밖의 다양한 사회조직들이 정부 정책에 어떻게 반응할 것인지에 대한 지식을 포함한다.

이 두 유형의 국가는 공익이 무엇이며, 어떻게 그것을 도출해낼 것인가에 대해서도 서로 다른 시각을 함의한다(Heper, 1987: 1~7). 시민국가의 경우, 공익은 '개인(혹은 집단) 이익의 합'을 의미한다. 개인(혹은 집단)들의 이익의 합을 도출하기 위해서는 '인민에 의한(by the people) 과정으로서의 정치'가 중요하다. 시민국가처럼 국가성이 낮은 나라들도 중앙의 권위구조는 존재하며, 이익들 간의 조정자로서 그리고 때로는 신념의 중개자로서 행동한다. 또한 도덕적 측면을 지니고 공익의 증진에도 관심을 기울인다. 그러나 분명한 것은 여기서 공익은 "도출되는 것(a derived one)"이지, 어떤 "본질적인 공공선 개념(an intrinsic notion of public good)"에 구속되는 것은 아니다. 따라서 공직자들이 스스로를 "공익의 대변자"로 간주하지 않는다(Heper, 1987: Ch. 11).

반면에 목적국가에서 공익이란 단순히 집단이익의 신념체계나 요구를 반영하는 것이 아니라, 분파적 이익(sectional interests)과는 거의 관련이 없는 개념을 반영하는 것이다. 이러한 공익 개념은 "인민 자신들은 고사하고, 선출된 인민들의 대표자들과도 독립적으로 형성"되는 것으로서 "인민을 위한(for the people) 본질적인 공공의 필요(intrinsic public needs)"에서 도출되는 것이다. 따라서 공공정책을 수행하는 엘리트들은 "인민들의 선출된 대표로서 일차적으로 그들(즉 인민)에게 책임을 지는 '정부 엘리트들'이 아니라 (본질적인 공공의 필요로부터 도출된 것이라는) 공익의 (스스로 지명된) 수호자로서의 '국가 엘리트들'"을 의미한다 (Heper, 1987).

이처럼 국가성에 대한 서로 다른 두 가지 인식에 따른 개인, 사회, 국가 간의 관계 그리고 공익의 의미와 그것의 도출 방법에 대한 의미 있는 차이가 존재한다. 시민국가의 경우, 국가가 공동체 전체의 발전을 위한 어떤 실질적인 목적을 설정하려고 하지도 않거니와, 설정할 필요가 있는 (어떤 특수한) 경우에도 그것은 구성원 개개인의 선호 결집에 의해 이루어진다. 시민국가에서 공익은 공동체 구성원들의 선호의 집합을 의미한다. 여기서 제기되는 문제는 공익이 개인들의 이익의 합(合)에 불과한가, 그렇다고 해도 현실적으로 그것을 결집해내는 것이 과연 가능한 것인가 하는 것이다.

반대로 목적국가의 경우, 국가는 개인의 이익의 합을 훨씬 넘어서는 일반이익 또는 공동선을 모색하고, 그것의 실현을 위해 적극적으로 활동해야 한다. 이것은 국가이성을 통해 설정한다. 여기서 제기되는 문제는 구성원 개개인의 이익의 합을 초월하는 별도의 일반이익이 과연 존재하며, 그렇다고 해도 그것을 어떻게 도출해낼 수 있는가 하는 것이다. '국가이성' 개념을 중심으로 한 윤평중(2014)의 견지가 흥미롭다.

> 제국주의와 권위주의 시대에 국가이성은 악명을 떨쳤다. 국가의 강권을 정당화해 전쟁을 부르거나 민권과 자유를 탄압하기 일쑤였다. (……) (그러나) 현대 세계에서도 국가이성은 여전히 유효하다. 성숙한

민주국가도 국가적 위기와 비상사태를 겪는다. 한반도 상황에서 보듯 21세기에도 무정부 사회인 국제관계의 본질은 바뀌지 않았다. (……) 동시에 우리는 '국가가 시민보다 우선하며 국권이 민권보다 중요하다'는 과거의 국가이성을 받아들일 수 없다. 21세기의 국가이성은 '시민이 국가에 우선하며 국권은 민권을 위해 있다'는 원칙에서 출발한다. 안중근과 이토 히로부미는 이런 맥락에서 선명하게 대조된다. 이토는 메이지 헌법을 정초했고, 부국강병의 국체론으로 국제 정세에 대응한 일본 국가이성의 화신이었다. 하지만 이토의 '일본적 위대함'은 이웃인 한국과 중국의 공감을 전혀 얻지 못한다. 이토의 야심이 현대 국가이성에 미치지 못하기 때문이다. 이에 반해 청년 안중근은 시대의 제약을 뛰어넘어 21세기 국가이성의 선지자적 비전을 보여준다. (……) 안중근과 이토 사이에 누가 보편적 설득력을 갖는지 묻지 않을 수 없는 대목이다(윤평중, 2014).

왜곡된 국가이성의 의미를 바로잡아 '승화'시켜야 할 필요성이 있다는 양승태(2014: 241~259)의 견지도 설득력이 있다. 그에게 국가이성이란 "특정한 정치적 상황에 따른 필요나 요건을 충족한다는 명분으로 개인의 권리들이나 도덕률과는 관계없이 수행되는 정부 행위의 동기"를 의미한다. 그러면 '개인적 권리나 도덕률'을 초월한 '정부의 행위'를 정당화하는 '특정한 정치적 상황'의 근거가 무엇인가의 질문이 따른다.

중국의 전국시대나 르네상스시대 이탈리아와 같이 동서양을 막론하고 국가나 공국들 사이에 사생결단의 투쟁이 벌어지는 혼란기의 산물이다. (……) 사소한 잘못된 정책이라도 멸망으로 이끌 수 있기 때문에 어설프고 형식화된 도덕 이념이나 고착된 관념 등의 '겉멋'에 집착하는 방식으로는 통치의 목표가 제대로 성취될 수 없다는 사실에 대한 절박한 현실 인식이 그대로 개념으로 표출된 것이다(양승태, 2014: 244).

양승태에게 '이성'이란 문자 그대로 '최고의 정신적 기능' 또는 이성이기 이전에 원초적으로 '따지고 계산하고 판별하는 정신의 기능'을 의미한다. 그런데 지금까지 국가이성 개념은 "국가를 통해 발현되는 이성"이 아니라, "국가 통치자가 통치자로서의 자신의 '지위나 영지'를 보존하기 위한 '계산', '책략'들을 의미"하는 것으로서, 차라리 '국가방략' 또는 '국가책략'의 의미를 지니는 것이었다. 따라서 국가이성의 참뜻을 살리기 위해서는 "고대 키케로(Cicero)의 '정치이성'과 근대의 '국가방략'의 두 개념을 승화 및 발전시켜 종합한 개념으로서의 '국가이성'이 정립"되어야 한다고 주장한다.[27]

부국강병이나 영토 확장 등 국가라는 이름으로 집단적으로 행해지는 세속적 이익 추구의 주체인 'Staatsraeson'을 개념적으로 승화·발전시키는 것"[이 바람직하다]. (……) [이는] "세속적 국가 이익 추구의 부정이나 포기가 아니"라 "그러한 차원을 넘어 국가만이 추구할 수 있고 실현시켜야 할 당위성이 있는 정의와 행복 등 보편적인 이상과 가치 추구의 주체가 되는 국가이성의 존재를 개념적으로 인식하고 발전

27 전자의 예로 황준헌의 《조선책략(朝鮮策略)》이나 마키아벨리의 《군주론》을, 그리고 후자의 예로 키케로(Cicero)가 플라톤과 아리스토텔레스로 대표되는 고대 정치철학의 이상을 나름대로 정리한 "ratio di politica(정치이성)"과 마이네케(Friedrich Meinecke)가 "'Staatsraeson'에서 'die Vernunft des Staates'로 개념적 승화 · 발전"시킨 것을 각각 들고 있다(양승태, 2014).

시킴을 의미한다(양승태, 2014: 245~246).

이상의 두 견지는 나름 설득력이 있으나 추상성이 높다는 한계가 있다. 현실 세계에서 국가행정의 제도화에 대해 논의할 필요가 있는 이유다.

2) 현실 국가행정의 제도화

현실 세계에서는 나라별로 국가성의 차이에 따라 서로 다른 국가행정의 역할과 운영방식이 제도화되었다(Badie & Birnbaum, 1983; Heper, 1987; Spicer, 2001; Khumann & Wollmann, 2014). 이와 같은 현상은 행정이 국가 제도의 일부이고 국가 기능의 일부를 수행하는 점을 감안하면 동어반복(tautology)에 가깝다. 앞에서 소개한 시민국가(혹은 시민사회의 자체적 조직화)와 목적국가(혹은 국가의 시민사회 통합)의 경우에서 볼 수 있었듯이, 현실 세계에서는 각각에 부합하는 구조적 요소가 갖추어져 있으며, 국가행정은 그와 같은 구조적 요소의 핵심을 구성한다.

시민국가의 전형적인 예인 미국은 18세기 말 건국 이후 처음 한 세기 동안에 대체로 시민연합으로서의 국가관에 충실했던 것으로 보인다. 이 시기를 이른바 '정치국가' 또는 '입법국가'의 시기로 규정할 수 있을 것이다. 미국인들이 점차 목적연합으로서의 국가 이념을 지향하기 시작한 것은 19세기 말경에 이르러서였다. 그 이후 약 한 세기 동안 미국인들은 목적국가를 구현하기 위한 행정개혁을 지속적으로 추진했다. 이 시기를 구체적으로는 '행정국가' 또는 '관료국가'로 구분하기도 한다(Schick, 1970).

20세기 말에 이르러 시장자유주의를 지향하는 행정개혁이 추진되기 시작했다. 최소국가(즉 국가 역할의 최소화)를 지향하는 '레이거노믹스(Reaganomics)'나 시장경쟁 원리를 행정관리에 도입하는 '정부 재창조(Reinventing Government)' 등의 개혁이 그것이다. 그러나 이와 같은 개혁 시도들은 여전히 목적국가를 지향하면서 단지 정책(즉 사회에 대한 개입) 수단의 다양화를 통한 신행정국가(the neo-administrative state)화를 의미할 뿐이라는 분석이 나온다(정용덕, 2003; Bell & Hindmoore, 2009). 다른 한편 2000년 '9·11 테러' 사건 이후에 목적국가적인 요소가 더욱 강화되고 있다는 견지도 있다(Spicer, 2001).

미국에서 행정관리들은 그 자체가 자신의 이익을 추구하는 하나의 이익집단으로서, 시민들의 직접 참여 혹은 선거에 의한 대의제를 통해 정책 방향을 지시하고 그 집행 과정을 통제해야 하는 대상이다. 결과적으로 행정관리들이 도구적 합리성만 추구하게 되는 문제점을 비판하면서 1960년대부터 행정관리들로 하여금 성찰적 의식화를 통해 '진취적 행정가(proactive administrator)'로 탈바꿈해야 한다고 주장하는 신행정학이 대두되었다. 그러나 1970년대 후반 이후 모든 인간은 자익 추구를 위해 합리적 선택을 하는 것으로 전제하는 공공선택론의 대세 속에서 행정관리들은 다시금 '주인-대리인'의 정교한 틀 속에서 통제받아야 하는 대상이 되었다.[28]

그러나 이처럼 19세기 말 이후 미국이 목적국가를 지향하는 행정개혁을 지속적으로 추진해왔음에도 이 나라의 국가성이 현저하게 변화했다고 할 수는 없다. 1897년에서 1973년까지의 시기에 각료의 90%

28 주인-대리(principle-agent)인 모형은 시민 -> 선출직 공직자 -> 임명직 행정관리 -> 외부 계약자(contracting out)로 연계되는 통제 사실을 바탕으로 한다.

가 사회 또는 경제 엘리트들 출신이고, 정부(군대 포함) 피고용자의 17%가 기업에서 일했던 경험을 지니고 있다. 정부(군대 포함)의 피고용자의 57%가 주요 기업과 연계된 변호사들이다. 19세기 말에서 1980년대 초까지 각료의 80%가 기업공동체와 긴밀한 관계가 있다(Badie & Birnbaum, 1983: 127). 이처럼 의회와 행정부의 인적 구성에서 기업인 혹은 변호사가 다수를 차지해온 사실을 통해 미국에서 기업 등 사적부문과 공공부문 간의 긴밀한 연계성이 유지되고 있음을 짐작할 수 있다. 드물지만 이에 대한 반론이 있다. 18세기 이후 국가와 행정의 사회에 대한 개입이 점차 증대되었음을 지적하면서 미국이 더 이상 '약한 국가성' 또는 '무국가성(statelessness)'의 나라가 아니라는 주장이 그것이다(Novak, 2008). 그럼에도 불구하고 적어도 다른 서구의 나라들, 특히 유럽 대륙 국가들에 비하면, 국가의 양적 규모 면에서 국가의 비중은 여전히 낮다. 더욱이 사회에 대한 국가의 자율성 확보에 필수적인 국가기구의 응집력 면에서 미국은 여전히 상대적으로 낮은 국가성의 나라다. 더욱이 20세기 말 이후부터 확산되고 있는 탈근대주의의 사조로 인해 장기적으로는 건국 초기의 시민국가로 회귀될 가능성이 크다는 견지도 있다(Spicer, 2001).

반면에 목적국가의 원형인 유럽 대륙계 나라들의 경우, 역사적으로 강한 국가성이 배태되었다. 베버(Weber, 1947)는 19세기 후반 프러시아의 행정은 관료제에 의한 통치(rule)였으며, 그것을 통제할 능력을 지닌 정치 지도력은 부재했다고 관찰했다(Beetham, 1974: 50, 53, 74). 반면에 프러시아의 행정사가 쉬몰러(Schmoller)는 관료제가 한편으로는 군주 편에 있으면서도 다른 한편으로는 중립적인 세력으로 자리매김하면서 정당과 계급의 이익 경쟁을 넘어 전체 사회의 보편적 이익을 구현하고 특별한 정치적 지혜를 부여하려고 했다고 분석한다(Heper, 1987: 12에서 재인용).

법치주의와 민주주의의 발전에 따라 유럽 대륙계 나라들의 경우에도 정책의 형성 및 집행 과정에서 선출직 공직자들의 역할이 증대되어 왔다. 그럼에도 불구하고 비교론적으로 볼 때, 프랑스와 독일에서 행정 관료들은 여전히 강력한 영향력을 행사한다. 이와 같은 현상은 베버가 지향했던 관료제와는 다른 것이다. 베버는 프러시아 관료제가 '정치보다 상위(above politics)'를 점하려는 노력에 대해 비판적이었다. 관료제가 그들을 채용한 계급의 이익과 가치관을 넘어서는 그 자체의 이익과 가치관을 가지고 있으며, 그것을 '국가이성'이라는 이름하에 편리하게 숨기는 것으로 보았다. 기본적으로 그는 부르주아만이 일반이익을 증진시키는 데 관심이 있을 것이라 믿었다. 그의 생각은 관료제를 그 자체가 하나의 이익집단인 것으로 보는 미국의 주류 행정학자들의 시각과도 일치한다. 그러나 현실적으로 독일에서 베버의 견해가 적극적으로 수용된 것은 아니다. 여전히 관료제는 단순한 정책의 집행자 역할을 넘어 심지어 '정치적 통합자'로서의 역할을 적극적으로 수행한다(Rosser, 2010; Seibel, 2010). 프랑스의 경우에도 절대주의 시대, 혁명기, 나폴레옹 시대는 말할 것도 없고, 자유주의가 확산되던 시기와 제5공화국의 '드골주의(Gaulism)' 시기를 넘어서까지도 국가 관료제의 막강한 영향력은 지속돼왔다(Badie & Birnbaum, 1983, p. 111).

20세기 말부터 경제협력개발기구(OECD)에 의해 시장자유주의 최소국가와 기업경영 원리에 의거하는 신공공관리(New Public Management)가 행정개혁의 보편적 모형인 것처럼 권장되었다. 그러나 경제협력개발기구 회원국 가운데 앵글로-아메리칸계 나라들을 제외한 다른 나라들(특히 유럽 대륙계 나라들)의 경우, 신공공관리 모형을 적용한 행정개혁은 미미한 수준에 그치고 있다(Pierre, 1995; 2011; Politt & Bouckaert, 2011; Kuhlmann & Wollmann, 2014).

이상에서 논의한 것처럼 시민국가와 목적국가를 각각 대표하는 앵글로-아메리칸계 나라들과 유럽 대륙계 나라들은 본래의 약한 또는 강한 국가성을 대체로 각각 유지하는 것으로 결론 내리게 된다. 이와 같은 현상은 일단 제도가 형성되어 뿌리를 내리면 그 자체적 요인에 의해 지속되는 경향이 있다는 경로 의존성(institutional path-dependency) 혹은 행정 전통의 개념을 통해 설명할 수 있다.[29] 그럼에도 여기서 한 가지 유의할 사항은 두 가지 서로 다른 국가성과 그에 부합하는 행정을 변화시키려는 노력 또한 지속적으로 이루어져왔다는 사실이다. 시민국가로 시작한 미국은 19세기 말 이후 행정국가 개혁을 통해 목적국가의 요소를 강화해왔다. 그리고 본래 목적국가 요소가 강력하게 뿌리내린 유럽 대륙계 나라들은 19세기 후반부터 대의정치 제도의 강화를 통해 시민국가적 요소를 강화해왔다. 이와 같은 변화를 통해 개인 이익의 합으로서의 공익과 일반이익으로서의 공익 간의 절충과 조화를 도모하려는 제도 개혁을 추구해온 것이다.

맺음말

이상에서 논의한 문명, 국가행정, 공익의 의의, 상호관계 그리고 특성에 대해 요약하면 다음과 같다. 첫째, 문명화는 이중성을 지닌다. 인

29 피터스(Peters, 2003)는 경로 의존성 개념은 일차적으로 단일 정책 체제 수준의 지속성 분석에 적합하며, 정책 영역을 넘어서는, 특히 국가 간의 차이를 가져오는 보다 일반적인 형태의 행정 분석에는 '행정 전통(administrative tradition)' 개념이 좀 더 적합하다고 보고 있다.

류는 삶의 질을 향상시키기 위해 문명화를 추구하지만, 긍정과 부정의 결과를 모두 초래한다.

둘째, 바람직한 문명 발전은 바람직한 국가행정을 필요로 한다. 문명과 국가행정은 상호 긴밀한 관계가 있다. 국가행정은 경제·사회·교육 등과 더불어 문명의 중간 부분에 위치해 있으면서 안으로는 종교·예술·철학 등 중핵 부분, 그리고 밖으로는 과학·기술 등 외각 부분과 상호 긴밀한 영향을 주고받는다.

셋째, 공익의 실현을 통해 바람직한 국가행정을 도모한다. 공익은 국가행정의 궁극적 가치판단 기준이다.

넷째, 경쟁적인 공익 기준들을 조화롭게 절충하는 것이 필요하다. 개인 이익의 합과 일반이익으로 대표되는 경쟁적으로 대립하는 공익 기준들은 각각 장단점을 지닌다. 개인 이익으로서의 공익관은 공동체를 구성하는 개인의 이익을 중시하는 장점이 있으나, 공동체 전체의 (특히 장기적인) 이익을 소홀히 할 수 있는 단점이 있다. 일반이익으로서의 공익관은 공동체 전체의 이익을 중시하는 장점이 있으나, 개인의 (특히 단기적) 이익을 소홀히 할 수 있는 단점이 있다. 장점을 극대화하고 단점은 최소화하기 위해 절충과 조화가 바람직하다.

다섯째, 공익 기준들 간의 절충과 조화가 이루어질 수 있는 국가행정의 제도화가 필요하다. 개인 이익의 합으로서의 공익은 시민국가 행정, 일반이익으로서의 공익은 목적국가 행정이 각각 친화적이다. 시민국가 특성과 목적국가 특성이 순기능적으로 조화될 수 있는 제도화가 관건이다.

근대화 선진국들의 경우에 대비하여 논의한 내용을 요약하면 다음과 같다. 첫째, 앵글로-아메리칸계 나라들의 경우, 개인 이익의 합으로서의 공익관, 그리고 시민국가 행정의 전통이 제도적으로 배태되어 있다.

둘째, 유럽 대륙계 나라들의 경우, 일반이익으로서의 공익관, 그리고 목적국가 행정의 전통이 제도적으로 배태되어 있다.

셋째, 서구 나라들은 문명화 과정에서 많은 긍정과 부정의 결과를 경험했다. 그와 같은 문명 발전의 이중성이 특히 근대화가 절정에 달한 것으로 여겨지던 20세기에 발생했다.

넷째, 서구에서는 경쟁적으로 대립되는 공익관 및 국가행정 제도의 장점을 살리고 약점은 보완하기 위한 수렴이 이루어졌다. 앵글로-아메리칸계 나라들이 점차 행정국가로 진화한 것, 유럽 대륙계 나라들이 점차 대의정치 제도를 강화해온 것이 그것이다.

한국은 비교적 짧은 기간에 급속한 변화를 경험해왔다. 따라서 한국 사회에 지배적으로 배태된 공익관 및 국가행정의 제도적 특성을 명시하기란 쉽지 않다. 앞으로 다양한 경험적 연구를 통해 다음과 같은 사항들에 대해 규명할 필요가 있다.

첫째, 한국에서 지배적인 공익관이다. 한국에서는 전통적으로 일반이익으로서의 공익관이 지배적이었다. 그러나 1987년 이후 개인주의적 자유주의의 대두로 인해 개인 이익의 합으로서의 공익관이 급속히 심화되고 있는 중이다. 따라서 현재 그리고 가까운 장래에 (다른 변수가 없을 경우) 예상되는 한국에서 지배적인 공익관이 무엇인지에 대한 규명이 필요하다.[30]

둘째, 한국 국가행정의 제도적 특성이다. 한국은 대한민국 정부 수립

30 최근 지역 수준에서 주민들의 정책 선호에 대한 설문조사를 통해 공익 기준을 탐색한 연구(신화용·안도경·박원호, 2015)가 좋은 예다.

이후 목적국가 행정을 지향하는 제도화를 지향해왔다. 근대화 선진국들을 '따라잡기(catch-up)' 위해 국가 주도의 산업화를 추진했던 시기에 특히 그러했다. 그러나 1998년 이후 국가 역할의 축소 및 행정의 탈(脫)관료제화를 지향하는 정부개혁 프로그램이 지속적으로 추진되고 있다. 따라서 현재 그리고 가까운 장래에 예상되는 한국 국가행정 제도의 특성을 규명하기 위한 경험적 연구가 필요하다.

셋째, 바람직한 문명 발전을 위한 한국 국가행정의 제도화 방안이다. 한국에서 역사적으로 배태된 일반이익으로서의 공익관 및 목적국가 행정으로서의 제도적 특성, 그리고 최근 새롭게 대두되고 있는 개인 이익의 합으로서의 공익관 및 시민국가 행정으로서의 제도적 특성 간에 조화로운 절충이 이루어질 수 있는 제도화 방안을 모색하는 것이 바람직하다.

넷째, 한국 목적국가 행정에 대한 평가 분석이다. 한국 목적국가의 근간으로 관료제 행정의 강한 응집력과 전문성은 국가정책의 효율성과 효과성 그리고 기획합리성(plan rationality) 증진에 이바지해왔다. 이와 같은 행정 전통 및 제도적 특성은 일반이익의 주창을 위해 해체가 아니라 유지하고 오히려 강화할 필요가 있다. 반면에 탈사인성 정신 및 법치주의가 미흡한 문제가 남아 있다. 이를 극복하기 위해 대의제 정치의 견제 능력 강화, 그리고 행정의 자체적 개혁 노력이 필요하다.

다섯째, 한국 시민국가 행정의 가능성에 대한 평가 분석이다. 1987년 이후 대의제 정치의 활성화는 한국의 민주주의 공고화에 크게 이바지하고 있다. 그러나 취약한 정당 민주주의와 미숙한 국회 의사결정 기제로 말미암아 국민 개개인의 선호를 조화롭게 결집해내는 합의 형성 기구로서의 역할에 한계가 있다.[31] 선거정치 및 파당적 상호 조정(partisan mutual adjustment) 기제의 활성화를 기하기 위해 정당 및 국회 내부 의사결정 기제의 개혁이 필요하다.

31 한국 국회에 대한 국민 신뢰도가 아시아 최하위인 사실을 통해 이 주장을 뒷받침할 수 있다(Jung, 2014).

참고문헌

제1부 자유주의의 새로운 얼굴

진보적 자유주의의 한국적 의미 윤평중

고세훈, "'진보'적 자유주의에 대한 비판적 검토," 최태욱 엮음, 《자유주의는 진보적일 수 있는가》, 폴리테이아, 2011.

김비환, 《자유지상주의자들 자유주의자들 그리고 민주주의자들》, 성대출판부, 2005.

김세균, "편집자의 글," 《진보평론》 창간호, 현장에서 미래를, 1999년 가을.

김진균, "해방 이후 한국 사회과학: 비판과 과제," 《한국의 사회현실과 학문의 과제》, 문화과학사, 1997.

노명식, 《자유주의의 원리와 역사》, 민음사, 1991.

데이비드 하비, 최병두 옮김, 《신자유주의》, 한울아카데미, 2007.

"민주노동당 강령 및 전문," www.kdlp.org

박현채-조희연 편, 《한국사회구성체 논쟁》, 죽산, 1989.

아르투어 로젠베르크, 박호성 역, 《유럽정치사》, 역사비평사, 1990.

이근식, 《자유주의 사회경제사상》, 한길사, 1999.

이해영 편, 《1980년대: 혁명의 시대》, 새로운 세상, 1999.

윤평중, 《급진자유주의 정치철학》, 아카넷, 2009.

______, 《시장의 철학》, 나남출판사, 2016.

______, 《국가의 철학》, 세창출판사, 2018.

조희연, 《한국의 민주주의와 사회운동》, 당대, 1998.

조희연 편, 《한국민주주의와 사회운동의 동학》, 나눔의집, 2001.

"진보당 당헌 및 강령 개정초안," www.goupp.org

최장집, 《한국민주주의의 이론》, 한길사, 1993.

______, 《한국민주주의의 조건과 전망》, 나남, 1996.

______, 《민주화 이후의 민주주의》, 후마니타스, 2002.

______, 《민주주의의 민주화》, 후마니타스, 2006.

_____, "촛불집회가 제기하는 한국 민주주의의 과제," 《한국 민주주의 무엇이 문제인가》, 생각의 나무, 2008.
"통합진보당 강령," www.goupp.org
칼 폴라니, 홍기빈 옮김, 《거대한 전환》, 도서출판 길, 2009.

Avineri, S., *The Social and Political Thought of K. Marx*, Cambridge University Press, 1968.
Arblaster, A., *The Rise and Decline of Western Liberalism*, Blackwell, 1984.
Berlin, I., "Two Concepts of Liberty", *Four Essays on Liberty*, Oxford University Press, 1979.
Bobbio, N., *Liberalism and Democracy*, London, Verso, 1990.
Cohen, J., and Arato, A., *Civil Society and Political Theory*, MIT Press, 1992.
Gray, J., *Liberalism* Minneapolis, University of Minnesota Press, 1986.
Hegel, G.W.F., *Grundlinien der Philosophie des Rechts, Werke in zwanzig Bänden*, 제7권, Suhrkamp, 1970.
Johnston, D., *The Idea of a Liberal Theory*, Princeton, Princeton University Press, 1994.
Locke, J., *Second Treatise of Government*, Indianapolis, Hackett, 1980.
Macpherson, C. B., *The Political Theory of Possessive Individualism*, Oxford, Oxford University Press, 1962.
Marx, K., and Engels, F., *Marx and Engels, Collected Works* (이하 *MECW*로 표기), Progress, 1972.
Monson, Jr. C.H., "Locke and his Interpreters", *J. Locke: Critical Assesments*, vol. III, ed. by R. Ashcroft, London, RKP, 1991.
Nozick, R., *Anarchy, State, and Utopia*, N.Y., Basic Books, 1974.
Popper, K., *The Open Society and Its Enemies*, vol. 2, London, RKP, 1945.
_____, *Conjectures and Refutations*, N.Y., Harper and Row, 1963.
Rousseau, J. J., *The Social Contract and the Discourse on the Origin of Inequality*, edited by L. Crocker, N.Y., Pocket Books, 1967.

세계화와 자유민주주의 위기의 두 얼굴 정진영

강정인, 《민주주의의 이해》, 서울: 문학과지성사, 1997.
곽준혁, "민주주의와 공화주의: 헌정체제의 두 가지 원칙," 《한국정치학회보》 39집 3호, 2005.
김진영, "세계화와 헤게모니," 《한국정치학회보》 32집 1호, 1998.
노르베르토 보비오, 황주홍 옮김, 《자유주의와 민주주의》, 문학과지성사, 1992.

박찬표, “한국 자유민주주의의 초상: ‘민주주의 과잉’인가 ‘자유주의 결핍’인가,” 《아세아연구》 51권 4호, 2008.

서병훈, “포퓰리즘과 민주주의,” 《이베로아메리카연구》 23집 2호, 2012.

이동수, “자유민주주의에서 ‘자유’와 ‘민주’의 관계: 슈미트 논의와 그 비판을 중심으로,” 《평화연구》, 2013 가을.

임운택, “포스트 민주주의 시대의 정당성 문제: 카를 슈미트의 합법성과 정당성 논의를 중심으로,” 《경제와 사회》, 2016 가을.

정진영, “자본의 국제적 유동성, 국가의 정책 자율성, 국제협력: 세계금융의 정치경제에 관한 한 시론,” 《국제정치논총》 36집 3호, 1997.

______, “세계금융과 민주주의의 관계에 관한 재고찰: 금융과 정치의 상호작용을 중심으로,” 《국제정치연구》 16권 1호, 2013.

______, “세계금융의 바퀴에 모래 뿌리기: 토빈세/금융거래세의 정치경제,” 《한국과 국제정치》 34권 2호, 2018.

최장집, 《민주화 이후의 민주주의: 한국 민주주의의 보수적 기원과 위기》, 서울: 후마니타스, 2005.

최정욱, “Democracy는 민주주의가 아니라 다수정이다: 공화주의와의 차이를 논하며,” 《비교민주주의의 연구》 5집 1호, 2009.

한스 페터 마르틴·하랄트 슈만, 강수돌 옮김, 《세계화의 덫: 민주주의와 삶의 질에 대한 공격》, 서울: 영림카디널, 1997.

Abramobiz, M., “Democracy in Crisis,” Freedom House, Freedom in the World 2018. www.freedomhouse.org (검색일: 2018.1.18.)

Biebricher, T., “Neoliberalism and Democracy,” *Constellations* 22(3), 2015.

Boinkowski, B. & N. Gidron, “Multiple Traditions in Populism Research: Toward a Theoretical Synthesis,” *American Political Science Association, Comparative Politics Newsletter* 26(2), 2016.

Brown, W., “Neoliberalism and the End of Liberal Democracy,” in *Edgework: Critical Essays on Knowledge and Politics*, Princeton, NJ: Princeton University Press, 2005.

Chomsky, Noam, “The High Cost of Neoliberalism,” 2010. https://www.newstatesman.com/south-america/2010/06/chomsky-democracy-latin (검색일: 2018.2.09.)

Cohen, B., “The Triad and the Unholy Trinity: Lessons for the Pacific Region,” In *Pacific Economic Relations in the 1990s: Cooperation or Conflict?*, edited by R. Higgot et al., Boulder: Lynne Rienner, 1993.

Crouch, C., *Post Democracy*, 이한 옮김, 《포스트 민주주의》, 미지북스, 2008.

Crozier, Michel et al., *The Crisis of Democracy: Report on the Governability pf Democracies to*

the Trilateral Commission, New York: New York University Press, 1975.
Diamond, L., "Facing up to the Democratic Recession," *Journal of Democracy* 26(1), 2015. Freedom House, 2018. Freedom in the World 2018. www.freedomhouse.org.
Galston, W., *Anti-Pluralism: The Populist Threat to Liberal Democracy*, New Haven: Yale University Press, 2018.
Garrett, G., *Partisan Politics in the Global Economy*, Cambridge: Cambridge University Press, 1998.
Gill, S., "Globalization, Market Civilization, and Disciplinary Neoliberalism," *Millenium* 24(3), 1995.
Glyn, A., *Capitalism Unleashed*, Oxford: Oxford University Press, 2007.
Habermas, Jurgen, *Legitimation Crisis*, Boston: Beacon Press, 1975.
Harvery, David, *A Brief History of Neoliberalism,* Oxford: Oxford University Press, 2005.
Hirst, P. and G. Thompson, *Globalization in Question: The International Economy and the Possibilities of Governance*, Cambridge: Polity Press, 1996.
Lindblom, C., *Politics and Markets: The World's Political Economic Systems*, New York: Basic Books, 1977.
Linz, J. and A. Stepan, "Toward Consolidated Democracies," *Journal of Democracy* 7(2), 1996.
Majone, G., *Rethinking the Union of Europe Post-Crisis: Has Integration Gone Too Far?*, Cambridge: Cambridge University Press, 2014.
Marglin, S. and J. Schor, *The Golden Age of Capitalism: Reinterpreting the Postwar Experience*, Oxford: Oxford University Press, 2011.
Mouffe, Chantal, *The Democratic Paradox*, 이행 옮김, 《민주주의의 역설》, 서울: 인간사랑, 2006.
Mounk, Yascha, *The People vs. Democracy: Why Our Freedom is in Danger and How to Save It*, Cambridge: Harvard University Press, 2018.
Mudde, Cas, "The Problem with Populism," *The Guardian* (17 Feb) 2015.
Müller, Jan-Werner, "The Problem with 'Illiberal Democracy'," 2016a. https://www.project-syndicate.org/commentary/the-problem-with-illiberal-democracy-by-jan-werner-mueller-2016-01 (검색일: 2018.1.9.)
______, *What is Populism?*, Philadelphia: University of Pennsylvania Press, 2016b.
OECD(Organization for Economic Cooperation and Development), *Divided We Stand: Why Inequality Keeps Rising*, Paris: OECD Publishing, 2011.
O'Sullivan, John, "The Misunderstood Nature of Populism," 2017. https://www.nationalreview.com/2017/10/populist-party-strength-helps-democracy/ (검색일:

2018.1.9.)

Overbeek, H. and K. van der Pijl, "Restructuring Capital and Restructuring Hegemony: Neoliberalism and the Unmaking of the Post-War Order," In *Restructuring Hegemony in the Global Political Economy: The Rise of Transnaitonal Neo-liberalism in the 1980s,* edited by H. Overbeek, London: Routledge, 1993.

Pisani-Ferry, J., *The Euro Crisis and Its Aftermath*, Oxford: Oxford University Press, 2011.

Przeworski, A. and N. Limongi, "Modernization: Theories and Facts," World Politics 49(2), 1997.

Rodrik, D., Has Globalization Gone Too Far? Washington, DC. Institute for International Economics, 1997.

______, "Greek Lessons for the World Economy," 2010. http://www.project-syndicate.org/commentary/greek-lessons-for-the-world-economy (검색일: 2013.4.29.)

______, *The Globalization Paradox: Democracy and the Future of the World Economy*, New York: W.W.Norton & Company, 2011.

Ruggie, J., "International Regimes, Transactions, and Change: Embedded Liberalism in the Postwar Economic Order," In *International Regimes*, edited by S. Krasner, Ithaca: Cornell University Press, 1983.

Scharpf, F., "Minetary Union, Fiscal Crisis and the Preemption of Democracy," LSE, 'Europe in Question' Discussion Paper No.36 (May) 2011.

Stiglitz, J., *Globalization and Its Discontents Revisited,* New York: W.W.Norton & Company, 2017.

Teeple, Gary, *Globalization and the Decline of Social Reform*, Toronto: Garamond Press, 1995.

van der Pijl, K., "The Second Glorious Revolution: Globalizing Elites and Historical Change," In *International Political Economy: Understanding Global Disorder*, edited by R. Cox et al., Nova Scotia: Frenwood, 1995.

글로벌 경제의 시각에서 본 민주주의와 자유주의의 새로운 모색 김경수

김경수, 《빅픽처 경제학》, 들녘, 2020.

Acemoglu, D., D. Autor, D. Dorn, G. Hanson, and B. Price, "Import Competition and the Great U.S. Employment Sag of the 2000s," *Journal of Labor Economics*. 34(S1), 2016.

Acemoglu, D. and J. Robinson, *Why Nations Fail: The Origins of Power, Prosperity, and Poverty*, Crown Business, 2012.

Alesina, A. and E. Spolaore, *The Size of Nations*, The MIT Press, 2003.

Autor, D. H., D. Dorn, and G. H. Hanson, "The Geography of Trade and Technology Shocks in the United States," *American Economic Review: Papers & Proceedings* 103(3), 2013.

Autor, D., D. Dorn, and G. Hanson, "The China Syndrome: Local Labor Market Effects of Import Competition in the United States," *American Economic Review* 103(6), 2013.

Autor, D. H., D. Dorn and G. H. Hanson, "Untangling Trade and Technology: Evidence from Local Labor Markets," *Economic Journal* 125, 2015.

Autor, D. H., D. Dorn and G. H. Hanson, "The China Shock: Learning from Labor Market Adjustment to Large Changes in Trade," *Annual Review of Economics*8, 2016.

Autor, D., D. Dorn, G. Hanson, and K. Majlesi, "A Note on the Effect of Rising Trade Exposure on the 2016 Presidential Election," mimeo, 2017.

Autor, D. H., D. Dorn, G. H. Hanson and J. Song, "Trade Adjustment: Worker Level Adjustment," *Quarterly Journal of Economics*, 2014.

Blyth, M., "Capitalism in Crisis What Went Wrong and What Comes Next," *Foreign Affairs* (July/August), 2016.

Camus, J-Y. and N. Lebourg, *Les Droites Extremes En Europe*, 은정 펠스너 옮김, 《유럽의 극우파들》, 한울아카데미, 2017.

Case, A and A. Deaton, "Rising Morbidity and Mortality in Midlife among White Non-Hispanic Americans in the 21st Century," *PNAS* 112(49), 2015.

Case, A and A. Deaton, "Mortality and Morbidity in the 21st Century," *Brookings Papers on Economic Activity*, Spring 2017.

Chandler, A. D. Jr., *Scale and Scope: The Dynamics of Industrial Capitalism*, Harvard University, 1990.

Colgan, J. D. and R. O. Keohane, "The Liberal Order Is Rigged Fix It Now or Watch It Wither," *Foreign Affairs* (May/June) 2017.

Davis, B. and J. Hilsenrath, "How the China Shock, Deep and Swift, Spurred the Rise of Trump," *The Wall Street Journal* (August 12) 2016. https://www.wsj.com/articles/how-the-china-shock-deep-and-swift-spurred-the-rise-of-trump-1470929543?ns=prod/accounts-wsj&ns=prod/accounts-wsj (검색일: 2018.5.15.)

Ferguson, N., *The Square and the Tower: Networks and Power, from the Freemasons to Facebook*, Penguin Press, 2018.

Ferguson, N., "In Praise of Hierarchy," *The Wall Street Journal*, (January 18) 2018. https://www.wsj.com/articles/in-praise-of-hierarchy-1515175338. (검색일: 2018.1.20.)

Friedman, T. L., *The Lexus and the Olive Tree*, New York: Farrar, Straus and Giroux, 1999.

How to Tame the Tech Titans, 2018, The Economist, January 18,

https://www.economist.com/leaders/2018/01/18/how-to-tame-the-tech-titans (검색일: 2018.6.16.)

Humphreys, K., J. P. Caulkins, and V. Felbab-Brown, "Opioids of the Masses: Stopping an American Epidemic from Going Global," *Foreign Affairs*, (May/June) 2018.

Hyek, F.A., *The Fatal Conceit: the Errors of Socialism*, Routledge, 1988.

Kazin, M., "Trump and American Populism Old Whine, New Bottles," *Foreign Affairs*, (November/December) 2016.

Keohane, R. O., *After Hegemony: Cooperation and Discord in the World Political Economy*, Princeton, 1984.

Krugman, P., "Fall of the American Empire," *The New York Times*, (June 18) 2018 https://www.nytimes.com/2018/6/18/opinion/immigration-trump-children-american-empire.html (검색일: 2018.6.19).

Lee, K-F., "The Real Threat of Artificial Intelligence," *The New York Times*, (June 24) 2017. https://www.nytimes.com/2017/6/24/opinion/sunday/artificial-intelligence-economic-inequality.html (검색일: 2018.2.15).

Mead, W. R., "The Big Shift: How American Democracy Fails Its Way to Success," *Foreign Affairs* (May/June) 2018.

Mounk, Y. and R. S. Foa, "The End of the Democratic Century Autocracy's Global Ascendance," *Foreign Affairs* (May/June) 2018.

North, D. P. and Thomas. R.P., *The Rise of the Western World: a New Economic History*, Cambridge University Press, 1973.

Organisation for Economic Co-operation and Development, All on Board Making Inclusive Growth Happen, 2014.

Piketty, T., *Capital in the Twenty-First Century*, Harvard University Press, 2014.

Pisani-Ferry, J., "The Euro Crisis and the New Impossible Trinity," *Brugel Policy Contribution*, 2012/1 (January) 2012.

Posen, B. R., "The Rise of Illiberal Hegemony: Trump's Surprising Grand Strategy," *Foreign Affairs* (March/April) 2018.

Posen, A. S., "The Post-American World Economy: Globalization in the Trump Era," *Foreign Affairs* (March/April) 2018.

Rodrik, D., *The Globalization Paradox: Democracy and the Future of the World Economy*, N.Y.:

Norton, 2011.
Zakaria, F., "The Rise of Illiberal Democracy," *Foreign Affairs* (November/December) 1997.

하이에크 사회정의론 옹호 정연교

김완진, "하이에크의 사회정의론에 대한 비판적 고찰," 《경제논집》, 2001.
민경국, "역자 해제", "사회적 정의의 환상," F. A. 하이에크, 양승두 외 옮김, 《법, 입법 그리고 자유》 I, 올재클래식스, 올재, 2017.
박홍기, "하이에크의 정의론과 사회정책적 함축," 《정신문화연구》 22(3), 한국학중앙연구원, 1999.
이재율, "하이에크의 자유와 사회정의," 《사회과학논총》 제21권 2호, 계명대학교 사회과학연구소. 2002.
프리드리히 하이에크, 김균 옮김, 《자유헌정론》 I, 자유기업센터, 1997a.
______, 김균 옮김, 《자유헌정론》 II, 자유기업센터, 1997b.
______, 양승두 외 옮김, 《법, 입법 그리고 자유》 I, 올재클래식스, 올재, 2017a.
______, 양승두 외 옮김, 《법, 입법 그리고 자유》 II, 올재클래식스, 올재, 2017b.

Feser, E., "Hayek on social justice: reply to Lukes and Johnston," *Critical review* 11(4), 1997.
______, "Hayek, social justice, and the market: reply to Johnston," *Critical review* 12(3), 1998.
Gallie, W. B., "Essentially Contested Concepts," *Proceedings of the Aristotelian Society* 56. 1955/6.
Gamble, A., *Hayek: the iron cage of liberty*, Cambridge: Polity Press, 1996.
Hayek, F. A., *The road to serfdom*, Chicago. IL: University of Chicago Press, 1944.
______, "The use of knowledge in society," 1945, In: F. A. Hayek, ed. *Individualism and economic order*, Chicago, IL: University of Chicago Press, 1948.
______, "What is 'social'? What does it mean?" 1957, In: F. A. Hayek, ed. *Studies in philosophy, politics and economics*, London: Routledge and Kegan Paul, 1967.
______, *The constitution of liberty*, London: Routledge, 1960.
______, "The principles of a liberal social order," 1966, In: F. A. Hayek, ed. *Studies in philosophy, politics and economics*, London: Routledge and Kegan Paul, 1967.
______, "The theory of complex phenomena," In: F. A. Hayek, ed. *Studies in philosophy, politics and economics,* London: Routledge and Kegan Paul, 1967a.
______, "The economy, science, and politics," In: F. A. Hayek, ed. *Studies in philosophy,*

politics and economics, London: Routledge and Kegan Paul, 1967b.

______, *Rules and order, Chicago*, IL: University of Chicago Press, 1973a.

______, "Liberalism," 1973b, In: F. A. Hayek, ed. *New studies in philosophy, politics, economics and the history of ideas*, London: Routledge and Kegan Paul, 1978.

______, "The atavism of social justice," 1976b, In: F. A. Hayek, ed. *New studies in philosophy, politics, economics and the history of ideas*, London: Routledge and Kegan Paul, 1978.

______, "Competition as a discovery procedure," In: F. A. Hayek, ed. *New studies in philosophy, politics, economics and the history of ideas*, London: Routledge and Kegan Paul, 1978.

______, *The political order of a free people*, Chicago, IL: University of Chicago Press,1979.

Johnston, D., "Hayek's attack on social justice," *Critical review* 11(1), 1997a.

______, "Is the idea of social justice meaningful?" *Critical review* 11(4), 1997b.

Kelly, P. J., *Liberalism, Cambridge*: Polity Press, 2005.

Kley, R., *Hayek's social and political thought*, Oxford: Oxford University Press, 1994.

Lukes, S., "Social justice: the Hayekian challenge," In: S. Lukes, *Liberals andcannibals*, London: Verso, 2003.

Nozick, Robert, *Anarchy, State, and Utopia*, New York: Basic Books, 1974.

Plant, R., "Hayek on social justice: a critique," In: J. Birner and R. van Zijp, eds. *Hayek, coordination and evolution*, London: Routledge, 1994.

Scruton, R., "Hayek and conservatism," In: E. Feser, ed. *The Cambridge companion to Hayek*, Cambridge: Cambridge University Press, 2006.

Shklar, J., *The faces of injustice*, New Haven, CT: Yale University Press, 1990.

Tebble, A. J., "The tables turned: Wilt Chamberlain versus Robert Nozick on rectification," *Economics and philosophy* 17(1), 2001.

______, "Hayek and social justice: a critique," *Critical Review of International Social and Political Philosophy*, 12:4, 2009.

Thomson, Judith Jarvis, *Rights, Restitution, and Risk*, ed, William Parent, Cambridge: Harvard University Press, 1986.

자유주의 문명의 경계에서 허우성

마하트마 간디, 라가반 이예르 편, 허우성 옮김, 《문명·정치·종교》, 나남출판, 2018.

______, 라가반 이예르·허우성 옮김, 《비폭력 저항과 사회 변혁》, 나남출판, 2018.

닐 퍼거슨, 김종원 옮김, 《제국》, 민음사, 2003.

마키하라 노리오(牧原憲夫), 박지영 옮김, 《민권과 헌법》, 어문학사, 2012.
새뮤얼 헌팅턴, 이희재 옮김, 《문명의 충돌》, 김영사, 1997.
안중근, 윤병석 편역, 《안중근문집》, 한국독립운동사연구소, 2011.
이토 유키오(伊藤之雄), 이성환 옮김, 《이토 히로부미》, 선인, 2014.
정일성, 《후쿠자와 유키치: 탈아론을 외치다》, 지식산업사, 2012.
한용운, 《한용운전집》 1, 2권, 신구문화사, 증보재판, 1980.
허우성, "간디, 이토, 안중근: 문명의 충돌," 《철학과 현실》, 2014 여름.

金正明 編, 《日本外交資料集成》 第六卷 《日韓併合編》 上, 巖南堂書店, 1964.
春畝公追頌會編, 《伊藤博文傳》 上卷(オンデマンド版), 2004, 原書房, 1943, 復刻 1970.
瀧井一博, 《伊藤博文: 知の政治家》, 中公新書, 2010.
瀧井一博 編, 《伊藤博文演說集》, 講談社學術文庫, 2011.
福澤諭吉, 《文明論之概略》, 《福澤諭吉著作集》 第四卷, 慶應義塾大學出版會, 2004 [初版第一刷, 2002]; 임종원 옮김, 《문명론의 개략》, 제이앤씨, 2012.
Ferguson, Niall, *Civilization: The West and the Rest*, New York: The Penguin Press, 2011; 구세희·김정희 옮김, 《시빌라이제이션: 서양과 나머지 세계》, 21세기북스, 2011.
______, *The Great Degeneration: How Institutions Decay and Economics Die*, New York: Penguin, 2012; 구세희 옮김, 《위대한 퇴보》, 21세기북스, 2013.
Gandhi, M. K., *The Collected Works of Mahatma Gandhi E-Book(CWMG)*, Mumbai: Gandhi Book Centre, 1999.
Gier N. F. "Nonviolence as a Civic Virtue: Gandhi and Reformed Liberalism", in Douglas Allen ed. *The Philosophy of Mahatma Gandhi For the Twenty-First Century*, Lanham: Lexington Books, 2008.
Gray, John, *Liberalisms: Essays in Political Philosophy*, New York: Routledge, Reissue, 2010[1989].
Huntington, Samuel, "The Clash of Civilizations?" in *The Clash of Civilizations?: The Debate: Twentieth Anniversary Edition*, New York: The Council on Foreign Relations, 2013.
Mazlish, Bruce, *Civilization and Its Contents*, Stanford: Stanford University Press, 2004.
Parekh, Bhikhu, *Gandhi's Political Philosophy: A Critical Examination,* Notre Dame: University of Notre Dame Press, 1989.
Rawls, John, *A Theory of Justice*, Cambridge: Harvard University Press, 1971; 황경식 옮김, 《사회정의론》, 서광사, 수정판 제1쇄, 1985.
______, *A Theory of Justice*, Revised Edition, Cambridge: Harvard University Press, 1999; 황경식 옮김, 《정의론》, 이학사, 2009[2003].
______, *A Brief Inquiry Into The Meaning of Sin and Faith*, ed. Thomas Nagel, Cambridge:

Harvard University Press, 2009.
______, *Political Liberalism, Expanded Edition*, New York: Columbia University Press, 2005[1993]; 장동진 옮김, 《정치적 자유주의》, 동명사, 1998.
Said, Edward, *Reflections on Exile and Other Essays*, Cambridge: Harvard University Press, 2000.

제2부 민주주의의 변화

민주주의의 새로운 모델 진미경

애덤 스미스, 김수행 옮김, 《국부론》, 서울: 비봉, 2015.

Aristotle, Ernest Barker, ed. and tr., *The Politics of Aristotle,* Oxford: Oxford University Press, 1974.
Fukuyama, Francis, "The Imperative of State-Building," *Journal of Democracy*, April 2004.
Fukuyama, Francis, *State Building*, London: Profile Books, 2005.
Fukuyama, Francis, "Why is Democracy Performing So Poorly?," *Journal of Democracy*, January 2015.
Hegel, G. W. F., T. M. Knox tr., *Hegel's Philosophy of Right*, Oxford: Oxford University Press, 1967.
Levitsky, Steven and Daniel Ziblatt, *How Democracies Die*, New York: Broadway Books, 2018.
Lipset, S. M., *Political Man*, Baltimore: Johns Hopkins University Press, 1981.
Locke, John, *Second Treatise of Government*, Cambridge: Hackett Publishing Company, 1980.
Marx, Karl, *The German Ideology*, New York: International Publishers, 1978.
Marx, Karl, *The 18th Brumaire of Louis Bonaparte*, New York: International Publishers, 1977.
Migdal, Joel S., *Strong Societies and Weak States*, Princeton: Princeton University Press, 1988.
Migdal, Joel S. and Atul Kohli, Vivienne Shue, *State Power and Social Forces*, Cambridge: Cambridge University Press, 1994.
Migdal, Joel S., *State in Society*, Cambridge: Cambridge University Press, 2001.
Mounk, Yascha and Roberto Stefan Foa, "The End of the Democratic Century," *Foreign Affairs*, May/June 2018.

O'Donnell, Guillermo *A., Modernization and Bureaucratic-Authoritarianism*, University of California, Berkeley, 1973.

Parsons, Talcott. ed., *Max Weber: The Theory of Social and Economic Organization*, New York: Free Press, 1964.

Plattner, Marc F., "Is Democracy In Decline?," *Journal of Democracy*, January 2015.

Rutzen, Douglas, "Civil Society Under Assault," *Journal of Democracy*, October 2015.

Smith, Adam, *The Wealth of Nations*, New York: Penguin Books, 1982.

Stepan, Alfred, *The State and Society*, Princeton: Princeton Univ. Press, 1978.

민주주의의 이중성 이동수

이동수, "그리스 비극에 나타난 민주주의 정신: '아테네'의 메타포를 중심으로," 《한국정치연구》 제22집 제2호, 2013.

______, "지구화시대 시민과 시민권: 무페의 논의를 중심으로," 《한국정치학회보》 제42집 제2호, 2008.

______, "포스트모더니즘과 한국 현대 정치사회의 이중성," 《정치사상연구》 제3집, 2000.

장원석, "클로드 르포르의 정치이론 연구: 프랑스 신좌파의 포스트모더니즘화 경향과 관련하여," 서울대학교 정치학박사 학위논문, 1993.

홍태영, "클로드 르포르: 정치적인 것의 발견과 현대 민주주의의 모색," 《현대 정치철학의 모험》, 서울: 난장, 2010.

Berlin, Isaiah, *Four Essays on Liberty*, London: Oxford University Press, 1969.

Christofferson, Michael S., *French Intellectuals Against the Left: The Antitotalitarian Moment of the 1970s,* New York: Berghan, 2004.

Dallmayr, Fred, *The Promise of Democracy: Political Agency and Transformation*, Albany: SUNY Press, 2010.

Derrida, Jacques, *Of Grammatology*, Tr. Gayatri Chakravorty Spivak, Baltimore: The Johns Hopkins University Press, 1976.

Descartes, Rene, *Discourse on Method*, Tr. Laurence J. Lafleur, New York: Liberal Arts Press, 1950.

Flynn, Bernard, *The Philosophy of Claude Lefort: Interpreting the Political*, Evanston: Northwestern University Press, 2005.

Habermas, Jürgen, *The Theory of Communicative Action*, vol. 1. Tr. Thomas McCarthy, Boston: Beacon Press, 1984.

______, *The Theory of Communicative Action*, vol. 2. Tr. Thomas McCarthy, Boston: Beacon Press, 1987.

Heiedgger, Martin, *Being and Time*, Trs. John Macquarrie and Edward Robinson, New York: Harper & Row, 1975.

Kantorowicz, Ernst, *The King's Two Bodies*, Princeton: Princeton University Press, 1957.

Lefort, Claude, *Democracy and Political Theory*, Tr. David Macey, Minneapolis: University of Minnesota Press, 1988.

______, *The Political Forms of Modern Society: Bureaucracy, Democracy, Totalitarianism*, Ed. John B. Thompson, Cambridge: The MIT Press, 1986.

______, *Le Travail de l'oeuvre Machiavel*, Paris: Gallimard, 1972.

Levinas, Emmanuel, *Totality and Infinity: An Essay on Exteriority*, Tr. Alphonso Lingis, Pittsburgh: Duquesne University Press, 1969.

Machiavelli, Niccolò, *The Prince*, Tr. J. B. Atkinson, Indianapolis: Bobbs-Merrill Co, 1976.

______, *The Discourses*, Ed. B. Crick. Tr. L. Walker, London: Penguin Books, 1970.

Marx, Karl, "On the Jewish Question," K. Marx and F. Engels, *Collected Works*, vol. 3, London: Lawrence and Wishart, 1975.

Mouffe, Chantal, *The Democratic Paradox*, London: Verso, 2000.

______, *The Return of the Political*, London: Verso, 1993.

Sartre, J. P., *Being and Nothingness*, Tr. Hazel E. Barnes, New York: Gramercy Books, 1994.

Schmitt, Carl, *The Concept of the Political*, Tr. George Schwab, Chicago: The University of Chicago Press, 1996.

______, *The Crisis of Parliamentary Democracy*, Tr. Ellen Kennedy, Cambridge: The MIT Press, 1985.

Tocqueville, Alexis de, *Democracy in America*, 2 vols., New York: Vintage Books, 1990.

시민적 공화주의 신중섭

김은희, "샌델의 시민적 공화주의는 '민주주의에 대한 불만'을 해소할 수 있는가?" 《철학사상》 45, 서울대학교 철학사상연구소, 2012.

마사야, 고바야시, 홍성민 · 양해윤 옮김, 《정의사회의 조건》, 서울: 황금물고기, 2011.

맹주만, "샌델의 공화주의 공공철학," 《철학탐구》 제34집, 중앙대학교 철학과, 2013.

박정순, 《마이클 샌델의 정의론, 무엇이 문제인가: 지혜의 자각과 자기발견을 위한 철학적 여로》, 서울: 철학과현실사, 2016.

이명순, "공화주의의 유형과 그 비판: 강한 유형과 약한 유형," 《철학사상》 26, 서울대학교 철학사상연구소, 2007.
정원규, "정치적 자유의 공화주의적 출구: 아렌트, 페팃, 루소의 자유론을 중심으로," 《민족문화연구》 70호, 고려대학교 민족문화연구원, 2016.
조승래, "마이클 샌델의 공화주의," 《대구사학》 제112집, 대구사학회, 2013.
______, 《공화국을 위하여: 공화주의의 형성과정과 핵심사상》, 서울: 길, 2010.
______, "공화국과 공화주의," 《역사학보》 198, 역사학회, 2008.
______, "공화주의 자유론에 대하여," 《서양사학연구》 15, 한국서양문화사학회, 2006.
퍼거슨, 니얼, 구세희·김정희 옮김, 《시빌라이제이션: 서양과 나머지 세계》, 21세기북스, 2011.

Allen, Anita L. and Milton C. Regan, Jr. eds, *Debating Democracy's Discontent: Essays on American Politics, Law, and Public Philosophy*, Oxford: Oxford University Press, 1998.
Beiner, Ronald S., "The Quest for a Post-Liberal Public Philosophy," in Anita L Allen and Milton C. Regan, Jr., eds, *Debating Democracy's Discontent: Essays on American Politics, Law, and Public Philosophy*, Oxford: Oxford University Press, 1998.
Brennan, Geoffrey and Loren Lomasky, "Against reviving republicanism," *Politics, Philosophy & Economics* 5(2), 2006, 6.
Dagger, Richard, "Neo-republicanism and civic economy," *Politics, Philosophy & Economics* 5(2), 2006, 6.
Durant, Will, *The History of Civilization Vol. 1: Our Oriental Heritage*, New York: Simon and Schuster, 1963.
Giere, Ronald N., *Understanding Scientific Reasoning*, Fort Worth: Harcourt Brace College Publishers, 1997.
Hayek, F. A., *The Fatal Conceit: The Errors of Socialism*, Chicago: The University of Chicago Press, 1988.
Huntington, Samuel p., *The Clash of Civilizations and the Remaking of World Order*, New York: Simon & Schuster, 1996.
Pazzanese, Christina, "'People want politics to be about big things': Michael Sandel's passion for justice (interview)," *Harvard Gazette*, April 5, 2016.
Patten, Alan, "The Republican Critique of Liberalism," *British Journal of Political Science*, Vol. 26, No. 1 (Jan., 1996).
Pettit, Philip, Republicanism: *A Theory of Freedom and Government*, Oxford: Oxford University Press, 1997.
Pocock, J. G. C., *The Machiavellian Moment: Florentine Political Thought and Atlantic*

Republican Tradition, Princeton: Princeton University Press, 1975.
Rawls, John, *Political Liberalism*, New York, Columbia University Press, 1996.
Sandel, Michael J., "Bernie Sanders and Donald Trump look like saviours to voters who feel out of the American Dream," *The Guardian*, 28 February, 2016.
______, *Justice: What's The Right Thing To Do?*, Farrar: Straus and Giroux, 2009; 김명철 옮김, 《정의란 무엇인가》, 서울: 와이즈베리, 2014.
______, *What Money Can't Buy: The Moral Limits of Markets*, Farra: Straus and Giroux, 2012; 안기순 옮김, 《돈으로 살 수 없는 것들》, 서울: 와이즈베리, 2012.
______, *Public Philosophy: Essays on Morality in Politics*, Cambridge: Harvard University Press, 2005; 안진환 · 김선욱 옮김, 《정치와 도덕을 말하다》, 서울: 와이즈베리, 2016.
______, "Reply to Critics," in Allen, Anita L. and Regan, Jr. Milton C., eds, *Debating Democracy's Discontent: Essays on American Politics, Law, and Public Philosophy*, Oxford: Oxford University Press, 1998.
______, *Democracy's Discontent: America in Search of a Public Philosophy*, Cambridge: The Belknap Press of Harvard University Press, 1996; 안규남 옮김, 《민주주의의 불만: 무엇이 민주주의를 뒤흔들고 있는가》, 파주: 동녘, 2012.
______, *Liberalism and the Limits of Justice*, Cambridge: Cambridge University Press, 1982, 1998; 이양수 옮김, 《정의의 한계》, 고양: 멜론, 2012.

복합평등의 철학적 기원 박정순

구승회, "마이클 테일러의 정의사회에서의 비전: 존 롤즈, 마이클 왈처와의 비교," 《국민윤리연구》 제46집, 2001.
김재범, 《주역사회학》, 서울: 예문서원, 2001.
롤스, 존, 황경식 옮김, 《정의론》, 서울: 이학사, 2003 (영어초판 1971, 개정판 1999).
문재곤, "하도 낙서의 형성과 개탁," 《중국철학》, 제2권, 1991, 123~159쪽.
박정순, "마이클 왈쩌의 공동체주의," 《철학과 현실》, 1999, 175~216쪽.
______, "공동체주의적 사회비판의 가능성: 마이클 왈쩌의 논의를 중심으로," 《범한철학》 제30집, 2003, 211~247쪽.
______, 《마이클 월저의 사회사상과 철학적 깨달음: 복합평등, 철학의 여신, 마방진》, 서울: 철학과현실사, 2017.
보에티우스, A, 박병덕 옮김, 《철학의 위안》, 서울: 육문사, 1990.
서정기 역주, 《새시대를 위한 주역 상》, 서울: 다락방, 1999.
______, "禮節文化再建의 시대적 과제," 《세종문화회관 대강연집: 예절부흥으로 새시대를

열자》, 서울: 동양문화연구소, 2000.

스트로마이어, 존, 피터 웨스트브룩, 류영훈 옮김, 《인류 최초의 지식인간: 피타고라스를 말하다》, 서울: 통큰, 2005.

마이클 왈쩌, 정원섭 외 역, 《정의와 다원적 평등: 정의의 영역들》, 서울: 철학과현실사, 1999.

Arneson, Richard, "Against 'Complex' Equality," David Miller and Michael Walzer. ed., *Pluralism, Justice, and Equality*, Oxford: Oxford University.

Boethius, *The Consolation of Philosophy*, translated and introduction and notes, P. G. Walsh, Oxford: Oxford University Press, 1999.

Briggs, Sheila, "The Politics of Identity and The Politics of Interpretation," *Union Seminary Quarterly Review*, Vol. 43, 1989, pp. 163~180.

Casti, John L, *Complex-ification*, New York: HarperPerennial, 1994.

Daniels, Norman, "Equality of What: Welfare, Resources, or Capabilities?" *Philosophy and Phenomenological Research*, Vol. 50, 1990, pp. 273~296.

Elster, Jon and John E. Roemer. ed. *Interpersonal Comparisons of Well-Being*. Cambridge: Cambridge University Press, 1991.

Fideler, David. ed, *The Pythagorean Sourcebook and Library*, Grand Rapids: Phanes Press, 1988.

Hartogh, Govert den, "The Architectonic of Michael Walzer's Theory of Justice," *Political Theory*, Vol. 27, 1999, pp. 491~522.

Huson, Hobert, Pythagoron: *The Religious, Moral and Ethical Teachings of Pythagoras: Reconstructed and Edited*, Refugio: Texas, 1947.

Lilla, Mark, "The Phantom of Democratic Socialism," *The Public Interest*, Vol. 73, 1983, pp. 125~133.

Miller, David, "Introduction," David Miler and Michael Walzer, ed. *Pluralism, Justice, and Equality*, Oxford: Oxford University Press, 1995, pp. 1~16.

______, "Complex Equality," David Miller and Michael Walzer. ed., *Pluralism, Justice, and Equality*, Oxford: Oxford University Press, 1995, pp. 197~225.

Mulhall, Stephen, and Adam Swift, *Liberals and Communitarians*, Oxford: Blackwell, 1992, "Ch. 4. Walzer: Justice and Abstract," pp. 127~156.

Orend, Brien, *Michael Walzer on War and Justice* (Montreal: McGill-Queen's University Press, 2000.

Pessin, Sarah, "Hebdomads: Boethius Meets the Neopythagoreans," *Journal of the History of Philosophy*, Vol. 37, 1999, pp. 29~48.

Pickover, Clifford A, *The Zen of Magic Squares, Circles, and Stars*, Princeton: Princeton University Press, 2002.

Rawls, John, *A Theory of Justice*, Cambridge: The Belknap Press of Harvard University, 1971, Revised Edition, 1999.

Rosenblum, Nancy, "Moral Membership in a Postliberal State," *World Politic*, Vol. 36, 1984, pp. 581~595.

Schubert, Herman, *Mathematical Essays and Recreations*, Chicago: Open Court Publishing Company, 1898.

Stocks, J. L, "Plato and the Tripartite Soul," *Mind. New Series*, Vol. 24, 1915, pp. 207~221.

Swetz, Frank J, *Legacy of the Luoshu*, Chicago: Open Court, 2002.

Swift, Adam, "The Sociology of Complex Equality," David Miller and Michael Walzer. ed, *Pluralism, Justice, and Equality*, Oxford: Oxford University Press, 1995, pp. 226~252.

Walzer, Michael, "On the Role of Symbolism in Political Thought," *Political Science Quarterly*, Vol. 82. 1967, pp. 191~204.

______, Ch. 11, "A Day in the Life of a Socialist Citizen," *Obligations* Cambridge: Harvard University Press, 1970.

______, *Spheres of Justice: A Defence of Pluralism and Equality*, New York: Basic Books, 1983.

______, "Liberalism and the Art of Separation," *Political Theory*, Vol. 12, 1984, pp. 315~330.

______, *Interpretation and Social Criticism*, Cambridge: Harvard University Press, 1987.

______, "Exclusion, Injustice, and the Democratic State," *Dissent*. 1993, pp. 55~64.

______, "Response," David Miller and Michael Walzer, ed., *Pluralism, Justice, and Equality*, Oxford: Oxford University Press, 1995, pp. 281~297.

______, "Pluralism and Social Democracy," *Dissent*, 1998, pp. 47~53.

Wheelwright, Philip, ed., *Presoratics*, New York: The Odyssey Press, 1966.

문명 진보를 위한 국가행정의 제도화 정용덕

권태억, 《일제의 한국 식민지화와 문명화》, 서울: 서울대출판문화원, 2014.

김용민, "근대성과 개체성," 한국정치학회 편, 《정치사상》, 파주: 법문사, 2008.

김일영, "정치적 맥락 (1): 발전국가 형성 과정," 한국행정연구원 편, 《한국행정 60년, 1948-2008》, 파주: 법문사, 2008.

김종철, "헌법적 맥락 (2): 헌법과 행정의 상관관계," 한국행정연구원 편, 《한국행정 60년, 1948-2008》, 파주: 법문사, 2008.

김창록, "한국법의 역사적 형성," 서원우 편, 《한국법의 이해》, 서울: 두성사, 1996.

박찬욱 · 원시연, "입법부와 행정부 관계," 한국행정연구원 편, 《한국행정 60년, 1948-2008》, 파주: 법문사, 2008.

성낙인, "헌법적 맥락 (1): 헌법의 불연속성과 행정의 연속성," 한국행정연구원 편, 《한국행정 60년, 1948-2008》, 파주: 법문사, 2008.

송석윤, "한국적 입헌주의의 제도화: 1814년의 구조를 넘어서," 한국사회과학협의회 학술심포지엄("제도와 국가발전") 발표 논문, (2013.9.13).

_____, "바이마르헌법과 경제민주화," 《헌법학연구》 13, 2013.

송재룡, "유교와 기독교 문명의 비교: '좌광두'와 '토머스 모어'의 신앙과 삶에서 나타난 '초월지평'의 이해를 통해," 〈인류 문명의 새로운 패러다임에 대한 탐구〉 연구 발표 논문 (2015.12.17).

신화용·안도경·박원호, "공익과 사익의 경계에서: 이슈의 지역화와 정책 선호에 관한 실험 설문," 《한국정치학회보》 49(4), 2015.

양승태, "역사의식과 국가이성: 한국 근 · 현대사 해석 논쟁에 대한 정치철학적 진단 서설," 《한국정치학회보》 48(1), 2014.

유홍림, 《현대 정치사상 연구》, 서울: 인간사랑, 2003.

_____, "공동체주의," 한국정치학회 편, 《정치사상》, 파주: 법문사, 2008.

윤평중, "안중근과 이토 히로부미, 21세기에 다시 보다," 《조선일보》 2014년 11월 7일.

이한구, "현대 문명의 두 패러다임에 대한 철학적 성찰: 열린 문명이 인류의 미래다," 인류 문명의 새로운 패러다임에 대한 탐구연구회 발표 논문, 2013년 5월 8일.

장동진, "자유주의," 한국정치학회 편, 《정치사상》, 파주: 법문사.

정용덕, "행정윤리의 다면성," 《행정논총》 39(4), 2001.

_____, "미국의 행정부 개혁," 서울대 미국학연구소 편, 《21세기 미국의 거버넌스》, 서울: 서울대출판부, 2003.

정해구, "정치적 맥락 (2): 운동정치," 한국행정연구원 편, 《한국행정 60년, 1948-2008》, 파주: 법문사, 2008.

한국행정연구원 편, 《한국행정 60년, 1948-2008》, 파주: 법문사, 2008.

한인섭, "한국법의 체계와 성격," 서원우 편, 《한국법의 이해》, 서울: 두성사, 1996.

Alavi, H., "The State in Postcolonial Societies: Pakistan and Bangladesh," New Left Review, 74, 1972.

Badie, B. & P. Birnbaum, *The Sociology of the State,* Chicago: University of Chicago Press, 1983.

Banfield, E. & M. Meyerson, *Politics, Planning and the Public Interest,* Glerncoe, Ill: Free Press, 1955.

Bell, S. & A. Hindmoor, *Rethinking Governance*, Cambridge, UK: Cambridge University Press, 2009.

Buckler, S., "Normative Theory," in D. Marsh & G. Stocker, eds., *Theory and Methods in Political Science*, 3rd. ed. NY: Palgrave Macmillan, 2010.

Cooper, T. & N. Wright, eds., *Exemplary Public Administrators: Character and Leadership in Government*, San Francisco: Jossey-Bass Publishers, 1992.

Etzioni-Halevy, E., Bureaucracy and Democracy, London: Routledge & Kegan Paul, 1985.

Evans, P. et al. eds., *Bringing the State Back in Cambridge*, Cambridge: Cambridge University Press, 1985.

Heady, F., *Public Administration*, 6th ed. Boca Raton, FL: Taylor & Francis Group, 2001.

Held, V., *The Public Interest and Individual Interests*, NY: Basic Books, 1970.

Heper, M., "Introduction," in M. Heper, ed., *The State and Public Bureaucracy: A Comparative Perspective*, NY: Greenwood Press, 1987.

Heper, M., "The State and Public Bureaucracies: A Comparative and Historical Perspective," in Heper, M. ed., *The State and Public Bureaucracy: A Comparative Perspective*, NY: Greenwood Press, 1987.

Heper, M., C. L. Kim & S. D. Pai, "The Role of Bureaucracy and Regime Types: A Comparative Study of Kurkish and South Korean Higher Civil Servants," *Administration and Society*, 12, 1980.

Jung, Y., *The Korean State, Public Administration, and Development*, Seoul National University Press, 2014.

Kazashi, N., "Japan's Modernization and its Dissidents: Nishida, Chomin, and Soseki," Paper presented at the International Seminar ("The Shock of Western Civilization and the Counterstrategies of Eastern Civilization: Past and Present") of the Research on the New paradigm of Human Civilization, Kyunghee University, Oct. 30. 2015.

Kuhlmann, S. & H. Wollmann, *Introduction to Comparative Public Administration*, Cheltenham, UK: Edward Elgar, 2014.

Novak, W. J., "The Myth of the 'Weak' American State," *American Historical Review* 13(3), 2008.

Oakeshott, M., *On Human Conduct*, Oxford, UK: Clarendon Press, 1975.

Peters, B. G., "Administrative traditions and the Anglo-American democracies," In J. Halligan, ed. *Civil service systems in Anglo-American countries*, Cheltenham, UK: Edward Elgar, 2003.

______, *The Politics of Bureaucracy*, 5th ed. NY: Routledge, 2001.

Pierre, J., *Bureaucracy in the Modern State*, Edward Elgar, 1995.

______, "Stealth Economy? Economic Theory and the Politics of Administrative Reform," *Administration & Society* 43(6), 2011.

Pierre, J. & B. G. Peters, *Governing Complex Societies*, NY: Palgrave Macmillan, 2005.

Pierson, C., *The Modern State*, London: Routledge, 1996/2004; 박영신·이택면 옮김, 《근대국가의 이해》, 일신사, 1998.

Poggi, G., *The Development of the Modern State*, Stanford University Press, 1993.

Rosenbloom, D., *Public Administration*, 3rd. ed. NY: MacGrow-Hill, 1993.

Rosser, C., "Woodrow Wilson's Administrative Thought and German Political Theory," *Public Administration Review* 70(4), 2010.

Schick, A., "The Cybernetic State," *TRANS-Action* 7, 1970.

Seibel, W., "Beyond Bureaucracy: Public Administration as Political Integrator and Non-Weberian Thought in Germany," *Public Administration Review* 70(5), 2010.

Spicer, M., *Public Administration and the State*, Tuscaloosa, Alabama: University of Alabama Press, 2001.

Schubert, G., *The Public Interest*, Glencoe, IL: The Free Press, 1960.

Thompson, M., "Late Industrialisers, Late Democratisers: Developmental States in the Asia Pacific," *Third World Quarterly* 17(4), 1996.

Waldo, D., *The Administrative State*, NY: The Ronald Press, 1948.

______, *The Enterprise of Public Administration*, Novato, CA: Chandler & Sharp, 1980.

Weber, M., *The Theory of Social and Economic Organization*, NY: The Free Press, 1947.

Wilson, W., "The Study of Administration," *Political Science Quarterly* 2(2), 1887.

문명연구 총서 2

자유주의와 민주주의의 새로운 모색

초판 1쇄 인쇄 2020년 8월 3일
초판 1쇄 발행 2020년 8월 10일

지은이 이한구·정연교·신중섭·김경수·박정순·윤평중
이동수·정용덕·정진영·진미경·허우성
펴낸이 한균태
펴낸곳 경희대학교 출판문화원
주소 서울시 동대문구 경희대로 26
전화 02-961-0106~8
팩스 02-961-0291
설립 1960년 9월 16일 제5-8호
등록 1977년 11월 8일 제6-5호
홈페이지 www.khupress.com
전자우편 press@khu.ac.kr

ISBN 978-89-8222-664-9 (94300)
978-89-8222-662-5 (94300) 세트